RELIURE SERRÉE
ABSENCE DE MARGES INTÉRIEURES

L'ANTIQUITÉ
EXPLIQUÉE,
ET
REPRÉSENTÉE
EN FIGURES.
TOME CINQUIEME.
Les Funerailles, les Lampes, les Supplices &c.

PREMIERE PARTIE
Les Funerailles des Grecs & des Romains.

Par Dom BERNARD DE MONTFAUCON
Religieux Bénédictin de la Congrégation de S. Maur.

A PARIS,
Chez
{ FLORENTIN DELAULNE,   JEAN-GEOFFROY NYON,
  HILAIRE FOUCAULT,   ETIENNE GANEAU,
  MICHEL CLOUSIER,   NICOLAS GOSSELIN,
  Et PIERRE-FRANÇOIS GIFFART.

M. DCCXIX.
AVEC PRIVILEGE DU ROY.

©

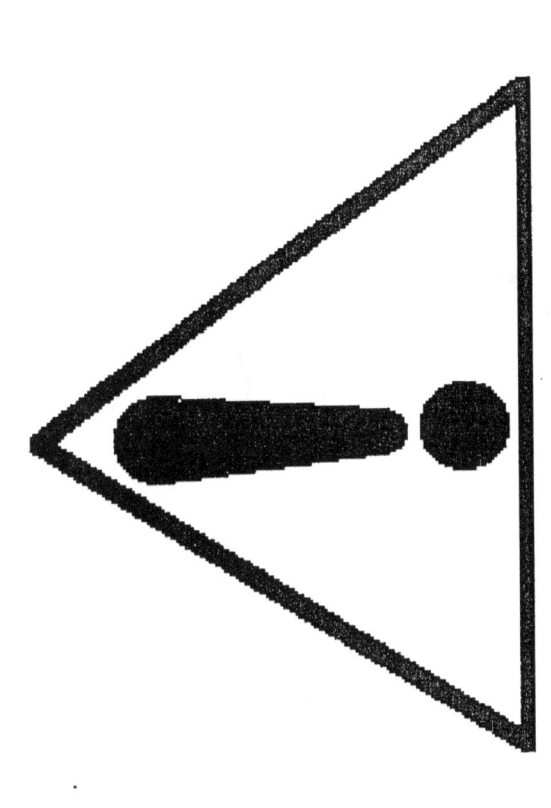

CE DOCUMENT A ÉTÉ MICROFILMÉ TEL QU'IL A ÉTÉ RELIÉ

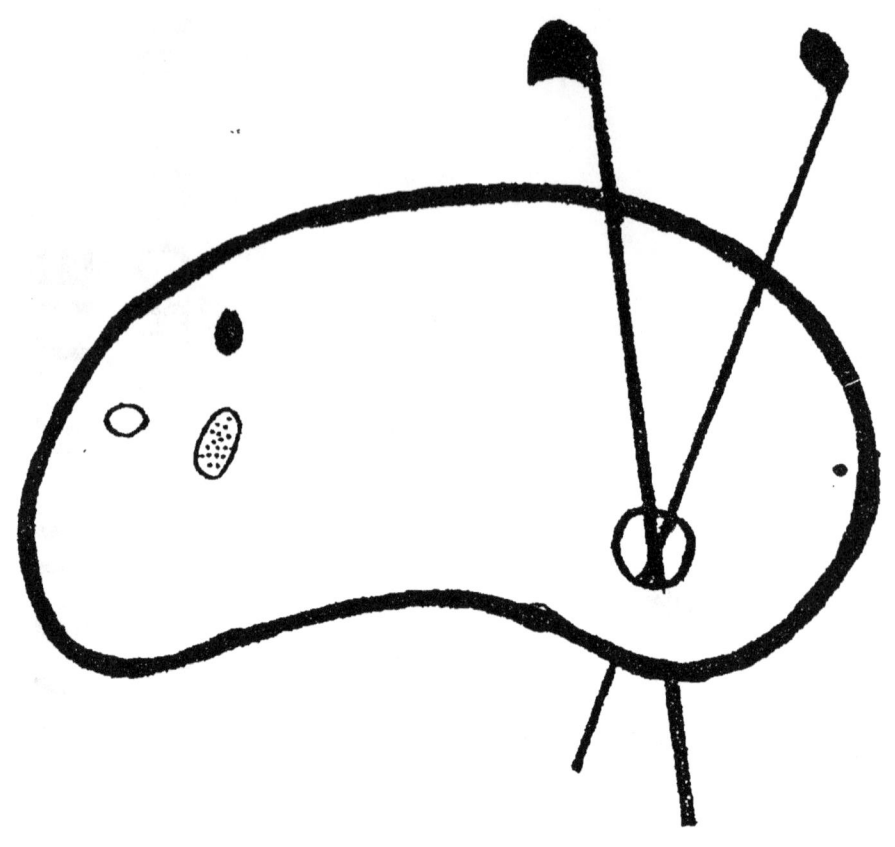

COUVERTURE SUPERIEURE ET INFERIEURE
EN COULEUR

RECTO ET VERSO

L'ANTIQUITÉ EXPLIQUÉE
ET REPRESENTÉE EN FIGURES.
TOME CINQUIEME,

Qui comprend les funerailles, les tombeaux & les maufolées.

PREMIERE PARTIE,

Les funerailles & les tombeaux des Grecs & des Romains.

ANTIQUITAS
EXPLANATIONE ET SCHEMATIBUS ILLUSTRATA.
TOMUS QUINTUS,

Funera complectens, fepulcra & maufolea.

PARS PRIMA,

De funere & fepulcris Græcorum & Romanorum.

LIVRE PREMIER,

Les devoirs rendus aux morts avant que de les mettre au tombeau.

CHAPITRE PREMIER.

I. Grande diversité d'usages dans les funerailles. II. Coutumes touchant les moribonds. III. On fermoit les yeux & la bouche à ceux qui venoient de mourir.

I.  ES devoirs de la sepulture ont été & sont encore en usage parmi toutes les nations de la terre ; marque certaine que c'est la loi naturelle qui les inspire ; mais dès que ce sentiment interieur fut depravé par l'iniquité des hommes, & que les tenebres du paganisme eurent inondé toute la terre, la raison offusquée changea ce devoir si pieux & si raisonnable en superstition ; chaque nation se prescrivit des ceremonies particulieres, presque toutes fondées sur les erreurs où chacune étoit touchant la vie future. La plus monstrueuse maniere d'ensevelir, & pourtant une des plus reçues chez un grand nombre de peuples, étoit celle d'égorger ou bruler des hommes sur les buchers, & d'immoler des hommes vivans pour faire honneur aux morts.

On remarque en differens payis une diversité de coutumes pour ce qui regarde les funerailles, tour-à-fait surprenante. Nous allons en parler dans le même ordre que nous avons gardé jusqu'à present, en commençant par les

---

LIBER PRIMUS.

Quid circa defunctos ageretur, antequam ii in sepulcrum inferrentur.

CAPUT PRIMUM

I. Magna in funere rituum diversitas. II. Quid circa moribundos ageretur. III. Recens mortuorum oculi & os claudebantur.

1. JUSTA funebria in usu semper fuere, & sunt hodieque apud omnes orbis nationes: quo innuitur ea proficisci ex pio affectu, quem hominibus natura indidit. Sed postquam hominum nequitia hunc a recta ratione profectum sensum vitiavit, effusis per universum genus humanum profanis religionibus; funera in superstitionem abiere. Quæque natio, quæque civitas ferales sibi ceremonias præscripsit, quales dictabat adulterata illa de vita futura opinio. Ille vero portentosissimus omnium ritus erat, qui tamen apud plerasque nationes obtinuit, quo ad funera viros vel feralibus flammis comburebant, vel ad tumulos defunctorum trucidabant, ac si videlicet vivorum immolatio in mortuorum honorem utilitatemve cederet.

Ingens diversis in regionibus observatur in funere rituum diversitas, ut in sequentibus observatur: consuetoque ordine rem tractabimus; incipiemus vi-

Grecs & les Romains, & passant de là successivement aux nations barbares.

II. Voici la maniere dont on se comportoit à l'égard des moribonds. Dans la Grece quand quelqu'un étoit malade, on mettoit sur la porte des branches de buisson & de laurier; le buisson étoit pour chasser les mauvais esprits, & le laurier pour appaiser Apollon dieu de la medecine; le laurier lui étoit consacré. Les peres & les meres baisoient leurs enfans mourans, & appliquoient leur bouche ouverte à la leur, comme pour recevoir leur ame. Ils frappoient aussi des chaudrons & des vases de cuivre pour chasser les mauvais esprits & les genies malfaisans. La coutume des meres de recevoir les ames de leurs enfans mourans est ainsi exprimée dans Ciceron. » Ces malheureuses meres, dit-il, »passoient les nuits entieres à la porte de la prison, ne leur étant pas permis »d'embrasser leurs fils pour la derniere fois : elles ne demandoient autre chose »sinon qu'il leur fût permis de recevoir le dernier soufle de leurs pauvres »enfans. Quintilien dit à peu près la même chose parlant de lui même : » Je »n'ai pu, dit-il, rendre les derniers devoirs à mon fils, m'asseoir auprès de lui »lorsqu'il tiroit à sa fin, lui raccommoder l'oreiller pour le faire reposer plus »doucement, le tourner de l'autre côté pour lui donner une situation plus »supportable, recevoir son dernier soufle. «

III. Dès qu'un malade étoit mort on lui fermoit les yeux & la bouche. La ceremonie de fermer les yeux, les enfans à leurs peres & meres, & les peres & meres à leurs enfans, se trouve en mille endroits. Cette coutume étoit fort ancienne & generale tant chez les Grecs que chez les Romains. » Votre pere »& votre mere ne vous fermeront pas les yeux après votre mort, dit Homere. Virgile dit la même chose. Les freres les fermoient aussi à leurs freres, dit Stace. »Ma sœur me prioit, dit Flavien dans une homelie de S. Jean Chrysostome, de »lui fermer les yeux après sa mort, de lui clorre la bouche, & de lui rendre »tous les autres devoirs de la sepulture. C'étoit une ceremonie sacrée chez les »Romains, dit Pline, de fermer les yeux de ceux qui mouroient, & de les »ouvrir ensuite lorsqu'ils étoient sur le bucher.«

Quelques-uns prétendent que par la loi *Mænia* il étoit défendu aux enfans de fermer les yeux de leurs peres mourans : mais cette loi exprimée ainsi dans Varron, *Ne filii luci claro sigillent oculos*, se doit entendre selon les plus habiles Jurisconsultes d'une bien differente maniere ; ils prétendent que cela veut dire

---

delicet a Græcis & a Romanis, quorum hac in re ut & in aliis bene multis mores penè similes erant ; hinc ad barbaras nationes, eodem servato narrandi ordine transibimus.

II. Hac autem se ratione gerebant erga eos qui mox animam efflaturi essent. In Græcia cum quispiam æger decumberet, ad januam apponebantur rhamni laurique rami : rhamnus ad abigendos cacodæmonas idoneus, ut putabant, erat ; laurus vero placando Apollini medicinæ deo deputabatur ; nam laurus Apollini sacra. Pater & mater moribundum osculabantur, osque ori applicabant, quasi ut animam ejus reciperent : lebetes quoque & vasa ænea percutiebant, ut hoc strepitu malos dæmonas geniosque fugarent. Morem animam excipiendi sic exprimit Cicero in Verrem 7. *Matres miseræ pernoctabant ad ostium carceris, ab extremo complexu liberûm exclusæ, quæ nihil aliud orabant, nisi ut filiorum extremum spiritum exciperere sibi liceret :* idipsum videre est apud Quintilianum declam. 7. *Non morienti pater assedi ; non ægri caput molliori sede composui ; non fatigatum latus mutavi, non excepi spiritum.*

III. Postquam animam efflaverant, oculos statim & os claudebant, parentes scilicet filiorum, filiique parentum, cujus rei exempla sexcenta apud scriptores occurrunt. Mos certe antiquissimus a Græcis perinde atque a Romanis servatus. Hinc Homerus *Iliad.* X.

Α δ῾ϊλ᾿ οὐ μὲν σοι γε πατὴρ ϗ ποτνία μήτηρ
Οσσε καθαιρήσουσι θανόντι περ.

& Virgilius 9. Æneid.
——— *nec te tua funera mater*
Produxi, pressive oculos, aut vulnera lavi.

Fratres quoque fratribus par pietatis officium præstabant, inquit Statius 2. Thebaid. Sic Flavianus episcopus in Homilia Chrysostomi XXI. ad populum Antiochenum, de sorore sua loquens ait : *Et ipsa quidem quotidie orabat, ut sibi oculos clauderemus, & os conjungeremus & componeremus, ac reliqua ad sepulturam consueta curaremus.* Sic etiam Plinius 11. 37. *Morientibus oculos operire, rursusque in rogo patefacere Quiritium magno ritu sacrum est.*

Nonnulli putant lege Mænia cautum esse ne filii patrum oculos claudant. Verum hæc lex quæ sic apud Varronem exprimitur, *Ne filii luci claro sigillent oculos*, longè alio modo secundum jurisconsultos peritio-

DEVOIRS RENDUS AUX MORTS. 5

qu'ils ne doivent pas fermer les yeux à leur pere pendant qu'il voit encore ; & que cela se dit par metaphore contre des enfans denaturez qui accelereroient la mort de leur pere pour jouir plûtôt de leurs heritages.

res accipienda est, ne claudant oculos parentum, dum adhuc videndi facultate præditi sunt ; quod est metaphorice intelligendum de filiis impiis qui hereditatis citius potiundæ causa parentum mortem accelerarent.

CHAPITRE II.

I. Image d'une jeune fille morte, & de ses parens qui la pleurent. II. Ceremonie d'ôter la bague des doigts aux morts. III. Ce qu'on faisoit pour éprouver si le malade étoit veritablement mort. IV. Cas étranges de gens qu'on croioit morts, brulez sur les buchers. V. Histoire memorable à ce sujet.

I. ON pratiquoit encore d'autres ceremonies peutêtre moins communes. On en voit quelques-unes dans l'image suivante : Une jeune fille qui vient de mourir est étendue sur son lit avec ses habits & sa chaussure : le pere est assis à la tête du lit sur un pliant, & la mere aux pieds sur une chaise à dossier. Ils ont l'un & l'autre la tête voilée d'un pan de leur robe, & donnent des marques de leur affliction. Les autres parens ou domestiques autour du lit témoignent soit par leurs gestes, soit par leur situation, la part qu'ils prennent à ce deuil domestique. A l'extremité de la troupe on remarque un esclave portant ses bas de chausses à la mode des barbares : nous en avons souvent vu de semblables dans le cours de cet ouvrage. Au dessous du lit est un chien qui a le pied sur une espece de couronne ; je ne sai si c'étoit celle dont on devoit couronner cette fille morte ; car selon la loi des douze tables on couronnoit les morts qui avoient vécu vertueusement. On remarque sous le lit des pantoufles ou des mules de chambre.

Pl. I.

II. Une autre ceremonie étoit d'ôter aux défunts l'anneau du doigt dès qu'ils avoient rendu l'ame. Ce qu'on faisoit non seulement à ceux qui mouroient, mais aussi à ceux qui s'endormoient d'un profond sommeil, & qui tomboient dans une espece de letharige : *Par je ne sai quelle religion, dit Pline, on ôte les bagues à ceux qui s'endorment d'un profond sommeil, & à ceux qui meurent.* On croit que c'est par rapport à cette coutume que Spartien dit dans la vie de l'Empereur Hadrien, qu'entre les marques de sa mort prochaine

CAPUT II.

I. Imago virginis defunctæ & lugentium consanguineorum. II. Ritus auferendi annulos ex digitis mortuorum. III. Quid fieret ut exploraretur an æger vere moriuus esset. IV. Tragici casus quorumdam, qui cum mortui putarentur, in rogo cremabantur vivi. V. Historia memorabilis circa rem eamdem.

I. Aliæ fortasse minusque consuetæ ceremoniæ adhibebantur, quarum quasdam in sequenti tabula perspicias : ubi virginem, quæ modo extremum emisit halitum, jacentem vides, patremque ejus ad lecti caput in sella plicatili sedentem, matremque ad pedes similiter sedentem in cathedra : uterque vestis lacinia caput obvelat, mœstique natæ obitum lugent. Alii cognati domesticique & gestu & situ modo in partem doloris atque luctus se venire denunciant. In extrema tabulæ ora servus deprehenditur barbaro calceatus more, quales plerumque servos captivosque in decursu operis hujus vidimus. Sub lecto canis pede coronam tangit : nescio utrum illa corona caput defunctæ virginis sic ornandum ; nam secundum legem duodecim tabularum, mortui qui pie probeque vixerant coronari solebant. Sub lecto etiam crepidæ observantur.

II. Alius erga mortuos ritus erat detractio annuli ; detrahebatur annulus non morientibus modo, sed etiam profundum in somnum delapsis : hinc Plinius 33. *Gravatis somno aut morientibus religione quadam annuli detrahuntur.* Ad hunc morem spectare putant hoc dictum Spartiani in vita Hadriani Imperatoris : *Signa*

on remarqua que la bague où son image étoit repréfentée, tomba d'elle-même d'un de fes doigts. Moreftel croit qu'on ôtoit les bagues à ceux qui venoient de mourir, de peur que les *Pollinctores* ou ceux qui avoient foin de laver & de préparer le corps ne s'en faififfent; ce qui donne lieu de le croire, eft que lorfqu'on alloit porter le corps fur le bucher on lui remettoit cet anneau.

III. La parenté & les voifins s'affembloient autour du corps, & plufieurs crioient à haute voix en prononçant le nom du défunt pour le faire revenir à lui, fi l'ame n'étoit pas encore fortie. On fait encore aujourd'hui la même chofe au Pape lorfqu'il vient d'expirer, en l'appellant du nom qu'il portoit avant fa promotion au Pontificat. La coutume de laver le corps des morts, & de les oindre de parfums, étoit établie chez les Grecs, chez les Romains & chez plufieurs autres nations. On y emploioit l'eau chaude, apparemment pour faire revenir celui qu'on lavoit, s'il n'étoit pas encore expiré.

IV. Ces précautions étoient d'autant plus neceffaires, que ce corps devoit dans ce tems porté fur le bucher: car comme dit Pline, Cælius Tubero qui avoit été Préteur, revint fur le bucher, & fut rapporté vivant dans fa maifon. Il fut plus heureux qu'Aviola homme Confulaire, qui n'aiant donné des marques de vie que lorfque le bucher fut allumé, & que la violence du feu l'eut fait revenir, ne put être fauvé; & quelque diligence qu'on put faire, il fut brulé tout vif. La même chofe arriva à Lucius Lamia felon Pline. Ceci paroit furprenant, fur tout fi on avoit laiffé les morts fept jours à la maifon avant que d'être apportez au bucher, comme on faifoit ordinairement. Cela devoit donner en ce tems là une grande attention aux parens des défunts, & les porter à differer le convoi le plus qu'ils pourroient. Cependant l'hiftoire nous fournit bien des cas femblables. Au tems, dit Varron, que vingt hommes établis pour divifer les terres de Capoue étoient occupez à cette fonction, un homme qu'on portoit en terre, s'en revint de fon pied à la maifon.

Dans ces cas tragiques malheur à ceux que les parens aimoient moins que leur heritage. Sur quoi Apulée raporte une hiftoire qu'il ne fera pas hors de propos de mettre ici.

V. Afclepiade qui après Hippocrate excelloit pardeffus tous les medecins, fut le premier qui donna le vin pour remede aux malades; la grande connoiffance qu'il avoit des differentes qualitez du pouls faifoit qu'il le donnoit à propos, & feulement à ceux qui pouvoient en tirer du fecours. Un jour qu'il

---

mortis hæc habuit : annulus in quo imago ipfius fculpta erat, fponte de digito lapfus eft. Putat Moreftellus l. 1. c. 4. ideo fortaffe detractos annulos fuiffe, ne in pollinctorum manus pervenirent: nam iterum annuli defuncto reddebantur & cum cadavere comburebantur.

III. Parentes, cognati viciniíque circa corpus defuncti conveniebant: plurimúque alta voce clamabant defuncti nomen proferentes; ut fi anima nondum exiifet, æger vitæ figna daret. Qui mos hodiéque obfervatur circa fummum pontificem defunctum, eo prolato nomine, quo antequam in fummum pontificem adlegeretur appellabatur. Apud Græcos Romanofque atque etiam apud prærafque nationes mos erat corpora defunctorum lavandi & inungendi. Aqua vero calida utebantur, ut fi nondum animam efflaviffet, qui credebatur mortuus, ad fenfum revocaretur.

IV. Quæ cautio admodum neceffaria erat; fiquidem ad rogum deferendum cadaver erat: *nam*, ut ait Plinius 7. 52. *Cælium Tuberonem prætura functum a rogo relatum Meffala, Ruffus & plerique tradunt.* Fortunatior certe fuit quam *Aviola confularis*, qui, ibidem referente Plinio, *in rogo revixit; & quoniam fubveniri non potuerat prævalente flammâ, vivus crematus eft: fimilis caufa in L. Lamia prætorio viro traditur.* Quod fane ftupendum, fi quidem cadavera illa, antequam ad rogum deducerentur, per dies feptem domi fervata fuerint, ut fieri folebat. Hujufmodi cafus apud defuncti cognatos magnam follicitudinem parere poterant, eofque ad funeris elationem protrahendam inducere: fiquidem Varro, referente ibidem Plinio, *auctor eft viginti viris agros dividentibus Capuæ, quemdam qui efferretur feretro, domum remeaffe pedibus.*

In hujufmodi tragicis eventibus in magno infortunio verfabantur ii, quos cognati minus, quam hereditatem diligerent: qua de re hiftoriam affert Apuleius l. 4. Floridorum, huc referendam.

V. *Afclepiades ille inter præcipuos medicorum fi unum Hippocratem excipias, ceteris princeps, primus etiam vino, opitulari ægris reperit: fed danda fcilicet in tempore, cujus rei obfervationem probe callebat, ut qui diligentiffime animadverteret venarum pulfus inconditos, vel prævaros (fic). Is igitur cum forte in civitatem fefe*

DEUIL D'UNE PERSONNE QUI VIENT DE MOURIR

DEVOIRS RENDUS AUX MORTS.

revenoit de sa maison de campagne à la ville, il vit auprès des murailles un grand convoi & une foule de gens qui assistoient à des obseques en habit de deuil avec des témoignages d'affliction extraordinaires. Il eut la curiosité de s'approcher & de demander qui c'étoit. Personne ne voulut lui répondre : cela lui fit soupçonner quelque chose ; il sembloit que la destinée l'eut conduit là pour sauver ce malheureux qu'on alloit mettre sur le bucher. On lui avoit déja parfumé la bouche, lavé tout le corps, & embaumé les membres; le souper des funerailles étoit tout prêt. Il remarqua en cet homme des signes de vie, il lui tâta le corps, & trouva qu'il vivoit effectivement. Il s'écria d'abord que cet homme étoit en vie, qu'il falloit éloigner les flambeaux, emporter les feux, abbatre le bucher, & reporter le souper du sepulcre à la maison. Sur cela une rumeur s'éleva dans la troupe ; les uns disoient qu'il falloit croire le medecin; les autres se moquoient de la medecine. Les parens se rendirent enfin aux instances d'Asclepiade, quoique fort à contre-cœur, & après beaucoup de resistance ; soit parcequ'ils perdoient un heritage, soit parcequ'ils n'avoient pas grand' foi au medecin : ils consentirent donc qu'on differât un peu les obseques. Alors Asclepiade arracha cet homme des mains de ceux qui le portoient au bucher, & le tira pour ainsi dire des enfers : il le fit reporter à la maison, & lui donna des remedes qui le firent entierement revenir.

---

reciperet, & rure suo suburbano rediret ; aspexit in pomœriis civitatis funus ingens locatum, plurimos homines ingenti multitudine, qui exequias venerant, circumstare amicis tristissimos & obsoletissimosvestitu. Propius accessit, ut etiam incognosceret more ingenii humani, quisnam esset, quoniam percontanti nemo responderat. An vero ut ipse aliquid in illo ex arte deprehenderet. Certe quidem jacenti homini ac prope deposito fatum abstulit. Jam miseri illius membra omnia aromatis perspersa ; jam os ipsius unguine odoro delibutum, jam erant pollinctum, jam cœna paratum contemplatus, cum diligentissime quibusdam signis animadvertit : etiam atque etiam pertractavit corpus hominis, & invenit in illo vi-
tam latentem. Confestim exclamavit vivere hominem, procul ergo faces abigerent, procul ignes amolirentur, rogum demolirentur, cœnam feralem a tumulo ad mensam referrent. Murmur interea exortum, partim medico credendum dicere, partim etiam irridere medicinam. Postremo propinquis etiam omnibus invitis, quod-ne jam ipsi hereditatem habebant, an quod adhuc illi fidem non habebant : ægre tamen ac difficulter Asclepiades imperavit brevem mortuo dilationem. Atque ita vespillonum manibus extortum, velut ab inferis, postliminio domum retulit, confestimque spiritum recreavit, confestimque animam in corporis latibulis delitescentem quibusdam medicamentis provocavit.

CHAPITRE III.

I. La coutume d'oindre les corps morts. II. Habits & couronnes qu'on leur mettoit. III. Autres ceremonies. IV. Coutume d'enlever les corps pour dettes. V. Religion des anciens sur la sépulture des corps trouvez.

I. LA coutume d'oindre les corps de differentes sortes d'onguents, de parfums & de baumes, étoit établie dans plusieurs païs du monde. Ceux qui bruloient les corps disoient que c'étoit afin que le feu y prît plus promptement : ceux qui ne les bruloient pas, disoient qu'ils les oignoient & les parfumoient pour les préserver de la corruption. Les hommes destinez pour cette onction s'appelloient *pollinctores* ; ils étoient domestiques des Libitinaires. On gardoit les corps ainsi oints & parfumez pendant sept jours. Les Libitinaires vendoient au temple de Libitina les choses necessaires pour les funerailles. Ces emplois de Libitinaires & de Pollincteurs, qui étoient comme leurs valets, étoient fort bas.

II. Les Romains donnoient aux corps morts l'habit ordinaire, qui étoit la toge : les Grecs les couvroient d'un manteau. Les femmes étoient aussi vêtues à leur ordinaire. Nous venons de voir une fille morte vétue de son habit ordinaire. Il y en avoit qui se préparoient des habits magnifiques pour leurs funerailles. Tant les Grecs que les Romains habilloient leurs morts de couleur blanche. Ceux de Sparte couronnoient de branches d'olivier & revêtoient de pourpre ceux qui avoient bien servi leur patrie à la guerre, & qui étoient morts dans le combat. La coutume de couronner les morts s'observoit depuis les plus anciens tems jusqu'aux plus bas siecles de la belle antiquité. Plusieurs auteurs en font mention, entre autres Ciceron dans son oraison pour Flaccus : » Je voudrois, dit-il, que le tems me permit de rapporter ici toutes » les sentences qu'ils ont données touchant le corps de Castricius ; premiere- » ment, qu'on le portât dans la ville, ce qu'on n'accordoit pas aux autres ; après » cela, que de jeunes garçons le portassent ; & en dernier lieu, qu'on lui mît » une couronne d'or. « Ceux qui avoient merité des couronnes pendant leur vie, étoient couronnez après leur mort ; & on mettoit quelquefois des couronnes d'or sur la tête de ceux qui s'étoient le plus signalez. Nous avons vu dans la

---

CAPUT III.

I. Ritus corpora mortuorum ungendi. II. Vestes & coronæ mortuis impositæ. III. Aliæ ceremoniæ. IV. Mos auferendi corpora debitorum. V. Religio Veterum circa sepulturam cadaverum quæ casu occurrerent.

I. MOs erat apud plerasque nationes corpora mortuorum inungere unguentis atque aromatibus ; qui cadavera comburerent, ut celerius arderent, id fieri dicebant. Verum cum multæ nationes corpora non comburerent, eæ ad corruptionem fœtoremque vitandos unctione illa usæ fuisse videntur. Qui corpora ungerent, pollinctores appellabantur, quos Libitinariorum fuisse domesticos atque servos probat Morestellus l. 1. c. 15. Peruncta corpora sic septem dies domi asservabantur. Ad unctionem necessaria vendebant Libitinarii in templo Libitinæ deæ : hæc vero ministeria Libitinariorum atque Pollinctorum inter vilia sordidaque officia censebantur.

II. Romani mortuos solito vestimento scilicet toga induebant : Græci pallio operiebant ; mulieres quoque consueta veste amiciebantur, qualem supra vidimus virginem mortuam in lecto jacentem. Erant qui dum viverent magnificas sibi ad funera vestes comparabant : tum Græci tum Romani mortuos alba veste amiciebant. Spartiatæ vero eos qui de patria sua bene meriti essent, & inter pugnandum occubuissent, ramis olivæ coronare, vesteque purpurea solebant induere. Mos coronandi mortuos jam a priscis temporibus ad usque posteriora florentis antiquitatis sæcula protractus fuit, plurimisque scriptorum testimoniis asseritur. Qua de re Cicero pro Flacco : *Vellem tantum habere otii ut possem recitare psephismata quæ fecerunt in Castricium mortuum : primum ut in oppidum intraferretur : quod aliis non conceditur : deinde ut ferrent ephœbi : postremo ut imponeretur aurea corona mortuo.* Quas quisque vivens coronas meruerat, easdem mortuorum capitibus imponebant : & iis qui melius rem gesserant, aureas ; pro cujusque merito, sic coro-

planche precedente une couronne au pied du lit de la défunte, pour la mettre apparemment sur sa tête.

III. On mettoit le corps mort au vestibule ou à l'entrée de la maison. On lui tournoit les pieds vers la porte comme aujourd'hui. Les gens de qualité y mettoient des cyprès, c'est un arbre lugubre qui ne renait point après qu'il a été coupé. Nous verrons dans la suite des sepulcres auprès desquels sont plantez des cyprès. Les Grecs mettoient à la porte un grand vaisseau d'eau lustrale, apportée de quelque autre maison où il n'y avoit point de morts. Tous ceux qui venoient à la maison de deuil s'aspergeoient de cette eau en sortant. On pendoit aussi en quelque endroit vers la porte, des cheveux coupez de la tête du mort, selon Euripide.

IV. La ceremonie de mettre le corps mort à la porte s'appelloit *la collocation*. Il y avoit un homme qui gardoit le corps mort; & quand c'étoit quelque Prince, de petits garçons en chassoient les mouches. Le garde avoit soin d'empêcher qu'on ne volât rien des habits, & de s'opposer aussi à ceux qui voudroient enlever le corps: ce que faisoient quelquefois les creanciers, qui ne le rendoient pas jusqu'à ce que ses parens ou ses amis eussent acquité ses dettes. Cimon ne put ravoir le corps de son pere Miltiade, qu'en paiant ses creanciers qui l'avoient enlevé: & quand on ne les paioit pas, le corps étoit privé de la sepulture; ce qui passoit pour une grande infamie, & pour le plus grand de tous les malheurs qui pouvoient arriver à l'homme: car selon Vegece il n'en est point de pareil à celui-là. Homere dès le commencement de l'Iliade ne manque pas de marquer la privation de la sepulture entre les plus grands malheurs que la contagion avoit apportez dans le camp des Grecs.

V. Quand quelqu'un se trouvoit sur mer en peril de naufrage, il lioit autour de son corps tout ce qu'il avoit d'argent ou de choses de prix, & y mettoit un écrit par lequel il supplioit ceux qui trouveroient ce corps de prendre pour eux l'argent & les effets, & de lui rendre les devoirs de la sepulture. Independamment même de cela, il n'étoit pas permis quand on trouvoit un corps mort, de passer outre sans l'enterrer; on regardoit cela comme un crime & comme une grande inhumanité. Une loi d'Athenes portoit selon Elien, que si quelqu'un trouvoit le cadavre d'un homme, il devoit lui jetter de la terre sur le corps, & l'ensevelir, en sorte qu'il regardât le couchant.

---

nam sub lecto defunctæ virginis supra vidimus, ejus, ut videtur, capiti imponendam.

III. Defuncti cadaver in vestibulo seu in ædium ingressu constituebatur, pedesque versus ostium respiciebant ut hodieque. Divites primariique viri cypressum admovebant arborem feralem & lugubrem, quæ postquam excisa est non renascitur. Sepulcris in sequentibus videbimus propterea cypressi arbores visuntur. Græci ad januam aquæ lustralis vas magnum locabant, quæ aqua ex aliis ædibus funere vacuis afferebatur. Quotquot in funeream domum ingrederentur, illa sese aqua aspergebant: crines quoque ex defuncti capite præcisi circa januam appendebantur, ut ait Euripides in Alcestide.

IV. Hæc vero ceremonia mortui ad januam positi, *collocatio* appellabatur. Aderat semper qui mortui cadaver custodiret; si vero is princeps aliquis esset, pueri a corpore ejus muscas abigebant. Custos curabat, ne quis ex vestibus illius quidpiam auferret; imo ne quis etiam ipsum corpus alio asportaret. Id vero nonnunquam faciebant creditores, inquit Lucianus in luctu, corpus scilicet rapiebant pignoris loco, nec reddebant donec a cognatis vel amicis debitum solveretur. Cimon Atheniensis Miltiadis patris sui abreptum corpus, nonnisi numerato creditoribus ære, redimere potuit. Sin corpus non redimeretur, sepultura privabatur, quæ erat & summa infamiæ nota, & maximum, secundum profanorum opinionem, quod mortuo accidere poterat, infortunium: ait quippe Vegetius 4. 43. acerbissimum casum esse mortuo, si corpus ejus insepultum maneat. Atque initio Iliadis Homerus, de lue quæ apud Græcos grassata fuerat agens, inter maxima quæ importaverat mala illud annumerat, quod corpora insepulta mansissent.

V. Cum vero quis navigans instans naufragium prospiceret, circum corpus quidquid habebat opum vel pecuniarum colligare solebat, rescripto apposito, quo iis, qui in corpus suum ad littus maris a fluctibus repulsum inciderent, supplicabat, ut accepta pecunia & in rem suam conversa, justa funeris & sepulturæ persolverent. Imo etiam nullo præsente præmio, nulla mercede, iis qui in cadaver humanum inciderent non licebat insepulto illo præterire, illud enim sceleris inhumanitatisque esse nota censebatur: *Lex etiam hæc*, inquit Ælianus Var. hist. 5. 14. *inter Atticas scripta fuit, si quis in insepultum cadaver hominis incidat, saltem ei terram injiciat & ita sepeliat ut ad occasum spectet.*

Quand quelqu'un mouroit loin de son payis, on y rapportoit ses cendres pour être mises au tombeau de ses ancêtres. Cela se pratiquoit quelquefois; mais si l'on comptoit tous les exemples, les exceptions passeroient peutêtre la regle.

Ceux qui étoient frappez de la foudre, dit M. Potter, étoient enterrez à part, parcequ'on croioit que c'étoient des gens qui déplaisoient aux dieux. D'autres disent qu'on les enterroit au même lieu où ils avoient été frappez : mais selon Plutarque, on les laissoit pourrir là même, & l'on entouroit de palissades le lieu où étoient ces corps. Peutêtre en a-t-on usé à differentes fois en toutes ces manieres. On privoit aussi de la sepulture les sacrileges & les violateurs des temples.

Cum quis procul patria moriebatur, ejus cineres in eam reportabantur, ut in majorum sepulcro deponerentur. Id videlicet aliquando factum est; sed si exempla numerentur, exceptiones fortasse regulam superabunt.

Qui fulminis ictu peribant, ut observat illustrissimus Potterus 4. 1. seorsim sepeliebantur, quia opinio erat eos diis invisos fuisse. Alii dicunt ipsos eodem in loco sepultos fuisse, quo fulmine percussi fuerant. At secundum Plutarchum in *sympos.* eodem in loco relinquebantur putredine consumendi, locusque illo septo circumdabatur. Qui agendi modi forte omnes diversis in casibus adhibiti fuerint. Sepultura porro privabantur sacrilegi templorumque violatores.

CHAPITRE IV.

I. Combien de jours gardoit-on le corps mort dans la maison? II. Ceremonies à la mort des Rois de Sparte. III. Qui étoient ceux qui assistoient aux convois: lectiques & sandapiles pour porter les morts. IV. Autres ceremonies. V. Joueurs de flute & baladins.

I. ON ne convient pas sur le tems pendant lequel on gardoit les corps morts à la maison avant que de les porter au bucher. Homere dit que le corps d'Achille fut gardé dix-sept jours. Mais Servius dit qu'on le bruloit le huitiéme jour, & qu'on les ensevelissoit le neuviéme après leur mort. Cela ne doit s'entendre que des gens de qualité; car les pauvres étoient ensevelis ou le lendemain, ou après trois ou quatre jours.

Après que les sept jours étoient expirez, un heraut annonçoit le convoi en cette maniere ou en quelque autre semblable; *Ceux qui voudront assister aux obseques de Lucius Titius, fils de Lucius, sont avertis qu'il est tems d'y aller présentement; on emporte le corps de la maison.* Ces mots du heraut, que rapporte Morestel, semblent être pris du Phormion de Terence, où il est dit, *On fait les obseques de Chremès, que ceux qui le pourront, y assistent; l'heure est arrivée.*

II. Quand les Rois de Sparte étoient morts, des gens à cheval annonçoient

CAPUT IV.

I. Quot diebus mortui domi manerent. II. Ceremoniae Sparciatarum rege mortuo. III. Quinam elationi funeris interessent: lecticae & sandapilae deferendis mortuis. IV. Aliae ceremoniae. V. Tibicines, scurrae.

I. QUot diebus corpus servaretur domi non convenit inter scriptores: Homerus in Odyssea ait corpus Achillis septemdecim diebus servatum fuisse, antequam efferretur cremandum. At secundum Servium Virgilii interpretem, cremabantur cadavera octavo post mortem die, & cineres condebantur nono. Illud vero de nobilibus dividebatur tantum accipiendum: nam plebeii aut postridie aut post tertium quartumve diem efferebantur.

Post diem septimum clamabat praeco his aut similibus verbis: *Exsequias L. Titio L. filio, quibus est commodum ire, jam tempus est; ollus ex aedibus effertur.* Ita Morestellus: quae formula videtur excepta ex his Terentii verbis in Phormione: *Exsequias Chremeti, quibus est commodum ire; jam tempus est.*

II. Apud Spartiatas rege mortuo, equites obitum illius nunciabant, circumquaque per urbem cursitan-

DEVOIRS RENDUS AUX MORTS.

leur décès en courant de côté & d'autre par la ville. Alors les femmes se decheveloient, & prenoient des chauderons qu'elles battoient nuit & jour en faisant des lamentations : c'étoit un charivari épouvantable : chaque maison étoit obligée sous de grieves peines de mettre un homme & une femme en deuil.

III. Ceux qui assistoient aux funerailles étoient les parens & les amis. Quand le mort avoit rendu des services considerables à la Republique, le peuple s'y trouvoit aussi. Il arrivoit quelquefois que des gens qui se voioient mourir, prioient leurs amis d'assister à leurs funerailles. On portoit les gens de qualité sur de petits lits appellez lectiques, dont nous voions un assez grand nombre dans les monumens répandus dans cet ouvrage. Ces lectiques étoient appellez hexaphores, du nombre des six hommes qui les portoient; ou octaphores, du nombre de huit. Les gens de basse condition étoient portez sur des sandapiles : c'étoient comme des brancars portez par quatre hommes. Ces sandapiles sont appellées dans Martial *O. ciniana spondæ*, du nom *Orcus*, qui veut dire Pluton ou l'enfer, où étoient menées les ames des morts. Lucain & Horace appellent la sandapile *arca* : *feretrum* paroit un mot general qui marque la lectique & la sandapile. Les porteurs des corps morts étoient appelez *Vespillones*, mot que les Etymologistes font venir de *Vespera*, le soir, parce, disent-ils, que c'étoit le soir que se faisoient les convois. Au lieu de biere les Lacedemoniens se servoient d'un bouclier.

IV. Le mort avoit le visage découvert : lorsqu'on l'apportoit au tombeau, on lui mettoit quelquefois des couleurs pour le rendre plus agreable; ce qu'on faisoit sur tout aux jeunes filles : quand le visage étoit tout-à-fait difforme, on le couvroit entierement. Dans les plus anciens tems ces convois se faisoient la nuit, quoique cela ne fût pas general; car il y en avoit qui enterroient le jour. La coutume d'enterrer la nuit fut depuis changée, & ne fut observée que pour les jeunes gens qui mouroient dans l'adolescence. Julien l'apostat voulut la rétablir par tout le monde; mais il ne vécut pas assez de tems pour la faire observer.

V. Les Atheniens faisoient leurs funerailles le matin avant le soleil levé. Devant le convoi marchoient des joueurs de flute qui jouoient un air lugubre, & une chanson de deuil que les Grecs appelloient ἰάλεμος, & les Latins *nænia* ou *nænia*. Comme les anciens déifioient tout, on faisoit de *Nænia* une déesse,

---

tes : tum mulieres passis crinibus leberes percutiebant ; nocte dieque lugentes, ejulantes ingeminemque strepitum edentes. Ædes singulæ indicta pœna, virum mulieremque qui luctum persolverent, exhibere tenebantur.

III. Qui funeribus intererant cognati amicique defuncti erant. Si is qui ex vivis excesserat de republica bene meritus esset, exsequiis & populus aderat. Nec raro ægroti qui e vicino mortem accedere videbant, amicos rogabant funeri suo interessent. Nobiles virique primarii efferebantur in lecticis, quæ non infrequentes in hujus operis decursu visuntur. hæ lecticæ ἑξάφοροι appellabantur a numero sex virorum illas gestantium, vel ὀκτάφοροι si a viris octo gestarentur. Plebeii sandapila efferebantur a quatuor bajulis. Sandapilæ apud Martialem vocantur orcinianæ spondæ, ab orco, qui vel Plutonem vel infernum significat, quo animæ deducebantur. Lucanus lib. 8. sandapilam vilem arcam vocat, itemque Horatius l. 1. Sat. 8. cujus hæc sunt verba :

Huc prius angustis ejecta cadavera cellis
Conservus vili portanda locabat in arca.

Feretrum vox generica fuisse videtur, quæ & lecticam & sandapilam significaret. Illi cadaverum bajuli Vespillones appellabantur, quam vocem etymologi ex vespera deducunt, quia vespere mortui efferri solebant : Lacedæmonii sandapilæ vel lecticæ loco, clypeo utebantur.

IV. Vultus defunctorum qui efferebantur, ut ait Kirchmannus, ut plurimum aperti erant, colore etiam illiti, maximeque virginum. Verum si qua esset in vultu deformitas, velata facie prodibant : prisco tempore noctu efferebantur corpora, etsi non apud omnes, erant enim qui interdiu efferrent. Mos autem efferendi noctu mutatus postea, & pro solis adolescentibus præmetura morte abreptis in usu fuit. Julianus is, quem Apostatam vocamus, priscum morem restaurare voluit, verum fato præoccupatus, rem infectam reliquit.

V. Athenienses summo mane ante solis ortum mortuos efferebant : præibant tibicines lugubrem cantilenam modulantes, quam vocabant ἰάλεμος : Latini hujusmodi cantus næniam sive nænias appellabant. Ut autem prisci omnia in deos referebant, Nænia dea

& l'on difoit felon Arnobe que ceux qui font réduits à l'extrémité font fous la tutele de *Nænia*. Ces chanfons où l'on exprimoit la douleur des perfonnes vivantes à la mort de leurs parens ou parentes, étoient ordinairement pleines de niaiferies & de bagatelles ; c'eft ce qui a fait que *nænia* eft fouvent pris pour bagatelles dans les auteurs. Le nombre des joueurs de flute devenant trop grand, il fut ordonné dans la fuite qu'ils ne feroient pas plus de dix. Outre ces joueurs de flute, des baladins & des joueurs de paffe-paffe marchoient devant le convoi ; ils danfoient & gefticuloient d'une maniere à faire rire. Il y a apparence que cela ne fe faifoit pas toujours ; Denys d'Halicarnaffe dit que cela fe pratiquoit principalement aux funerailles des gens aifez, & dont la vie avoit été heureufe. Dans les pompes funebres on portoit des flambeaux & des cierges, comme dit Seneque à la fin du livre de la brieveté de la vie. Pour les funerailles des pauvres gens on ne portoit que des chandelles.

erat, de qua dicebant fecundum Arnobium l. 4. *In tutela funt Næniæ, quibus extrema funt tempora.* Cantilenæ porro, queis exprimebatur viventium dolor de abreptis morte cognatis, ut plurimum nugis tricifque refertæ erant : hinceque factum ut næniæ pro nugis a fcriptoribus frequenter ufurpentur. Cum autem ad funera nimius in dies conflueret tibicinum numerus ; decretum fuit ne plus quam decem tibicines funeribus adeffent. Præter tibicines, circulatores quoque, mimi atque fcurræ ante funus incedebant ; qui faltationibus & gefticulationibus rifum movere ftudebant : at id non femper factum fuiffe videtur, fed in ufu erat in divitum exequiis. *In illuftrium virorum funeribus*, inquit Dionyfius Halic. *præter alias pompas, vidi & Satyricos, qui lectulum præcedebant, & Sicinnem faltationem faltabant, præcipue vero in fortunatorum virorum funeribus.* In funereis pompis, ut ait Seneca in fine libri de brevitate vitæ, faces atque cerei geftabantur. In funere vero pauperum folis utebantur candelis.

LES CONVOIS.

CHAPITRE V.

I. Ceremonies aux convois des gens de qualité. II. Habits de ceux qui assistoient aux funerailles. III. Pleureuses, ceremonie de se couper ou de s'arracher les cheveux. IV. Autres marques de deuil.

I. SI celui qu'on portoit au bucher avoit été dans les charges, s'il s'étoit signalé à la guerre, & s'il avoit obtenu des couronnes & des recompenses, on y portoit les marques de ses emplois, les presens qu'il avoit reçus pour ses belles actions, ceux qu'il avoit reçus des villes, les étendars & les dépouilles qu'il avoit remportées sur les ennemis : on y portoit aussi son visage representé en cire, & une longue suite de ses ayeux & de ses parens representez en bustes de cire sur de grandes piques. On mettoit ensuite ces images à l'*atrium* ou à la salle d'entrée. Quand c'étoient des Empereurs, on y portoit encore les images & les symboles des villes & des nations subjuguées. Quand le mort avoit commandé les armées, les legions assistoient aux funerailles, tenant leurs armes renversées, & le fer des piques en bas ; les licteurs renversoient aussi leurs faisceaux de verges. Les affranchis assistoient au convoi, portant un voile blanc de laine sur la tête.

II. Les fils du défunt marchoient la tête voilée ; leurs filles y alloient nus pieds & les cheveux épars. Les femmes alloient vêtues de blanc, se conformant en cela à leur parent mort. Cette coutume étoit aussi observée chez les Grecs, où les hommes & les femmes qui alloient aux funerailles portoient des couronnes, quand la pompe funebre étoit pour des gens de qualité.

L'habit noir étoit aussi usité à Rome pour les funerailles ; nous trouvons plusieurs passages dans les auteurs qui en font foi. Ces differences marquent que les coutumes ont changé, & peutêtre varié dans le même tems & dans les mêmes lieux. La même varieté se trouve dans les Auteurs Grecs. Pourquoi est-ce, dit Plutarque dans ses Questions Romaines, que les femmes en deuil portent des habits & des rubans blancs ? Est-ce à l'exemple des Mages, qui se revêtent d'un habit clair & luisant pour l'opposer à Pluton & aux tenebres ? ou est ce parceque les morts étant vêtus de blanc, on veut aussi que leurs parens soient habillez de la même couleur ? On met cet habit blanc sur

---

CAPUT V.

I. Ritus in pompa funebri nobilium. II. Vestes eorum qui funeri intererant. III. Præficæ : ritus capillos detondendi aut vellendi. IV. Alia luctus argumenta.

I. SI is qui efferebatur magistratum quempiam exercuisset ; si strenue & præclare quædam in bello gessisset ; si coronas & præmia reportavisset ; insignia magistratus deferebantur ; præmia item gestabantur, & munera a civitatibus accepta, vexilla atque spolia, quæ hostibus eripuisset. Ejus vultus cerea figura repræsentabatur, longaque series avorum gestabatur, quorum protomæ item cereæ oblongis imponebantur hastis : illæ vero imagines postea in ædium atrio locabantur. Cum defuncti Imperatores erant, deferebantur etiam imagines urbium nationumque subactarum : si is qui obierat dux exercitus fuisset, funeri aderant legiones inversis armis, & hastarum ferro ad terram converso : lictores quoque fasces invertere solebant : liberti etiam in funere incedebant capitibus laneo velo obtectis.

Filii quoque ejus qui efferebatur, velato capite funeri aderant ; filiæ ejus nudis pedibus passisque capillis ; mulieres alba veste incedebant, qua in re elato mortuo similes. Hæc consuetudo apud Græcos etiam vigebat, ubi viri feminæque funeribus aderant, coronasque tunc gestabant, cum funerea pompa nobilium virorum erat.

Vestis quoque atra Romæ in funere usurpata deprehenditur, ut plurimis scriptorum testimoniis probatur : quæ discrimina significant magnum fuisse in consuetudinibus varietatem & fortassis eodem tempore eodemque in loco ; quæ item varietas in Scriptoribus Græcis occurrit.

Cur, inquit Plutarchus *in quæst. Romanis*, *mulieres in luctu vestes & vittas albas gestant ? An exemplo Magorum, qui veste clara splendidaque sese vestiunt, ut eam Plutoni atque tenebris opponant : an vero quia cum mortui alba veste sint operti, similis in cognatis vestis requiritur ? Hujusmodi veste mortuos induunt, cum*

»les morts, ne pouvant donner cette blancheur à l'ame, quoiqu'on souhaite »qu'après avoir achevé sa course, elle paroisse pure & brillante. Ou est-ce »parceque la bienseance veut que tout ce qui sert au deuil soit fort simple: »or tout ce qui est teint en couleur, soit noire, soit bleue, ne l'est pas, parceque »la couleur fait un mélange; il n'y a donc que le blanc qui convienne aux »morts. Socrate dit qu'à Argos on porte au deuil des habits blancs & passés »par l'eau.« Pour marquer une douleur extreme, les parens déchiroient quelquefois leurs habits.

III. On louoit des pleureuses qui s'appelloient *præficæ*, qui fondoient en larmes en chantant les louanges du mort : comme c'étoient des larmes de commande, & que ces pleureuses se rejouissoient interieurement du gain que leur produisoit cette douleur simulée, il passa en proverbe de dire, Il a rire, il est en deuil *præficarum more*, à la maniere des pleureuses, en parlant de ceux qui faisoient semblant ou d'aimer ou de s'affliger, lorsqu'ils étoient dans des dispositions toutes contraires. Ces pleureuses s'arrachoient les cheveux ; ce que faisoient aussi les autres femmes à leur imitation. Il y en avoit qui se tondoient à la mode des Grecs que nous observons aux funerailles de Patrocle, & mettoient leurs cheveux sur la poitrine du défunt, ou sur le bucher, quand il y étoit.

La coutume de se couper les cheveux étoit encore plus en usage chez les Grecs ; Archelaüs roi de Macedoine se les coupa aux funerailles d'Euripide. Cette coutume s'observoit aussi chez les Perses & chez d'autres barbares ; nous en trouvons des marques dans l'Ecriture sainte. On coupoit aussi pour marque de deuil le crin des chevaux : cela s'observe au deuil d'Alceste, où Admete commande dans Euripide, qu'on coupe le crin aux quatre chevaux qui menoient le char. Plutarque dit dans la vie de Pelopidas, qu'à sa mort les Thessaliens se tondirent, & qu'ils couperent aussi le crin de leurs chevaux. Alexandre le Grand à la mort d'Hephestion ne se contenta pas de faire couper le crin des chevaux & des mulets, mais il fit aussi abatre les creneaux des villes, afin que les murs mêmes portassent le deuil de la mort de son ami.

IV. D'autrefois sans se couper les cheveux on témoignoit son affliction en les aspergeant de poussiere & de cendre ; on en trouve un grand nombre d'exemples dans les poëtes. Quand la douleur étoit extreme, ces profanes

---

album colorem animæ indere non valeant : etsi summopere cupiunt eam vitæ cursum emensam puram splendidamque apparere. An, etiam quia decet omnia quæ ad luctum adhibentur esse admodum simplicia? Atqui id quod colore quopiam, sive nigro sive cæruleo tingitur, simplex non est, color enim aliquam infert mixtionem. Albus ergo color tantum mortuis convenit : ait Socrates in Argo ad luctum gestari vestes albas & aqua ablutas. Ad majorem indicandum dolorem, cognati nonnunquam vestes dilacerabant.

III. Præficæ mercede conducebantur, quæ lamentantes lacrymasque profundentes defuncti laudes canerent, præficæ dictæ, ut putatur, quod ad eam rem essent præfectæ. Cum vero quæstus solum causa de industria flerent, nullo tamen affectæ mœrore ; in proverbium abiit, ut ii qui amorem doloremque simularent, præficarum more id agere dicerentur. Hæ præficæ sibi capillos evellebant, idipsumque cæteræ mulieres earum imitatione præstabant : capillos etiam detondebant alii Græcorum more, qualem videmus in funere Patrocli apud Homerum. Defectos autem capillos in mortui pectore deponebant, seu etiam in rogum ipsum conjiciebant.

Hæc consuetudo frequentior apud Græcos erat. Archelaus Macedoniæ rex in funere Euripidis capillos totondit : quæ consuetudo etiam apud Persas aliosque Barbaros vigebat : ejusdem moris aliquot vestigia exstant in scriptura sacra. Etiam equorum crines in luctus argumentum tondebantur : quod in Alcestidis luctu observatur apud Euripidem, ubi Admetus jubet detonderi crines quatuor equorum qui currum trahebant. Plutarchus in vita Pelopidæ narrat Thessalos in ejus obitu suos pariter & equorum crines totondisse. Alexander vero magnus in funere Hephæstionis non satis habuit præcepisse ut equorum mulorumque crines detonderentur ; sed etiam urbium pinnas decuti diruique jussit ; ut vel muri ipsi amici sui obitum luctu prosequerentur.

IV. Aliquando etiam non defectis capillis mœrorem testificabantur pulvere cinereque caput aspergendo, cujus rei exempla frequentia exstant apud poëtas. Nonnunquam tanta vis erat mœroris ut profani

LES CONVOIS. 15

s'emportoient quelquefois jusqu'à chanter pouilles aux dieux qui leur avoient enlevé leurs parens ou leurs amis; leur fureur alloit quelquefois plus loin; ils jettoient des pierres contre les temples, renverfoient les autels, jettoient les dieux Lares à la rue.

illi in deos maledicta profunderent, quod fibi cognatos amicosve abstulissent : furor etiam eo usque procedebat, ut templa lapidarent, aras diruerent, deos Lares in vicos projicerent.

CHAPITRE VI.

I. Convoi tiré d'un marbre Romain. II. Femme qui se tue auprès du bucher de son mari. III. Defcription des funerailles des gens illuftres de Rome, faite par Polybe. IV. Oraifons funebres.

I. LE convoi que nous repréfentons ici, eſt tiré d'un marbre Romain; il s'en faut bien qu'on y obſerve tout ce que nous avons dit : ces ceremonies des funerailles varioient beaucoup, comme nous venons de le remarquer. Celui qu'on porte au bucher paroît être un chaſſeur ou un homme qui aimoit la chaſſe. Le corps nu eſt porté ſans lectique par quatre hommes; un des quatre hommes tient un bâton, dont le haut ſe termine en T. L'homme qui ſuit immediatement le corps, eſt tout nu, & tient un doigt ſur la bouche : un autre tient une lance de chaſſeur : un autre mene deux chiens de chaſſe attachez. Après vient un cheval qui porte des hardes, & une eſpece de fourche de chaque côté; ces hardes pourroient bien être des filets, & les fourches pourroient avoir ſervi à les tendre. Après ce cheval vient un homme qui porte la main à ſes yeux, & ſemble pleurer la mort de ſon ami ou de ſon maître. La bande eſt terminée par un petit char ſur lequel eſt monté un jeune homme qui donne des marques de triſteſſe. A côté des chevaux eſt encore un autre homme qui porte une lance ou un javelot pour la chaſſe.

Pl. II.

II. Le mort eſt porté les pieds devant; un homme qui précede le corps, tient une épée, & fait quelque ſigne de l'autre main. Trois femmes qui vont devant ſont toutes écheveléés & éplorées; un jeune homme qui les précede tient la main ſur la bouche, & donne auſſi des marques de triſteſſe. On remarque ſur la même image pluſieurs actions où les mêmes perſonnes ſont repetées, comme nous avons vu ſouvent dans d'autres planches. Après ce que

CAPUT VI.

I. Funebris elatio ex marmore Romano educta. II. Mulier prope conjugis pyram violentas fibi manus infert. III. Defcriptio funeris illuftrium Romanorum à Polybio. IV. Funebres orationes.

I. FUNEBRIS pompa quam hîc exhibemus, ex marmore Romano prodit, ubi non multa ex iis quæ jam diximus obſervantur : nam funerum ritus multis erant varietatibus obnoxii, quod jam ſæpe animadvertimus. Venator vel venationi deditus fuiſſe videtur is qui effertur : geſtaturque nudus ſine lectica vel ſandapila a viris quatuor, quorum unus baculum tenet in figuram T ſuperne terminatum. Qui corpus ſequitur nudus digito os premere videtur : alius haſtam venatoriam tenet : alter canes duos venatorios loro colligatos ducit : hinc equus ſequitur farcinis onuſtus qui furcam ſeu bidentem in utroque latere appenſum habet; ſarcinæ retia eſſe poſſe videntur : hæ vero furcæ, ni fallor, venatoria inſtrumenta ad retia expandenda : poſt equum vir manum oculis admovens amici vel patroni fatum lamentari videtur : agmen claudit ab hoc latere biga equorum; auriga in curru ſtans lugentis ſpeciem præfert : a latere equorum alius haſtam ad venatum, ut putatur, tenet.

II. Ab altero latere defunctum, qui pedibus antrorſum poſitis defertur, præcedit vir gladium manu tenens, extenſaque manu ſignum aliquod edens; hinc tres mulieres paſſis crinibus plorantes, mœſtitiæque ſigna plurima edentes, quas præcedit juvenis mœroris & ipſe plenus, qui manum ori admovet. In eadem ipſa tabula acta plurima eaſdem perſonas referentia exhibentur, quod in veterum monimentis jam frequenter factum vidimus in præcedentibus tabulis.

nous venons de dire ; nous voions le bucher quarré sur lequel est le cadavre ; la femme du mort s'arrache les cheveux. Cette scene est presque couverte ou cachée par une autre plus tragique, où la femme du défunt ne pouvant supporter la douleur de la mort de son mari, se plonge un poignard dans le sein, & est soutenue par deux autres femmes qui la relevent. A l'extrémité de l'image est une autre femme assise devant l'urne où sont les cendres peut-être du mari & de la femme ; c'est une de celles qu'on appelloit *præfica*, qui fait ses lamentations en étendant ses bras.

III. A Rome si le défunt étoit une personne de qualité, on le portoit aux *Rostra*, qui étoit un lieu du marché ainsi appellé, parce qu'il y avoit des éperons de proues de vaisseaux représentez. A ces *Rostra* étoit une espece de tribune d'où on pouvoit haranguer le peuple ; voici ce qu'en dit Polybe : » Quand » quelque illustre Romain est mort, on lui fait de grands honneurs, & entre » autres on apporte son corps en ceremonie au marché au lieu qu'on appelle » *Rostra*. On le met quelquefois debout, afin qu'on le puisse mieux voir : on » le porte aussi quelquefois couché, mais plus rarement. Tout le peuple y » vient en foule, & alors son fils, s'il en a quelqu'un qui soit en âge pour ha- » ranguer, & qui soit present, ou quelqu'un de ses parens, monte aux *Rostra*, » & fait l'éloge de celui qui vient de mourir ; il étale ce qu'il a fait de grand » pendant sa vie. Il arrive de là que ceux qui y assistent rapellent la memoire » de ce qu'il a fait, soit qu'ils y aient été presens, soit qu'ils l'aient appris des » autres ; en sorte que ce deuil de quelques particuliers devient public. Après » qu'on l'a enseveli, on met son image dans un quadre couvert au principal » appartement de la maison. Cette image represente la face où l'on met les cou- » leurs. Aux jours des solemnitez publiques on découvre ces images, & on les en- » toure d'ornemens. Quand quelqu'un de la même famille vient à mourir, on » les porte dans le convoi, & pour les rendre semblables à celui qu'on va ense- » velir, on leur met un corps entier. On donne une toge à ces images ; & si le » défunt a été Consul ou Préteur, on lui donne la pretexte ; s'il a été Censeur, on » le revêt de pourpre ; s'il a été honoré du triomphe, ou de quelque marque » d'honneur semblable, l'or brille sur son habit. Les faisceaux de verges, les » haches, & les autres marques de magistrature marchent devant : en un » mot, chacun paroit avec les mêmes marques d'honneur & de dignité qu'il

Hinc pyram seu rogum videmus, cui impositum cadaver est : pyra quadrata videtur esse : vir pedes mortui decenter componit : defuncti uxor, ut videatur, capillos sibi vellicat præ dolore. Verum hæc scena, altera singulariore pene tota tegitur, in qua defuncti uxor sese gladio sub mamma infixo confodit, quam duæ mulieres labentem sustentant. In extrema tabula præfica sedens ante defuncti urnam lamentatur manus extendens, quæ fortassis urna & viri defuncti, & uxoris quæ sibi mortem consciuit, cineres complectitur.

III. Si defunctus splendidi generis esset, corpus ad rostra deferebatur. Erant rostra in foro, sic dicta quod rostris navium locus exornaretur : ibi pulpitum erat, ex quo orationes haberi solebant in defuncti laudem. Hæc vero omnia sic prosequitur Polybius l. 6. 51. *Quoties aliquis vir illustris apud illos migravit de vita, is cum funus effertur, præter reliquos honores quibus ornatur, in formam ad rostra, ut vocant, solet efferri : stant interdum ut sit omnibus conspicuus, rarius jacens. Ibi populi totius corona circumstante, aut filius, si contingat filium ætate adultum ab eo esse relictum, atque ille præsens adsit : si minus e sanguine junctis aliquis rostra conscendit, defunctique laudes commemorat, & si qua dum viveret feliciter ab eo fuerint gesta : unde evenit ut populus rediens in memoriam antecactorum, & ob oculos sibi ea ponens, sic efficiatur, non illi dumtaxat qui gerendis rebus quæ sunt narrata interfuerunt, sed ii etiam qui plane alieni fuerunt ab iis quæ narrantur, ut publicus videatur is luctus esse, non eorum proprius ad quos funus pertinet. Deinde ubi cadaver sepelierunt & justa peregerunt, imaginem defuncti in celeberrima ædium parte ponunt, lignea quadam ædicula circumcollocant. Est autem hæc imago, vultus similitudo, quam accuratissime expressa, tum deformatione figuræ, tum & pigmentis. Has imagines per solemnitates publicas aperiunt, & cum studio exornant : cum autem illustris vir alignis ex eadem gente vel familia diem clausit ultimum, ad funeris elationem eas proferunt, & ut quam simillima sint defuncto, reliquum etiam corporis truncum adjiciunt. Hæc porro simulacra togas assumunt. si vir consularis aut prætorius qui fuerit, prætextas : si censorius purpureas : si triumphalis aut simili honore functus, auro radiantes. Et hi quidem curru vecti procedunt. Ac fasces & secures & quæcunque alia magistratus comitari solent insignia, ibi quoque præcedunt ; pro honore ac dignitate, quam quisque in republica dum viveret*

avoit

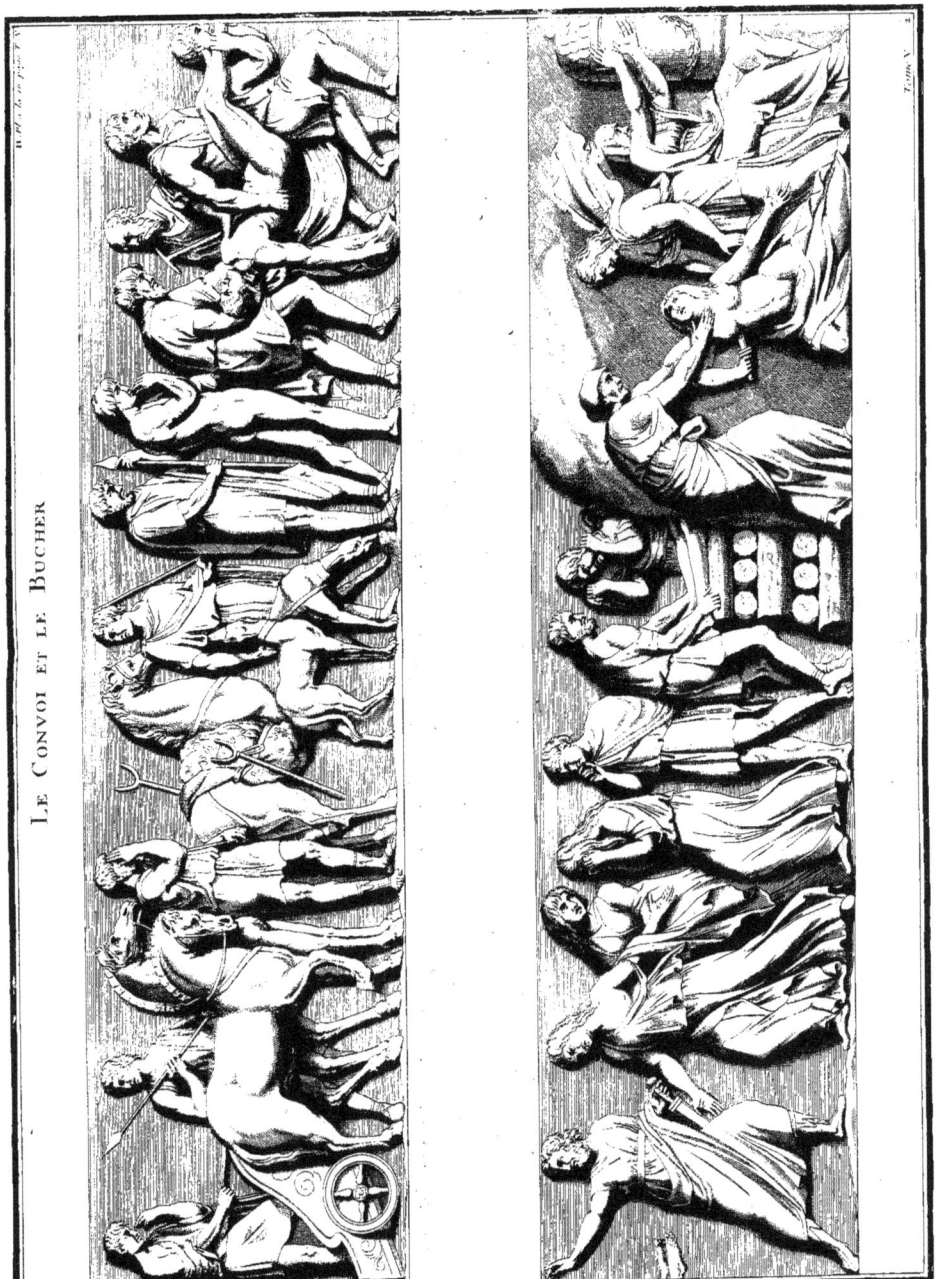

Le Convoi et le Bucher

avoit dans la République pendant qu'il étoit en vie. Quand ils sont arrivez « aux *Rostra*, ils s'asseient tous selon leur rang sur des sieges d'ivoire : on ne peut « rien voir de plus beau que ce spectacle, ni de plus propre à exciter les jeunes « gens à l'amour de la belle gloire : car qui ne seroit ému & saisi d'un desir « si louable, voiant les images comme vivantes de ces grands hommes, à la « vertu desquels on fait tant d'honneur ? Joignez à cela l'oraison funebre que « fait l'Orateur destiné pour cela : il y parle non seulement de celui que l'on va « ensevelir, mais aussi de tous les autres dont les images sont présentes, en « commençant par le plus ancien ; il étale leurs belles actions, & les honneurs « qu'on a faits à leur mérite. Il arrive de là que les éloges de ces grands hom- « mes sont souvent réiterez, & que la gloire de leurs grandes actions par là « consacrée à l'immortalité, se répand par tout, & passe à la posterité : la jeu- « nesse éprise du desir d'arriver à de pareils honneurs, se porte avec ardeur à « tout faire & à tout entreprendre pour le bien de la République. «

IV. Ces éloges funebres étoient encore en usage chez les Grecs, comme dit Periclès au commencement de l'oraison funebre des Atheniens morts à la guerre pour leur patrie : c'est la seule des oraisons funebres de ces anciens tems qui nous reste. On faisoit ces oraisons funebres non seulement pour les hommes de distinction, mais aussi pour les femmes illustres qui avoient fait quelque chose de remarquable pour la République. Platon fait mention de cette coutume ; cela se faisoit aussi chez les Romains, comme dit Ciceron au second livre de l'Orateur : » J'ai pris plaisir, dit-il, aussi bien que tous les auditeurs, « de vous entendre faire l'éloge de Popillia votre mere. Je crois que c'est la pre- « miere femme à qui on a fait un pareil honneur dans cette ville. «

---

obtinuit. Ad Rostra ut ventum est, ordine omnes sellis insident eburneis ; quo spectaculo nullum pulcrius juvenis vera laudis ac virtutis amans queat intueri. Quis est enim quem laudis cupido non invadat, cum imagines virorum quos sua virtus fecit insignes, velut vivas omnes spectet ac spirantes ? An hoc spectaculo quod potest aliud esse pulcrius ? Caeterum qui mox sepelien lum laudat, cosoluta hujus laudatione, ad alios orationem conferens, ab maximo natu omnium qui adsunt orditur, & decora singulorum ac res gestas commemorat, atque hoc modo bonorum praestanti laude ac fama subinde renovata, eorum gloria qui facinus aliquod memorabile ediderunt, fit immortalis : nomen autem eorum qui de patria praeclare sunt meriti, vulgo innotescens ad posteritatis memoriam propagatur ; & quod longe maximum, juventus ad omnia serenda excitatur, quo tandem illam adipiscatur gloriam quae bonos comitari solet.

IV. Hae funebres orationes etiam apud Graecos in usu erant, ut ait Pericles initio elogii funebris Atheniensium illorum qui pro patria in bello ceciderant, quod unum ex omnibus superest. Non solum autem viri, sed etiam mulieres nobilitate insignes, quae aliquid Reipublicae gratia fecissent istis orationibus laudabantur, ut ait Plato de Legibus libro primo. Idem observabatur apud Romanos, quemadmodum testificatur Cicero lib. 2. de Orat. in eo quidem genere, inquit, scio & me & omnes qui affuerunt delectatos esse vehementer, cum abs te est Popillia mater vestra laudata : cui primum mulieri hunc honorem in nostra civitate tributum puto. Hujus rei etiam apud Plutarchum exempla reperiuntur.

CHAPITRE VII.

I. *Coutume des Grecs d'ensevelir hors des villes ; les Atheniens la gardoient rigoureusement.* II. *La même coutume à Rome, mais souvent violée.*

I. LA plûpart des Grecs avoient leur sepulture hors des villes. On remarque dans les auteurs plusieurs exemples qui en font foi, & qui regardent les Atheniens, les Corinthiens & les Sicyoniens. Les Atheniens étoient fort religieux à observer cette loi, comme dit Sulpitius dans sa lettre à Ciceron, où il parle de son collegue M. Marcellus, qui avoit été poignardé auprès d'Athenes par un homme desesperé, nommé Magius, qui se poignarda lui-même après avoir fait le coup. » Je me rendis chez lui, dit Sulpitius, j'y trouvai » deux affranchis & fort peu d'esclaves; les autres s'étoient enfuis de peur, » disoit-on, parce que leur maitre avoit été tué devant son logis; je fus obligé » de le mettre dans ma chaise à porteurs pour l'apporter à la ville; je lui fis » des funerailles assez magnifiques, eu égard aux commoditez qui se trouvent » dans cette ville. Je ne pus jamais obtenir des Atheniens la permission de le » faire ensevelir dans la ville, parce, disoient-ils, que leurs loix sacrées le dé- » fendoient. En effet ils ne l'avoient jamais permis à personne. Ils m'accorde- » rent pourtant tout ce qui étoit en leur pouvoir; c'étoit de le faire enterrer » en tel gymnase qu'il me plairoit Je choisis l'Academie, le plus celebre gym- » nase qui soit dans l'univers. Par mes soins & à ma priere les Atheniens lui » firent en cet endroit un tombeau de marbre. Je lui ai ainsi rendu & pendant » sa vie & après sa mort tous les devoirs que ma qualité de collegue, & la » parenté qui étoit entre nous deux, demandoient. «

II. Pour ce qui est de l'île de Delos, il étoit défendu d'y inhumer personne, parceque tous les Grecs la regardoient comme consacrée par la naissance d'Apollon & de Diane. On croit qu'à Rome dans les plus anciens tems on enseveliffoit dans la ville; Servius Commentateur de Virgile semble l'entendre ainsi, lorsqu'il dit que du *forum* ou du marché public on rapportoit les corps à la maison : & Isidore dit expressément qu'on enseveliffoit les morts dans leur maison : Ciceron l'assure aussi de Publicola, de Tudertus, & de leurs

CAPUT VII.

I. Ritus corpora extra urbes sepeliendi apud Græcos, ab Atheniensibus rigide servabatur.
II. A Romanis item, sed sæpe violatus.

I. PARS maxima Græcorum extra urbes sepulcra habebant : multa apud scriptores hujus consuetudinis occurrunt exempla, quæ ut plurimum Athenienses, Corinthios & Sicyonios respiciunt. Athenienses vero summa religione hunc morem servabant, ut videre est in epistola Sulpitii ad Ciceronem, lib. 4. Epist. famil. Ciceronis 12. ubi de morte M. Marcelli collegæ sui, qui a Magio perditissimo homine confossus est, qui Magius post inflictum vulnus sese ipse lethali vulnere confodit. *Ego ad tabernaculum ejus perveni ; inveni duos libertos & pauculos servos : reliquos aiebant profugisse metu perterritos, quod dominus eorum ante tabernaculum interfectus esset, Coactus sum in eadem illa lectica qua ipse delatus eram, meisque lecticariis in urbem eum referre ; ibique pro ea copia qua Athenis erat, funus ei satis amplum faciendum curavi. Ab Atheniensibus locum sepulturæ intra urbem ut darent, impetrare non potui, quod religione se impediri dicerent : neque tamen id antea cuiquam concesserant. Quod proximum fuit, ut in quo vellemus gymnasio eum sepeliremus, nobis permiserunt. Nos in nobilissimo orbis terrarum gymnasio Academia locum delegimus ; ibique eum combussimus, postea que in aviums ut ii item Athenienses in eodem loco monumentum ei marmoreum faciendum locarent. Ita quæ nostra ossicia fuerunt pro collegio & propinquitate, & vivo & mortuo ei præstitimus.*

II. In Delo insula vetitum erat quempiam sepeliri, quia illam omnes Græci putabant Apollinis & Dianæ natalibus sacram. Romæ antiquissimis temporibus intra urbem sepultos mortuos fuisse creditur. Servius Virgilii interpres, ad lib. 5. Æneid. *E foro*, ait, *domum suam referebatur mortuus primis temporibus ; quo referri potest illud Virgilii :*

Sedibus hunc refer ante suis, & conde sepulcro.

Isidorus etiam dicit mortuos in ædibus suis fuisse sepultos ; idipsumque ait Cicero loco infra referendo,

descendans. Mais la loi des douze Tables défendit non seulement d'ensevelir, mais aussi de bruler les corps dans la ville. Ciceron expliquant cette loi dit au second livre des Loix : La loi défend d'ensevelir dans la ville ; le « college des Pontifes l'a ainsi établi, & ne veut pas qu'on ait droit de faire « des sepulcres dans un lieu public, prétendant qu'un lieu public ne peut pas « être à la disposition de la religion des particuliers. « Cette loi fut souvent violée dans la suite ; c'est pour cela qu'Hadrien & Antonin son successeur renouvellerent la défense, & depuis eux Diocletien & Maximien. On apporte deux raisons de cette défense d'ensevelir les morts dans les villes ; la premiere est, parcequ'ils croioient que les ossemens des morts rendoient profanes les lieux où on les mettoit : l'autre raison étoit qu'on apprehendoit que ces corps ensevelis dans les villes n'y causassent un mauvais air.

---

de Publicola, de Tuderto, deque eorum posteris. Sed postea lege duodecim Tabularum illud vetitum fuit, *Hominem mortuum in urbe ne sepelito, neve urito.* Quam legem sic explicat Cicero lib. 2. de Legibus : *In urbe sepeliri lex vetat : sic decretum est a Pontificum collegio, non esse jus in publico loco fieri sepulcrum : statuit enim collegium locum publicum non potuisse privata religione obligari.* Hæc vero lex sæpe violata fuit, ideoque Ha‑ drianus & Antoninus successor ejus, & postea Diocletianus & Maximianus hoc decretum renouarunt. Duæ causæ sepulturæ in urbe prohibendæ adferuntur: primo, quod putarent ossibus mortuorum profanari loca ubi deponerentur ; secundo, quod metuerent ne corpora in urbe sepulta aerem vitiarent & corrumperent.

CHAPITRE VIII.

I. *La coutume de bruler les corps assez generale tant chez les Grecs que chez les Romains. II. Exceptions de cette coutume chez les Romains. III. On inhumoit à Rome sans bruler, quoique plus rarement. IV. La forme du bucher.*

I. LA coutume de bruler les corps étoit presque generale chez les Grecs & chez les Romains : nous trouvons pourtant assez d'exemples de corps inhumez comme aujourd'hui, & sans avoir été consumez sur des buchers. Dans les plus anciens tems on inhumoit les corps à Athenes selon la loi de Cecrops rapportée par Ciceron, MORTUUM TERRA HUMATO. Leurs tombeaux ne devoient pas être fort magnifiques, puisqu'ils étoient obligez par la loi de n'y faire travailler que dix hommes tout au plus, qui devoient avoir fini dans trois jours. Il y en a pourtant qui prétendent que la coutume de bruler les corps est de toute antiquité chez les Grecs. On voit en effet dans Homere que cette coutume a précedé la guerre de Troie. Xenophon dit pourtant qu'un grand nombre de Grecs furent inhumez.

II. Je suis persuadé, dit Ciceron, que la plus ancienne maniere d'ensevelir «

CAPUT VIII.

I. *Consuetudo urendi corpora pene generalis tum apud Græcos tum apud Romanos. II. Exceptiones quædam apud Romanos. III. Romæ quandoque non cremata corpora humabantur, sed raro. IV. Pyræ forma.*

I. URENDI corpora consuetudo generalis pene fuit tam apud Græcos, quam apud Romanos: attamen aliquot exempla occurrunt, queis humata corpora perhibentur hodierno more, nec in rogis cremata ante sepulturam. Priscis temporibus Athenis corpora humabantur secundum legem Cecropis quam adfert Cicero lib. 2. de Leg. *Mortuum terra humato.* Eorum sepulcra non admodum magnifica fuisse videntur, quia lege vetitum erat ne plus operæ ea in re impenderetur, quam decem homines triduo præstare possent. Sunt tamen qui contra quam dicit Cicero, cremandi corpora consuetudinem antiquissimorum etiam temporum in Græcia fuisse contendant: ex Homero certe constat eam Trojana præcessisse tempora. Xenophon tamen lib. 6. p. 384. Græcorum multos humatos refert.

II. *At mihi quidem*, inquit Cicero de Legibus 2. *antiquissimum sepulturæ genus id fuisse videtur, quo*

»lir les morts est celle dont se sert Cyrus dans Xenophon; le corps est ainsi
»rendu à la terre, & il est situé de maniere qu'il est couvert du voile de sa
»mere. C'est en cette sorte qu'on raconte que notre Roi Numa fut en-
»terré non loin des autels de la fontaine. Tout le monde sait que la famille
»Cornelia a eu presque jusqu'à notre tems de cette sorte de sepulture : on
»n'ignore pas aussi que Sylla victorieux de C. Marius porta sa haine si loin,
»qu'il fit deterrer le corps de ce Capitaine Romain, & le jetter à la voirie ;
»ce qu'il n'auroit jamais fait, s'il eût été aussi sage qu'il étoit violent. Je ne
»sai si ce fut de peur qu'on ne lui fist un pareil traitement, qu'il voulut
»qu'on brulât son corps. C'est le premier des Patrices Corneliens dont le corps
»ait été brulé.

III. M. Fabreti prouve par les anciens monumens, que tant l'usage de bruler les corps, que celui de les inhumer sans les bruler, ont été dans le même tems à Rome : personne ne doute qu'on n'en brulât un grand nombre; il est même certain que c'étoit la maniere la plus ordinaire : il est sûr aussi qu'on en inhumoit, quoique plus rarement; en voici des preuves. Gruter donne une inscription dont voici le sens : *Aux dieux Manes de L. Julius Epigonus, qui a vécu vingt-sept ans cinq mois & douze jours ; son corps entier est inhumé ici. L. Julius Gamus a fait faire ce tombeau pour son fils.* Une autre inscription porte que L. Julius Gamus, apparemment le même, fit faire un sarcophage ou un grand cercueil pour son petit fils L. Julius Marcellus. On en trouve quelques autres exemples quoiqu'assez rares. » La coutume de bruler les corps
»à Rome, dit Pline, n'est pas des plus anciens tems ; mais comme les Ro-
»mains virent que dans les guerres qu'ils faisoient dans des païs lointains
»on déterroit les morts qu'ils avoient inhumez, ils commencerent à les bruler.
»Il y eut pourtant plusieurs familles qui garderent l'ancienne coutume, com-
»me la Cornelienne, dans laquelle on dit qu'aucun corps ne fut brulé jus-
»qu'au Dictateur Sylla. « La coutume de bruler les corps dura jusqu'au tems du grand Theodose, dit Godefroi sur le Code Theodosien. De là vient que Macrobe qui écrivoit sous Theodose le jeune, dit que de son tems cet usage de bruler le corps avoit cessé.

---

apud Xenophontem Cyrus utitur ; redditur enim terræ corpus, & ita locatum ac situm quasi operimento matris obducitur ; eodemque ritu in eo sepulcro quod procul ad fontis aras, regem nostrum Numam conditum accepimus ; gentemque Corneliam usque ad memoriam nostram hac sepultura scimus esse humatam. C. Marii situs reliquias apud Anienem dissipari jussit Sylla victor, acerbiore odio incitatus, quam si tam sapiens fuisset, quam fuit vehemens. Quod haud scio an timens suo corpori posse accidere, primus e Patriciis Corneliis voluit cremari.

III. Monumentorum veterum auctoritate probat Fabrettus *de Inscript.* p. 17. tum cremandi, tum humandi corpora uno eodemque tempore usum fuisse Romæ : nemo dubitat quin pleraque cremarentur ; imo certum est eam fuisse vulgariorem parentandi rationem ; sed etiam humata fuisse corpora, etsi rarius, certum est. Cujus rei argumento sunt inscriptiones apud Gruterum p. 587. quarum una sic habet.

D. M.
L. IVLI. EPIGONI.
VIXIT. ANNIS. XXVII. M. V. D. XII.
CORPVS. INTEGRVM. CONDITVM.
L. IVLIVS. GAMVS
PATER. FILIO. PIISSIMO.

Altera vero inscriptio sic habet :

L. IVLIVS. GAMVS.
DIS. MANIBVS.
L. IVLI. MARCELLI.
NEPOTIS. SVI.
VIXIT. AN. V.
DIEBVS XXXXI.
CORPVS. INTEGRVM
CONDITVM
SARCOPHAGO.

Alia quoque exempla occurrunt etiamsi rata. *Ipsum cremare*, inquit Plinius 7. 54. *apud Romanos non fuit veteris instituti ; at postquam longinquis bellis obrutos erui cognovere, tunc institutum. Et tamen multæ familiæ priscos servavere ritus, sicut in Cornelia : nemo ante Syllam Dictatorem traditur crematus.* Cremandi corpora consuetudo ad usque Theodosii Magni tempora perduravit, ut observat Gothofredus, ad l. Omnia. 6. de Sepulcr. viol. l. 9. tit. 17. Codicis Theodosiani. Inde est quod Macrobius Saturn. lib. 7. cap. 7. dicat : *Licet urendi corpora defunctorum usus nostro tempore nullus sit.* Is autem vixit sub Theodosio juniore.

LE BUCHER.

IV. Le bucher où l'on apportoit le corps mort pour le bruler étoit ou plus grand ou plus petit selon la qualité des personnes. La loi des douze Tables défendoit d'y mettre du bois poli ou menuisé. Le bucher étoit construit principalement de ces sortes de bois, du larix, de l'if, du pin & du fresne, & d'autres arbres qui prennent facilement feu ; on y mêloit aussi la plante appellée *papyrus*. On environnoit le bucher de cyprès, dit Virgile. Servius son Commentateur dit qu'on y met le cyprès, parceque quand on le coupe il ne reprend plus, ou parcequ'il est de soi propre à représenter une maison en deuil, au lieu que les feuilles verdoiantes des autres arbres marquent qu'elle est en joie. Il ajoute après Varron, qu'on entouroit le bucher de cyprès pour corriger par son odeur celle du bucher, qui auroit incommodé ceux qui assistoient à la ceremonie, & qui répondoient aux lamentations de la *præfica*, jusqu'à ce que le corps étant consumé, & les cendres recueillies, elle disoit *Ilicet*, ce qui signifie, *Retirez-vous*. Le bucher étoit de forme quarrée ; tel paroit être celui que nous avons donné dans l'image précedente. Les buchers faits pour les Empereurs paroissent aussi de forme quarrée ; ils sont à trois ou à quatre étages, qui vont toujours en diminuant comme une pyramide, & sont ornez de plusieurs statues : nous en donnons trois tirez des medailles. On en fit pourtant un triangulaire, dit Xiphilin, pour l'Empereur Pertinax.

I V. Pyra super quam inferebant mortuorum corpora cremanda, major minor-ve erat pro personarum ratione atque conditione. Ea vero struebatur ex larice, taxo, pino, & fraxino, aliis-ve arboribus, quæ facile inflammarentur & urerentur : lege cautum erat ut ex impolitis lignis pyræ construerentur ; planta etiam cui nomen papyrus, in pyra quandoque inserebatur. Pyra etiam cupressis circumdabatur, ut ex hoc Virgilii loco colligitur Æneid. 6. v. 215.

Intexunt latera, & ferales ante cupressos
Constituunt, decorantque super fulgentibus armis.

Ubi Servius : *Cupressus adhibetur ad funera, vel quod casa non repullulat, vel quod per eam funestata ostenditur domus, sicut lætam frondes indicant festa.*

Varro tamen dicit pyras ideo cupresso circumdari propter gravem ustrinæ odorem, ne offendatur populi circumstantis corona, quæ tamdiu stabat respondens fletibus Præficæ, id est principis plantuum, quamdiu consumpto cadavere & collectis cineribus diceretur novissimum verbum, Ilicet, quod ire licet significat. Pyra quadratæ formæ erat, qualis esse videtur quam supra exhibuimus. Pyræ Imperatorum in nummis quadratæ etiam esse formæ videntur, & tribus quatuorve tabulatis constant ; quæ superiora, minoris amplitudinis semper sunt, ita ut rogus in pyramidem fere desinat. Hic tres rogos ex nummis eductos producimus. Triangularis tamen pyra pro Pertinace Imperatore facta est, ut narrat Xiphilinus.

CHAPITRE IX.

I. Liqueurs & parfums qu'on mettoit sur le bucher & sur les morts. II. Oboles mis dans la bouche des morts pour le passage de la barque de Caron. III. Autres ceremonies. IV. On enseveliffoit plusieurs morts en même lieu après les batailles.

I. ON versoit sur le défunt du vin, du lait & du miel, & l'on mettoit sur le bucher des parfums & des liqueurs odoriferantes, de l'encens, du cinnamome, des aromates & de l'huile pour faire bruler plus vîte. On donnoit aux morts la potion qu'on appelloit myrrhine, que quelques-uns croient avoir été faite avec de la myrrhe; d'autres disent plus vraisemblablement que c'étoit avec une sorte de pierre précieuse qu'on appelloit *murrha*, de laquelle nous avons déja parlé dans le troisiéme tome. Les Commentateurs se donnent la torture à expliquer ce que c'étoit que cette potion, & la grande diversité de sentimens ne sert qu'à montrer combien la chose est difficile à entendre. Cette profusion d'aromates, de liqueurs, de potions myrrhines, étoit de grands frais, & c'est pour cela qu'elle est défendue par la loi des douze Tables. Outre la raison de la trop grande dépense, il y en avoit une autre, c'étoit que ces liqueurs & ces parfums évaporez par le grand feu du bucher exhaloient une fumée & une odeur si forte, qu'elle étouffoit quelquefois les personnes qui en approchoient de près.

II. Après qu'on avoit oint le corps, on lui ouvroit les yeux qu'on avoit fermez dès qu'il avoit rendu le dernier soupir: on lui mettoit une piece de monnoie ou un obole dans la bouche, pour paier à Caron le passage de la barque; cette piece de monnoie s'appelloit chez les Grecs δανάκη. On augmenta depuis le prix du passage, & l'on mettoit deux ou trois oboles. Cette coutume paroit avoir été fort generale dans la Grece; il n'y avoit que les Hermoniens qui ne mettoient rien dans la bouche des défunts. Nous en trouvons encore aujourd'hui dans la bouche des Mumies que l'on déterre tous les jours en Egypte, comme nous dirons plus bas, quand nous parlerons des funerailles des Egyptiens. C'étoient les plus proches parens du défunt qui mettoient le feu au bucher, & ils l'y mettoient tournez d'un autre côté, pour s'ôter la vue d'un objet si triste.

CAPUT IX.

I. Liquores & aromata in pyram & in cadaver effusa. II. Obolis in os defuncti inducti ad Charonis naulum. III. Alii ritus. IV. Post prælia multi simul humabantur.

I. SUPER corpus defuncti vinum, lac & mel infundebantur: pyra item respergebatur liquoribus quibusdam preciosis, cinnamomo, thure, vino, unguentis, omnique pigmentorum & aromatum genere. Murrhata item potio mortuis dabatur: quæ res postea Lege duodecima vetita fuit. Quid esset illa murrhara potio, non convenit inter scriptores: alii putant ex myrrha factam fuisse; alii fortasse verisimilius ex lapide precioso detrito compositam, quæ gemma Murrha vocabatur, de qua pluribus egimus tomo tertio. Mire torquentur commentatores in ea explicanda re; & sententiarum diversitas, quam sit res explicatu difficilis, abunde probat. Hæc effusio aromatum, liquorum, potionum myrrhatarum, magni sumptus erat, qua de causa a legibus duodecim Tabularum prohibetur: nec ea solum prohibendi causa fuerat; sed quia liquores & aromata hujusmodi igne cremata ingentem emittebant fumum odoremque gravissimum, ita ut eo adstantes qui propius accederent quandoque præfocarentur.

II. Postquam corpus unxerant, oculos quos statim a morte clauserant, rursus aperiebant. Monetam item illi aut obolum in os conjiciebant, ut Charonti naulum solveret; quæ moneta apud Græcos vocabatur δανάκη. Exinde vero transitûs precium adauctum fuit, ac duos tres-ve obolos in ore defuncti ponebant. Qui mos in Græcia generalis fuisse videtur, solique Hermonienses nullum naulum in mortuorum ore includebant: nummi hodieque aurei deprehenduntur in ore Mumiarum quas in Ægypto quotidie eruunt, ut infra dicemus cum de Ægyptiaco funere sermo erit. Cognati ji qui defuncto propinquiores natalibus erant, in pyram ignem immittebant; quod dum agerent, retro vultum convertebant, ne tam lugubrem rem aspicerent.

LE BUCHER.

III. Quand le bucher étoit allumé on prioit les vents d'y souffler pour hâter l'incendie. Cette coutume étoit chez les Grecs dès le tems d'Homere, où nous voions qu'Achille prie le vent du septentrion & le zephir de souffler dans le feu pour consumer plus promptement le cadavre de Patrocle, & leur promet des sacrifices s'ils exaucent sa priere. Cette coutume passa des Grecs aux Romains, comme la plûpart des autres usages. Quand le bucher étoit bien allumé on y jettoit des habits, des étoffes précieuses, & les parfums les plus rares. Cela fut dans la suite défendu par la loi des douze Tables. On y jettoit aussi les dépouilles qu'on avoit gagnées sur les ennemis. Aux funerailles de Jules-Cesar les Veterans jettoient leurs armes sur le bucher pour faire honneur aux manes de ce grand Capitaine, qui les avoit si bien conduits à la guerre. On immoloit aussi des bœufs, ou des taureaux, & des moutons, qu'on jettoit après sur le bucher. Nous avons déja parlé de ceux qui se coupoient les cheveux aux funerailles; nous voions à celles de Patrocle qu'on jettoit dans le feu ces cheveux ainsi coupez ou arrachez.

IV. Quand un grand nombre de gens se trouvoient ensemble tuez en quelque combat, on ne faisoit qu'un tombeau pour tous. Il n'y avoit qu'un sepulcre pour tous les Lacedemoniens qui furent tuez aux Thermopyles; ils étoient entassez les uns sur les autres, & ils n'avoient tous que cette épitaphe rapportée par Strabon: *Passant, allez annoncer aux Lacedemoniens que pour obeïr à leurs loix nous sommes tous enterrez en ce lieu.* Thucydide rapporte une autre épitaphe, & dit que pour orner ce sepulcre commun des Spartiates il n'y avoit que cinq colonnes, en l'une desquelles les Opontiens avoient mis cette épitaphe: *La terre d'Oponte metropole des Locriens renferme en son sein ceux qui se sacrifierent autrefois pour la Grece en combattant contre les Medes.* Quelquefois on separoit seulement les capitaines d'avec les soldats. Eumenès, selon Plutarque, aiant ramassé tous les corps, fit enlever toutes les portes des villages des environs, & bruler les corps des capitaines sur un bucher, & ceux des soldats sur un autre, & leur aiant érigé des tombeaux, il partit de ce lieu. « Les Lacedemoniens après la bataille de Platées firent selon Herodote, trois tombeaux, un pour les prêtres, un pour les Spartiates, & un autre pour les esclaves.

III. Cùm pyra succensa erat, ventos precabantur ut perflarent eam incendiumque excitarent. Qui mos jam Trojanis temporibus vigebat: Achillem quippe videmus boream zephyrumque invocantem, ut flatu suo ignem cieant, & Patrocli cadaver citius concremetur, sacrificia pollicentem si sint votis suis propitii. Hic mos, ut & multi alii mores, a Græcis ad Romanos transmeavit. Incenso rogo in ignem conjiciebantur vestes pannique pretiosi & aromata exquisitissima; id quod postea a lege duodecim Tabularum prohibitum fuit. Eo item conjiciebantur spolia hostibus erepta. In funere Julii Cæsaris, narrante Suetonio cap. 84. *Veteranorum militum legionarii arma sua, quibus exculti fuerant celebrabant, injecere flammæ.* Tauri etiam immolabantur & arietes, qui in rogum conjiciebantur. Jam diximus de iis qui capillos tondetent aut evellerent: in funere vero Patrocli sic excisi capilli in rogum conjiciuntur.

IV. Quando multi una mortui erant in pugna quadam occisi, omnes simul uno tumulo humabantur. Sic unus fuit tumulus Lacedæmonium ad Thermopylas occisorum; una sepulti, uno celebrabantur epitaphio, cujus verba refert Strabo lib. 9.

Ὦ ξεῖν᾽ ἀγγέλλειν Λακεδαιμονίοις, ὅτι τῇδε
Κείμεθα τοῖς κείνων ῥήμασι πειθόμενοι.

Viator, nuncia Lacedæmoniis nos hic jacere eorum legibus obedientes.

Aliud refert Thucydides epitaphium eorundem ad Thermopylas cæsorum Lacedæmonum; ait quippe eo loci quinque columnas erectas fuisse, in quarum prima hi versus inscripti fuere:

Τῶν δὲ ποτε φθιμένων ἱερὰ Ἑλλάδος ἐν τῇ Μήλων
Μητρόπολις Λοκρῶν κρύπτει τοῦτον Ὀποῦς.

Opus Locrensium Metropolis abscondita tenet eos qui pro Græcia contra Medos occubuerunt.

Aliquando duces a militibus separabantur, atque duos in tumulos constituti seorsim cremabantur. Sic Eumenes, ut ait in ejus vita Plutarchus, cadaveribus collectis januas in propinquo suorum pagorum consciscit, iisque lignis ea crematii, seorsim duces, seorsim gregarios milites, tumulisque eorum congestis abiit. Lacedæmonii vero post Platæensem pugnam, ut ait Herodotus lib. 9. tribus sepulcris effectis, in eorum uno sacerdotes, in altero reliquos Spartiatas, in tertio servos humaverunt.

CHAPITRE X.

I. Exemples tragiques de gens qui se sont tuez près des buchers, ou qui se sont jettez dans les flammes. II. Hommes immolez aux Manes des morts. III. Gladiateurs aux funerailles. IV. Autres ceremonies.

I. L'HISTOIRE nous fournit des exemples tragiques de plusieurs qui se sont tuez sur le bucher des personnes qu'ils aimoient. Aux funerailles d'Agrippine un de ses affranchis appellé Mnestor se tua de douleur devant le bucher. Plusieurs soldats se tuerent aussi devant le bucher de l'Empereur Othon : ce n'étoit pas la peur du malheur qui les menaçoit, qui les porta à s'immoler ainsi, mais l'amour du Prince. Un nommé Philotimus, dont parle Pline, que son maitre avoit fait heritier de ses biens, se jetta sur son bucher. Il y a eu des femmes, dit Seneque, qui se sont jettées sur les buchers de leurs maris, pour y être avec eux consumées par les flammes. On sait que cette coutume regne encore aujourd'hui chez les Banianes, & que malgré la défense du Prince plusieurs femmes se brulent aux funerailles de leurs maris.

II. Je ne sai si l'exemple de ceux qui se tuoient ainsi, ou se bruloient volontairement, doit passer pour plus tragique, que ces hosties vivantes que ces profanes immoloient aux manes. Achille tua douze jeunes Troiens pour les bruler sur le bucher de Patrocle. Cette coutume fut quelquefois pratiquée dans l'ancienne Rome, où l'on immoloit ces sortes de victimes sur les buchers des morts; Virgile en fait mention en deux endroits.

III. Cette coutume paroit avoir été rare ; parceque, comme dit Servius, les Romains la regardant comme trop cruelle, la changerent en une autre qui n'étoit guere plus humaine, & firent combattre les gladiateurs devant le sepulcre. Ce combat de gladiateurs fut premierement donné pour un spectacle propre aux funerailles dans le marché aux bœufs par Marc & Dece, de la

---

CAPUT X.

I. Exempla tragica eorum qui vel sibi manus intulerunt, vel se in rogum conjecerunt. II. Viri immolati Manibus defunctorum. III. Gladiatores in funeribus. IV. Aliæ ceremoniæ.

I. MULTA in historia tragica feruntur exempla quorumdam, qui præ doloris vi, ac defuncti desiderio permoti, sibi ad rogum manus intulerunt. Accenso quippe rogo libertus Agrippinæ cognomento Mnestor, ipse ferro se transegit, inquit Tacitus Annalium 14. idemque libro Hist. 2. de funere Othonis : *Quidam militum juxta rogum interficere se, non noxa, neque ob metum, sed æmulatione decoris & caritate Principis.* Plinius vero 7. P. *Catienus Philotimus patronum adeo dilexit, ut heres omnibus bonis instructus in rogum ejus se jaceret.* De feminis Seneca lib. 2. controv. decl. 2. *Quædam se maritorum rogis ardentibus miscuerunt.* Vidimus supra uxorem ad rogum conjugis sese gladio confodientem : quam consuetudinem hodie apud Banianos Indos vigere nemo nescit ; ubi principe licet vetante, mulieres multæ in funere conjugum sese flammis dedunt.

II. Nescio an magis tragica res sit homines videre sese defunctorum desiderio conficere, quam invitos ad bustum trucidari : qui mos apud profanos illos viguit : ii enim humanas victimas Manibus defunctorum immolabant. Achilles duodecim Trojanos juvenes ut in rogum Patrocli conjiceret, mactavit. Id priscis temporibus Romæ etiam obtinuit ; hinc Virgilius Æneid. 2.

Vinxerat & post terga manus, quos mitteret umbris Inferias, cæso sparsuros sanguine flammas.

Et lib. 10.

Quatuor hic juvenes, totidem quos educat Ufens, Viventes rapit, inferias, quos immolet umbris, Captivoque rogi perfundat sanguine flammas.

Servius autem in hunc locum : *Moris erat in sepulcris virorum fortium, captivos necari ; quod postquam crudele visum est, placuit gladiatores ante sepulcra dimicare, qui a busti cineribus bustuarii dicti.*

III. Verum hoc rarius contigisse videtur, quia enim, ut ait Servius, hoc crudele visum est, ad gladiatorum pugnam ventum est. Gladiatorum munus primum Romæ datum est in foro boario, Appio Claudio & Marco Fulvio Consulibus : dederunt Marcus & De-

famille

GLADIATEURS AUX FUNERAILLES.

famille des Brutus, qui voulurent ainsi honorer les funerailles de leur pere. On appelloit ces gladiateurs *bustuaires*, nom pris de *bustum*, qui étoit le lieu où les corps morts étoient brulez. On versoit du sang de ces malheureux sur l'obole qu'on mettoit dans la bouche du mort pour paier le passage de la barque. Au commencement on ne donnoit ces combats de gladiateurs qu'aux funerailles des premiers magistrats: on les donna depuis pour des personnes privées, dont plusieurs mettoient cette condition dans leurs testamens. On trouve même des exemples de jeux sanglans des gladiateurs donnez aux funerailles des femmes.

IV. Lorsque le cadavre étoit réduit en cendres, & que tout étoit consumé hors les ossemens, qui demeuroient parmi les cendres, on faisoit de nouvelles ceremonies. Achille fit verser du vin sur le bucher consumé pour achever de l'éteindre, & fit mettre les ossemens & ce qui restoit de graisse dans une urne d'or. C'étoit apparemment à l'imitation des Grecs que les Romains versoient anciennement du vin & du lait sur les cendres dès que le corps étoit brulé, avant que les charbons fussent tout à fait éteints; mais la loi des douze tables, qui retranchoit bien des dépenses superflues, défendit de répandre du vin sur les buchers: & l'on y versoit de l'eau depuis ce tems-là.

---

cius Bruti, funebri memoria patris cineres honorando. Sic Valerius Maximus lib. 2. c. 4. Gladiatores vero hujusmodi bustuarii vocabantur, quia ad bustum sive ad locum ubi cineres erant, pugnabant. Ex sanguine gladiatorum stillas fundebant in obolum quem in os defuncti conjiciebant. Principio gladiatores solum dabantur ad funera præcipuorum magistratuum; hinc vero ad privatas personas consuetudo manavit, multique testamento præcipiebant ut gladiatoribus funus suum cohonestaretur: nec desunt exempla gladiatorum qui in funere mulierum depugnavere.

IV. Cùm corpus in cineres solutum erat, omniaque consumta præter ossa quæ inter cineres sita erant, novæ tunc ceremoniæ servabantur. Achilles in rogum jam consumtum vinum conjici præcepit, quod ignis reliquias exstingueret, justique ossa & quidquid adipis supererat, in urnam auream concludi. Exemplo, ut videtur, Græcorum Romani statim atque corpus crematum erat, piisce vinum & lac in cineres effundebant, antequam prunæ exstinctæ essent; sed lex duodecim Tabularum, quæ bene multos supervacaneos sumtus proscripsit, vetuit ne vinum in rogum effunderetur; & exinde aqua effundebatur.

Tom. V.

CHAPITRE XI.

Le convoi magnifique du corps d'Alexandre le Grand, depuis Babylone jusqu'à Alexandrie.

ENTRE les convois des anciens il n'est rien de si magnifique que celui d'Alexandre le Grand, quand son corps fut transporté de Babylone en Egypte. En voici l'histoire telle qu'elle est rapportée par Diodore de Sicile au dix-huitiéme livre de sa Bibliotheque.

En l'année où Philocles étoit Archonte d'Athenes, & où Caius Sulpitius & Caius Ælius étoient Consuls à Rome, Aridée chargé du soin de conduire le corps d'Alexandre, après avoir fait faire le char sur lequel il devoit être transporté, se prépara à la marche. Mais parceque ce char digne de la gloire d'Alexandre, avoit été fait non seulement avec une dépense extraordinaire d'un grand nombre de talens, mais aussi avec un artifice admirable, il ne sera pas hors de propos d'en faire ici la description. Hieronymus en étoit l'ouvrier. Premierement, on fit une biere d'or non de fonte, mais avec le marteau & le ciseau, proportionnée à la longueur du corps; & on la remplit à demi d'aromates & de parfums, tant afin qu'elle exhalât une bonne odeur, que pour la conservation du cadavre. Sur cette biere il y avoit un couvercle d'or fait avec beaucoup de proportion & de justesse. Audessus de ce couvercle on avoit étendu un dais de pourpre brochée d'or, auprès duquel étoient les armes de ce Prince. Le char qui portoit tout ceci avoit une imperiale d'or en forme de voute, ornée d'écailles qui étoient couvertes de pierres precieuses; la largeur de l'imperiale étoit de huit coudées, & la longueur de douze. Sous cette imperiale étoit un throne quarré tout d'or: du throne sortoient des têtes de cerf en relief, desquelles pendoient des cercles d'or de deux palmes de diametre: à ces cercles étoit pendue une guirlande peinte de differentes couleurs d'un goût merveilleux.

Le haut du char étoit orné d'une frange en forme de reseau, d'où pendoient de grandes sonnetes qui s'entendoient de bien loin. A chaque côté

CAPUT XI.

Pompa funebris magnifica Alexandri Magni, cum corpus ejus Babylone Alexandriam delatum est.

NIHIL in funeribus magnificentius visum est, quam cum corpus Alexandri Magni Babylone Alexandriam translatum est: cujus rei historia apud Diodorum Siculum habetur Bibliothecæ suæ lib. 18. p. 608.

» Cum Philocles Archontis munus Athenis gereret, » & Romæ Consules essent C. Sulpitius & C. Ælius, » Aridæus corporis Alexandri deportationi præfectus, » currui quo regium cadaver transvehendum erat jam » perfecto, ad translationem ejus se præparabat. Quia » vero ita opus illud concinnatum erat, ut Alexandri » gloria dignum fuit, nec solum impensâ, quæ mul- » torum erat talentorum, alia longe superavit; sed » etiam artificii elegantia celeberrimum fuit; id lite- » ris mandare e re fore putavimus. (Artifex fuit Hie- » ronymus referente Athenæo lib. 5. cap. 10.)Princi- pio cadaveri loculus aureus ductili opere ita fabricatus erat, ut probe quadraret, quem usque ad medium aromatibus, quæ & fragrantiam & durationem corpori præberent, referserunt. Supra loculum aureum erat tegmen accurate adaptatum, quod summum circumquaque ambitum complecteretur. Supra hoc circumjectum erat umbraculum puniceum punctim, perquam decorum,& auro exornatum,& prope illud arma defuncti posuerunt, eo consilio ut speciem illam totam rebus ab eo gestis accommodarent. Tum currum quo funus transvehendum erat, admoverunt, in cujus vertice aureus fornix squamam habens lapidibus preciosis coagmentatam. Currus erat octo cubitûm latitudine, longitudine duodecim. Huic fastigio subjectum erat solium ex auro, figura quadratum, in quo tragelaphorum capita expressa, iisque binorum palmorum circuli annexi; unde corollæ ad pompam concinnatæ, variis coloribus florum instar nitebant. «

In summa parte fimbria exstabat reticulata, tintinnabulis non vulgaris magnitudinis instructa, ut ex longiore intervallo sonus ad aures accedentium

des angles de l'imperiale on voioit une Victoire qui portoit un trophée. Cette imperiale étoit soutenue par des colonnes d'or avec des chapiteaux d'ordre Ionique. Dans cette enceinte de colonnes on voioit un treillis d'or de l'épaisseur d'un doigt, & quatre tables en ligne parallele, ornées de figures d'animaux.

Sur l'une des tables on voioit un char fait au tour, dans lequel Alexandre étoit assis, tenant un sceptre, accompagné de Macedoniens armez d'un côté, & de Perses de l'autre ; devant eux étoient les écuiers du Roi. Sur la seconde table, des élephans alloient à la suite du Roi, armez comme pour la guerre ; ils portoient sur le devant des Indiens, & sur le derriere des Macedoniens armez à leur ordinaire. Sur la troisiéme se voioient des escadrons de cavalerie rangez comme pour le combat. Sur la quatriéme étoient des navires rangez comme pour une bataille navale. A l'entrée de ce couvert étoient des lions d'or qui regardoient ceux qui y entroient. Dans chaque entre-deux des colonnes il y avoit un *acanthus* d'or ; c'étoit un petit arbrisseau d'Egypte ; qui atteignoit presque jusqu'aux chapiteaux. Sur le milieu de l'imperiale on voioit un dais exposé à l'air, sur lequel étoit une couronne d'or composée comme de branches d'olivier : le soleil venant à donner sur cette couronne, elle jettoit des raions étincelans, en sorte que de loin cela paroissoit un éclair. Ce grand char étoit soutenu sur deux essieux qui entroient dans quatre roues faites à la mode de Perse, dont les raions étoient dorez, mais les bords qui touchoient à terre étoient de fer. Des essieux tout ce qui paroissoit en dehors étoit d'or, & représentoit la tête d'un lion qui mordoit une pique. Au milieu de l'imperiale il y avoit un pole ou une espece de gond fait avec tant d'artifice, qu'il ne cahotoit jamais dans les lieux mêmes raboteux & mal-unis. Le char avoit quatre timons, & à chaque timon étoient attellez quatre rangs de quatre mulets, en sorte qu'il y avoit pour tirer ce char soixante-quatre mulets : on avoit choisi pour cela les plus forts & les mieux faits : chaque mulet étoit couronné d'une couronne dorée, & portoit à chaque machoire une clochete d'or, & autour du cou un collier orné de pierres precieuses. Voila la forme de ce char magnifique. Il attiroit une infinité de spectateurs qui y accouroient de toutes parts ; quand on le voioit on étoit obligé d'avouer que sa beauté surpassoit tout ce que la rénommée en avoit

---

» perferretur. Ad angulos testudinis fornicatæ in sin-
» gulis lateribus Victoria stabat tropæum gestans. Pe-
» ristylium quod fornicem excipiebat, ex auro con-
» stabant Ionica capitella habebat : intra quod aureum
» rete crassitudine contextûs digitali, cum or-
» dine quatuor animalium figuris exornatas & patic-
» tibus æquales præferebat.

« In prima tabula erat currus torno elaboratus, in
» quo sedebat Alexander sceptrum elegans tenens ma-
» nibus. Circa Regem satellitium erat armis instru-
» ctum, hinc Macedonum, inde Persarum μηλοφόρων,
» & ante hos armigeri. In secunda erat satellitium
» sequentes elephanti bellico ritu instructi, quibus in-
» sidebant a fronte Indi, a tergo Macedones, armis
» consuetis instructi. In tertia visebantur equitum
» turmæ qui aciei ordines imitabantur. In quarta na-
» ves ad classicam pugnam instructæ. Ad testudinis in-
» gressum aurei leones eos qui intrarent respiciebant.
« Inter columnas binas aureus obtinebat acanthus,
» paulatim ad capitella usque consurgens. Supra for-
« nicem puniceum erat umbraculum subdiale, au-

ream oleæ coronam habens magnam, quam sol ra- «
diis suis verberans, fulgidum scintillantemque emit- «
tebat splendorem, ut fulguris ex intervallo speciem «
exhiberet. Sellæ fornici subjectæ axes duo suberant, «
quos circum volvebantur Persicæ rotæ quatuor, qua- «
rum modioli radii inaurati erant ; pars autem terram «
contingens ferrea erat. Extrema axium prominentia «
constabant ex auro, leonumque facies hastam mor- «
dicus tenentes præferebant. Circa mediam vero lon- «
gitudinem, in media fornice polus seu cardo adap- «
tatus erat ita ut fornix in succussionibus & in locis «
asperis sine jactatione manere posset. Quatuor remo- «
nes cum essent, unicuique quadruplices quadrigæ «
aptatæ erant, quaternis mulis jugo alligatis, ita ut «
omnium mulorum sexaginta quatuor numerus esset, «
robore & proceritate selectissimorum. Quisque ho- «
rum corona deaurata redimitus erat, & utrique sin- «
gulorum maxillæ tintinnabula ex auro, & torques «
gemmis exornatus. Hujusmodi erat currus apparatus, «
qui aspectu magnificentior quam fama, re ubique «
pervulgata, multos ad sui spectaculum trahebat ;

publié. Par toutes les villes où le char passoit, tout le peuple sortoit pour le voir & l'admirer, & ne pouvoit ensuite le quitter, ne se rassasiant jamais de ce charmant spectacle. Tout le convoi répondoit à la magnificence du char: un grand nombre d'ouvriers & de pionniers travailloit à applanir les chemins, & des troupes choisies accompagnoient le char. Aridée après avoir mis deux années aux préparatifs de la pompe, mena ainsi le corps du Roi depuis Babylone jusqu'en Egypte. Ptolemée qui honoroit beaucoup la mémoire d'Alexandre, alla au devant du corps jusqu'en Syrie avec son armée ; & après l'avoir reçu, il lui fit tous les honneurs imaginables. Il ne jugea pas à propos de le transferer au temple de Jupiter Ammon; mais il le mit à Alexandrie, ville qu'Alexandre avoit bâtie, & qui portoit son nom ; elle étoit alors une des plus illustres villes du monde. Il lui fit un mausolée que sa grandeur & ses ornemens rendoient digne de la gloire d'Alexandre. Il le mit dans ce mausolée, & celebra les funerailles avec des sacrifices heroïques : il donna ensuite des jeux publics avec beaucoup de magnificence.

» nam populus ex urbibus ad quas identidem pervenum esset, catervatim accurrebat, & funus deducens spectandi voluptate satiari non poterat ; utque consentaneum erat tantæ magnificentiæ, ingens opificum qui vias aperirent, & militum qui pompam deducerent, multitudo comitabatur. Atque sic Aridæus biennio in operis structura consumto, corpus Regis Babylone in Ægyptum deportavit. Ptolemæus autem in Alexandri honorem cum exercitu ad Syriam usque obviam processit, & acceptum corpus maxima cura prosequutus est. Illud autem in præsenti ad Hammonem non transvehere, sed in condita ab illo urbe, omnium fere per totum orbem clarissima, deponere constituit. Quamobrem delubrum cum magnitudine tum structura gloria Alexandri dignum construxit, in quo illud deposuit, & heroicis sacrificiis atque magnificentissimis certaminibus Alexandri exsequias honoravit. «

CHAPITRE XII.

I. Ce que c'étoit que l'uſtrinum ou le lieu où l'on bruloit les corps. II. Après que le bucher étoit conſumé, on recueilloit les os & les cendres du mort. III. On lui diſoit adieu. IV. Manieres de diſtinguer les cendres du bucher d'avec celles du mort. V. Lettre de M. l'Evêque d'Hadria à l'Auteur touchant un corps trouvé dans de la toile d'amiante.

I. Tout ce que nous avons dit juſqu'a preſent, ne regardoit ordinairement que les princes & les gens de qualité ou les riches. Pour les pauvres on avoit, à ce que croit Spon, de grands lieux fermez de murailles, où on les bruloit ſans grande ceremonie. Ce clos de murailles qui avoit une entrée étoit découvert, & s'appelloit *uſtrinum*, comme qui diroit un lieu deſtiné pour bruler. On en découvrit un en la voie Appienne, qui étoit celle où l'on voioit, & où l'on voit encore aujourd'hui le plus de ſepulcres. Il étoit quarré, & avoit de circuit environ quatre cens palmes, qui font trois cens pieds. Ce mot *uſtrinum* ſe trouve quelquefois dans les inſcriptions.

M. Fabreti ſe recrie contre ce que Spon dit ici, que l'*uſtrinum* étoit pour bruler les corps des pauvres; ce n'étoit pas là l'endroit où on les bruloit, dit-il, mais leur ſepulture étoit aux puits du mont Eſquilin; c'eſt ce qu'Horace appelle,

Le ſepulcre commun de la lie du peuple.

A l'occaſion de quoi Acron commentateur d'Horace dit que c'étoient des puits faits exprés pour enſevelir les cadavres des pauvres gens. M. Fabreti donne enſuite des meſures plus juſtes de ce grand lieu trouvé en la voie Appienne. Il a, dit-il, du côté du chemin & du côté oppoſé deux cens pieds de large, & des deux autres côtez trois cens quarante pieds, en ſorte que tout le circuit eſt de mille quatre-vingt pieds. La hauteur du mur du côté du chemin eſt de treize pieds, mais aux autres côtez il n'en a que neuf : ce mur eſt compoſé de grandes pierres. Au reſte ce n'eſt que par conjecture qu'on a appellé ce grand enclos de murailles *uſtrinum*, car il n'y a point d'inſcrip-

---

CAPUT XII.

I. Quid eſſet uſtrinum ubi corpora cremabantur. II. Poſt pyram conſumtam oſſa & cineres colligebantur. III. Mortuo ſupremum vale dicebatur. IV. Quo pacto pyrae cineres a defuncti cineribus diſtinguerentur. V. Epiſtola Epiſcopi Hadrienſis ad auctorem de mortuo in tela ex amianto reperto.

I. Quidquid hactenus diximus, vel principes, vel viros inſignes diviteſque reſpicit. Quantum autem ſpectat ad pauperes plebeioſque homines, magna, ut quidem exiſtimat Sponius, loca erant muris circumdata, ubi eorum corpora ſine magna ceremonia comburebantur. Septum illud lapideum, inquit ille, ſubdiale erat, vocabaturque uſtrinum, quaſi dicas locum cremandis corporibus deſtinatum. Hujuſmodi uſtrinum detectum fuit in via Appia, ubi plura quam in viis aliis ſepulcra viſebantur, viſunturque hodie. Uſtrinum illud, pergit Sponius, quadratum erat, ambituſque ejus quadringentorum erat palmorum. Haec vox uſtrinum frequenter occurrit in epigraphis ſepulcrorum.

Reclamat his Fabrettus, contenditque uſtrinum non pauperum cremandis corporibus fuiſſe, ſed alium fuiſſe locum ad pauperum ſepulturam deſtinatum, nempe Eſquilinos puteulos;

Hoc miſerae plebi ſtabat commune ſepulcrum,

inquit Horatius 1. Serm. Sat. 8. ubi Acron Horatii interpres, *a puteis foſſis ad ſepelienda cadavera pauperum.* Hujus porro loci via Appia reperti menſuras Fabrettus aſſert accuratiores: A latere, inquit, quod viam reſpicit, ducentos habet pedes, totidemque ab oppoſito latere ; in agro autem verſus Albanum caſtrum trecentos quadraginta pedes, & ab altero huic oppoſito latere tantumdem ; ita ut totus circuitus eſſet mille octoginta pedum. Altitudo muri ſecus viam eſt pedum tredecim, in agro autem undique pedum novem ; murus vero magnis ſtructus eſt lapidibus. Caeterum nonniſi conjectura ingens illud ſeptum uſtrinum vocatum fuit, nulla quippe inſcriptio adeſt. Edi in

prion; & quoique plusieurs inscriptions fassent foi qu'il y avoit des lieux appellez *ustrinum*, qui servoient sans doute à bruler les corps, on n'a donné celui-ci pour un *ustrinum*, que parce qu'il se trouve sur la voie Appienne, qui est celle de toutes où il y a le plus de sepulcres & de mausolées: cette raison peut fonder une conjecture; mais je ne sai si l'on peut regarder la chose comme indubitable. Gruter a donné deux inscriptions où il est dit: *Il n'est pas permis d'appliquer l'*ustrinum *à ce monument.* Ce qui sembleroit marquer que l'*ustrinum* n'étoit pas un si grand lieu. Attendons que quelqu'autre monument nous éclaircisse là dessus.

Reinés a cru que ce que plusieurs inscriptions appellent *apparatorium* ou le lieu des préparatifs, étoit la même chose que l'*ustrinum*; mais M. Fabreti fait voir qu'il y a bien plus d'apparence qu'*apparatorium* étoit le lieu où l'on préparoit le festin des funerailles, & où l'on gardoit l'eau lustrale.

II. Quand le bucher étoit tout consumé, & le feu éteint, la mere ou les sœurs, ou les parentes ramassoient les os qui se trouvoient parmi la cendre: elles étoient vétues de noir en faisant cette ceremonie, & mettoient les ossemens sur leurs habits. Les fils recueilloient les os de leurs peres; si le mort n'avoit point d'enfant, c'étoit ou ses autres parens ou ses heritiers qui le faisoient. Quand c'étoient des Empereurs, c'étoient les Consuls ou les premiers officiers qui ramassoient leurs ossemens. Au decès d'Auguste ce furent les principaux de l'ordre équestre qui les ramasserent nus pieds. On les mettoit ensuite dans un linge.

III. Avant que de se retirer ils crioient au defunt: *Adieu, adieu, adieu; nous vous suivrons tous au tems & au rang que la nature le permettra.* Ces mots rapportez par quelques modernes sont tirez de differens auteurs. Nous en voïons de semblables dans les monumens; c'est ainsi que Caius Cestius representé dans le troisiéme tome dit adieu à sa fille, *Adieu, adieu ma fille Erotion, adieu pour jamais.* Virgile dit à peu près le même adieu; & Servius son commentateur remarque sur cet endroit après Varron: » Nous disons aux » morts *adieu* & *portez vous bien*, non que les morts se puissent bien porter; » mais c'est parceque nous les quittons sans esperance de les voir jamais.

---

pluribus inscriptionibus ustrinum commemoretur, cremandis haud dubie corporibus destinatum; huic ideo tantum ustrini nomen inditum fuit ab Sponio atque a Fabretto, quia in via Appia occurrit, in qua via plura sepulcra & mausolea sunt, quam in aliis; quod conjecturæ quidem loco haberi posse videtur; sed nescio an res dubio vacare putanda sit. Gruterus p. MXLIV. inscriptionem dedit, in qua fertur, *Huic monumento ustrinum applicare non licet:* quo sane significari videtur ustrinum non tantum occupavisse locum. Expectandum esse puto donec aliud monumentum huic rei lucem afferat.

Reinesius putavit apparatorium in plurimis inscriptionibus memoratum, idipsum esse quod ustrinum: at probat Fabrettus longe verisimilius esse apparatorium fuisse locum in quo cœna feralis apparabatur, & aqua lustralis servabatur.

II. Ubi pyra consumta ignisque exstinctus erat, mater, aut sorores seu cognatæ defuncti ossa quæ in cineribus erant colligebant: atro aurem colore vestitæ dum hæc agerent erant, ossaque in vestimentis reponebant. Filius ossa patris colligebat; si nullus esset defuncti filius, cognati alii vel heredes id muneris præstabant. Cum Imperatores erant, Principum & Imperatorum ossa colligebant primores. *Augusti Imperatoris reliquias legerunt primores equestris ordinis,* inquit Suetonius in Augusto, idque *nudis pedibus* factum dicit. Sub hæc in linteo reponebantur.

III. His absolutis, cum discederent mortuo acclamabant, & supremum vale dicebant: *Vale, vale, vale; nos te ordine quo natura permiserit cuncti sequemur.* Hanc formulam variis ex locis eductam referunt scriptores recentiores: iis certe similes in monumentis conspicimus; sic Caius Cæstius tomo tertio Tab. IX. filiam Erotion alloquitur:

HAVE HAVE sic
HEROTION
ET VALE
AETERNOM
C. CAESTIVS FILIAE
P. C.

Sicque Virgilius Æneid. XI.
—— *Salve æternum mihi, maxime Palla, Æternumque vale.* ——
Servius autem ex Varrone: *Ideo mortuis Salve & Vale dicimus, non quod aut valere aut salvi esse possint, sed quod ab iis recedimus, eos nunquam visuri.*

MANIERE DE SEPARER LES CENDRES.

IV. Ils emportoient ainsi les os & les cendres du defunt, après les avoir ramassez avec soin. On comprend aisément qu'ils pouvoient reconnoître les ossemens; mais comment distinguer les cendres de l'homme d'avec celles du bucher? Je crois qu'ils avoient plusieurs manieres pour empêcher que les cendres du corps ne se confondissent avec celles du bucher; l'une desquelles étoit indubitablement de les enveloper dans la toile d'amiante ou de lin incombustible, que les Grecs appellent *asbestos*. Voici ce que m'en écrivit le savant Evêque d'Hadria D. Philippo del Torre dans sa lettre imprimée dans mon Journal d'Italie p. 450. Elle est écrite de Rome le 18. Juin de l'an 1702.

V. Certaines affaires imprevues m'ont obligé à differer mon depart de «
Rome; mais ce delai me paroit favorable en ce qu'il me donne occasion de «
vous faire part d'une découverte qui vous fera plaisir. On découvrit il y a «
environ vingt jours dans une vigne à un mille de la porte Majeure une «
grande urne de marbre ou une tombe, dans laquelle étoit une toile «
d'amiante. Cette toile a neuf palmes Romains de longueur, & sept palmes «
de largeur; c'est plus de six pieds & demi de long, & environ cinq de «
large: elle est tissue comme nos toiles d'aujourd'hui; les fils sont gros «
comme ceux de la toile de chanvre: elle est usée & sale comme une vieille «
nape de cuisine, mais plus douce à manier & plus pliable que l'étoffe de «
soie. On trouva dans cette toile des ossemens avec un crane, le tout à «
demi brulé. Il ne faut point douter qu'on n'eut mis dans cette toile le «
corps du defunt pour le jetter sur le bucher, de peur qu'étant consumé «
par le feu, les cendres ne s'écartassent & ne se mélassent avec celles du «
bucher, on les retiroit ensuite pour les transporter en cet état dans «
la grande tombe. Cela se pratiquoit ainsi pour les personnes de «
qualité. Celui qui fut enseveli dans ce tombeau, paroit avoir brillé dans «
la magistrature, & avoir eu des charges en guerre & en paix, comme «
semblent le persuader les deux bustes représentez sur le devant de la tom- «
be; l'un porte le *paludamentum* ou la chlamyde militaire, & l'autre la «
toge & la *trabea*. Je ne doute pas que ces deux bustes ne représentent «
le même homme, qui a possedé des charges militaires & des magistra- «
tures dans la ville; il aura été par exemple Consul & Prefet de la ville. «
La toile ne pouvant contenir qu'un homme, il est évident qu'on n'y a mis «

IV. Sic ossa cineresque defuncti diligenter collecta secum referebant. Facile certe intelligitur ossa in ternosci potuisse; at quomodo hominis cineres ab rogi cineribus distinxerint? Puto apud illos multis rationibus provisum fuisse ne rogi cineres defuncti cineribus admiscerentur. Illa vero ratio opportunissima erat, cum corpora antequam flammis darentur, in tela quadam ex amianto confecta inclusa fuerant: amiantum autem Græci ἄσβεστον vocant, quod nempe flammis non comburitur. Eam circa rem epistolam ad me misit vir clarissimus doctissimusque Philippus a Turre episcopus Hadrienfis, quam in Diario Italico edidi. Ea scripta fuit Romæ 18. Junii anno 1702. quam Italico vulgari idiomate scriptam sic latine converti.

» V. Cum multis necessitudinibus implicitus profe-
» ctum meum Româ distulerim, pergratæ mihi moræ
» hodie videntur; nam pridie quam iter capessam,
» oblatam mihi occasionem scribendi perinde tibi acce-
» ptam atque mihi jucundam fore existimo. Agitur de
» monumento quod viginti hinc circiter diebus primo
» à porta Majori lapide deprehensum est. In vinea igi-
» tur quadam detecta est urna grandior marmorea, in
qua tela ex amianto confecta; est lini genus quod «
asbeston Græci vocitant: tela vero palmis Roma- «
nis novem longitudine, septem latitudine, pari ra- «
tione atque tela nostra hodierna contexitur, filis «
cannabinæ telæ more densioribus; sed usu detrita «
maculisque respersa est, quasi tela ad coquinariam «
rem deputata: estque ipsa tractabilior tactuque le- «
nior ipso serico panno. In tela conclusa erant ossa «
ipsaque calvaria, sed adusta omnia; ut nihil dubii «
subit cadaver tela inclusum in rogum injectum «
fuisse, ut consumto corpore illæsaque tela inclusi «
cineres non circumquaque spargerentur, eoque ritu «
conderentur in sarcophago, ut mos erat viros in- «
signes antiquitus sepelire. Hunc autem e primatis «
& dignitate clarioribus fuisse, ex figuris duabus «
ad umbilicum media sui parte prominentibus erui- «
tur; alia paludata est, alia vero togata & trabeata; «
arbitrorque binis iconibus unum eumdemque virum «
exprimi, re militari perinde atque civili insignem, «
qui Consulis, Præfecti urbis, similiaque munia «
obierit: quod utique vel ipsa telæ magnitudine ar- «
guitur, quæ duobus recipiendis cadaveribus par «

»qu'un corps. On voit la place pour mettre l'inſcription, qui n'y a jamais
»été miſe: cela nous prive du plaiſir de ſavoir quel magiſtrat étoit enſe-
»veli dans cette tombe. La forme de la toge & la façon de la trabea, qui
»eſt en maniere de baudrier, font juger que ce tombeau a été fait depuis
»le ſiecle de Conſtantin : le mauvais goût dont ſont repréſentez les genies
»qui ornent le couvercle, le confirme encore. De ces genies l'un tient une
»lyre ou une guitarre ; l'autre eſt aſſis ſur un autel ; les autres tiennent
»des rameaux & des faiſceaux. J'ai vu tout ceci à la hâte, n'aiant pas le
»loiſir de le conſiderer plus longtems. L'urne qui eſt de marbre blanc a
»neuf palmes de long, & trois & demi de large. Sur la face de devant on
»voit des cannelures. Il ne faut pas omettre que la toile jettée dans le feu
»y a été longtems ſans être brulée ni endommagée.

Cette grande tombe ſera donnée plus bas avec les ſarcophages. Ce que
M. del Torre remarque ici, qu'il y a ſur cette tombe une place pour l'épitaphe, qui n'y a jamais été miſe, ſe trouve encore ailleurs.

»non eſt ; ad hæc vero κράνιον unicum ibidem re-
» pertum, quia videlicet unius ſepulcrum erat. In
» operculi medio quadrata ſuperficies inſculpendo
» epitaphio concinnata, inſcriptione vacua, neſcio
» quo caſu, relicta eſt ; nec parvum inde eruditis de-
» trimentum emergit ; ignotum enim nomen, ignota
» defuncti munia remanent. Exiſtimo poſt ſæculum
» Conſtantinianum adornatum tumulum fuiſſe; ætatis
» quippe hujus indicium ſunt togæ ritus trabeaque
» tranſverſa : non leve item argumentum eruitur ex
» operculo figuris onuſto, lapſam ſculptoriam artem
» indicantibus. Ibi genii alati ſculpti vario ſitu atque
» forma, alius lyram ſeu citharam manu tenet, alius
» inſidet aræ, alii ramos & faſces manibus geſtant.

Hæc carptim obſervata ſunt ; non licuit enim per«
tempus rem accuratius explorare. Urna ex albo mar-«
more palmis novem longa, tribus cum dimidio lata«
eſt. In antica facie ſtriatæ ac ſinuoſæ lineæ ſculptæ«
ſunt. Nec omittendum igni traditam telam flammiſ-«
que immiſſam, diu multumque illæſam manſiſſe,«
intactamque erutam fuiſſe. «

Hic magnus ſarcophagus infra cum aliis ſarcopha-
gis dabitur : quod autem hic notat illuſtriſſimus Philippus a Turre, in illo videlicet ſepulcro locum inſculpendo epitaphio concinnatum fuiſſe, quod tamen
epitaphium nunquam adſcriptum fuerit ; id, inquam,
aliis etiam in urnis obſervatur.

CHAP.

SOUHAIT FAIT AUX MORTS.

CHAPITRE XIII.

I. Souhait fait aux morts, que la terre vous soit legere. *II. L'eau fraîche donnée aux morts.*

I. ENTRE les souhaits qu'on faisoit aux morts, un des plus communs étoit celui-ci, QUE LA TERRE VOUS SOIT LEGERE. On le trouve frequemment dans les auteurs, dans Callimaque, dans Euripide, & dans Tibulle:

> *Il dit en la quittant: Reposez donc en paix,*
> *Que la terre sur vous soit legere à jamais.*

Cette inscription se trouve encore souvent sur les anciens monumens, SIT TIBI TERRA LEVIS, *Que la terre vous soit legere.* On la met quelquefois par les premieres lettres de chaque mot S. T. T. L. Il semble que le sens naturel de ces mots soit, que la terre ne pese pas trop sur vos ossemens; ou, que la terre dans laquelle ils reposent vous soit favorable: ce qui sembleroit supposer qu'ils reconnoissoient quelque sentiment dans les corps morts. D'autres croient que ces souhaits & ces prieres se faisoient pour détourner les enchantemens auxquels ces profanes croioient que les morts mêmes étoient sujets. Quelquefois les morts qui parlent eux-mêmes en certaines inscriptions, disent que la terre leur est legere, comme nous voions dans cette curieuse épitaphe de la Vigne Borghese:

Ce tombeau est de Popilie; il a été fait par Oceanus mon mari, homme recommandable par sa grande sagesse: la terre est fort legere sur moi; je celebrerai, mon cher mari, votre pieté sur l'Acheron; & vous, souvenez-vous de moi parmi les vivans, & venez de tems en tems répandre des larmes sur la tombe de votre chere femme. Dites que Popilie dort; il ne faut jamais dire que les gens de bien sont morts, mais qu'ils dorment d'un sommeil tranquille.

Quand on vouloit faire des imprecations contre des ennemis, on disoit au contraire, QUE LA TERRE VOUS SOIT PESANTE. » Quand nous faisons, dit Pline, des imprecations contre ceux que nous haïssons,

---

CAPUT XIII.

I. Apprecatio defunctis, Sit tibi terra levis.
II. Aqua frigida mortuis data.

I. INTER ea quæ mortuis veteres appreabantur, id omnium vulgatissimum usitatissimumque erat, SIT TIBI TERRA LEVIS. Illud frequentissime apud scriptores observatur, apud Callimachum, & apud Euripidem, & apud Tibullum 2. 4.

Et bene, discedens dicet, placideque quiescas,
Terraque secura sit super ossa levis.

Hæc inscriptio frequenter in veterum monumentis occurrit, SIT TIBI TERRA LEVIS: aliquando autem a prioribus tantum literis S. T. T. L. Videtur hic esse sensus horumce verborum germanus, ne terra tuis incumbens ossibus nimii sit ponderis; vel, ..rra in qua quiescunt ossa tua sit ipsis propitia; quo significari videtur ipsos aliquem in mortuis sensum inesse putavisse. Alii putant hæc ideo vota emissa fuisse ut depellerentur incantationes, quibus ipsos mortuos obnoxios fuisse putabant veteres illi profani. Aliquando ipsi mortui in nonnullis epitaphiis quasi ipsi loquun-

tes inducti terram sibi levem esse testificantur, ut in hac inscriptione sepulcrali, quæ in villa Burghesia visitur.

Ποπιλίης τάφος οὗτος, ἀνὴρ δ' ἐμὸς αὐτὸν ἔτευξε
Ωκεανὸς πάσης ἠμέρας σοφίης.
Κοῦφα τοι γὰρ ἐμοὶ μέλεται αἶα, ἐν δ' Ἀχέροντι
Γυναῖκω τὴν σὴν, ὦ πόσε, εὐσεβίην.
Μέμνεο δ' ἐν ζωοῖς ἰμεῖθεν, καὶ πολλάκι τύμβῳ
Ἐμείνω ἀπὸ βλεφάρων δάκρυ ἀναπρόχεης.
Καὶ λέγε Ποπιλίην εὕδειν, ἀπιω, οὐ θεμιτὸν γὰρ
Θνήσκειν τοὺς ἀγαθοὺς, ἀλλ' ὕπνον ἡδὺν ἔχειν.

Hos versus sic transtulit Reinesius:

Popiliæ locus hic; mihi vir meus ipse paravit,
Omnino sapiens & pius Oceanus.
Hujus enim cardo civis est virtus; est pietatem
Laudabo, mi vir, ex Acheronte tuam.
Dum vivis memor esto mei, sui ..sque sepulcro
Libamen lacrimas fundito sic ultra.
Popiliam dormire autem dic, ..anusque probos est
Fas dulcem somnum carpere, non mori...

Imprecationis genus istuc erat, cum cuipiam infensi terram gravem optarent: *Cum tamen ultimum*, inquit Plinius 2. 65. *jam indicit imprecamur irati gravem*,

Tom. V.   E

» nous souhaittons que cette divinité la Terre leur soit pesante ; comme » si nous ne savions pas que c'est la seule qui n'est jamais irritée contre » l'homme. « Lorsqu'on vouloit faire un serment on disoit, que la terre me soit pesante, si je ne fais pas cela. Properce en fait un semblable : mais Martial fait à Philenis courtisane une imprecation toute differente ; il prie les dieux qu'une terre legere ou un sable mou couvre ses os, afin que les chiens puissent aisément les deterrer & les ronger.

II. Un autre souhait qu'on faisoit, étoit que les dieux donnassent aux morts de l'eau fraîche, & entre ces dieux c'est Osiris dont les marbres font mention : une inscription moitié latine & moitié greque, rapportée par M. Fabreti, est conçue en ces termes : *Aux dieux Manes. Julie Politice : qu'Osiris vous donne de l'eau fraîche.* Reinés donne une autre inscription greque plus longue, & qui fait à notre sujet, dont le sens est tel : *Aux dieux Manes. Dioscoride a fait à son aimable femme Aurelie Profode ce tombeau. Adieu, Madame ; qu'Osiris vous donne de l'eau fraîche. Dioscoride a fait ce tombeau pour lui, pour les affranchis de ses affranchis.* Nous avons déja dit au tome second, que Serapis qui est le même qu'Osiris, est souvent pris pour Pluton ; & Plutarque dit expressément dans son traité d'Isis & d'Osiris, que selon les prêtres des Egyptiens, Osiris commandoit aux morts, & n'étoit autre que Pluton. Dioscoride demande donc qu'Osiris donne de l'eau fraîche à Aurelie sa femme.

Dans une autre inscription que j'ai donnée dans la Paleographie Greque, c'est le mari lui-même qui donne de l'eau fraîche à sa femme : voici les termes de l'inscription : *Aux dieux Manes. Je m'appelle Olympie ; je suis morte à l'âge de vingt-deux ans, & l'on m'a déposée dans ce tombeau. Je suis Greque de nation, Apamée est ma patrie. Je n'ai jamais fait tort à personne, & n'ai offensé ni grand ni petit. C'est moi Sotas qui ai érigé cette épitaphe à ma chere femme Olympie que j'avois épousée vierge : Je dis ceci fondant en larmes : notre amour mutuel n'a jamais diminué ; il a toujours duré dans sa force jusqu'à ce que la Parque me l'a enlevée. C'est pour l'amour de toi, que j'ai érigé ce monument, ma chere femme, & je verse de l'eau fraîche à ton ame alterée.*

---

tanquam nesciamus hanc esse solam quæ nunquam irascatur homini. Hoc etiam sacramenti genere utebantur, ut dictis satis fidem facerent ; sic Propertius 2. 16.

Ossa tibi juro per matris & ossa parentis,
Si fallo, cinis, heu ! sit mihi uterque gravis.

Martialis vero imprecationem Philenidi edit longe diversam, 9. 30.

Sit tibi terra levis, mollique tegaris arena,
Ne tua non possint eruere ossa canes.

II. Alia defunctis apprecatio erat, ut dii ipsis darent aquam frigidam ; inter hosce vero deos Osiridem marmora commemorant. Inscriptio quædam partim latinis partim græcis literis conscripta, apud Fabretum talis habetur Inscript. p. 465.

D.   M.
IVLIA. POLITICE
DOESE
OSIRIS
TO PSYCRON
HYDOR.

Aliam inscriptionem dat Reinesius p. 730. quæ sic habet : Θ. Κ. Διοσκορι Ἡσιόδω Διοςκορίδης ἀνὴρ τῇ ἑαυτῷ γυναικί (sic) χρηστῇ τε & γλυκυτάτη μνίας χάριν. ἀδέλφε κυρία, η̣ σὺ (sic) σοι ὁ Ὅσιρις τὸ ψυχρὸν ὕδωρ. ἔποιησε τοῦτο & ἀπελευθέροι ἀπελευθέρων. Id est : *Dis Manibus. Aurelia Profodo, Dioscorides vir conjugi* suæ suavissimæ dulcissimæque ; salve domina ; & det tibi Osiris aquam frigidam. Fecit sibi & libertorum libertis. Jam diximus tom. 2. Serapidem, qui idem ac Osiris, pro Plutone habitum fuisse. Plutarchus de Is. & Osir. ait secundum Ægyptios Sacerdotes, in mortuos Osiridem imperium exercere, ipsumque esse Plutonem. Hic igitur Dioscorides Osiridem rogat, ut Aureliæ uxori det aquam frigidam.

In alia inscriptione quam in Palæographia Græca protuli, ipse conjux conjugi suæ frigidam aquam subministrat ; quam inscriptionem quoniam bis græce edidi in Palæographia Græca pag. 171. hic latine proferre satis erit.

Dis Manibus.

Hic jaceo Olympia, annorum viginti duorum ;
Græca quidem genere, patria mihi erat Apamea.
Nomimen læsi, non parvi animum, non cor magni.
Quem posui cippum in terra, fervidis cum lacrymis
Ego Sotas Olympiadi, quam virginem duxeram, erexi :
Nam vehemens inter ambos amor perseveravit,
Quousdiu dulce lumen illud radiis illustrans perseveravit ;
Dulce, inquam, ab ore mananti, dulce mellis instar.
Hunc cippum effeci Sotas tui amore ductus,
Siticuti animæ frigidam aquam subministrans.
Hujus frater inscripsit.

JEUX FUNEBRES.

Celui ci suppose que les ames des morts sont fort alterées ; & cela pourroit peutêtre revenir à ce que dit Homere, que les ames des défunts s'assembloient autour d'Ulysse pour boire, mais celles ci vouloient boire du sang des victimes immolées. Un Antiquaire croit que cette eau étoit donnée aux ames pour les rafraîchir un peu dans le tourment du feu qu'elles souffroient ; & qu'entre ces ames il y en avoit que le feu purifioit, mais que d'autres étoient condamnées à des flammes éternelles : ce qui reviendroit à l'Enfer & au Purgatoire. Nous parlerons de cela en son lieu.

Hic putat mortuorum animas admodum sitire ; quod ad Homerum quadrare potest narrantem defunctorum animas circum Ulyssem accurrisse bibendi causa. Verum hæ sanguinem victimarum cæsarum bibere cupiebant. Quispiam antiquitatis peritus existimat aquam hujusmodi defunctis datam fuisse, ut animæ in flammis ultricibus æstuantes eâ recrearentur : alias quippe animas igne purgari atque emendari, aliasque flammis æternis datas, quod esset Inferi atque Purgatorium : verum hac de re alius ad dicendum locus nobis constitutus est.

CHAPITRE XIV.

Les Jeux funebres.

LEs jeux funebres sont des plus anciens tems ; Pline les fait monter jusqu'au tems d'Acaste, lorsqu'il dit qu'Acaste les institua à Iolque, & Thesée à l'Isthme. On fait même passer pour jeux funebres ces jeux si renommez dans la Grece. Les Olympiens selon l'opinion de quelques uns furent instituez par Atrée, & dediez à Jupiter, pour faire honneur aux cendres de Pelops : les Neméens furent dediez à Neptune en l'honneur d'Archemorus ; & les Isthmiens au même dieu en l'honneur de Melicerta. Mais ces jeux étoient permanens, au lieu que les autres jeux funebres ne l'étoient pas. Nous avons parlé au troisiéme tome des jeux Olympiques, Neméens, Isthmiens & Pythiens : il s'agit présentement des jeux qu'on faisoit aux funerailles des personnes de distinction ; tels que furent ceux qu'Achille donna en l'honneur de Patrocle, dont le premier fut la course des chevaux & des chars, où Diomede remporta le premier prix ; le second fut le combat à coups de poings, où Epée fut victorieux ; le troisiéme fut la lutte, où Ajax & Ulysse eurent un avantage & un prix égal ; le quatriéme fut la course, où Ulysse par le secours de Minerve vainquit Antiloque ; le cinquiéme, le combat à la pique entre Ajax & Diomede, où les combattans furent separez, & eurent un prix égal ; le sixiéme fut le jeu du disque, où Polypete gagna en jettant le disque plus loin qu'aucun autre ; le septiéme fut le jeu de l'arc, où Merione remporta le prix.

CAPUT XIV.

Ludi funebres.

LUdi funebres antiquissimi sunt usus. Ludos funebres, inquit Plinius 7. 56. instituit Acastus in Iolco, post eum Theseus in Isthmo. Pro ludis etiam funebribus habentur celeberrimi illi Græciæ ludi : Olympii enim, ut quidam aiunt, nam opiniones variant, ab Atreo instituti sunt, & Jovi consecrati in honorem cinerum Pelopis ; Nemei Neptuno dicati sunt in honorem Archemori, Isthmici quoque Neptuno in memoriam Melicertæ. At hi ludi stabiles consuetique erant, de iisque suo loco egimus. Jam de iis agitur ludis qui in nobilium funere celebrantur, quales fuere ludi ab Achille in honorem Patrocli editi, quorum primus decursio fuit equorum atque curruum, in quo Diomedes victor præmium abstulit : secundus pugilatus, in quo Epeus superior evasit : tertius lucta, ubi Ajax Ulyssésque luctati æquali cum præmio discesserunt : quartus cursus pedibus, quo cursu Ulysses ope Minervæ Antilochum devicit ; quintus hastatorum pugna, ubi Ajax atque Diomedes paribus cum præmiis, quasi strenuitate pares, discesserunt : sextus fuit disci ludus, ubi Polypetes qui longius quam cæteri discum projecit, præmium est assequutus : septimus arcûs fuit ludus, in quo Meriones victor præmium accepit.

Tom. V. E ij

Enée fait à l'anniversaire de son pere Anchise des jeux funebres un peu differens. Le premier est un combat naval; le second la course à pied; le troisiéme l'arc & les fleches; le quatriéme le jeu des cestes; après quoi vient le jeu de Troie, qu'Ascanius fait avec les jeunes garçons. Nous en avons parlé à l'article des jeux. Nous ne voions pas dans tous ces jeux ceux des gladiateurs, que les Romains donnoient en l'honneur des défunts, persuadez que les dieux Manes aimoient le sang humain, & que c'étoit un des meilleurs moiens pour les rendre propices. Les trois fils de M. Æmilius Lepidus, qui avoit été trois fois Consul & Augure, firent dans le marché public des jeux funebres à leur pere, qui durerent trois jours: d'autres en donnerent qui durerent quatre jours.

Les Romains donnerent comme à l'envi des jeux funebres, dont la dépense étoit excessive. Jules-Cesar se distingua par ceux qu'il donna en l'honneur de son pere: Curion fit des theatres & des machines versatiles, où les spectateurs ne pouvoient se tenir sans peril.

Le peuple assistoit à ces jeux funebres en habit de deuil; après quoi quand on donnoit un festin public, chacun s'habilloit de blanc. Cette coutume étoit severement gardée: Ciceron fait une grande affaire à Vatinius de ce qu'il avoit assisté au festin de Q. Arius en habit de deuil. On donnoit ainsi des festins à tout le peuple; quelques-uns les donnoient, parcequ'ils y étoient obligez par le testament du defunt; d'autres le faisoient volontairement, sans y être obligez par le testament de leurs proches. Ils assignoient le nombre des tables qu'il falloit dresser & servir pour y recevoir tous ceux qui s'y présentoient. Jules-Cesar en fit dresser jusqu'à vingt-deux mille: d'autres en mettoient un nombre beaucoup moindre.

Æneas in anniversariis funebribus Anchisæ patris paulum diversos ludos instituit. Prior fuit pugna navalis, secundus decursio pedibus, tertius arcus & sagittæ, quartus cæstuum ludus, quintus ludus Trojæ, quo Ascanius cum pueris æqualibus lusit, de quo egimus tomo tertio. In his vero ludis gladiatorum pugna non adest, quam Romani in defunctorum honorem edere solebant, rati deos Manes humano sanguine delectari, illoque pacto ipsos mortuis fore propitios. Tres filii Marci Æmilii, qui ter Consul & Augur fuit, funebribus ludis per triduum editis patri suo parentarunt: alii etiam per quatriduum ludos dederunt.

Romani quasi certatim ludos funebres edebant, quorum sumptus immensi. Julius Cæsar in patris honorem memoriamque ludos edidit magnificos;

Curio theatra versatilesque machinas instituit, ubi spectatores non sine periculo stare poterant.

Plebs pullata veste ludis funebribus intererat; exinde vero cum convivium publicum dabatur, veste candida omnes aderant, quod etiam magnopere observabatur; Vatinio quippe vitio vertit Cicero, quod ad convivium Quinti Arii atratus venisset. Sic toti plebis multitudini convivia dabantur; nonnulli quia per supremam mortui voluntatem quam testamento protulerat, hujusmodi convivia apparare cogebantur; alii sponte & voluntate sua, nulla interposita per testamentum necessitate. Mensarum vero numerum assignabant, in queis omnes omnino excipiendi erant. Julius Cæsar mensarum ad usque viginti duo millia apparari jussit; alii minorem constituebant numerum.

LIVRE II.

Les Hypogées, les *Columbaria*, les Urnes cineraires.

CHAPITRE PREMIER.

I. La forme des Hypogées. II. Epitaphes mises dans les archives. III. Amendes contre ceux qui envahissoient ou violoient les sepulcres.

I. LES funerailles des Grecs étoient à peu de choses près les mêmes que celles des Romains, comme nous avons déja vu ci-devant. Quand les corps étoient réduits en cendres, les uns & les autres mettoient les cendres & les restes des ossemens dans des urnes, pour les porter au tombeau. Les Grecs avoient des *hypogées*, ou selon la signification du mot des caveaux & des voutes souterraines pour y metre ces urnes. Petrone dans son histoire de la Matrone d'Ephese, en parle en ces termes: *Elle suivit*, dit-il, *le corps jusqu'au caveau; il fut mis dans l'hypogée selon la coutume des Grecs; là elle passoit les jours* (*a*) *les nuits*: où nous remarquerons en passant, que ce corps n'avoit pas été brulé, puisque la femme le fit mettre à la potence en la place d'un pendu; personne n'ignore cette histoire, ou pour mieux dire, cette fable.

Ces hypogées étoient quelquefois de grands lieux, comme il est marqué dans une inscription de Smyrne, qui m'a été donnée avec plusieurs autres par M. de Tournefort: en voici les termes.

Βεβία Αππειν (*sic*) τὸ θωράκειον κ̣ τὰ ἐσώθεια κ̣ τὴν σορὸν τὴν ἐν τῷ θωρακείῳ, κ̣ τὰ οἰκήματα τὰ περισκέμενα. οἶκος, κλείμακ̣ (*sic*) κοιτῶν, μέδιανον, τείκλινον ὀσοθήκαι. Βε. ἴση. λύσις ἑαυτῇ, κ̣ Συντρόφῳ τῷ ἀνδεὶ, κ̣ τοῖς τέκνοις αὐτῆς, καὶ τοῖς ἐγγόνοις αὐτῶ. χαῖρε κ̣ σύ.

Il paroit quelque corruption dans cette épitaphe, mais elle est saine pour

---

LIBER II.

Hypogæa, Columbaria, Urnæ cinerariæ.

CAPUT PRIMUM.

I. Hypogæorum forma. II. Epitaphia in archivis deposita. III. Mulctæ pecuniariæ iis qui sepulcra vel invaderent vel violarent.

I. FUNERA Græcorum eadem pene ipsa quæ Romanorum erant, ut jam ante diximus, & exemplis ostendimus. Postquam corpus crematum igneque consumtum erat, tum Græci tum Romani cineres ossiumque reliquias in urnis reponebant, ut ad sepulcrum inferrent. Græci hypogæa habebant, vel, ut ipsa voce significatur, subterraneos fornices, ubi urnas illas deponebant. Petronius in historia Matronæ illius Ephesinæ, de hypogæo hæc habet: *In conditorium etiam prosequuta est defunctum, positumque in hypogæo græco more corpus custodire ac flere totis noctibus diebusque cœpit.* Ubi animadvertendum cadaver illud crematum non fuisse, quandoquidem matrona illud in crucem, suspensi furis loco, inferri jussit: hanc seu historiam seu fabulam ignorat nemo.

Hæc hypogæa magna quandoque domicilia erant, ut videre est in aliqua inscriptione Smyrnensi, cujus ἀπόγραφον accepi cum multis aliis à D. de Tournefort. En inscriptionis interpretationem latinam:

Bebia.... hasce structuras, & thecas, & tumulum exædificari jussit, necnon habitacula adjacentia, nempe domum, scalam, cubiculum, meditnum, triclinium & ossuaria... Excitavit autem sibi, conjugi suo Syntropho, & filiis atque nepotibus suis. Vale & tu.

ce qui regarde les appartemens du tombeau ; car selon les termes de l'inscription c'étoient de véritables appartemens. En voici le sens :

Bebia a fait bâtir ces caveaux, où sont la place du tombeau, le tombeau même, les appartemens ; dans cette maison il y a un escalier, une chambre, un entresol, un triclinion ou une salle à prendre le repas, des niches pour les ossemens. Ce tombeau est pour elle, pour Syntrophus son mari, pour ses enfans, & pour leurs descendans, tous sujets à la même loi de nature.

On voit par là qu'on faisoit quelquefois aux défunts les mêmes appartemens soûterrains qu'on auroit fait sur terre à des personnes vivantes. Feu M. de Monceaux oncle de M. le Comte de Bonneval un des generaux de l'armée de l'Empereur, a dessiné dans ses Memoires, que Madame la Comtesse de Bonneval sa sœur nous a communiquez, deux hypogées trouvez auprès de Corinthe, fort proprement bâtis, dont nous donnons ici la figure. On y voit des niches pour mettre les urnes remplies d'ossemens & de cendres. Ils ont tout l'air de ces appartemens dont parle l'épitaphe précedente.

Pl. III

Il y avoit quelquefois dans ces appartemens soûterrains des chambres qui appartenoient à differentes familles, comme l'on voit par l'inscription suivante :

Εἰσελθόντων τὴν ἐν δεξιοῖς κάμαραν, καὶ τὰ ἐσώεια (f. ὑσόεια), κ' τὰ περὶ τῆ εἰσελθεῖν ἰσόεια (ἐσόεια ut supra) κατεσκεύασθη ὑπὸ Θρέπτα πρὸς μητρὸς πάπωτῳ Μητροδώρῳ, κ' Συνέρωτος, καὶ προσήκει τοῖς Μητροδώρα τέκνοις κατὰ δὴν δημοσίᾳ (sic). Voici le sens de l'épitaphe :

La chambre voutée qu'on trouve à main droite, & les places sepulcrales qu'on y voit, comme aussi celles qu'on trouve avant que d'y entrer ; tout cela, dis-je, a été bâti par Threpte, grand-pere du côté de la mere de Metrodore & de Syneros ; cela appartient aussi aux enfans de Metrodore.

II. Afin que les épitaphes fissent foi dans le public, on les inseroit tout au long dans les archives, comme il est porté dans trois inscriptions de Smyrne, que nous allons donner. La premiere épitaphe se lit ainsi :

Τοῦτο τὸ μνημεῖον ἐκ βυθῶν κατεσκεύαζεν Ἀσκληπιάδης Παπύλου τοῦ Ἀσκληπιοδώρου, ἑαυτῷ, κ' τέκνοις καὶ ἐκγόνοις, καὶ ἕτερον μηδένα κηδευθῆναι. ὃς ἂν ἐπιχειρήσας πωλήσει, δώσει τῇ μητρὶ τῶν θεῶν Σιπυλήνῃ * Β φ. τοῦτο ἀποκεῖται εἰς τὸ ἀρχεῖον τὸ ἐν Σμύρνῃ. C'est-à-dire :

Ce monument a été bâti par Asclepiade fils de Papylus fils d'Asclepiodore, pour lui, pour ses enfans & pour ses descendans ; qu'il ne soit permis à quelque autre que ce puisse être de s'y faire enterrer. Si quelqu'un vend une place de ce monument, qu'il paie à la mere des dieux Sipylene la somme de deux mille cinq cens deniers. Cette épitaphe a été déposée dans les archives de Smyrne.

Hinc videas defunctis subterranea ædificia, cubicula, conclaviaque exædificata fuisse similia iis quæ viventibus exædificari solent. D. des Monceaux illustrissimi D. Comitis de Bonneval in exercitu Cæsareo polemarchi avunculus, in Adversariis suis quæ nobiscum communicavit illustrissima Comitissa de Bonneval soror ejus, hypogæa duo delineavit, quorum hic schema proferimus, quæque prope Corinthum reperta sunt. Hic thecas sive apsidulas vides ad urnas ossibus cineribusque plenas collocandas: hypogæa vero illa conclavia cubiculaque referunt qualia in superiori inscriptione commemorata vidimus.

In hujusmodi hypogæis aliquando conclavia erant, quæ ad diversas familias pertinerent, ut inscriptione sequenti comprobatur :

In ingressu ad dexteram camera sive conclave, & thecæ, necnon thecæ quæ occurrunt ante ingressum ; ea, inquam, omnia exstructa sunt a Threpto avo materno Metrodori & Syncrotis : pertinent autem ad filios Metrodori ex publico decreto.

II. Ut autem epitaphia majorem haberent firmitatem, nec auferri omnino possent, ea inscribebantur in Archivo civitatis, ut vicere est in tribus inscriptionibus sequentibus Smyrnensibus. Prioris sensus est :

Hoc monumentum a fundamentis exstruxit Asclepiades filius Papyli filii Asclepiodori, sibi nempe & filiis & nepotibus: nulli alii liceat in hoc sepeliri. Si quis hoc sepulcrum vendere tentaverit, det Matri deûm Sipylenæ denarios bis mille quingentos. Hoc epitaphium depositum fuit in Archivo Smyrnensi.

SEPULCHRES ET URNES DES GRECS

M.^r des Monceaux

M.^r des Monceaux

M.^r des Monceaux

EPITAPHES.

La seconde inscription est en ces termes :

Τὸ μνημεῖον κατεσκέυασιν Μελίτη Στρατονείκης ζῶσα ἑαυτῇ κỳ τῷ ἰδίῳ συμβίῳ (sic) Γλαυκία, κỳ τοῖς ἰδίοις ἑαυτῆς τέκνοις, κỳ ἐγγόνοις. ταύτης τῆς ἐπιγραφῆς Δημοσθένης Δημοσθένης ἔγγονος τῆς Μελίτης ἀντίγραφον ἐπέθετο εἰς τὸ ἀρχεῖον. Cela veut dire :

Melite fille de Stratonice a fait pendant sa vie ce monument pour elle, pour son mari Glaucias, pour ses enfans, & pour ses descendans. Demosthene fils de Demosthene descendant de Melite, a mis dans les archives une copie de cette épitaphe.

La troisiéme est telle :

Αλέξανδρος Αὐζαίου Βακχίου Σεπεύτης (sic) φυλῆς Αρτεμισιάδος κατεσκεύασε τὸ μνημεῖον ἑαυτῷ κỳ Λεσβίᾳ τῇ γυναικί, κỳ τοῖς τέκνοις, κỳ θρέμμασι. μηδενὸς ἔχοντος ἐξουσίαν ἕτερν τεθῆναι εἰς αὐτό. ἐὰν δέ τις εἰσβιασάμενος βάλῃ ἀτι (sic), δώσει τοῖς ἐν Σμύρνῃ ναοῖς τῶν σεβασῶν * Βφ, κỳ οὐδὲν ἧσσον ἔςω ὑπεύθυνος τυμβωρυχία. αὕτη ἡ ἐπιγραφὴ φέρεται διὰ τῇ ἀρχείου.

Voici le sens de l'épitaphe :

Alexandre Sepeute fils d'Antæus Bacchius, de la tribu Artemisiade, a fait ce monument pour lui, pour Lesbia sa femme, pour ses enfans & pour ses domestiques. Qu'il ne soit point permis à d'autres d'y mettre qui que ce soit. Si quelqu'un le fait par violence, qu'il paie aux temples des Augustes la somme de deux mille cinq cens deniers; & qu'il soit outre cela coupable du crime des violateurs de sepulcres. Cette épitaphe a été mise dans les archives.

III. Voila plusieurs exemples d'épitaphes dont on mettoit une copie dans les archives. On ne doit pas inferer de là que cette coutume fût generale, ni établie dans tous les payis de la Grece. Celle d'imposer des amendes à ceux qui mettoient des corps morts dans les tombeaux d'autrui, est autorisée d'un grand nombre d'exemples, & étoit observée en differens payis. En voici une autre de la même ville de Smyrne :

Ατταλος Ερμίππου τοῦ Ατταλου, κατεσκεύασεν τὸ μνημεῖον ζῶν ἑαυτῷ, κỳ τῇ γυναικὶ Αμμίῳ, κỳ τοῖς ἰδίοις τέκνοις ζῶσιν, κỳ τοῖς κατοιχομένοις μου τέκνοις. εἰ δέ τις ἐπιχείρησῃ, ἀποτίσει τῷ ἱερῷ τῷ Σμυρναίων -- δν * Αφ. Le sens est :

Attalus fils d'Hermippus fils d'Attalus, a fait pendant sa vie ce monument pour lui, pour sa femme Ammion; & pour ses enfans, tant pour ceux qui vivent encore, que pour ceux qui sont déja morts. Si quelqu'autre vouloit s'en emparer, qu'il paie au temple de Smyrne mille cinq cens deniers. Les deniers dont il est ici parlé, étoient des pieces d'argent qui valoient quinze à dix-huit sols de nôtre monnoie.

Dans une autre inscription greque de Florence donnée par Gruter, & que

---

Secundam inscriptionem sic interpretamur :

Hoc monumentum construxit Melite Stratonices filia, vivens sibi, & conjugi suo Glauciæ, necnon filiis atque nepotibus suis. Hujus inscriptionis apographum Demosthenes Demosthenis filius ex Melitæ progenie ortus posuit in Archivo.

Tertiæ inscriptionis interpretatio est :

Alexander Sepeutes Antæi Bacchii filius ex tribu Artemisiade hoc monumentum construxit sibi & conjugi suæ Lesbiæ, necnon filiis domesticisque suis. Nemini liceat huc alium inferre mortuum. Si quis vim afferens id tentaverit, det templis Augustorum Smyrnensibus denarios bis mille quingentos ; & nihilominus violati sepulcri reus esto. Hæc inscriptio in Archivis exarata fertur.

III. Hic plura videmus exempla epitaphiorum, quorum apographa in Archivis locabantur : unde tamen non inferendum hunc morem ubique propaga-

tum fuisse, & in omnibus Græciæ civitatibus vim obtinuisse. Ille vero mos mulctam pecuniæ indicendi iis qui in alienis monumentis sepulcrisque cadavera suorum deponere tentareat, multo majore inscriptionum auctoritate asseritur, & in multis regionibus vim obtinebat. En aliam inscriptionem Smyrnæ item crutam huic rei fidem facientem. Græca verba latine convertimus :

Attalus filius Hermippi filii Attali construxit hoc monumentum vivens sibi & Ammiæ uxori suæ, necnon filiis suis viventibus, etiamque iis qui defuncti sunt. Si quis huic monumento vim inferre tentaverit, solvat templo Smyrnensium denarios mille quingentos. Denarii quorum hic mentio, erant argentei, quorum precium quindecim circiter hodiernorum solidorum erat.

In alia inscriptione Græca Florentina a Grutero edita, quamque nos in Diario Italico protulimus p. 202.

nous avons imprimée dans notre Journal d'Italie, il est défendu non seulement d'y ensevelir quelque étranger, mais aussi d'y exposer en vente, & d'y mettre quelque chose que ce puisse être. En voici les termes:

Achille Epaphra a érigé ce sepulcre en memoire de sa femme Geminia Myrtale: que personne n'ait la permission d'y exposer rien en vente, ni d'y mettre quelque chose, jusqu'à ce qu'Achille ait païé le tribut à la nature. Si quelqu'un ôte Myrtale de sa place, il paiera au tresor Imperial deux mille cinq cens deniers.

L'amende est plus forte au sepulcre d'Asis prêtre de Mithras, dont nous avons donné l'épitaphe plus correcte au second tome de cet ouvrage: voici les termes de cette partie de l'épitaphe: *Si quelqu'un ôte de sa place cet autel ou quelque chose qui lui appartienne, il paiera au peuple Romain cinq mille deniers.* L'autel est pris là pour la pierre sepulcrale où l'épitaphe étoit gravée: ce qui se trouve souvent dans les inscriptions sepulcrales, comme nous dirons plus bas.

non modo alienum cadaver eo in sepulcro deponendi facultas tollitur, sed etiam aliquid in eo venum offerendi, sive alio modo constituendi.
Inscriptionis Græcæ sensus est:
Achilles Epaphra propriæ uxori Geminiæ Myrtalæ, memoriæ postremæ gratia tumulum (supple erexit), in quo nullus vendendi aut aliquid reponendi facultatem habeat, nisi prius Achilles ipse humanum quid patiatur. Si quis Myrtalen loco moverit, solvat fisco denaria bis mille quingenta.

Mulcta major est in sepulcro seu in ara Asidis Mithræ sacerdotis, cujus epitaphium emendatius in secundo hujus operis tomo dedimus. En verba illius epitaphii partis quæ mulctam spectat, latine conversa: *Qui moverit aram aut aliud quidpiam ad sepulcrum spectans, solvet populo Romano denariorum quinque millia.* Ara hic pro lapide sepulcrali in quo inscriptio sculpta erat, accipitur: aræ mentio frequenter occurrit in sepulcralibus inscriptionibus, ut jamjam videbimus.

CHAP.

VIOLATEURS DE SEPULCRES MAUDITS.

CHAPITRE II.

I. Maledictions aux violateurs des sepulcres. II. Pierres sepulcrales appellées autels.

I. LEs Anciens mettoient quelquefois des imprecations & des maledictions contre ceux qui ôteroient ou les tombeaux ou les autres monumens mis pour les morts. *Si quelqu'un ôte ou fait ôter ce monument, qu'il meure le dernier de sa race*, lit-on dans une épitaphe donnée par M. Fabreti. Nous avons vu ci-devant outre l'amende imposée, cette imprecation, *qu'il soit coupable du crime des violateurs de sepulcres*. En voici une autre : *Si quelqu'un gâte cet autel, qu'il s'attire l'indignation du genie du peuple Romain & des dieux*.

Chacun faisoit ses imprecations à sa maniere : *Qu'il s'attire l'indignation d'Isis*, dit une autre, *& qu'il voie les ossemens des siens déterrez & dispersez*. En voici encore d'autres :

Qu'il soit précipité dans le tartare, & qu'il soit privé de la sepulture.

Si quelqu'un viole le sepulcre de ce mort, que tant lui que les siens soient réduits au même état que le mort.

Que les dieux adorez de tous les hommes soient irritez contre lui.

Que les mysteres d'Isis troublent son repos.

Que les dieux Manes soient irritez contre lui.

Qu'il ne soit pas reçu dans les enfers. Celle-ci se trouve dans une inscription donnée par Reinés.

Un autre qui avoit perdu Abucia jeune esclave qu'il aimoit, souhaite aux violateurs de son sepulcre la même douleur qu'il a eue à la mort de cette fille.

On faisoit aussi des imprecations contre ceux qui viendroient faire leurs ordures sur les tombeaux : *Si quelqu'un vient faire ses ordures à ce tombeau, qu'il s'attire l'indignation des dieux superieurs & inferieurs*. Trimalchion dit que pour éviter cette profanation, il établira par son testament un serviteur

---

CAPUT II.

I. Maledicta in violatores sepulcrorum prolata. II. Sepulcrales lapides aræ vocati.

I. VEteres nonnunquam imprecationes & maledicta inserebant in eos qui quovis modo sepulcra violarent, aut qui sepulcra monumentave auferrent. Sic habet inscriptio quam edidit Fabrettus p. 4.
QVISQVIS
HOC SVSTVLERIT
AVT IVSSERIT
VLTIMVS SVO-
RVM MORIATVR

Jam ante vidimus præter mulctam impositam, imprecationem hujusmodi efferri, *Violati sepulcri reus esto*. Aliam apud Fabrettum legimus p. 76. *Si quis hanc aram laserit, habeat genium iratum populi Romani & numina divorum*.

Quisque modo suo imprecationes faciebat : alia sic habet : *Mitem Isidem iratam habeat, suorum ossa eruta atque disperso videat*.

Alia imprecatio sic metro effertur apud Gruterum :
*Laseris hunc tumulum si quisquis, in tartara pergas,
Atque expers tumuli, laseris hunc tumulum.*

Alia autem : *Quisquis eum laserit, sic cum suis valeat.*
Alia : *Illi deos iratos quas omnes colunt.*
Alia : *Habebit sacra Isidis illius quiete irata.*
Alia : *Manes iratos habeat.*
Alia : *Manium numina irata sunto.*

Hanc item affert Reinesius : *C. Julius C. libertus Barnæus ; ollam ejus si quis violaverit, ad inferos non recipiatur.*

Alius qui Abuciam vernam suam quam amabat, amiserat : *Si quis huic loco manus intulerit, habeat dolorem meum quem ego habui.*

Imprecationes emittebantur etiam in eos qui in sepulcris alvum exonerarent : sic in sepulcro Caii Cæcilii referente Fabretto p. 110. legebatur : *Qui hic minxerit aut cacarit, habeat deos superos & inferos iratos.* At Trimalchio melius : *Cæterum*, inquit, *erit mihi cavum ut testamento caveam ne mortuus injurias accipiam ; præponam enim unum ex libertis sepulcra*

Tom. V. F

pour garder son sepulcre, & pour empêcher que le peuple n'y vienne faire ses ordures.

II. Il ne faut pas être surpris que les anciens fissent ces imprecations contre les violateurs des sepulcres, qu'ils regardoient comme des lieux sacrez. Nous avons déja vu qu'ils appelloient *ara* autel, ces marbres quarrez où ils mettoient des inscriptions; ils avoient effectivement la forme d'un autel, & sont ainsi appellez dans plusieurs inscriptions; en voici quelques-unes. *Si quelqu'un de ses mains profanes viole cet autel ou cette sépulture, qu'il paie au collège des Pontifes cent mille & cinquante sesterces.* Ce n'est pas sans quelque doute que nous rendons ici la lettre N. exprimée ainsi dans l'épitaphe, par cinquante: les marbres où elle se trouve souvent n'aident point à l'expliquer; les auteurs ne conviennent point sur la maniere dont il faut l'entendre; les uns expliquent cet N par cinquante à la maniere des Grecs, les autres par *nonaginta*, quatre-vingt-dix, les autres par neuf cens.

L'épitaphe d'un autre sepulcre est en ces termes: *Marc Hirrius Eros affranchi de Marc, & Marc Hirrius Crescent affranchi de Marc, ont fait ce monument pour eux, pour Hirria Euplea affranchie de Marc, & pour Hirria Grapte aussi affranchie de Marc. Que cet autel ne passe point à leurs heritiers.* Cette derniere formule se trouve une infinité de fois dans les anciens sepulcres, non pas avec le nom d'autel, mais avec celui de monument: QUE CE MONUMENT NE PASSE POINT AUX HERITIERS. Cette inscription se mettoit quand ils vouloient que ces monumens fussent seulement pour eux, & non pour leurs heritiers.

L'épitaphe suivante est remarquable: *Aplasie Pauline a ordonné par son testament que l'on fit trois autels, pour elle, pour Quintus Corrius Antiquus son mari, pour Quinta Paulina sa fille, & qu'on les environnât de murailles.* On trouve un grand nombre d'autres pierres sepulcrales qui portent le nom d'autels: M. Fabretti croit qu'elles servoient effectivement d'autels, où l'on versoit des libations pour les ames des défunts. Il s'en trouve plusieurs qui sont trouées par le haut pour recevoir ces libations que les parens y versoient; d'autres ont des autels représentez dans les bas-reliefs, comme nous verrons dans la suite.

---

meo custodia causa, ne in monumentum meum populus cacatum currat.

11. Neque stupendum est si veteres illi imprecationes contra sepulcrorum violatores emitterent; nam ea monumenta ut loca sacra respiciebant. Jam vidimus eos aras vocavisse lapides illos quadratos in queis inscriptiones ponebant; vereque marmora hujusmodi arae plerumque formam referebant, atque eo modo vocantur hic in plurimis inscriptionibus, quarum quasdam hic apponimus post Fabrettum p. 107.

Si quis ei ara sive sepultura quandoque manus inferre voluerit, inferat collegio pontificum sestercium centum millia & quinquaginta. Hic notam N. quinquaginta explicamus non sine scrupulo; nullam enim opem ad illam explicandam ex marmoribus mutuamur; nec convenit inter scriptores quo pacto sit explicanda: alii N. quinquaginta explicant Graecorum more, alii nonaginta, alii nongentos.

Alius sepulcri epitaphium hic proferimus: *M. Hirrius Marci libertus Eros, Marcus Hirrius Marci libertus Crescens, fecerunt sibi & Hirria Marci liberta Euplea, Hirria Marci liberta Grapte. Haec ara heredem non sequatur.* Haec postrema formula sic frequentissime reperitur in marmoribus H. M. H. N. S. *hoc monumentum heredem non sequatur*; in epitaphio autem Hirrii legitur H. A. H. N. S. *haec ara heredem non sequatur*. Quod additamentum inscriptionibus tum apponebant, cum nollent ad aliorum quorumcumque usum monumentum suum aliquando cedere.

Notatu certe dignum est epitaphium sequens: *Aplasia Lucii filia Paulina aras tres sibi & Quinto Corrio Antiquo viro suo, & Quintae Corriae Quinti filiae Paulinae filiae suae testamento fieri jussit maceria circumdata.* Alia bene multa sepulcralia marmora occurrunt, quae arae nomine insignita sunt; putatque Fabrettus illa vere ararum loco habita fuisse in quas libationes pro defunctis effundebantur. Multi sunt hujusmodi lapides superne perforati ad recipiendas libationes illas quas cognati profunderent. Alia sepulcra aras exhibent in anaglyphis repraesentatas, quales nonnullas infra videbimus.

CHAPITRE III.

I. Urnes sepulcrales de différente forme. II. Urnes appellées ollæ. *III. Pleureuse. IV. Ce que c'étoit que* columbaria, obrendaria *&* cineraria.

I. VENONS aux urnes destinées pour les os & les cendres. On en faisoit d'or, d'argent, de cuivre, d'albatre, de porphyre, de marbre : celles-ci étoient les plus ordinaires. On en faisoit pour le bas peuple encore de terre cuite en tres-grand nombre. Nous avons vu dans les funerailles de Patrocle qu'Achille mit ses ossemens dans une urne d'or : on n'en trouve guere de cette espece, quoiqu'il soit certain que bien des gens riches s'en sont autrefois servis pour y mettre les cendres de leurs parens. Il y a apparence que ceux qui ont trouvé ces urnes d'or, les ont employées à d'autres usages qu'à orner des cabinets, & que par la même raison celles d'argent ne se trouvent plus guere. On en trouve assez souvent d'albatre dans quelques cabinets d'Italie, & quelques-unes aussi de porphyre, quoique plus rarement. Le plus grand nombre est de marbre ; il s'en voit à Rome une quantité surprenante, & encore ailleurs dans les cabinets des curieux. Les urnes de terre étoient aussi fort communes, sur tout pour le peuple ; mais on ne s'est pas beaucoup soucié de garder un grand nombre de celles-là.

On peut distinguer ces urnes où l'on mettoit les corps des defunts en deux especes. Il y en avoit où l'on mettoit les ossemens tout entiers & dans leur ordre naturel autant qu'il se pouvoit, soit qu'ils eussent été brulez, soit qu'ils ne l'eussent pas été. C'étoient de grandes tombes, dont les unes se terminoient à chaque bout en angles droits comme un quarré long, & les autres en ligne circulaire. On trouve de celles-là une assez grande quantité, mais bien moins que de ces autres plus petites urnes cineraires où l'on entassoit les cendres & les ossemens. On voit de celles-ci à Rome & ailleurs un tres-grand nombre. Elles sont de figure differente, comme l'on verra plus bas ; mais j'en ai remarqué incomparablement plus de quarrées que d'autres : je ne sai s'il y en a moins d'une centaine de cette forme en la seule Vigne Mattei : elles ont à peu près un pied Romain en quarré. Il s'en trouve aussi

---

CAPUT V.

I. Urnæ sepulcrales variæ. II. Urnæ ollæ *dictæ. III. Præfica. IV. Quid essent* columbaria, obrendaria *&* cineraria.

I. JAM ad urnas ossibus & cineribus recipiendis destinatas veniamus. Eæ ex auro nonnunquam, ex argento, ex ære, ex alabastrite, ex porphyretico, ex marmore, hæque frequentiores erant. Urnæ quoque fictiles ingenti numero parabantur plebi videlicet infimæ. In funere Patrocli legimus Achillem ejus ossa in urna aurea posuisse : hujus vero metalli paucissimæ urnæ reperiuntur, si tamen alicubi occurrant ; etsi certum indubitatumque sit multos olim viros divites nobilesve suorum ossa in urnis aureis deposuisse. Verum qui in hujusmodi urnas inciderunt, ad alium eas usum deputavere quam ad ornanda Musea ; parique ratione contigit ut argenteæ urnæ vix occurrant. Ex alabastrite nonnunquam urnæ visuntur, etiamque ex porphyretico lapide, etsi ratius ; maximus urnarum numerus marmorearum est. Mirum quot quantæque Romæ reperiantur ; innumeræ etiam alibi in Museis variis. Urnæ fictiles etiam frequentissimæ, ut quæ plebeiorum ossibus servandis inservirent ; sed ex non tanta cura asservatæ fuere.

Hujusmodi autem urnæ duas maxime in species distingui possunt : urnæ quædam erant in quibus deponebantur corpora integra sive non cremata, sive cremata illa essent ; cremata quippe corpora aliquando in sarcophagis seu urnis oblongis condebantur. Ex sarcophagis seu ex urnis illis grandioribus aliæ quadratæ & oblongæ erant, aliæ oblongæ similiter in circularem utrinque formam terminabantur ; sed hæ longe infrequentiores occurrunt. Hi vero sarcophagi sive in circularem sive in rectam utrinque lineam terminati, multi habentur ; ac longe pauciores aliis urnis minoribus in queis cineres & ossa deponebantur : harum quippe ingens numerus conspicitur Romæ & alibi. Eæ vero forma inter se discrepant, ut infra videbimus ; sed in plures quadratas offendi quam in alias ; nescio an minus quam centum hujusmodi occurrant in una villa Mattheia Romæ : hæ uno circiter pede Romano ex quibusque lateribus latæ ut plurimum sunt. Aliæ

d'autres rondes avec quelque difference dans la rondeur & dans le travail, qu'il sera facile de remarquer dans leurs images. Ces urnes rondes sont ordinairement moins chargées de sculptures que les quarrées ; il s'en trouve même plusieurs qui n'ont ni sculptures ni inscriptions.

Les tombes & les urnes se mettoient ordinairement dans des mausolées, ou dans des hypogées, ou des fabriques souterraines, en plus grand ou en moindre nombre, suivant la grandeur de l'espace. Dans ces mausolées faits pour des familles de consideration, il y avoit plusieurs cellules, & tres-souvent dans ces cellules plusieurs rangées de niches les unes sur les autres comme dans un pigeonnier ; c'est pour cela qu'on les appelloit *columbaria*. Ces urnes sont quelquefois appellées *ollæ*, mot qui semble ne convenir qu'aux vases & aux urnes rondes. Celles que Spon, Fabreti, & Pietro Santo Bartoli ont mises dans les *columbaria*, le sont presque toutes : ce qui n'empêche pas que les quarrées n'y aient eu leurs places. Nous en trouvons plusieurs rondes dans les sepulcres de la Vigne Corsini, que nous donnerons plus bas.

II. Ces *ollæ* ou urnes rondes étoient donc rangées dans ces *columbaria*, & avoient quelquefois leurs inscriptions, comme nous voions dans les *columbaria* donnez par M. Spon, où l'une a OLLA, l'autre OLLA. L. ABVC. & la troisiéme OSSARIVM, ce mot se lit quelquefois *ossuarium*, comme nous verrons plus bas. M. Fabreti donne plusieurs inscriptions de ces vases funeraires, qu'il croit avoir appartenu à des gens de basse qualité. Les deux premieres n'ont que les premieres lettres des noms : les suivantes ont les noms entiers, & dans quelques-unes le mot OSSA est mis devant, pour dire les ossemens d'un tel.

1.   D. M. S
2.   C. M
3.   C. ABELLANI FELICIS
4.   OSSA
    P. ANNI. D. L
    ACASTI
5.   OSSA
    P. ANNI APOLLONII
6.   OSSA
    P. ANNI TERENIS
7.   OSSA
    P. ANNI P. L. ZETHI

LES URNES SEPULCRALES.

8. AVRELIA SABINA
ANNORVM
XXII.

9. CORNELIA AVGE

10. SEX. ENNIVS
SEX. L. CHREST

11. FABIA SEX. F. METHE
PIA. ANN. VIX. XV

12. GAA
VILICVS

13. HIPPARCHVS
HIC. SIT. EST

14. IVLIA NOMAS
VIXIT AN. XVI

15. IVLIA D. L. MA
HIC SITA EST

16. MARVLLVS
L. LIBR

Il faut remarquer dans la quatriéme que le Ↄ renversé veut dire *Caiæ*; ce que les anciens observoient dans ces noms designez par la premiere lettre, où le C dans sa situation ordinaire indiquoit le masculin *Caii*, & le Ↄ renversé le feminin *Caia*. M. Fabreti prétend que ce Ↄ renversé, qui veut dire *Caiæ*, n'est pas le propre nom de la femme; mais que c'est un nom appellatif qui veut dire la mere de famille, la maitresse. Nous avons vu au troisiéme tome, que quand la nouvelle mariée entroit dans la maison de son époux, elle prenoit le nom de *Caia*, comme maitresse de la maison, & qu'elle disoit à son mari, *Si vous êtes Caius, je suis Caia*. Ce qui porte M. Fabreti à le croire, c'est que comme les affranchis prenoient le prénom & le nom de leurs maitres & de leurs maitresses, il faudroit que ces affranchis portassent le nom de Caius, si le Ↄ renversé marquoit le prénom de la maitresse; au lieu qu'ils sont appellez dans ces mêmes inscriptions *Publius* & *Lucius*.

Sur le mot VILICUS on remarque qu'il se trouve ainsi ordinairement dans les inscriptions avec un L seul, ce qui favorise l'opinion de Dausquius, qui croit que la véritable orthographe est d'écrire *vilicus*. M. Fabreti rapporte plusieurs inscriptions semblables.

III. La premiere image de la planche suivante nous représente une pleureuse du cabinet de Brandebourg, ou une de ces femmes qu'on appelloit *præficæ*, qui menoient un grand deuil, & fondoient en larmes pour de l'argent;

Pl. IV.

---

8. AVRELIA SABINA
ANNORVM
XXII

9. CORNELIA AVGE

10. SEX. ENNIVS
SEX. L. CHREST

11. FABIA. SEX. F. METHE
PIA ANN. VIX. XV

12. GAA
VILICVS.

13. HIPPARCHVS
HIC. SIT. EST

14. IVLIA NOMAS
VIXIT AN. XVI

15. IVLIA D. L. MA
HIC SITA EST

16. MARVLLVS
L. LIBR

Observandum est in quarta inscriptione Ↄ inversum *Caiæ* legendum esse; id autem in usu erat in nominibus per primam literam designatis, ubi C sic positum pro more *Caii* legebatur: Ↄ vero inversum significabat *Caiæ*. Putat Raphael Fabrettus Ↄ inversum Caiam significans, non indicare nomen mulieris proprium, sed appellativum, quo significatur materfamilias & patrona. Tomo tertio vidimus cum nova nupta in sponsi domum intraret, eam Caiæ nomen utpote matremfamilias accepisse, & conjugi suo dixisse, *Si tu Caius, ego Caia*. Ad ita credendum inducitur Fabrettus, quoniam cum liberti patronorum patronarumque nomen acciperent, nomen Caii habeant oporteret, si C illud inversum patronæ prænomen esset; cum tamen in iisdem inscriptionibus ubi Ↄ illud inversum habetur, Publii & Lucii nomen habeant.

Circa nomen illud VILICVS, quod numero 12. supra habetur, observandum est sic vulgo exprimi in inscriptionibus cum unico L, quo confirmatur opinio Dausquii hanc orthographiam asserentis. Fabrettus multas affert inscriptiones in quibus *vilicus* scribitur.

III. Primum sequentis tabulæ schema præficam ex Museo Brandeburgico eductam refert. Erant præficæ, ut jam diximus, mulieres in funeribus conductitiæ, quæ lucri quæstusque causa ingentem luctum

elles difoient & faifoient plus de chofes pour marquer une grande affliction, dit Horace, que ne font ceux qui font touchez d'une veritable douleur. Celle-ci eft affife, & affez femblable à celle que nous avons vue à la feconde planche. Devant elle on voit fur un tronc d'arbre une urne cineraire de la même forme que plufieurs de celles que nous verrons plus bas. Beger met fans aucun doute cette femme pour une de ces pleureufes à gages: mais je ne vois pas qu'il foit bien certain que tant celle-ci, qu'une autre que nous avons vue ci devant, foient de ces pleureufes à gages. L'une & l'autre pleurent devant une urne; c'eft ce que faifoient les parentes; c'eft ce que faifoient auffi les pleureufes à gages: comment diftinguer une femme qui pleure dans l'affliction, d'une autre qui pleure par métier? D'ailleurs les pleureufes à gages pleuroient principalement dans les convois & dans les pompes funebres; aulieu que celles-ci pleurent à l'écart devant des urnes: ce qui femble mieux convenir à des parentes qu'à des pleureufes à gages.

IV. Auprès de cette pleureufe on voit des *columbaria* donnez par Spon, où l'on peut remarquer la forme des niches, des trous profonds dans ces niches, & de quelques vafes cineraires, qu'on voit tout entiers, femblables à ceux que nous verrons dans une autre planche.

M. Fabreti donne la forme d'autres *columbaria* trouvez en la voie Aurelienne : ils font à côté d'un efcalier, où l'on remarque dix niches, dans lefquelles étoient quarante urnes cineraires, quatre à chacune. Ces *columbaria* appartenoient à la famille Cæcilia. Nous donnons ici la forme un peu plus grande de l'une des niches, afin qu'on puiffe voir comment les quatre urnes cineraires y étoient placées. M. Fabreti dit qu'il a vu deux de ces *columbaria* où chaque niche avoit quatre urnes : c'étoit fans doute pour quelque famille nombreufe. Ces *ollæ* ou urnes étoient fouvent tellement ajuftées dans leurs trous, qu'on ne pouvoit les ôter de là, ni les tranfporter ailleurs. En certaines niches il y en avoit quatre; en d'autres il n'y en avoit que deux, & quelquefois une feulement, comme on a pu voir dans celles de Spon. Les *columbaria* fuivans reprefentez de deux côtez, ont beaucoup plus de niches que les precedens, & chaque niche a deux urnes. Ces *columbaria* prenoient auffi leurs noms des *ollæ* ou des urnes qui y étoient placées, & s'appelloient *ollaria*.

Ce qu'on appelloit *obrendaria* ou *obrendaria vafa*, étoient de grands vafes pour les os des défunts. Nous ne trouvons ce mot que dans les infcriptions :

exhibere, lacrymafque ubertim profundere folebant,
 Quæ conductæ plorant in funere, dicunt
 Et faciunt prope plura dolentibus ex animo.
Ut ait iifdem pene verbis Horatius de Art. Poet. Hæc vero fedet, nec abfimilis ei eft quam fupra vidimus in fecunda tabula. Ante illam in trunco arboris urna cineraria vifitur eadem forma qua ex iis multas quas infra confpiciemus. Hanc mulierem omnino præficam effe dicit Begerus ; verum an præfica fit tum hæc tum illa quam fupra vidimus, non ufque adeo certum eft : hæ ante urnam plorant ; id cognatæ ex animo, id præficæ lucri caufa præftabant : quomodo autem diftinguas vere lugentem ab ea quæ fimulatum dolorem præ fe fert ? Præterea præficæ in cœtu & in funebri pompa maxime lugebant ; hæ autem folitariæ lugent, quod cognatis maxime competere credatur.

IV. Propter illam plorantem mulierem columbaria exhibentur a Sponio data, ubi apfidularum feu thecarum formam obferves, necnon foraminum ubi inferebantur ollæ, & aliquot vafa cineraria quæ integra repræfentantur, ejufdem circiter formæ quam infra in alia tabula confpiciemus.

Fabrettus alia columbaria exhibet quæ in via Aurelia reperta funt ; ea ad latus fcalæ cujufpiam pofita funt, ubi decem apfidulæ vifuntur, in quibus erant quadraginta ollæ five urnæ cinerariæ, quaternæ videlicet in fingulis. Hæc vero columbaria ad Cæciliam gentem pertinebant. Apfidulam vero unam paulo ampliorem exhibemus, ut omnium forma facilius intelligatur, quomodo fcilicet quatuor ollæ inibi locarentur atque infererentur. Teftificatur Fabrettus fe duo columbaria vidiffe ubi in fingulis apfidulis quatuor erant ollæ, pro numerofa videlicet familia ; quæ ollæ ita firmiter infertæ plerumque erant, ut non poffent avelli neque alio transferri. In quibufdam, ut diximus, apfidulis quatuor ollæ five urnæ cinerariæ erant, in aliis vero duæ tantum, in nonnullis una, ut obfervari poteft in columbariis Sponii fupra. Columbaria fequentia ex duobus lateribus repræfentata, plures habent apfidulas quam cætera omnia, in fingulifque apfidulis duæ funt ollæ. Columbaria porro ab ollis aliquando Ollaria vocabantur.

Ea quæ obrendaria vocabant, majora erant vafa pro offibus defunctorum reponendis. Hæc autem vox in

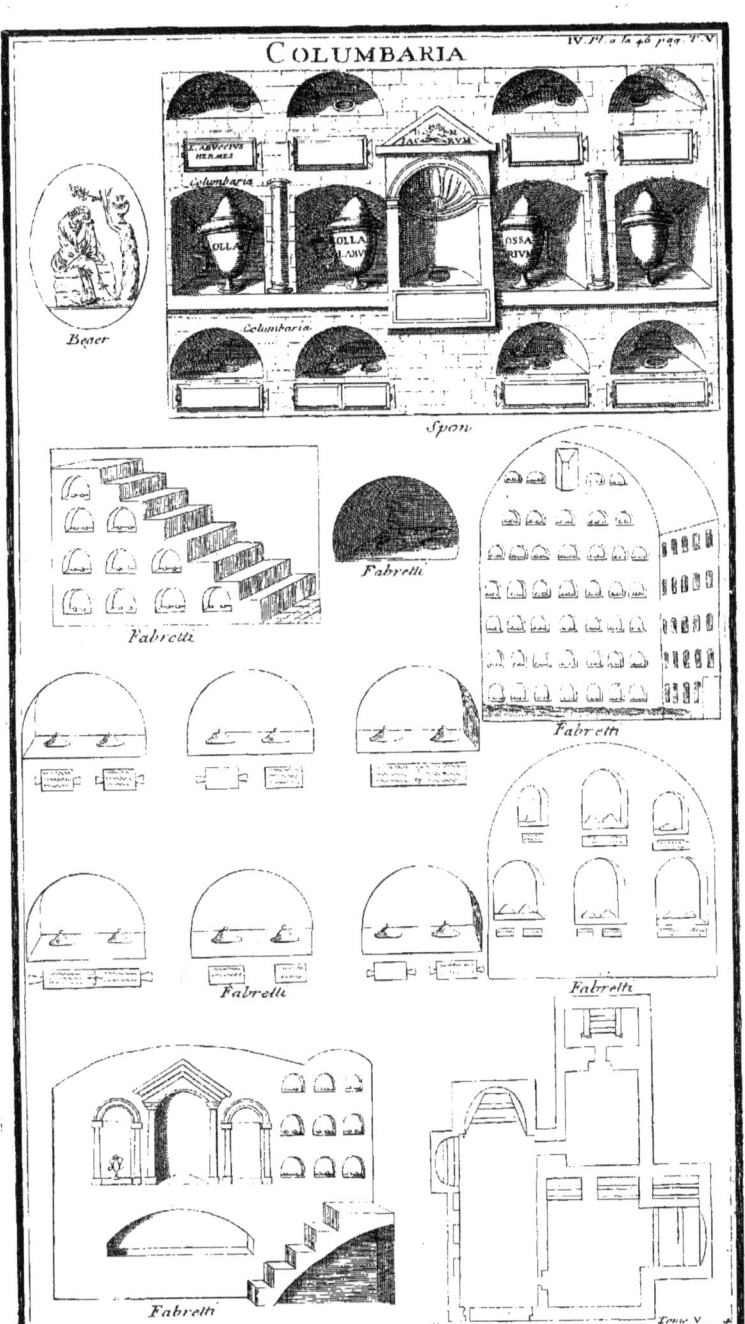

celle de *Magnia Tyche* rapportée par M. Fabreti p. 14. marque qu'elle a fait *obrendaria dua & ollaria tria*: *dua* est mis là pour *duo*. Gutherius a cru que ce mot étoit corrompu & mis pour *offerendaria* : mais la leçon précédente est confirmée par une autre inscription où ce mot se trouve écrit en la même maniere : il y a apparence qu'*obrendarium* vient d'*obruere*, comme l'a cru M. Rigaut, & qu'il est mis en abregé pour *obruendarium*. Ce qui persuade que cette étymologie est bonne, est qu'on trouve une inscription qui finit ainsi, *obritus est* pour *obrutus est* ; ce qui fait voir que ce terme étoit usité pour la sepulture. M. Fabreti croit que les *obrendaria* peuvent être la même chose que *fictilia sarcophaga* que l'on trouve dans Gruter. Quoi qu'il en soit, il est certain que ces *obrendaria* étoient de plus grands vases que ceux qu'on appelloit *ollæ*.

Cineraria étoient des cellules à conserver des cendres dans des urnes de pierre ou de marbre, qu'on appelloit *ossuaria*. Spon croit que c'est la même chose que *columbaria* : il y a quelque apparence que ce mot *columbaria* s'appliquoit aussi aux *cineraria*, quand ils avoient des trous & des niches comme les pigeonniers. M. Fabreti prend pour un *cinerarium* le bâtiment suivant qui a une espece de portail & un escalier. La figure suivante est le plan d'une grote creusée dans le tuf, & donnée par M. Fabreti, qui dit qu'il y a des creux qui semblent faits exprès pour y mettre des corps tout entiers.

Dans le monument découvert en la Vigne Corsini, on voit des *columbaria* de plusieurs manieres ; on y remarque ces *ollæ* ou ces urnes de terre cuite enchassées dans leurs trous : on y voit aussi des urnes de marbre toutes entieres, & qui ne sont point enchassées dans des trous. Ce grand monument étoit souterrain ; c'étoit un hypogée à la maniere des Grecs. Il est certain que les Romains qui avoient plusieurs mausolées élevez sur terre, avoient aussi des hypogées, qu'ils faisoient peut être à l'imitation des Grecs. On voit de ces hypogées auprès de Rome ; on y voit encore plus souvent des mausolées qui sont des bâtimens élevez sur terre, dont nous parlerons plus bas, après que nous aurons donné un fort grand nombre d'urnes de differente forme.

---

solis epitaphiis reperitur. In epitaphio Magniæ Tyches quod a Raphaele Fabretto affertur p. 14. dicitur Magniam Tychen fecisse *obrendaria dua & ollaria tria*. *Dua* ibi pro *duo* positum est. Putavit Gutherius illam vocem esse corruptam, atque *obrendaria* pro *offerendaria* positum fuisse. Verum prior lectio alia inscriptione confirmatur, ubi hæc vox eodem scripta modo occurrit : atque, ut videtur, *obrendarium* a verbo *ebruere* derivatur, ut existimavit Rigaltius, & pro *obruendarium* ponitur. Huic etymologiæ favet inscriptio quædam quæ etiam nunc superest, quæque hoc verbo *obritus est*, terminatur ; unde intelligas hanc vocem pro sepultura usitatam fuisse. Putat Fabrettus *obrendaria* idipsum esse posse quod *fictilia sarcophaga*, quæ apud Gruterum occurrunt p. DCVII. ut ut est, videntur *obrendaria* majora quam *ollæ* vasa fuisse.

Cineraria cellulæ erant in queis cineres asservabantur in urnis lapideis marmoreisve, quæ vocabantur *ossuaria*. Sponius existimat idipsum esse *cineraria* atque *columbaria*, verisimileque est hoc nomen *columbaria* etiam cinerariis attributum fuisse, quando ea plurimas aptidulas ordine positas habebant. Verum Fabrettus pro cinerario habet ædificium in tabula positum, ubi angulum ostium atque scala visitur. Schema sequens est ichnographia cryptæ in topho excavatæ, quæ a Raphaele Fabretto publicata fuit, narrat autem ille ibi loculos esse inferendis integris cadaveribus excavatos.

Columbaria cujusvis generis visuntur in monumentis quæ ab aliquot annis in villa Corsinia detecta, & a Petro Santo Bartolo publicata sunt. Ibi visuntur & ollæ insertæ & vasa marmorea conspicua nec infixa in ollarum modum. Est autem hypogæum ; certum enim est Romanos perinde atque Græcos hypogæis fuisse usos, qua in re Græcorum morem ut in aliis secuti videntur. Hæc hypogæa nonnunquam circa Romam reperiuntur ; sæpiusque etiam mausolea ibidem comparent, quæ sunt præalta ædificia, de quibus infra sermo erit, postquam urnarum sepulcralium vim ingentem exhibuerimus.

CHAPITRE IV.

I. Description de l'hypogée trouvé dans la Vigne Corsini près de Rome. II. Inscriptions sepulcrales du même hypogée. III. Chambres & peintures du même. IV. Voutes peintes & pavez du même.

PL. V. I. Nous donnons ici ce monument remarquable de la Vigne Corsini, publié par le Bartoli à Rome l'an 1699. Il fut trouvé sous terre, comme nous venons de dire; le Bartoli croit qu'il avoit été fait ainsi dès le commencement: c'étoit un hypogée à la maniere des Grecs, dans lequel il y avoit des appartemens comme dans celui de Smyrne, dont il est parlé ci-dessus. Voici la façade qu'il avoit en dehors, lorsqu'il eut été découvert, comme le Bartoli l'a donnée, avec le plan qu'il y a ajouté, suivant lequel il y avoit trente-quatre chambres. A la façade étoient les inscriptions suivantes, qui marquent les personnes pour lesquelles ce grand hypogée avoit été fait.

II. La premiere inscription est en ces termes:

Pomitine Stratonice affranchie a fait ce monument & ce verger pour elle, & C. Caius Pomitinus pour Lucius Mahenus & Antiochus, ses compagnons affranchis.

C. Caius Pomitinus a fait ici des places sepulcrales pour Claude Salvius & pour Optatus; & encore pour Publius Cornelius Dasius affranchi de Caia, & pour ses affranchis & affranchies. Au dehors il a fait des tombeaux pour Caius Pomitinus affranchi de Caia, & pour Lucius Antiochus esclave. Ce monument a vingt trois pieds de long, & douze de large. Ce verger fait pour un grand sepulcre paroit une chose fort extraordinaire: étoit-ce afin qu'il ne manquât rien à cette maison souterraine, qu'on y a fait aussi un verger? ou peutêtre est-il parlé ici de quelque peinture qui représentoit un verger?

CAPUT IV.

I. Descriptio hypogæi in villa Corsinia prope Romam detecti. II. Inscriptiones sepulcrales ejusdem hypogæi. III. Cameræ atque picturæ ejusdem. IV. Fornices depicti & pavimenta ejusdem.

I. Hic primum proferimus subterraneum illud sepulcrum villæ Corsiniæ a Bartolo publicatum anno 1699. sub terra constructum fuisse dicit & asseverat ipse Bartolus. Erat igitur hypogæum more Græcorum, in quo conclavia & cubicula erant, petinde atque in illo Smyrnensi de quo supra diximus. Exteriorem amota terra superficiem protulit Bartolus, qualem nos hic exhibemus, cum ichnographia tota, in qua triginta quatuor cellulæ sive cubicula numerantur. In fronte ædificii erant inscriptiones sequentes, queis indicantur personæ familiæque quibus maximum illud hypogæum constructum fuerat.

II. Prima inscriptio sic habet:

POMITINA. C. L. STRATONICE
MONVMENT. ET VIRIDIAR. FECIT. SIBI. ET
C. C. POMITINVS. C. C. L. MAHENI. ANTIOCHO
COLLIBERTIS SVIS
C. C. POMITINVS. C. C. L. SALVIO. ET. OPTATO. F. SVIS. ET
P. CORNELIO. Ɔ. L. DASIO. ET
LIBERTEIS. LIBERTABVS. SVEIS
EXTRA QVAM
C. POMITINO. C. C. Ɔ. L. ANTIOCHO. VERNAE
IN. FRON. P. XXIII. IN AG. P. XII

Viridarium, vel ut scribitur viridiarium, pro magno hypogæo editum, res videtur esse admodum singularis. An ut nihil in illis subterraneis ædibus ad splendorem deesset, etiam viridarium ipsis paratum est? nisi fortasse hic aliqua pictura memoretur in qua viridarium repræsentaretur.

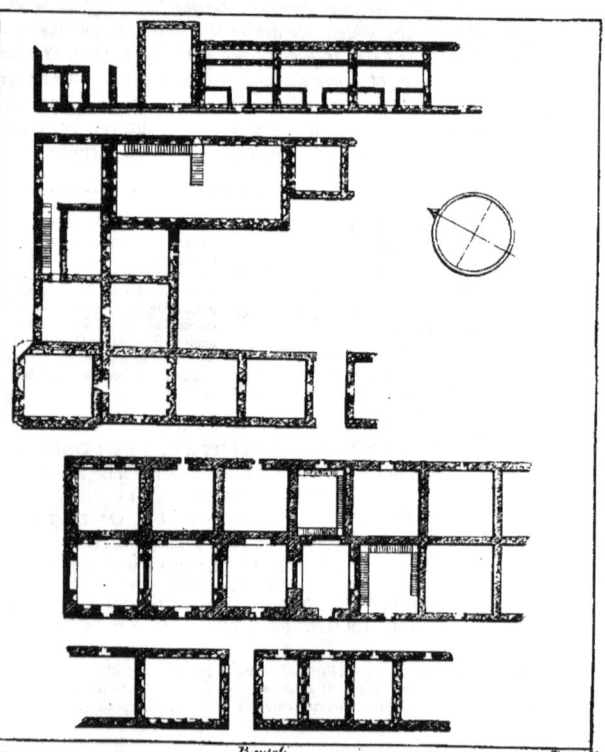

HYPOGÉE DE LA VIGNE CORSINI.

La seconde inscription a ce sens:

Racilie Eutychie a fait ce tombeau pour Cn. Racilius Telesphorus son seigneur & son mari, avec lequel elle a vécu vingt-un ans & sept mois ; pour Cn. Racilius Fructuosus son fils, qui a vécu dix ans, huit mois, vingt-deux jours & cinq heures ; pour elle, pour Racilie Fructuose sa fille, pour ses affranchis & affranchies, & pour leurs descendans. Si quelqu'un suscite après ma mort quelque procès touchant ce monument, ou s'il veut l'ôter à ceux qui porteront mon nom, qu'il paie au tresor du peuple Romain cinq mille cinquante sesterces. Que ce monument ne soit sujet à aucune fraude. Sur la lettre N. pour cinquante, voiez ce que nous avons dit ci-devant. Nous voions ici les ans, les mois, les jours, les heures de la vie d'un mort, marquez. Dans d'autres épitaphes on trouve même les demi-heures, comme dans celle-ci : *Aux Dieux Manes. Publius Ælius Verax a fait faire ce tombeau pour Publius Ælius Servandus son fils, & pour Publius Ælius Servandus son petit fils, qui a vécu deux ans, quatre mois, deux jours, six heures & demi.* Il s'en trouve même où les scrupules, c'est-à-dire les plus petites parties des heures sont marquées. On ne sait pas bien ce que c'étoit que ces scrupules, & s'ils avoient quelque rapport à ceux dont on se sert pour peser. Cela fait voir avec quel soin on marquoit anciennement les jours, les heures, & pour ainsi dire les momens de la naissance.

La troisiéme épitaphe est telle :

Lucius Valerius Felix a fait ce monument pour lui, pour Ælia Elpidutis sa femme, pour ses affranchis, pour ses affranchies, & pour leurs descendans, & pour Cominia Crisis sa femme. Que ce monument ne soit sujet à aucune fraude.

Secunda inscriptio sic habet.

RACILIA. EVTYCHIA
FECIT. CN. RACILIO
TELESPHORO. PATRONO. ET. CONIVGI
CVM. QVA. VIXIT. ANNIS. XXI. MENSIBVS
VII. ET. CN. RACILIO. FRVCTVOSO. FILIO
QVI. VIXIT. ANNIS. X. MENSIBVS. VIII
DIEBVS. XXII. HORIS. V. ET. SIBI. ET
RACILIAE. FRVCTVOSAE. FILIAE. NA
TVRALI. IDEMQVE. SOCIAE. ET. LI
BERTIS. LIBERTABVSQVE. POSTE
RISQVE. EORVM. ET. SI. QVIS. HVIC
MONVMENTO. POST. ME. ALIQVAM
CONTROVERSIAM. FACERE. VOLVE
RIT. AVT. DE. NOMINE. AVFERRE. IN
FERET. AERARIO. P. R. H. V. M. N. IN
FRONTE. P. XII. IN. AGRO. XII. H. M. D. M. A.

Circa literam N vide quæ supra diximus. Hic videmus annos, menses, dies, horasque vitæ ejus qui decessit annotatas ; in aliis epitaphiis horæ pars dimidia annotata occurrit, ut in hac quæ à Fabreto affertur, p. 96. eam hic ut legi debet apponimus: *Dis Manibus. Publio Ælio Servando filio, Publio Ælio Servando, qui vixit annis duobus, mensibus quatuor, diebus duobus, horis sex semis, facere curavit Publius Ælius Verax nepoti.* Nec desunt etiam inscriptiones ubi etiam scrupuli sive perquam minimæ partes horæ annotantur. Quid vere scrupuli illi essent, non certum omnino est ; neque scitur etiam utrum scrupuli illi aliquam haberent affinitatem cum scrupulis ponderum. Hinc arguitur cum maxima solicitudine natales dies, horas ; imo etiam natalia, ut ita dicam, momenta annotata fuisse. Tertium epitaphium sic habet.

L. VALERIVS. FELIX. FECIT
SIBI. ET. AELIAE. ELPIDVTI. CO
NIVGI. SVAE. ITEM. LIBERTIS
LIBERTABVSQVE. POSTERIS
QVE. EORVM. ET. COMINIAE. CRI
SIDI. CONIVGI. SVAE
H. M. D. M. A

Lucius Valerius Felix avoit donc eu deux femmes, dont la derniere étoit vivante, quand il fit ce monument. Cette clause qui est à la fin des deux épitaphes précedentes & de la suivante, s'exprime par les premieres lettres des mots en cette maniere, H. M. D. M. A. ce qui veut dire, *Huic monumento dolus malus abesto.* On l'explique ainsi surement, parcequ'elle se trouve tout au long en certaines inscriptions.

La quatriéme inscription s'explique ainsi :

Aux dieux Manes. Sænia Eutychis & Timocratés son fils ont fait faire ce monument pour M. Aurelius Timocratés, & pour leurs affranchis & affranchies : que ce monument ne soit sujet à aucune fraude.

La cinquiéme :

Aux dieux Manes. Publius Ælius Trofimus a fait ce monument pour lui & pour ses affranchis & affranchies.

La sixiéme :

Caius Curtius Lucrio affranchi de Caius, a fait ce monument pour lui, pour Curtia Turanis affranchie de Caius, sa femme, pour les autres affranchis & affranchies leurs descendans, & pour Lucius Cominius Helenus. Tous ceux qui sont exprimez dans ces épitaphes, avoient part à ce grand hypogée de la Vigne Corsini.

Pl. VI.

III. La façade du dedans de la seconde chambre a la forme des *columbaria* dont nous venons de parler, audessus desquels est une peinture antique, qui represente selon le Bartoli des ames qui viennent du ciel sur la terre, suivant l'opinion de plusieurs des Gentils : auprès d'elles est le Destin qui écrit sur une tablete les ames qui sont envoiées sur la terre, & que la figure couchée qui est la Terre, reçoit, appuyant sa tête sur une main. C'est l'explication du Bartoli, que je ne voudrois pas garantir. La peinture qui est derriere la Terre est plus marquée. On y voit les quatre âges de l'homme; l'enfance marquée par un enfant : la jeunesse indiquée par un jeune homme qui porte une pique & un bouclier : l'âge meur designé par un homme fait : la vieillesse marquée par un vieillard. Audessus & à côté de ces quatre figures sont quatre epis de blé mis successivement de differente grandeur, qui

Lucius Valerius Felix duas uxores habuerat, quarum postrema, cum hoc monumentum fieret, in vivis erat. Hæc clausula in fine præcedentium duarum inscriptionum, & in fine sequentis item posita a primis vocum literis exprimitur ; sic H. M. D. M. A quod ita legitur, *Huic monumento dolus malus abesto.* Hæc non divinando ita leguntur, quia in aliis inscriptionibus verba istæc integra occurrunt.

Quarta inscriptio est.

D.   M.
M. AVR. TIMOCRATI. ET
SAENIA. EVTICHIS. ET
TIMOCRATES. FILIVS. FE
CIT. LIBERTIS. LIBERT
POSTERISQ. EORVM
H. M. D. M. A

Quinta.

D.   M.
P. AELIVS. TROFIMVS
FECIT. SIBI. ET
LIBERTIS. LIBERTABVSQVE
AEORVM (*sic*)

Sexta.
C. CVRTIVS. C. L. LVCRIO· FECIT
SIBI. ET. CVRTIAE. C. L. TVRANI
DI. LIBERTAE. SVAE. ET. LIBERTIS
LIBERTABVS. SVIS. POSTERISQVE
EORVM. ET. L. COMINIO. HELENO

Quotquot in hisce sepulcralibus inscriptionibus exprimuntur in partem magni illius hypogæi Corsiniani veniebant.

III. Facies interior secundæ cameræ columbariorum, de quibus supra loquebamur, formam habet : supra columbaria antiqua pictura visitur, quæ secundum Bartolum animas exhibet ex cælo in terram descendentes, secundum quorumdam philosophorum opinionem : prope illas animas est Fatum humana figura exhibitum, virique specie animas in terram emissas in tabella describentis, quas animas sedens quædam mulier recipit. Hæc est Bartoli interpretatio, cui nomen dare non ausim : certe res admodum obscura videtur. Quæ pone mulierem illam qua terra exprimi videtur, depicta conspiciuntur, facilius intelligi possunt. Ibi quatuor hominis ætates depinguntur, infantia nempe puellulo significata, adolescentia adolescente hastam gestante ; matura ætas & virilitas viro, senectus sene. Ad latus horum quatuor spicæ sunt ordine positæ, aliæ aliis majores ;

SEPULCRE

Bartoli

HYPOGÉE DE LA VIGNE CORSINI.

marquent de même les quatre âges de l'homme. La peinture de la voute de cette chambre, qui est mise ensuite, & qui a un pegase au centre, peut servir de modele à de semblables ornemens : comme elle ne represente qu'un caprice de peintre, nous la laissons à considerer sans en donner aucune explication.   Pl. VII.

Il y a dans cet hypogée des chemins qui conduisent d'une chambre à l'autre. La troisiéme chambre a quelques niches avec deux urnes quarrées, & une plus grande ronde au milieu de deux *ollæ* : l'inscription de la grande urne C. IVLI CAESARIS APPAES. n'est pas aisée à entendre; peutêtre n'est-elle pas fidelement transcrite.   Pl. VIII.

La quatriéme chambre paroit être pour des gens de consideration. Comme presque tous ceux qui sont representez en peinture dans cette chambre sont de petits enfans, le Bartoli croit qu'il pourroit y avoir des petits enfans enterrez. Le haut est orné de peintures : on y voit deux grands voiles ; dans celui de dessous sont peints trois petits genies ou trois petits enfans: on en voit aussi sur les côtez deux plus grands posez sur des bases. Le Bartoli dit que les peintures de cette chambre sont d'une excellente main.

Une autre façade du même hypogée a la forme des *columbaria*, avec les inscriptions sur les *ollæ* ou sur les urnes enchassées dont nous avons souvent parlé. La même chambre a une peinture à fresque, dont les compartimens paroissent de tres-bon goût. Au plus haut de la peinture sont deux flutes de Pan pendues. On y voit aussi dans une tablete quarrée longue un oiseau qui garde une urne. Sur cinq urnes qu'on appelloit *ollæ*, enchassées dans des trous à l'ordinaire, on voit des nymphes d'un bon goût, qui tiennent un grand feston ; & plus bas sous un arc, des figures sous un arbre, qui pourroient être des ames des champs Elisiens, audessous desquelles sont six urnes cineraires enchassées comme ci-devant ; elles ont leurs inscriptions, & audessous de toutes on lit, Dis inferis sacrum : *Lieu consacré aux dieux des enfers.*   Pl. IX.

La façade suivante qui est dans la même planche, a trois urnes & quelques peintures de caprice, que le lecteur observera.

IV. La planche suivante montre la peinture de la voute de la chambre, representée la premiere dans cette planche-ci. C'est un feuillage de pampres   Pl. X.

---

ita ut prima omnium minima, quarta omnium maxima sit, queis item significantur quatuor hominis ætates. Pictura autem hujus cameræ fornicis, quæ in tabula sequenti exhibetur, quæque in umbilico Pegasum exhibet, exemplaris vice potest esse ad ornamenta similia ; cum autem merum sit pictoris commentum, oculis tantum conspiciatur, nulla ejus allata explicatione.

In hoc hypogæo viæ sunt ab alio ad aliud cubiculum seu cameram ducentes. In tertia camera aliquot apsidulæ sunt cum duabus quadratis urnis, aliaque in medio rotunda & grandiore, duabusque ollis. Inscriptio majoris urnæ C. IVLI. CAESARIS. APPAES non facile explicetur, forteque non accurate lecta fuerit.

Quarta camera ad nobilem quampiam familiam pertinere videtur. Cum autem omnes fermè, qui in picturis hujusce conclavis repræsentantur, pueruli sint, putat Bartolus hæc patvulorum fuisse sepulcra. Summa pars picturis exornatur : hic duo magna vela visuntur, in quorum inferiore tres genii sive tres pueruli depinguntur. A lateribus hinc & inde duo pueri statura majores conspiciuntur basibus superpositi. Testificatur Bartolus hujusce conclavis picturas ab exquisitissimo pictore factas esse.

In alia hujusce hypogæi camera, columbariorum forma visitur cum inscriptionibus ollarum in foraminibus insertarum de quibus jam sæpe sermonem fecimus. In eadem camera picta conspicitur in parietis superficie, cujus partes magna concinnitate gaudent. In suprema pictura duæ tibiæ Panos exhibentur suspensæ : in tabella etiam quadrata & oblonga avis conspicitur urnam custodiens. Supra urnas quinque, quas ollas vocabant, quæque in foraminibus pro more insertæ sunt, nymphæ visuntur eleganter depictæ, encarpum magnum sustenantes ; & infra sub arcu lapideo quosdam cernimus sub arbore sedentes, qui elysiorum camporum animas forte referunt : sub iis sex urnæ cinerariæ sive ollæ ut antea inseruntur : cum inscriptionibus suis, sub quibus inscriptionibus legitur DIS. INFERIS. SACRVM.

Facies cameræ cujuspiam sequens eadem in tabella expressa, tres urnas exhibet & aliquot picturas ex imaginatione pictoris profectas, quas lectori observandas relinquimus.

IV. In tabella sequenti exhibetur pictura fornicis ad priorem præcedentis tabulæ cameram pertinentis : sunt palmites pampineæque folia eleganter concinna-

fort élegant, & qui peut servir de modele pour en faire de semblables. Au centre on voit un arc & la foudre : on remarque encore ici deux oiseaux qui gardent une urne. Dans une de ces chambres il y a un trou rond avec un marbre de la même grandeur, qui le bouche ; une épitaphe écrite en forme circulaire marque que c'est le tombeau d'une fille nommée Charis; en voici les termes : D. M. SACR. CHARIDI CALERIA MACARIA ET NICEPHORUS FILIÆ. Cela veut dire que Caleria Macaria & Nicephore ont fait faire à leur fille ce tombeau consacré aux dieux Manes.

PL. XI.
Au haut de la planche suivante on voit un petit payisage, où des bœufs & des chevres paissent. Au dessous sont trois de ces urnes qu'on trouve souvent enchassées dans ces monumens : elles ont leurs inscriptions audessus; & ce qui est à remarquer, celle du milieu a trois épitaphes, qui marquent que les cendres de trois personnes sont dans la même urne. Dans la peinture d'une autre chambre on voit une grande tombe ou un sarcophage, & une peinture au cintre, où est représentée une barque menée par deux hommes. Au bas sont des paniers pleins gardez par des oiseaux.

PL. XII.
La figure qui vient après, est la peinture d'une voute d'une certaine maniere à compartimens, qui s'observe mieux à l'œil que par une description. Au bas de la voute d'un côté est représenté le cheval de Troie mis sur des roulettes, & tiré par des hommes & des femmes; une Amazone se met au devant comme pour l'arrêter : plus avant est un homme d'armes, peutêtre Sinon, qui se tourne comme pour exhorter à continuer la marche. De l'autre côté de la voute est Hercule qui amene de l'enfer le chien Cerbere. On y voit deux autres figures qu'il n'est pas aisé de reconnoitre.

PL. XIII.
Après cela viennent deux pavez de Mosaïque blanche & noire, à l'un desquels est représenté Bacchus à cheval, qui tient un gobelet dont il semble qu'il aille boire. Outre les autres figures, on remarque ici quatre animaux ; le lion, le taureau, le tigre & le chevreuil. L'autre pavé de la même planche représente le ravissement de Proserpine fait par Pluton, qui l'emmene sur un char tiré à quatre chevaux. Un autre plus grand pavé de Mosaïque composé de differentes couleurs, mais dont le fond est blanc, est remarquable par un dessein singulier & d'assez bon goût. Au bas de cette planche est représentée une peinture trouvée dans le même hypogée au dessous d'un escalier. On voit

PL. XIV.

---

ta, ita ut exemplaris loco esse possint. In umbilico arcus conspicitur atque fulmen ; etiamque hic observantur aves duæ urnam custodientes. In aliqua camera hujus hypogæi foramen est rotundum, cum marmore item rotundo, ad foramen obturandum concinnato. Epitaphium vero in circuli formam descriptum, significat sepulcrum esse puellæ cujusdam nomine Charidis : en epitaphium D. M. SACR. CHARIDI. CALERIA. MACARIA. ET NICEPHORVS. FILIAE.

In suprema tabula sequenti ager exhibetur cum bobus caprisque pascentibus ; infra tres urnæ visuntur integræ : sunt autem ex earum numero quæ in foraminibus inseruntur ollæque vocantur, de quibus sæpe dictum est : inscriptiones autem supra positas habent ; quod autem summopere observandum est, in ea quæ media constituitur, tria sunt in ore epitaphia, queis significatur trium cineres in eadem olla positos esse. In alterius cameræ pictura urna longior sive sarcophagus visitur, necnon pictura in arcu, in qua cymba repræsentatur a duobus acta viris : inferne sunt canistra plena, avesque eorum custodes.

Quæ sequitur tabula fornicis picturam exhibet, eleganti concinnatam ratione ; eam melius oculis, quam descriptione percipias. In imo fornice ab altera parte repræsentatur equus Trojanus, rotulis superpositus, qui a viris mulieribusque trahitur. Amazon ut cursum equi sistat adstare videtur. Verum ulterius positus vir armatus, qui forte Sinon fuerit, ad equum vultum convertit, & quasi illos qui trahunt hortatur, ut cum equo iter agant. In alio fornicis latere, Hercules depingitur, Cerberum canem ab inferis deducens : ibidem duæ aliæ personæ sunt, quas haud facile internoscas.

Hinc in tabella sequenti duo pavimenta vides musivo opere, ex lapillis albis atque nigris, in quorum altero Bacchus eques repræsentatur, qui calicem tenet, mox bibiturus : præter alias hujusce pavimenti figuras, hic quatuor animalia observantur, leo, taurus, tigris & capreolus. In alio ejusdem tabulæ pavimento, raptam a Plutone Proserpinam conspicimus, & currum Plutonis quatuor junctum equis. Aliud majus pavimentum musivo opere variisque concinnatum coloribus, sed cujus fundus albus est, singulariter concinnatum est, ideoque oculis explorandum. In ima tabula repræsentatur pictura in eodem hypogæo

Peinture de la Voute d'un Sepulcre

Sepolcri Antichi

TOMBEAUX

Sepolcri Antichi

Peinture de la Voute d'un Sepulcre

Bartoli

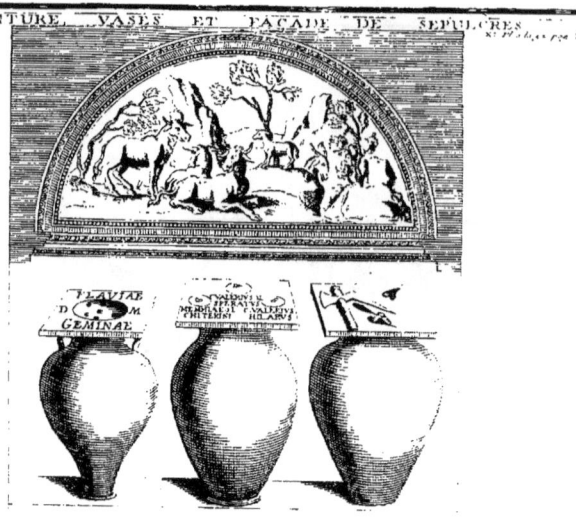

PEINTURE D'UN SEPULCRE

Bartoli

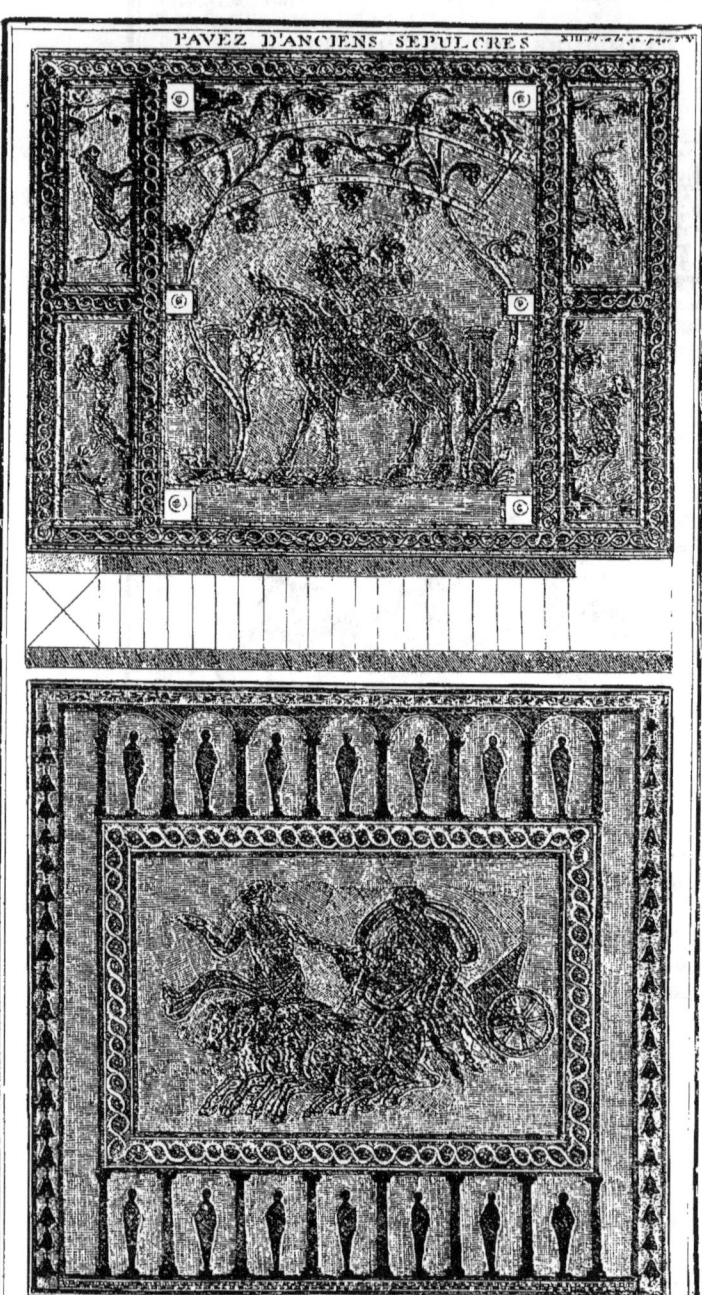

HYPOGÉE DE LA VIGNE CORSINI.

ici trois niches qui sont comme autant de trous des *columbaria* ; dans chacune des niches sont deux urnes enchassées, aiant chacune son couvercle. Au dessus de la niche du milieu est une inscription qui dit que Q. Calpurnius Felix affranchi de Quintus a donné ce lieu de sepulture à son frere Quintus Calpurnius Euphemon affranchi de Quintus. A l'un des côtez de l'inscription on voit Venus assise tenant la main sur une corne d'abondance : de l'autre côté est Hercule avec la peau du lion sur la tête, qui tire par les habits une femme endormie ; je ne sai si ce n'est pas Hercule qui tire Alceste morte hors des enfers.

La planche suivante contient encore les peintures de deux chambres de l'hypogée de la Vigne Corsini, avec quelques ornemens, sur lesquels on ne peut donner que des conjectures vagues. Voila la forme & toutes les differentes parties d'un hypogée ou d'un sepulcre souterrain magnifique. Il y en avoit plusieurs de cette espece : les *columbaria* se trouvoient aussi dans les mausolées élevez sur terre, d'une structure plus ou moins magnifique, selon la qualité des personnes.

Pl. XV.

---

reperta sub scala. Hic tres apsidulæ visuntur, quæ columbariorum loculis similes sunt ; in singulisque apsidulis urnæ duæ pro more inseruntur, operculis suis instructæ : supra mediam apsidulam hæc inscriptio legitur.

Q. CALPVRNIVS. Q. L. FELIX
DEDIT. FRATRI
Q. CALPVRNIO. Q. L. EVPHEMONI.

Ad aliud inscriptionis latus est Venus sedens cornu copiæ manum imponens ; ad aliud vero Hercules operto exuviis leonis capite, dormientem mulierem arreptis ejus vestibus trahens : nescio utrum sit Hercules Alcestidem mortuam ex inferis educens.

Tabula sequens picturas duarum hypogæi villæ Corsiniæ camerarum continet, cum quibusdam ornamentis, de quibus vix quidpiam dicere possim. En hypogæi magnifici totam descriptionem : plurima autem hujuscemodi erant : in mausoleis etiam puto columbaria reperta fuisse, quæ mausolea bene multa Romæ & alibi reperiuntur, non pari ubique magnificentia constructa.

CHAPITRE V.

I. Sepulcre remarquable des domestiques de Sexte Pompée. II. Sepulcre & Columbaria des officiers de l'Empereur. III. Sepulcre de la famille Furia.

PL. XVI.
I. La façade sepulcrale suivante fut trouvée en la voie Appienne ; elle est en forme de *columbaria*, construite avec beaucoup de magnificence, & contient les urnes sepulcrales des affranchis, des esclaves & des officiers de la maison de Sexte Pompée. On y en trouve un qui est *tricliniarius* d'office, c'est-à-dire qui a le soin du *triclinium* ou de la salle à manger ; l'autre y est qualifié exacteur de Sextus Pompeius, il avoit soin de lever ses rentes. Celui qui est nommé *sumptuarius* étoit le dépensier. Un autre qui est surnommé *à potione*, étoit l'échanson. Celui qui est appellé *à cubiculo*, avoit soin de la chambre à coucher. Celui qui se nomme *tonsor* avoit soin de faire les cheveux de son maitre ; un autre *ab epistulis latinis*, étoit son secretaire pour les lettres latines ; il y en avoit aussi pour les greques. Un est qualifié *ab hortulis Sextianis ad viam Lavicanam*, c'est-à-dire qu'il étoit le jardinier qui avoit soin des jardins de Sexte Pompée situez en la voie Lavicaine. La premiere épitaphe est terminée par une priere en cette forme : *Par les dieux Stygiens je vous conjure qui que vous puissiez être, de ne pas violer nos ossemens* ; & la troisiéme épitaphe par celle-ci : *Par les dieux du ciel & des enfers je vous conjure qui que vous puissiez être, & vous aussi mes compagnons, de ne pas violer mes ossemens.*

PL. XVII.
II. La planche suivante nous représente deux *columbaria* trouvez à Rome près de la porte Capene. Ils étoient pour les artisans, comme on voit par la qualité de *faber* & de *carpentarius*, qui se trouve dans les inscriptions. Le *carpentarius* étoit apparemment celui qui faisoit ces chars qu'on appelloit *carpenta*. Les *columbaria* qui sont au bas de cette planche, ont des inscriptions plus curieuses : il paroit que la plupart sont pour des officiers de la maison d'Auguste ; l'un est veneur de Cesar, l'autre *tonsor*, qui avoit soin de ses cheveux, comme ci-devant ; un autre *unctor*, qui avoit soin de lui oindre le corps. On y trouve deux oculistes, dont l'un est appellé *medicus ocularis*, l'autre *medicus ab oculis*. C. Julius Phronimus étoit garde de la Bibliotheque Greque, comme

---

CAPUT V.

I. Sepulcrum singulare domesticorum Sexti Pompeii. II. Sepulcrum & columbaria ministrorum Augustalium. III. Sepulcrum Furiæ gentis.

I. Sepulcralis facies sequens via Appia reperta fuit, habetque formam columbariorum, atque magnifice structa, urnas sepulcrales & ollas continet libertorum, vernarum & ministrorum domus Sexti Pompeii. Inter eos aliquis est *tricliniarius* dictus, qui scilicet triclinium & cœnationem curabat. Alius Sexti Pompeii exactor dicitur, qui scilicet ejus censum atque proventum administraret : qui *sumptuarius* vocatur, haud dubie, sumtum expensamque dirigebat : qui *à potione* pocillator erat ; qui *à cubiculo*, cubiculi & lecti ageret curam oportebat ; qui *tonsor*, forfice capillos ejus detonderet ; qui *ab epistulis latinis*, is erat qui epistolas latinas scriberet ; erant enim qui græcas : qui *ab hortulis Sextianis ad viam Lavicanam*, ille erat qui Sexti Pompeii hortos ad viam Lavicanam sitos excoleret. Prima inscriptio sepulcralis hac precatione terminatur : *Rogo per deos Stygios ossa nostra quisquis es homo non violes, non trahas hoc loco* : tertia vero inscriptio sic : *Quisquis es homo, & vos sodales meos cunctos rogo per deos superos inferosque ne velitis ossa mea violare.*

II. In tabula sequenti columbaria duo videmus Romæ proxime portam Capenam reperta. Artificibus autem structa fuerant, ut ex fabri & carpentarii denominatione, quam inter inscriptiones reperimus, arguitur : erant vero carpentarii, ut videtur, ii qui carpenta fabricabantur, de quibus carpentis tomo quarto actum est : columbaria quæ in tabula infima sunt, singulariores habent inscriptiones sepulcrales. Videntur autem esse saltem plerique eorum Augustales artifices atque ministri ; unus venator Cæsaris esse dicitur ; alius tonsor, qui comæ ejus curam haberet ; alius unctor qui corpus ejus ungeret. Hic duo oculares medici occurrunt, quorum alter medicus ocularis, alter medicus ab oculis esse dicitur. C. Julius Phronimus custos bibliothecæ græcæ vocatur, à

SEPULCRE

Bartoli

Bartoli

Columbaria

COLUMBARIA

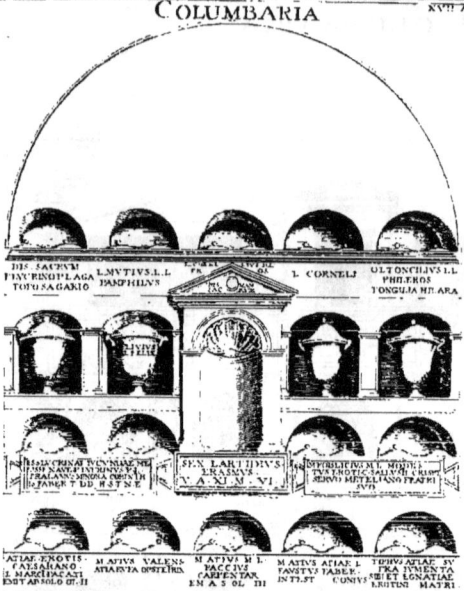

Bartoli

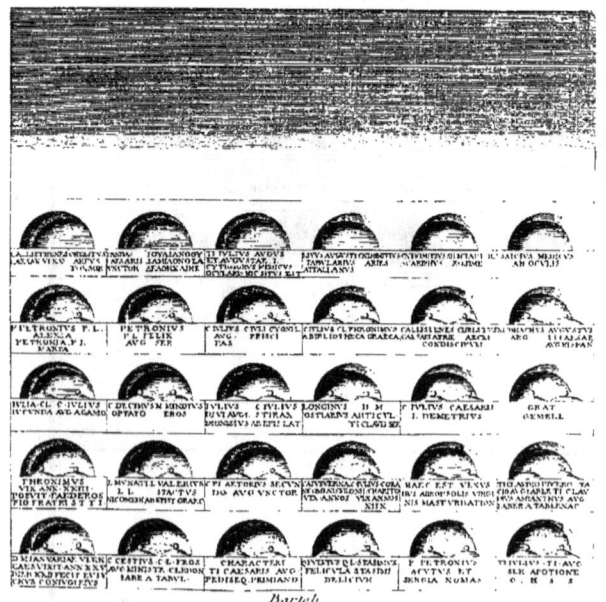

Bartoli

TOMBEAUX ET EPITAPHES.

se marque l'inscription *à Bibliotheca Græca* ; il y avoit un secretaire *ab epistulis latinis* , & un autre *ab epistulis græcis*. *Epistula* pour *epistola* se trouve fréquemment dans les inscriptions. Un autre est qualifié *Augusti faber à tabernaculis*, qui faisoit les tentes ou les pavillons de l'Empereur. Un autre y est appellé *faber à tabulis*. Character Primianus est appellé *pedisequus* ou valet de pied de Tibere ; & Tiberius Julius étoit son échanson , *à potione*. L'antepenultiéme épitaphe est remarquable ; elle est sous une niche qui contient deux urnes : l'inscription porte que c'est le tombeau de Quintus Vivius Stasimus affranchi de Quintus & de Felicula, qui fait les delices de Stasimus. Ce terme tendre *delicium* se trouve frequemment dans les épitaphes. On y trouve aussi quoique plus rarement celui de *margarition* , qui veut dire une perle.

Entre les épitaphes de cette planche il y en a une où Januaria est appellée *verna Cæsaris*, ce qui veut dire une esclave née dans la maison d'Auguste. On les mettoit quelquefois dans le tombeau de leurs maitres , quoique plus rarement que leurs affranchis & leurs affranchies , qui se trouvent un nombre presque infini de fois inhumez avec leurs maitres, comme on voit dans les inscriptions.

III. La planche suivante contient le plan , la façade , les urnes & les inscriptions du tombeau de la famille Furia , découvert l'an 1665. aux Camaldules de la montagne au dessus de Frescati. Tout y est fort simple ; les urnes sont faites comme des caissons, dont le couvercle est en dos d'âne. Ce monument est des plus anciens qu'on voie en Italie , comme il paroit par le caractere des épitaphes. L'inscription sur les deux urnes n'est pas aisée à lire ; en voici la lecture que je crois la plus vraisemblable : *L. Turpleio Lucii filio*. Turpleio sera là pour *Turpilio* , qui étoit le nom d'une famille Romaine. L'autre aura *Quinto Turpleio Lucii filio*. Toutes les autres inscriptions sont de la famille Furia : la premiere a *Quinto Fourio Auli filio*. *Fourio* est là mis pour *Furio*, à la maniere des anciens Romains. La seconde , *Caio Fourio* ; la troisiéme , *Aulo Fourio* ; la quatriéme qui est écrite ainsi , FOVRIO. M. F. C. F. se doit lire , *Fourio Marci filio Cai filio*, & non pas *Furio Marci filii curare fecit* , comme a mis le Bartoli. Cette inscription qui est en caracteres mieux formez est d'un tems plus bas. De l'autre côté la premiere inscription a *Publio Fourio Cai filio* ; la seconde , *Caio Fourio Marci filio* ; la troisiéme, *Marc. filio* ou *Marco Fourio* ; la quatriéme, *Cneio Fourio*.

Pl. XVIII.

---

bibliotheca græca. Est quidam scriba *ab epistulis latinis* ; alter *ab epistulis græcis*. Epistula pro epistola frequenter occurrit in inscriptionibus. Alius dicitur esse Augusti faber a tabernaculis , qui scilicet tabernacula , sive tentoria ejus fabricabat ; alius faber a tabulis. Character primarius pedisequus esse Tiberii dicitur. Tiberius Julius pocillator sive a potione erat. Antepenultima sepulcralis inscriptio observatu digna est hujusmodi.

Q. FVLVIVS. Q. L. STASIMVS
FELICVLÆ. STASIMI
DELICIVM.

Hæc vox delicium frequenter occurrit in epitaphiis ; etiamque , sed ratius affectus amoris exprimitur hac voce , *Margarition*.

Inter inscriptiones sepulcrales hujus tabulæ , aliquam observamus in qua Januaria verna Cæsaris appellatur, quod servam significat in domo Augusti li natam. Vernæ aliquando in sepulcris patronorum ponebantur , etsi ratius quam liberti & libertæ, qui sexcenties cum patronis dominisve suis sepulti occurrunt.

III. Tabula sequens ichnographiam , orthographiam sepulcri , itemque urnas & inscriptiones sepulcrales Furiæ gentis complectitur , quæ omnia detecta sunt anno 1665. in Camaldulorum eremo in Tusculano monte. Omnia ibi admodum simplicia, urnæ capsarum more factæ , quarum operculum in cubitum definit. Inter antiquissima autem Romana monumenta censendum est illud, ut ex inscriptionum charactere atque forma liquet. In duabus quæ hic repræsentantur urnis inscriptiones lectu non ita faciles sunt ; hanc puto verisimilorem esse lectionem. *L. Turpleio Lucii filio* , Turpleio hic pro Turpilio positum ; eratque Turpilia gens Romana ; alterius lectio erit , *Quinto Turpleio Lucii filio*. Reliquæ omnes sequentes inscriptiones ad gentem Furiam pertinent ; in prima inscriptione legendum : *Quinto Fourio Auli filio* : Fourio hic ponitur pro Furio more veterum Romanorum ; secunda inscriptio est, *Caio Fourio* ; tertia, *Aulo Fourio* ;quarta quæ sic scripta est, FOVRIO. M. F. C. F. hoc debet modo legi , *Fourio Marci filio Caii filio* ; non autem , *Furio Marci filii curare fecit* , ut posuit Bartolus. Hæc vero inscriptio quæ charactere gaudet melius exarato ac rotundiore , ad posteriora tempora pertinere putatur. In alio latere prior inscriptio sic habet , *Publio Fourio Caii filio* ; secunda , *Caio Fourio Marci filio* ; tertia M. F. *Marci filio*, vel *Marco Fourio* ; quarta , *Cneio Fourio*.

CHAPITRE VI.

I. Urnes sepulcrales cineraires rondes, & l'urne d'Alexandre Severe. II. Urne singuliere envelopée de toile d'amiante. III. Autres urnes rondes.

I. C'EST ici le lieu de parler de ces urnes sepulcrales, dont on trouve un nombre infini. Entre ces urnes sepulcrales on en voit de rondes, & on en trouve aussi, & même en plus grand nombre de quarrées; non qu'elles fussent plus en usage, mais on les a mieux conservées, parcequ'elles sont ordinairement plus chargées de bas reliefs & d'ornemens que les rondes. Nous allons parler d'abord des rondes, d'où nous viendrons ensuite aux quarrées.

PL. XIX. Nous commencerons par un vase singulier de la Bibliotheque Barberine, qui fut tiré de la tombe sepulcrale d'Alexandre Severe & de Mammée, où il étoit plein de cendres. Ce vase est d'une pierre précieuse, orné de figures en bas relief d'un goût excellent. Il est à deux anses, comme on voit sur l'image. L'histoire qu'elle représente est mysterieuse: on y voit Leda avec le Cygne, & devant elle Jupiter dans sa propre forme; un Cupidon qui tient l'arc vole au dessus de Leda assise avec le Cygne. Un jeune homme tire Leda par la main. Il n'est pas aisé de comprendre ce que font là les autres figures, ni de dire quel rapport a cette fable avec les cendres d'Alexandre Severe: peutêtre diroit-on mieux qu'on a pris au hazard le premier vase précieux qui s'est trouvé. Le fond du vase a au dehors une autre figure d'un homme qui porte un bonnet Phrygien, & tient le doigt sur la bouche à la maniere des Harpocrates.

PL. XX. La belle urne cineraire suivante est du cabinet de M. le Président Boisot de Besançon; un genie sur le couvercle éteint son flambeau; ce qui marque que celui dont l'urne renferme les cendres, est éteint. Ces genies qui éteignent leur flambeau contre terre, se trouvent souvent sur les sepulcres; & cela prouve que ce vase est véritablement une urne cineraire. Le genie de ce vase est d'une fort belle maniere; il paroit tout triste, & il appuie sa tête sur la main.

PL. XXI. Les quatre urnes rondes suivantes sont toutes d'un bon goût & de differente forme. Les deux premieres n'ont point d'inscription; la troisiéme sur la-

CAPUT VI.

I. Urnæ sepulcrales cinerariæ rotundæ & urna Alexandri Severi. II. Urna singularis amianto obvoluta. III. Aliæ urnæ rotundæ.

I. Hic jam agendum de urnis sepulcralibus, quarum festiva copia in Musæis ubique observatur: ex partim rotundæ sunt, partim quadratæ, quadratarum vero majorem numerum reperi; non quod earum major esset usus, sed quod illæ, utpote anaglyphis & figutis longe ornatiores, majori sint cura conservatæ. A rotundis initium ducemus, hinc ad quadratas transibimus: incipiemusque ab urna illa preciosa quæ in Musæo Barberino servatur, quæque ex Sarcophago Alexandri Severi Imperatoris & Mammeæ matris ejus educta est; cratæque plena cineribus. Vas illud ex lapide precioso anaglyphis figurisque ornatum est peritissimo artifice: est utrinque ansatum ut in imagine conspicitur. Historia seu fabula quæ in illo repræsentatur, arcana tota esse videtur. Ibi Leda conspicitur cum cygno, & ante illam Jupiter propria sua forma: Cupido arcu suo instructus supra Ledam cum cygno sedentem volitat: adolescens Ledam manu trahit. Quid aliæ hic positæ figuræ præstent, non ita facile est divinare, neque in promptu est dicere quid intersit affinitatis hanc inter fabulam, & cineres Alexandri Severi. Forte melius dicatur primum vas preciosum quod fortuito occurrit, huic deputatum muneri fuisse: ima vasis facies virum exhibet cum tiara Phrygia, qui Harpocratum more digitum ori admovet.

Urna cineraria sequens elegantissima ex Musæo illustrissimi D. Boisot in suprema Vesontionensi curia præsidis educta fuit. Genius supra operculum facem extinguit, quo significatur exstinctum illium esse cujus cineres includuntur in urna. Hi genii, qui faces suas contra terram exstinguunt, frequentissime in sepulcralibus monumentis occurrunt: qua etiam re probatur vas hoc esse vere urnam cinerariam. Genius hujusce urnæ eleganter elaboratus est; is vultu ad mœstitiam composito manu caput sustinet.

Quatuor urnæ rotundæ sequentes sunt omnes eleganti atque diversa forma: duæ priores nullam habent inscriptionem; tertia in qua duæ Sphinges videntur
quelle

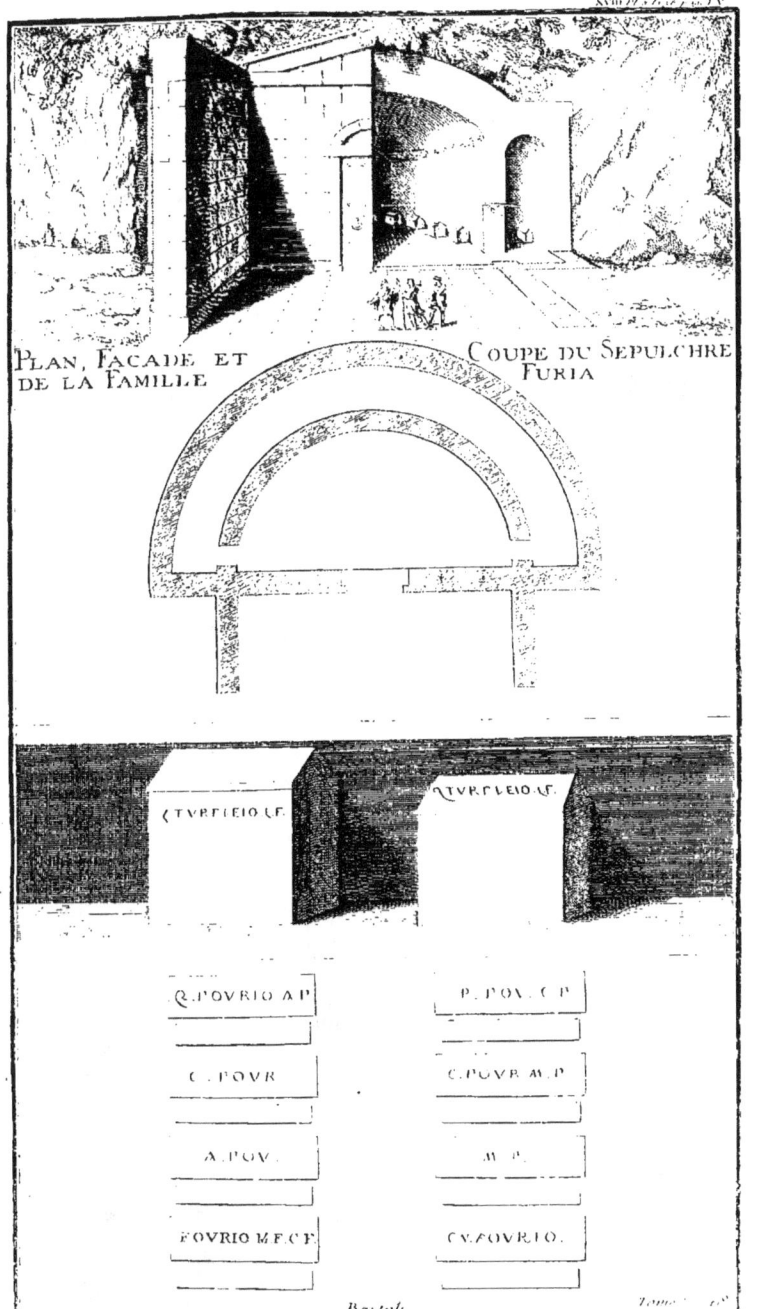

URNE SEPULCRALE.

URNE CINERAIRE

M.^r le President Boisot

URNES SEPULCRALES.

quelle sont deux sphinx, a été faite par Asinia Fortunata affranchie de Lucius, comme porte l'inscription. La quatriéme représente un Vulcain qui forge sur l'enclume avec son marteau & ses tenailles: ce qui est à remarquer ici est que Vulcain n'a point de bonnet; ce qui se voit rarement dans les anciens monumens.

L'urne de Genucia qui vient ensuite, représente une nymphe assise; c'est, à ce que je crois, Genucia elle-même qui tient une couronne, la même apparemment dont elle a été couronnée après sa mort; car comme nous avons dit, on couronnoit les morts qui avoient mené une vie innocente. La suivante qui est cannelée, est de Phædimus Augustalis, dont l'inscription renversée est fort difficile à lire. Toutes ces urnes & les deux suivantes sont d'un goût excellent, quoique fort différentes les unes des autres. Celle qui vient après représente un mouton, & quelques oiseaux sur un arbre avec un nid où les petits attendent leur pere & leur mere qui leur apportent à manger. Je ne sai pas bien le sens de l'inscription de l'urne qui suit: OSSA AMANDA ELENCHIO. HÆC VIXIT ANNIS VIII. _{PL. XXII.}

L'urne qui vient ensuite est fort extraordinaire: le pied en est triangulaire, & l'urne qu'il soutient est ronde. L'original est à peu près le double plus grand que cette image. M. de Chezelles Lieutenant General de Montluçon, à qui elle appartient, m'en a envoié le dessein, & la soutient indubitablement antique: comme il est habile dans tout ce qui regarde l'antiquité, nous l'en pouvons croire sur sa parole. Le dieu Pan sur le haut de l'urne, est sans cornes; nous l'avons vu de même lorsque nous parlions de lui: il a les pieds de chevre, & tient ce qu'on appelle la flute de Pan. Sous le dieu Pan est une espece de globe orné de figures & de têtes qui ressemblent à des masques: sous le globe sont trois genies ailez de bon goût. Le bas de l'urne au dessus du pied est orné de figures d'hommes nus & de têtes semblables aux précedentes. Le reste des ornemens se remarque assez à l'œil. M. de Chezelles croit que c'est une urne cineraire; je ne vois rien qui nous doive empêcher de le croire comme lui. _{PL. XXIII.}

Le vase suivant est Hetrusque; le fond en est noir, & les figures blanches. Le Bartoli qui l'a donné, ne dit pas de quelle matiere il est, quoiqu'il lui appartint; il y a apparence qu'il est de terre, comme les autres vases Hetrusques. _{PL. XXIV.}

II. Celui d'après est un grand vaisseau de cuivre jaune trouvé par Dom Ber-

nardin Peroni au territoire de Viterbe, où l'on trouve souvent des tombeaux Hetrusques. Ce vaisseau est d'une excellente main, comme le prouvent la tête du lion d'un côté, & la tête du Faune de l'autre : cette tête du Faune ou Satyre est ici representée de face au bas du vaisseau, dans lequel on trouva des ossemens brulez. Ce même vaisseau étoit couvert par dehors d'une toile d'amiante ou d'asbeste, au dessus de laquelle étoit une toile d'or tres-fine. Ces deux toiles s'incorporerent dans la suite des tems avec la rouille & le vernis du vase; on voit encore des restes de l'un & de l'autre sur la superficie du même vaisseau, qu'on garde soigneusement à Viterbe dans la Secretairie de l'Hôtel de ville. Il y a apparence que le corps du défunt avoit été brulé dans cette toile d'amiante, & que de peur qu'elle ne se mêlât dans la suite avec les ossemens & les cendres, on mit ces ossemens & ces cendres dans le vase, qu'on envelopa par dehors de cette toile d'amiante, au dessus de laquelle on mit une toile d'or pour la mieux conserver. Nous avons déja vu chez les Romains cet usage de bruler les corps des défunts dans la toile d'amiante.

PL. XXV. III. La premiere urne de la planche suivante est de marbre, dit Beger qui l'a donnée. L'inscription *Spurinnia filia Eleutheridis*, nous apprend que c'est Eleutheris qui l'a fait faire pour Spurinnia sa fille. Les quatre urnes suivantes ont été données par le P. Bonanni; elles n'ont rien de remarquable sinon que des quatre il n'y en a pas une qui ressemble à l'autre.

PL. XXVI. La premiere urne de la planche suivante a été faite par Munnius Flaccus pour ses deux fils Munnius Urbanus & Munnius Celer, comme porte l'inscription. L'urne de Melitone qui suit, represente sa tête sur le haut du couvercle. La troisiéme urne porte cette inscription : *Aux dieux Manes. Marc Clodius Trophimus a fait faire cette urne pour sa digne femme Glodia Fortunata affranchie de Marc & de Caia*. Il faut rappeller ce que nous avons dit ci-devant sur le mot *Caia*. La quatriéme urne porte cette inscription : *Aux dieux Manes. La tres-pieuse Amerina Petronia fille d'Aurelianus a fait faire cette urne pour Petronius son pere, qui avoit bien merité qu'on lui rendit ce devoir.*

PL. XXVII. Le P. Bonanni qui a donné les douze premieres urnes de la planche sui-

---

pertum a D. Bernardino Peronio in agro Viterbiensi, ubi sæpe Hetruscæ sepulcra reperiuntur. Vas est peritissimi artificis, ut probatur ex capite leonis, & ex capite Fauni vel Satyri hinc & inde positi ; quæ Satyri vel Fauni facies hic ad vasis pedem repræsentatur : in hoc autem vase reperta sunt ossa adusta. Hoc ipsum vas opertum erat telâ ex amianto, quem asbeston Græci vocitant, supra quam posita erat tela aurea subtilissima. Hæ porro duæ telæ per temporis diuturnitatem cum rubigine vasis coagulatæ conjunctæque sunt ; ita ut in superficie vasis hodieque utriusque telæ reliquiæ conspiciantur. Vas illud asservatur diligenter *in Secretaria*, ut vocant, ædium publicarum Viterbiensium. Verisimile est defuncti cadaver in illa ex amianto tela crematum fuisse, ac ne tela cum ossibus cineribusque admisceretur si in vase posita fuisset, ossibus cineribusque intra urnam depositis, telam illam in exteriore vasis superficie extensam & circumvolutam fuisse, huicque superpositam fuisse telam auream, ut ea ex amianto tela diutius conservaretur. Jam vidimus apud Romanos morem illum cadavera intra telam ex amianto posita cremandi.

III. Urna prima tabulæ sequentis marmorea est, inquit Begerus qui ipsam publicavit tom. 3. p. 467. inscriptio, *Spurinnia filia Eleutheridis*, indicat Eleutheridem Spurinniæ filiæ hanc urnam paravisse. Quatuor urnæ sequentes a Patre Bonanno prolatæ hoc unum observatu dignum præferunt, quod ex quatuor illis ne una quidem alteri similis sit.

Prima tabulæ sequentis urna a quo & pro quibus facta fuerit docet inscriptio quæ sic legenda est. *Dis Manibus Munniorum Urbani & Celeris, Munnius Flaccus pater filiis bene merentibus*. Urna Melitones quæ sequitur, ipsius Melitones caput in summo operculo referre videtur. Tertia urna inscriptionem præ se fert non spernendam, quam hic refero.

DIS. MAN
GLODIÆ. M. ET. Ↄ. L
FORTVNATÆ. FECIT
M. CLODIVS. TROPHIMVS
CONIVGI. BENEMER

Hic in memoriam revocanda sunt ea quæ supra diximus circa vocem illam *Caia*, per Ↄ inversum significatam, quæ frequenter in monimentis occurrit. Quarta urna hanc habet inscriptionem : *Dis manibus : Petronio Amerina Petronia Aureliani filia piissima patri benemerenti fecit.*

P. Bonannus qui duodecim priores tabulæ sequen-

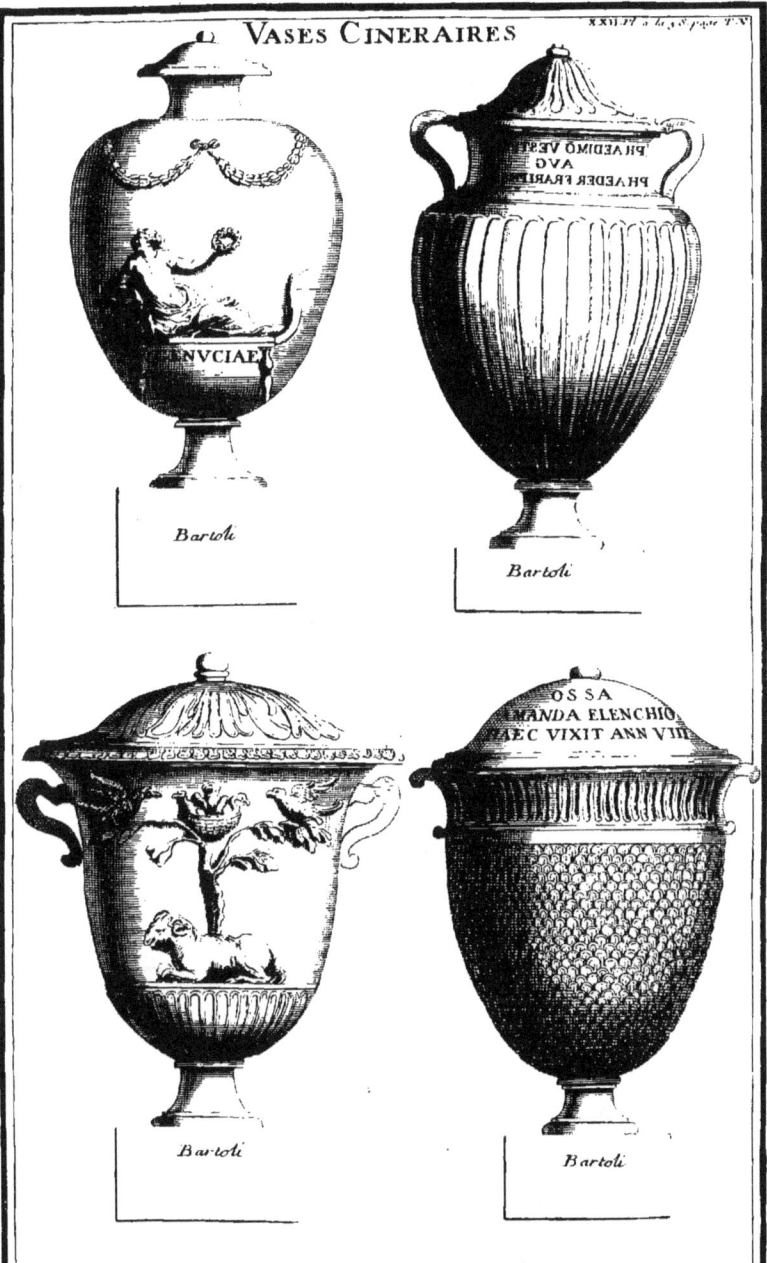

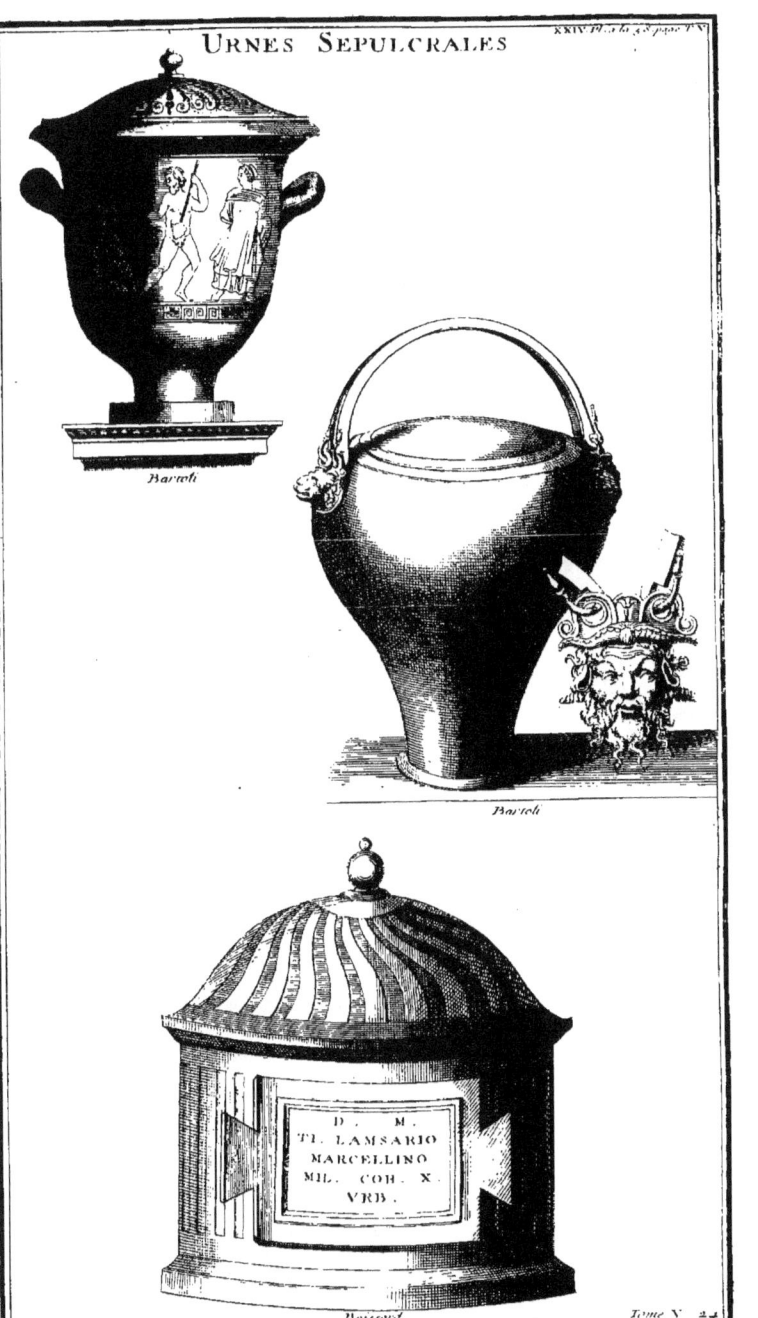

URNES

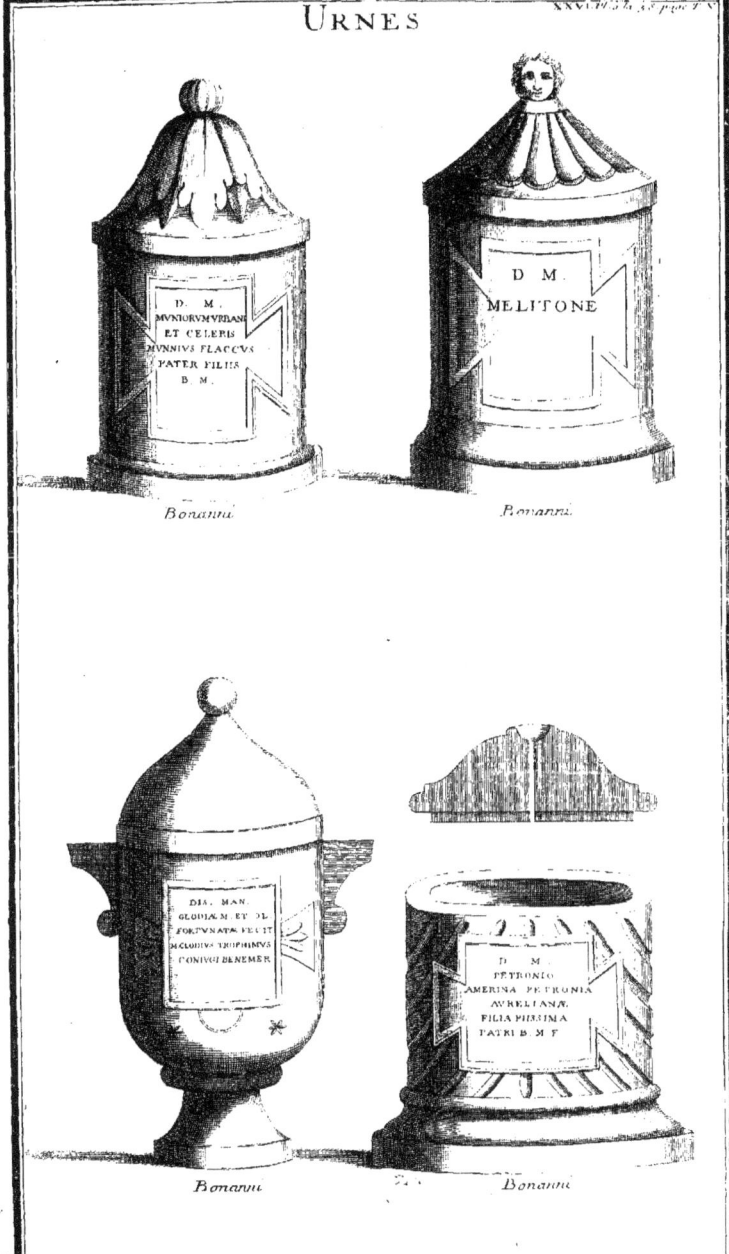

URNES SEPULCRALES.

vante, dit qu'elles font de terre cuite, & que ce font celles où on mettoit les cendres & les offemens des pauvres; & que celles dont le bas fe termine en pointe, étoient mifes dans des trous faits dans les pavez des *columbaria*. Nous avons vu ci-devant plufieurs urnes inférées dans des trous en cette maniere, & ordinairement avec des couvercles. Il dit que les autres, dont le bas étoit plat, fe mettoient fur le pavé.

Des quatre urnes du bas de la planche, données par M. Fabretti, les deux premieres ont, dit-il, huit pouces d'ouverture en haut, & onze pouces de profondeur, comme il eft marqué fur une, VN. XI. *unciæ undecim*, qui veulent dire onze pouces. Il y avoit d'autres urnes de pierre où l'on mettoit les offemens, qu'on appelloit à caufe de cela *offuaria*: telles font les deux dernieres de cette planche, dont l'une porte l'infcription *offuarium*.

M. Foucault a une urne ronde de marbre avec des infcriptions affez difficiles à lire. Une particularité que je n'ai point encore remarquée ailleurs fur les urnes rondes, c'eft qu'elle paroit avoir appartenu à deux familles, comme femblent le marquer les infcriptions, dont l'une eft d'un côté, & l'autre de l'autre; l'une a AVRELIA BALBINA D. D. DEO. L. l'autre, RIMANEBIA. FABIVS. FILEMON. D. CYDATIANO.

---

tis urnas dedit, ait ipfas effe fictiles, atque cineribus offibufque pauperum reponendis adhibitas fuiffe; illafque quarum ima pars in acumen definit, in foraminibus columbariorum infertas fuiffe; multas antehac vidimus urnas cinerarias five ollas, fic in foraminibus apfidularum infertas, & fuis obtectas operculis. Alias vero urnas, quarum ima pars plana eft, in ipfo pavimento pofitas fuiffe dicit idem P. Bonannus.

Ex quatuor urnis quæ imam tabulam occupant a Raphaele Fabretto publicatis, duæ priores octo pollicibus, inquit ille, latæ funt in fuperiore parte, & undecim pollicum altitudinem habent, ut in earum una fcribitur V N. XI. *unciæ undecim*, quæ undecim pollices fignificant. Aliæ erant urnæ lapideæ in queis offa continebantur, quafque ideo vocabant *offuaria*. Tales funt duæ poftremæ hujufce tabulæ, quarum altera infcriptionem habet OSSVARIVM.

Penes illuftriffimum D. Foucault urna eft rotunda marmorea cum infcriptionibus quæ vix legantur & intelligantur: quodque fingulare in illa eft nec alias a me obfervatum, videtur urna illa duarum fuiffe familiarum, ut ex infcriptionibus ante & retro pofitis argui poteft; alteri enim habet AVRELIA BALBINA. D. D. DEO. L. altera vero RIMANEBIA. FABIVS. FILEMON. D. CYDATIANO.

Tom. V. H ij

CHAPITRE VII.

I. Les urnes quarrées; urnes de C. Clodius & de Chrysis. II. Urne extraordinaire d'Egnace Nicephore. III. Autre urne singuliere de Nicocrate poëte. IV. Ce que c'étoit que le synode d'Apollon.

I. CE que nous venons de dire regarde les urnes cineraires rondes. Les quarrées sont ordinairement plus chargées de sculptures, qui représentent quelquefois des caprices de l'ouvrier, ou plûtôt de celui qui a commandé l'urne, & quelquefois des choses qui ont quelque rapport au défunt. Nous allons en rapporter un grand nombre; car les donner toutes, c'est ce qui ne se peut, tant il s'en trouve, & sur tout à Rome. La premiere qui est encore ronde, mais plus chargée d'ornemens que les précedentes, a été faite pour Octavia Catullia Celas affranchie d'Auguste; c'est son mari qui a fait faire l'urne, comme le marque l'inscription. La seconde qui est quarrée, est d'un jeune garçon de douze ans & quinze jours, appellé C. Clodius, comme porte l'inscription, autour de laquelle est un grand feston attaché des deux côtez aux cornes de deux beliers, dont les têtes sont aux angles de l'urne. Sur ce feston est en bas un cygne, & au dessous deux oiseaux qui semblent vouloir se battre. Je ne vois en tout ceci d'autre raison que celle de l'ornement. Sur le devant du couvercle de l'urne est représentée une autre urne ronde avec deux colombes, une de chaque côté, qui semblent la garder: cela marque peutêtre la simplicité & l'innocence de ce jeune garçon C. Clodius.

PL. XXVIII

PL. XXIX.

L'urne de Licinia Chrysis est ornée aux quatre angles de colonnes torses. Chrysis est représentée morte sur son lit au bas de l'inscription, avec deux genies sans ailes, l'un à la tête & l'autre aux pieds, qui éteignent leurs flambeaux contre terre. Au haut de l'urne sont trois autres genies qui portent un grand feston, sur lequel sont deux cygnes, & à un autre côté de l'urne un griffon, qui est un des symboles d'Apollon. L'urne de Livia Olympia n'a d'autre ornement que deux monstres ailez sur le couvercle, posez devant un grand candelabre.

CAPUT VII.

I. Urnæ quadratæ: urnæ C. Clodii & Chrysidis. II. Urna Egnatii Nicephori extraordinaria. III. Urna singularis Nicocratis poëtæ. IV. Quid esset Synodus Apollinis.

I. HACTENUS de urnis rotundis; quadratæ vero urnæ plura anaglyphorum ornamenta vulgo præ se ferunt. Hujusmodi autem anaglypha aliquando commentum artificis sunt, sive ejus qui urnam adornandam curavit; aliquando etiam ad defuncti vitam conditionemque accommodantur. Urnarum istiusmodi ingentem copiam referimus, nec tamen omnes omnino urnas hic repræsentabimus, tot enim exstant, præsertimque Romæ, ut omnes adferre non humanæ sit facultatis. Prima hujus tabulæ urna e rotundarum numero est, sed ornamentis onustior quam cæteræ rotundæ soleant; inscriptio est, D. M. Octaviæ Publii filiæ Catulliæ Celæ divi Augusti Libertæ uxori. Conjux scilicet ejus qui nomen suum tacet, hanc urnam apparari jussit. Secunda hujus tabulæ quadrata urna est pueri, cui nomen C. Clodius Arianus, ut fertur inscriptione quæ sic legi debet, Caio Clodio Caii filio, Cornelia, Ariano: vixit annis duodecim, diebus quindecim. Circum inscriptionem magnus est encarpus ex cornibus arietini capitis utrinque positi dependens. Encarpo insidet cycnus, sub encarpo aves duæ ad pugnam, ut videtur, paratæ, quod ex libito arbitrioque artificis tantum factum fuisse videatur. In anteriore parte operculi urnæ alia urna rotunda visitur, cum duabus hinc inde positis columbis, quæ urnam custodite videntur, qua re forte significatur pueri defuncti candor & simplicitas.

Liciniæ Chrysidis urna tortilibus columnis ad quatuor angulos exornatur: Chrysis vero in lecto decumbens mortua repræsentatur sub epitaphio; duoque genii non alites; alius ad caput, alius ad pedes defunctæ positi, inversas faces contra terram exstinguunt. In suprema urnæ parte tres alii genii sunt, qui festum seu encarpum magnum tenent, cui insident duo cycni. In alio urnæ latere est gryps Apollinis symbolum. Urna Liviæ Olympiæ quæ in eadem tabula est, in ornamentum habet monstra duo alata in anteriore operculi parte ante candelabrum posita.

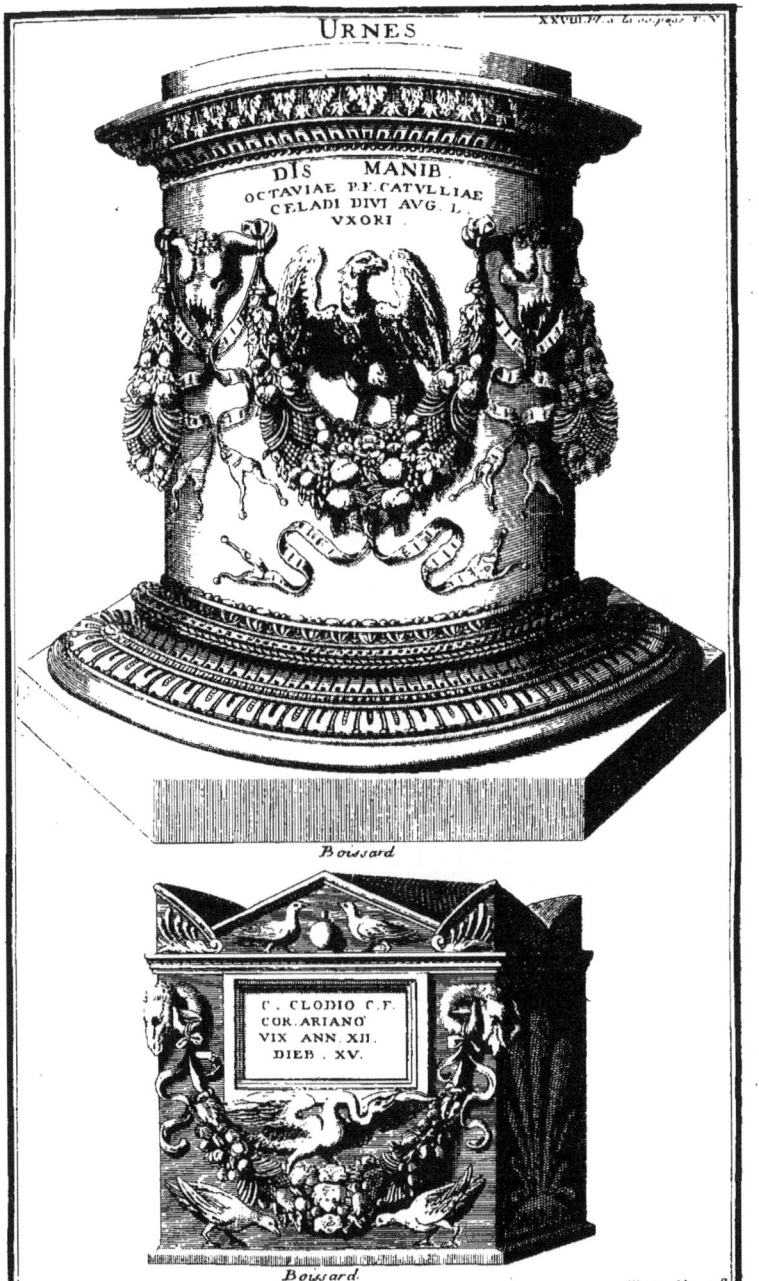

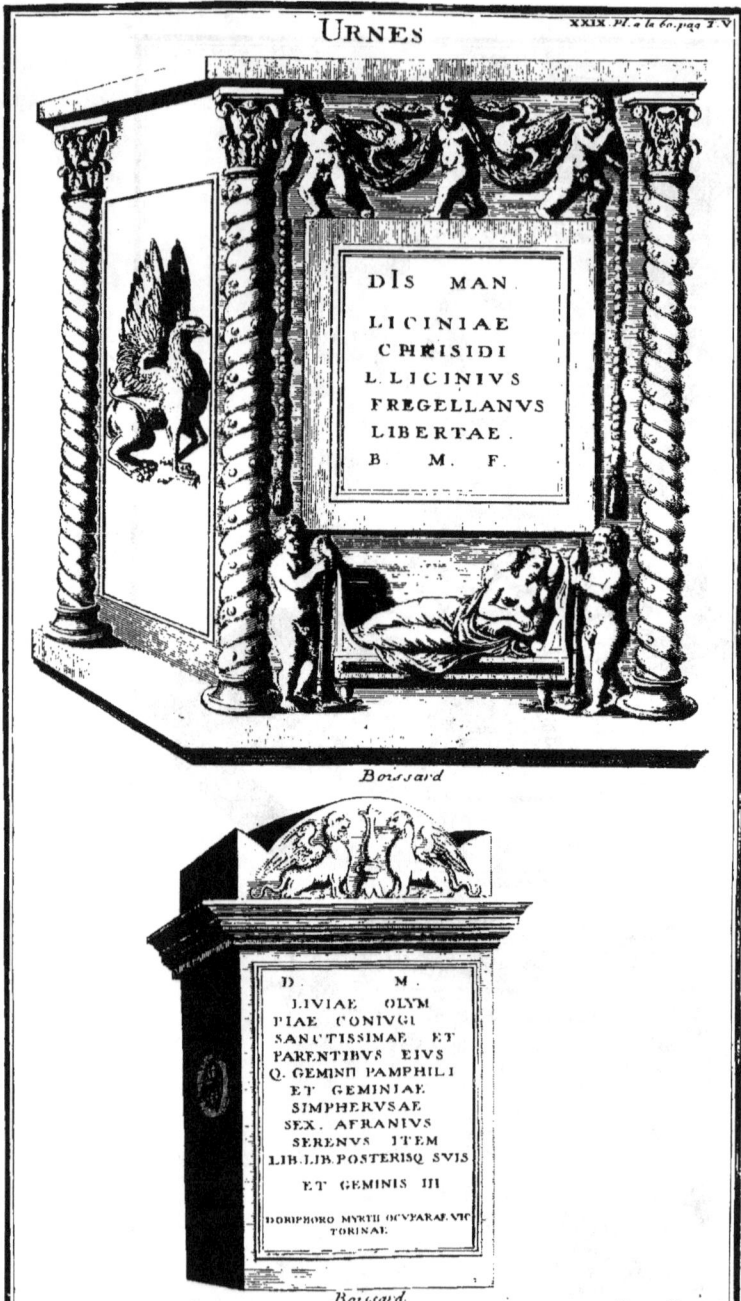

URNES SEPULCRALES.

II. La suivante d'Egnace Nicephore est plus ornée que celle-ci. Deux femmes ailées occupent les angles, & ont à leurs pieds chacune une aigle qui tient un lievre entre ses griffes. Ces femmes tiennent un grand feston qui descend en bas, & fait le tour de l'inscription. Au dessus du feston on voit une chose toute mysterieuse ; un jeune garçon entortillé d'un serpent tombe la tête en bas ; une urne qu'il tient lui échappe & se renverse. Un autre jeune garçon & une jeune fille regardent sa chute avec effroi, & semblent vouloir prendre la fuite. Nous avons vu au premier tome lorsque nous parlions de Mithras, que l'homme entortillé d'un serpent marque le soleil & le circuit qu'il fait autour du Zodiaque : cette chute de l'homme entortillé du serpent marque apparemment que quand l'homme est mort, le soleil tombe pour lui, & qu'il ne jouira plus de son cours ni de ses influences. Nous verrons cette figure dans une autre urne. Le couvercle de l'urne est aussi singulierement orné : devant un temple à quatre pilastres est Diogene le Cynique, qui sort de son tonneau, & qui a son chien devant lui ; peutêtre pour montrer qu'à l'exemple de ce philosophe il faut tenir peu de compte de cette vie : peutêtre aussi que cette représentation de Diogene avoit quelque rapport avec la vie du défunt ; mais comme l'inscription ne dit rien qui approche de cela, on ne peut s'arrêter à cette conjecture. Il y a encore sur cette urne plusieurs autres ornemens que je laisse à considerer au lecteur. On y remarque un de ces vaisseaux qu'on appelle *præfericules*, fort ordinaires dans ces urnes, comme nous verrons dans la suite.

III. Une autre urne fort curieuse & fort ornée est celle d'un certain Nicocrate poëte, musicien & joueur de guitarre ; il avoit encore une autre qualité qu'il sembloit préferer aux précedentes, c'est qu'il étoit Synodite, c'est-à-dire, à ce que je crois, d'une confrerie d'Apollon, qu'on appelloit le Synode. Cette urne se trouve à la vigne des Augustins à Rome ; l'inscription me fut donnée fort correctement écrite par le P. Bonjour Augustin habile dans les langues : je voudrois bien avoir les desseins des bas reliefs, mais je ne suis apperçu trop tard qu'ils me manquoient. Au côté droit de l'inscription est le buste de Nicocrate, & là même une jeune fille qui appuie son coude sur une lyre : un poëte est aussi représenté du même côté assis, tenant un rouleau dans

PL. XXX.

II. Urna sequens Egnatii Nicephori pluribus gaudet ornatibus. Duæ mulieres alites anteriores tenent angulos, ad earumque pedes aquila est leporem unguibus tenens. Mulieres vero magnum gestant encarpum, qui inscriptionem inferne cingit : supra encarpum res exhibetur prorsus arcana & mysterio plena ; puer serpente circumplicatus inverso capite cadit, urnaque quam ille manibus tenebat pariter inversa decidit : puer alius atque puella, tanto perterriti casu, fugam capessere videntur. In primo tomo vidimus cum de Mithra deo ageremus, hominem serpente circumdatum, significare solem, ejusque cursum circa Zodiaci signa. Homo ille qui decidit circumvolutus serpente, subindicare videtur, homine defuncto, solem quod ad illum spectat lapsum, radios in ipsum non ultra immissurum esse, nec ejus cursu fruiturum esse defunctum. Hoc ipsum schema in alia urna infra repetitum videbimus : urnæ quoque operculum singulari fulget ornatu. Ante templum cujus frontispicium quatuor parastatis decoratur, visitur Diogenes Cynicus e dolio suo egrediens, canem ante se subsidentem habens. Hic fortasse positus Diogenes fuit, ut doceatur fluxam hanc vitam ejus exemplo spernendam esse : fortsque etiam hic exhibitus Diogenes cum vita mortui, cujus cineres in urna, aliquid affinitatis habet ; sed cum in epitaphio nihil ejusmodi feratur, huic conjecturæ non admodum hærendum videtur. Multa alia ornamenta in hac urna sunt, quæ lectori conspicienda mittuntur. Hic cernitur præfericulum vas sacrum, quod frequenter in urnis & in sepulcris conspicietur ; ad significanda libamina & sacrificia insertis oblata.

III. Alia urna singularissima & ornatissima est cujuspiam Marci Sempronii Nicocratis poëtæ, musici & cithrœdi, qui ad illas seu artes, seu dotes aliam addit, quam cæteris anteferre videtur ; Synodites nempe erat ; hoc est, ut quidem auguror conjecturâ, Apollinis synodo adscriptus. Ipsæc urna in vinea Augustinianorum Romæ est, mihique ejus inscriptio sepulcralis a P. Bonjour Augustiniano, Orientalium linguarum perito, tradita fuit accurate descripta : urnæ vero totius delineationem habere peroptarem, sed ea me destitutum esse tardius animadverti. Ad latus inscriptionis dextrum legentibus, est protome Nicocratis, ibidemque puella ; lyræ sive citharæ cubito incumbens ; iremque poëta quispiam sedens volumenque manu tenens, ac persona scenica sub sella. Ad latus sinistrum est etiam

sa main ; sous son siege est un masque. Au côté gauche est encore un poete assis tenant un rouleau, & une jeune fille appuiée sur une colonne. Les deux jeunes filles sont des Muses ; celle qui est appuiée sur une colonne est peut-être Clio ou Thalie, qui tient une guitarre ; ce qui convient à Nicocrate joueur de guitarre : & l'autre est Euterpe. L'épitaphe est telle :

Marc Semprone Nicocrate. *J'étois ci-devant musicien, poëte, joueur de guitarre; mais ma principale qualité étoit d'être Synodite. Je me suis fort fatigué à voiager sur mer & sur terre : & je vous avoue, mes chers amis, que j'ai fait un certain negoce des plus belles femmes. L'esprit que j'avois reçu du ciel comme en gage, je l'ai rendu aprés avoir achevé ma course, & aprés ma mort les Muses gardent mon corps.*

IV. La qualité de Synodite que Nicocrate s'attribue, veut dire, si je ne me trompe, qu'il étoit du synode, espece de confrerie d'Apollon, où l'on recevoit des gens du caractere de Nicocrate. J'ai avancé cela comme une simple conjecture dans ma Paleographie Greque. Feu M. Cuper, dont l'érudition est connue de toute l'Europe, m'écrivit que sans rejetter ma conjecture il croioit qu'il pouvoit en avancer une autre : Synodite, dit-il, se trouve quoique rarement en usage pour signifier un compagnon de voiage ; cette qualité semble convenir à Nicocrate, qui dit là même qu'il a beaucoup voiagé sur mer & sur terre. Sans rejetter à mon tour la conjecture de M. Cuper, je dis que Nicocrate mettant premierement trois de ses qualitez, de poete, de musicien & de joueur de guitarre, & ajoutant à celles-là comme la principale celle de Synodite, il marque assurément quatre professions : or compagnon de voiage, sans dire de qui il étoit compagnon, ne peut guere passer pour une profession ; s'il disoit simplement voiageur, cela quadreroit mieux. D'ailleurs ceux

poeta sedens cum volumine : sub sella pluteus, & puella innixa columnæ, itemque persona Scenica. Binæ puellæ sunt totidem Musæ : quæ cithara nititur est fortasse Clio aut Thalia, & apposite hic cum cithara ponitur, quia in epitaphio Nicocrates citharœdus fuisse fertur : altera puella Euterpe est. Inscriptio sepulcralis est hujusmodi metro descripta.

Μ. ΣΕΜΠΡΩΝΙΟΣ. ΝΕΙΚΟΚΡΑΤΗΣ
ΗΜΗΝ. ΠΟΤΕ. ΜΟΥΣΙΚΟΣ. ΑΝΗΡ
ΠΟΙΗΤΗΣ. ΚΑΙ. ΚΙΘΑΡΙΣΤΗΣ
ΜΑΛΙΣΤΑ. ΔΕ. ΚΑΙ. ΣΥΝΟΔΕΙΤΗΣ
ΠΟΛΛΑ. ΕΥΘΟΙΣΙ. ΚΑΜΩΝ
ΟΔΟΠΟΡΙΕΣ. Δ' ΑΤΟΝΗΣΑΣ
ΕΝΠΟΡΟΣ. ΕΥΜΟΡΦΩΝ. ΓΕΝΟΜΗΝ
ΦΙΛΟΙ. ΜΕΤΕΠΕΙΤΑ. ΓΥΝΑΙΚΩΝ
ΠΝΕΥΜΑ. ΛΑΒΩΝ. ΔΑΝΟΣ. ΟΥΡΑΝΟΘΕΝ
ΤΕΛΕΣΑΣ. ΧΡΟΝΟΝ. ΑΝΤΑΠΕΔΩΚΑ
ΚΑΙ. ΜΕΤΑ. ΤΟΝ. ΘΑΝΑΤΟΝ
ΜΟΥΣΑΙ. ΜΟΥ. ΤΟ. ΣΩΜΑ. ΚΡΑΤΟΥΣΙ.

Hoc est.

*M. Sempronius Nicocrates,
Eram olim musicus vir,
Poëta & Citharœdus,
Maxime autem Synodites.
Multum in fluctibus laboravi,
Et in itineribus defatigatus sum.
Mercator formosarum deinde,
O amici, mulierum fui.
Spiritum, quem in fœnus ex cælo exceperam,
Expleto tempore reddidi,
Et post obitum
Musæ corpus tenent meum.*

IV. Synodites, ut dixi, significare videtur synodo Apollinis adscriptus, in quam synodum admittebantur viri Nicocrati similes : id in Palæographia Græca proposui p. 172. Vir celeberrimus Cuperus, cujus obitum Musæ lugent, missis ad me literis aliam conjecturam, mea tamen non ablegata, proposuit. συνοδίτης, inquit, aliquando, licet raro, occurrit ad itineris comitem vel socium significandum ; quod epitheton Nicocrati competere videtur, qui ibidem ait se multum esse & mari & terra peregrinatum. Non rejecta Cuperi conjectura dicam, Nicocratem tria professum instituta, poëtæ videlicet musici & citharœdi, quartum quasi præcipuum adjecere Synoditæ ; si autem hic Synodites pro itineris comite accipiatur, nullo annotato, cui se itineris comitem addiderit, res non quadrare, neque præcipuum vitæ institutum significare posse videtur ; quadraret melius si se viatorem tantum dixisset. Certe ii

Urne Sepulcrale

DIS MANIBVS
P. EGNATI
NICEPHORI

IN FR. P. XVIII.   IN AGR. P. XVII

Bouvard

EPITAPHE DE NICOCRATE.

qui composoient le Synode d'Apollon étoient de même profession que Nicocrate : c'étoient des gens de theatre, appellez Sceniques dans une inscription de Gruter p. 330. *adlecti Scenicorum*. Nicocrate étoit aussi un homme scenique, comme le signifient les masques représentez sur son tombeau. Au même endroit une inscription parle de Marc Aurele Septentrion affranchi d'Auguste, & le premier pantomime de son tems, qui étoit prêtre du Synode d'Apollon, parasite du même Apollon, & qui fut honoré par l'Empereur de charges considerables : un autre est appellé *aggregé à la scene & parasite d'Apollon*. Un autre du même Synode se dit archimime, aggregé, parasite, tragique & comique ; ce qui convient à Nicocrate, qui porte les marques de la comedie & de la tragédie. Cette confrerie étoit fort nombreuse, nous trouvons dans Gruter p. 1089. soixante aggregez à la scene d'Apollon, désignez par leurs noms & leurs surnoms. Les habiles jugeront si ma conjecture peut passer ; s'il falloit prendre parti entre les deux, je balancerois.

---

qui Apollinis synodum constituebant, eadem ipsa profitebantur quæ Nicocrates, histrionicam quippe artem exercebant Scenicique vocantur : in quadam inscriptione apud Gruterum P. CCCXXX. Adlecti Scenicorum appellantur. Scenicus erat Nicocrates, ut arguunt larvæ duæ in ejus monumento sculptæ. Eodem loco apud Gruterum inscriptio quædam commemorat M. Aurelium Septentrionem Augusti Libertum Pantomimum sui temporis primum, sacerdotem synodi, Apollinis parasitum, qui ab Imperatore præcipuis magistratibus honoratus est ; alter vocatur, *Adlectus scenæ, parasitus Apollinis item*; alius dicitur, *nobilis Archimimus, communi munere adlectus diurnus parasitus Apollinis, tragicus, comicus*; quod competit Nicocrati, comœdiæ atque tragœdiæ notas præ se ferenti : eratque hic ordo scenicorum numerosus, nam apud Gruterum p. M. LXXXIX. sexaginta adlectos nominibus cognominibusque suis commemoratos legimus. Judicent eruditi an hæc opinio sit admittenda : utri conjecturæ sit hærendum non facile dixerim.

CHAPITRE VIII.

I. Urnes de Calpurnia & d'Hermias Threptus. II. Autres urnes. III. ⱽ *marque des vivans, & ⊖ des morts. IV. Autres urnes.*

Pl. XXXI.

I. L'Urne de Calpurnia qui, comme porte l'inscription, vécut vingt-cinq ans avec son mari Calpurnius Paris sans dispute ni debat, represente sur le couvercle le buste de la défunte, & plusieurs autres ornemens, des festons, des oiseaux, deux sphinx ailées, des dauphins, des têtes de belier & un monstre ailé qui a la tête d'une aigle, & qui bequete un bœuf couché. Ce ne sont apparemment que des caprices de l'ouvrier ou du maitre qui a fait faire l'urne.

Pl. XXXII

Celle d'Hermias avec une inscription greque est des plus singulieres ; elle est ornée sur le devant de colonnes torses, & sur le derriere de pilastres. L'image de dessous l'inscription est tout-à-fait bizarre : un ours qui vient de se battre contre un Satyre qu'il a vaincu, fier de sa victoire tient une palme ; le Satyre est devant dans la posture de vaincu : un genie ailé couronne l'ours ; un autre genie sans ailes de l'autre côté tient un flambeau. Le sens de l'inscription est que Seius Severus a fait faire cette urne pour son bon ami Hermias Threptus.

Pl. XXXIII.

II. La planche suivante a deux urnes, dont la seconde qui est de Q. Minutius Felix, est ornée de pampres, de grappes & d'oiseaux. La premiere est d'Ulpius Martialis affranchi d'Auguste *à marmoribus* ; ce qui veut dire apparemment qu'il avoit soin des marbres que l'Empereur emploioit. L'urne est ornée de colonnes torses, d'un grand feston & d'un arbre. Sur le feston est le dieu Pan, qui d'une main tient une palme, & de l'autre présente à une femme une flute de Pan à plusieurs tuiaux. Au bas de l'urne on remarque ici comme dans les urnes précedentes deux oiseaux qui sont comme en disposition de se battre. La maniere dont l'épitaphe est écrite est à remarquer ; la voici :

```
        D.            M.
    V.  VLPIO. MARTI
    ALI.  AVGVSTI.  L
    A.  MARMORIBVS
```

CAPUT VIII.

I. Urnæ Calpurniæ & Hermiæ Threpti. II. Aliæ urnæ. III. ⱽ *Nota viventium* ⊖ *mortuorum. IV. Aliæ urnæ.*

I. Sequentis urnæ hæc est inscriptio, *Dis Manibus Sacrum. Calpurniæ Caiæ Libertæ Nomæ Marcus Calpurnius Marci Libertus Paris, conjugi sanctissima cum qua vixit annis viginti quinque sine offensa, fecit & sibi.* In operculi extima parte visitur Calpurniæ protome ; aliaque plurima in urna sunt ornamenta, sphinges duæ alitæ, delphini, capita arietina, monstrumque alatum aquilino capite, quod rostro jacentem bovem laniat, quæ omnia aut artificis, aut urnam faciendam curantis commenta sunt.

Hermiæ Threpti urna cum inscriptione græca observatu dignissima est : in antica parte columnis tortilibus ornatur, in postica parastatis ; sub inscriptione quæ sic habet : ΕΡΜΙΑ ΘΡΕΠΤΩ ΓΛΥ-ΚΥΤΑΤΩ ΣΕΙΟΣ ΣΕΟΥΗΡΟΣ, id est, *Hermiæ Threpto dulcissimo, Sejus Severus*, imago singularissima : ursus qui contra Satyrum depugnavit, eumque devicit, ob victoriam lætus palmam tenet, Satyrus quasi sese superatum confitens ante ipsum stat, genius ales ursum coronat ; alter genius, ni fallor, in opposito latere facem tenet. Tota imago ænigmati similis est.

II. Sequens tabula duas exhibet urnas, quarum posterior quæ est Minutii Felicis, palmitibus, pampinis, uvis, avibusque exornatur, vulgaribus ornamentis. Prior autem quæ est Ulpii Martialis Augusti Liberti a marmoribus, qui videlicet marmora Imperatoris curaret servaretque, ornatur columnis tortilibus, magno encarpo & arbore. Supra encarpum est Pan deus, qui altera manu palmam tenet ; altera vero mulieri tibiam Panos offert multis compactam fistulis. In ima urna hic ut in præcedentibus urnis duæ aves quasi depugnaturæ observantur : in epitaphio quidpiam occurrit examinandum : en ejus formam.

```
        D.            M.
    V.  VLPIO. MARTI
    ALI.  AVGVSTI.  L
    A.  MARMORIBVS
```

III.

URNE SEPULCRALE

Urne Sepulcrale

URNES SEPULCRALES.

III. On demande que signifie cet V mis devant VLPIO; cet V se trouve souvent de même dans un grand nombre d'inscriptions. Scaliger croit que c'est quelque prénom qui commençoit par V; & Reinés explique VIBIA cette lettre mise devant *Rustia*. Mais M. Fabretti fait voir par un grand nombre d'exemples que cette lettre V marque *vivit*, ou quelque autre terme, qui signifie que la personne est vivante. Ce qui le confirme est que cet V se met quelquefois plus petit que les lettres suivantes; que d'autrefois on le met non pas devant, mais par dessus ou par dessous: ce qui fait voir que ce ne peut être un prénom, qui est toujours sur la même ligne avec le nom & le surnom. Une autre preuve est tirée de ce qu'assez souvent cet V est mis quelquefois dans la même inscription où se trouve le theta des Grecs Θ, mais sur une autre personne; en sorte que la personne marquée par l'V étoit encore vivante, quand l'urne a été faite, & que celle qui est marquée du theta étoit morte, comme nous allons voir dans l'inscription suivante. L'inscription d'Ulpius Martialis doit être lûe ainsi: *Dis Manibus. Vivent*, ou *vivo Ulpio Martiali, Augusti liberto à marmoribus*. Aux dieux Manes. *A Ulpius Martialis*, encore vivant, affranchi d'Auguste, qui a la commission de garder les marbres, ou de travailler aux marbres. M. Fabretti croit qu'il faut lire *vivit*: en ce cas là ce mot sera seul & séparé, & ne fera point une suite avec le reste de l'inscription.

L'inscription suivante confirme ce que nous venons de dire: il y est fait mention de trois personnes, dont deux sont marquées mortes, & une autre vivante. Cn. Ogulnius Nicephorus est marqué mort par la lettre Θ qui précède; Ogulnia Nice y est aussi marquée morte par la même lettre mise dans la première lettre de son nom O: & Lucius Safinius Surus affranchi de Caia y est marqué vivant par la lettre V qui précède son nom. La lettre theta étoit une marque de mort; on la donnoit à ceux qui étoient condamnez à perdre la vie. Perse donne à entendre que Neron donnoit le noir theta aux coupables, & Martial dit que le Questeur avoit trouvé un nouveau theta en ordonnant au Licteur de faire l'execution lorsqu'il se moucheroit. On mettoit aussi le theta sur les inscriptions sepulcrales, pour marquer que les personnes

Pl. XXXIV

III. Quæritur quid significet V. ante VLPIO, quoniam hæc vox sæpe occurrit in inscriptionibus. Scaliger putat prænomen esse quodpiam quod a litera V incipiat; Reinesius autem classe XVI. num. 65. hanc literam ante nomen RVSTIA positam explicat VIBIA. Verum Fabrettus multis probat exemplis, literam V significare *vivit*, aut aliam vocem quæ personam de qua agitur viventem ac superstitem esse significat: inde vero arguitur quod V litera aliquando cæteris literis minor ponatur; & aliquando non ante alias literas, sed vel supra vel infra describatur, quo demonstratur non esse prænomen, quod semper eodem versu ponitur quo nomen & cognomen. Aliud argumentum hinc eruitur quod litera illa V aliquando ponatur in eadem ipsa inscriptione in qua etiam Θ occurrit, sed aliam annotans personam; ita ut quæ persona per V notatur viveret, quæ per Theta Græcum Θ mortua esset, quando urna inscriptione signata fuit, ut in sequenti inscriptione videbimus: inscriptio ergo Ulpii Martialis sic legenda est, *Dis Manibus, vivent*, vel *vivo Ulpio Martiali Augusti Liberto a marmoribus*. Putat Fabrettus legendum esse *vivit*. Si sic vero legamus, punctum est apponendum, quia hæc vox in serie inscriptionis non accensebitur.

Inscriptio sequens ea quæ diximus confirmat, in qua personæ tres commemorantur, quarum duæ utpote defunctæ litera Θ notantur; alia per V vivere designatur; inscriptio sic habet.

Θ. CN. OGVLNIVS, CN. L
NICEPHORVS
Θ OGVLNIA. CN. L. NICE
V. L. SAFINIVS ƆL. SVRVS.

Cneius Ogulnius Nicephorus Cneii Libertus litera Θ mortuus significatur, similiterque Ogulnia Nice mortua esse indicatur per eamdem literam in O insertam, & Lucius Safinius Surus vivus esse demonstratur per literam V quæ nomen ejus præcedit. Litera Θ *Theta* erat mortis signum, quod dabatur iis qui capite damnati erant. Persius indicat Neronem Theta nigrum reis dedisse Sat. 4. 13.

Et potis es nigrum vitio, præfigere, Theta.

Et Martialis 7. 36.

Nosti mortiferum Quæstoris Castrice signum
Est operæ pretium discere theta novum,
Exprimeret quoties rorantem frigore nasum.

Theta etiam apponebatur in sepulcralibus inscriptionibus, ut significaretur personas de quibus agebatur

dont il étoit parlé étoient mortes. J'en ai donné une semblable dans mon Journal d'Italie p. 5. M. Fabretti en donne un grand nombre d'autres où l'V est mis pour les vivans, & le Θ pour les morts.

I V. L'urne suivante de la même planche a été faite par Claudia Ingenua fille de Marc, pour Lucius Statius Asclepiades son mari, mort à l'âge de vingt-cinq ans onze mois onze jours. Depuis ce tems-là Ingenua étant morte, son fils Lucius Statius Norbanus fit mettre ses cendres dans la même urne, comme il le declara par l'addition qu'il fit à l'épitaphe de son pere. La même Ingenua est representée assise sur le devant du couvercle, donnant à manger à une aigle. Quelque Edipe devinera ce que cela veut dire.

Pl. xxxv. C. Cicurinus Asiaticus étoit garde du temple de Silvain qu'on appelloit *Littoralis*, dont nous avons vu la figure au premier tome. Il exerça sa charge d'*Ædituus* pendant l'espace de seize ans ; ce qui est exprimé en ces termes, *ædituavit annis* xvi. & mourut âgé de soixante-dix ans neuf mois & sept jours. Nous avons dit au second tome ce que c'étoit qu'*Ædituus*. Son fils Titus Cicurinus Dimarus lui fit faire ce monument ; qui representente sur le haut le buste du pere & du fils, & sur un côté un arbre & un dauphin ; l'arbre indique, à ce que je crois, Silvain qu'on peignoit toujours avec un arbre ; & le dauphin marque Silvain qu'on appelloit *Littoralis*, parce qu'on l'honoroit au bord de la mer.

L'urne suivante fait voir que non seulement les affranchis, qui étoient quelquefois fort puissans, mais aussi les esclaves, faisoient de belles urnes. Celle-ci d'Heterinus esclave est ornée de la statue d'Heterinus le pere, qualifié *Verna fidelissimus*, & de celle d'un de ses fils. Fabretti donne quelques inscriptions qui marquent que les esclaves sont quelquefois ensevelis avec leurs maitres aussi bien que les affranchis.

---

mortuas esse. Similem inscriptionem dedi in Diario Italico p. 5. Fabretus multas alias profert ubi V pro vivis, Θ pro mortuis ponitur p. 32. 33. & 34.

I V. Urna sequens cui aut quibus apparata fuerit docet inscriptio quæ sic legenda est. *Dis Manibus, Lucio Statio Lucii filio Asclepiada optumo piissimo, Claudia Marci filia Ingenua conjugi Karissimo fecit, qui vixit annis viginti quinque, mensibus undecim, diebus undecim. Lucius Statius Norbanus Claudiam Ingenuam matrem suam hic condidit.* Ingenua vero isthæc in antica operculi parte repræsentatur escam aquilæ præbens, quo quid significetur Oedipo cuipiam interpretandum mittimus.

Inscriptio sepulcralis sequens sic legitur : *Caio Cicurino Asiatico Ædituo Sylvani Littoralis parenti sanctissimo, Titus Cicurinus Dimarus posuit. Ædituavit annis sexdecim, vixit septuaginta, mensibus novem, diebus*

septem. De Silvano Littorali egimus tomo primo : quid autem esset ædituus, secundo tomo diximus. In supremo lapide repræsentantur Cicurini pater atque filius : in laterali autem facie arbor atque delphinus : arbor meo judicio Silvanum subindicat, qui semper cum arbore conspicitur : delphinus vero Silvanum Littoralem, qui, ut ipsum nomen sonat, in littore maris colebatur.

In urna sequenti deprehendimus, non modo libertos, qui plerumque divitiis & auctoritate pollebant, sed etiam vernas, urnas posuisse elegantes. Heterini vernæ fidelissimi urna, statua ornatur Heterini patris, necnon alia statua unius ex filiis suis. Fabretus *Inscript.* p. 42. aliquot inscriptiones profert, in queis significatur vernas quandoque cum patronis suis sepultos fuisse, ut liberti frequentissime solebant.

Epitaphe et Urne Sepulcrale

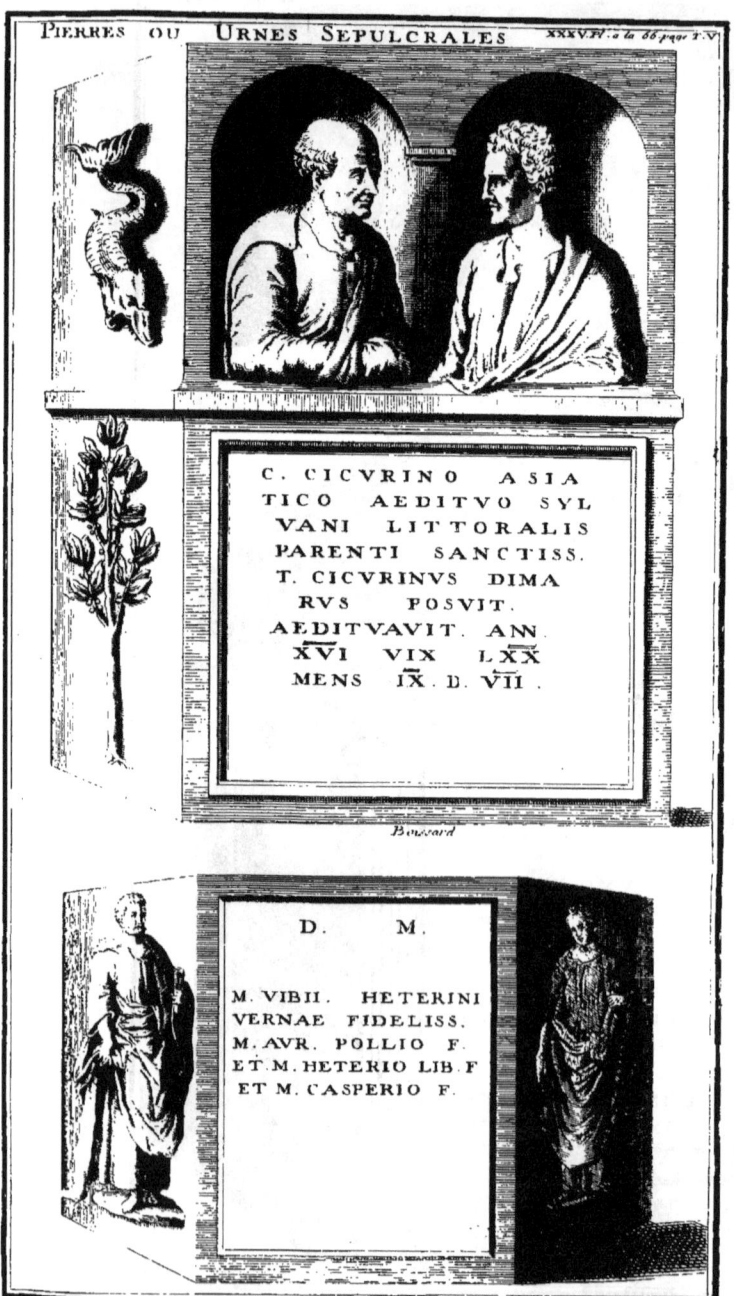

CHAPITRE IX.

I. Urne appellée quietorium, *le repofoir. II. Urne de Telefina. III. Ce que c'étoit que* Pilarii *&* Ventilatores. *IV. Autre urne.*

I. L'URNE qui vient enfuite eft appelée le repofoir de Clymene, *quietorium* P L. *Clymenes*, & des affranchis & de Raphis. Clymene eft repréfentée à l'un XXXVI des côtez tenant la main fur la tête, ce qui marque la fureté, comme nous avons dit dans la premiere partie : cela s'accorde bien avec *quietorium*, lieu de repos. Au côté oppofé eft un genie qui éteint fon flambeau, fymbole ordinaire des tombeaux. L'urne fuivante eft de Titus Flavius Hierax, dont les ornemens font des aigles, des têtes d'hommes avec des cornes de belier, & des fphinx ailées. L'urne fut mife par Eutychia mere de Titus Flavius. On remarque ici deux oifeaux qui bequetent un papillon, fymbole de l'ame. Une autre urne qui eft dans la même planche, eft faite pour C. Terentius Tyrannus, mort à l'âge de huit ans trois mois & un jour : c'eft Terentia Donata fa mere qui l'a fait faire. Le bufte de Terentius eft repréfenté au bas de l'urne dans une coquille foutenue par deux genies ailez ; il eft là coëffé d'une maniere non ordinaire.

I I. On ne voit guere d'urne plus chargée d'ornemens que celle de Luccia P L. Telefina. Aux quatre angles du bas de l'urne font quatre Sphinx, & au plus XXXVII. haut fous le couvercle quatre têtes de belier, des cornes defquels pendent de grands feftons. Dans le feston de devant au deffous de l'infcription eft repréfentée Telefina, qui tient deux enfans, un de chaque bras. Deux grandes filles à droite & à gauche font peutêtre encore les filles de Telefina, dont l'une paroit mener un grand deuil. Audeffous du feston eft un jeune homme qui garde des chevres, dont l'une a un petit cabri. Le devant du couvercle repréfente un trepied entre deux griffons, fymbole d'Apollon. De l'autre côté de l'urne eft un vafe appellé *præfericulum*, dont nous avons fi fouvent parlé, audeffous duquel eft un nid de petits oifeaux, auxquels le pere & la mere portent la bechée ; ce qui peut marquer la vigilance de Telefina à nourrir & élever fes enfans. Plus bas le Cupidon fur un dauphin paroit n'être qu'un caprice d'ouvrier.

CAPUT IX.

I. Urna dicta quietorium. *II. Urna Telefinæ. III. Quid effent* Pilarii *&* Ventilatores. *IV. Alia urna.*

I. QUÆ hanc excipit urna *quietorium Clymenis & libertorum & Raphis* appellatur. Clymene in latere urnæ ftat manumque capiti imponit, quod eft fecuritatis fignum, ut diximus tomo primo, & hic cum illa voce *quietorium* confentit. In latere oppofito eft genius facem contra terram exftinguens, fymbolum frequentiffimum in urnis fepulcralibus. Alia urna eft T. Flavii Hieracis, ab Eutychia ejus uxore pofita, cujus ornamenta funt capita virorum cum arietinis cornibus, fphinges alatæ. Hic duæ aves confpiciuntur, quæ papilionem animæ fymbolum roftro impetunt. In eadem tabula urna alia facta fuit Caio Terentio Tyranno, qui vixerat annos octo, tres menfes, die uno: urnam fieri curavit Terentia Donata mater ejus. In ima urnæ parte repræfentatur protome Terentii in cochlea a duobus geniis alitibus fuftentata : ornatus capitis ejus non vulgaris eft.

I I. Paucæ videantur urnæ tot ornamentis decoratæ quot hic confpiciuntur in urna Lucciæ Telefinæ. Ad quatuor urnæ angulos quatuor fphinges funt inferne, & fuperne fub operculo, capita quatuor arietina, ex quorum cornibus encarpi magni dependent. In anteriori encarpo fub infcriptione repræfentatur Telefina duos puerulos tenens dextero finiftroque brachio. Duæ puellæ majoris ftaturæ hinc & inde pofitæ, filiæ fortaffe Telefinæ funt, quarum altera lugere plangereque videtur : fub encarpo juvenis eft capratius, & fub caprarum una capreolus. Antica operculi pars tripodem exhibet inter duos gryphos, quæ funt Apollinis fymbola : in altera urnæ facie eft præfericulum vas facrum, de quo fæpe actum eft ; fub præfericulo nidus aviculis plenus eft ad quas pater atque mater efcam ferentes advolant, qua re fortaffe Telefinæ in alendis liberis diligentia vigilantiaque exprimitur : infra Cupido delphino infidens merum artificis commentum effe videtur.

III. Une épitaphe des plus remarquables est celle de Publius Ælius Secundus, rapportée par Gruter, & depuis redonnée par M. Fabretti p. 250. en voici le sens:

A Publius Ælius Secundus affranchi d'Auguste, le plus éminent de tous les Pilaires: c'est Ælia Europe sa femme qui a érigé ce monument pour son tres-saint mari, pour elle-même, pour Secundus & pour Magna ses enfans, & pour ses affranchis & ses affranchies & leurs descendans. Secundus a vécu quarante-six ans.

Les Pilaires & les Ventilateurs étoient selon Quintilien des joueurs de passe-passe, qui trompant les yeux jettoient de petites boules ou d'autres choses, qui revenoient ou à eux-mêmes ou à l'endroit qu'ils vouloient.

La qualité d'éminentissime des Pilariens, ou du plus éminent de tous les Pilariens, se trouve aussi emploiée pour ceux qu'on appelloit *agitateurs* du Cirque dans Gruter.

PL. XXXVIII. IV. L'urne suivante est remarquable par bien des endroits ; elle est faite pour Quintus Cæcilius Ferox jeune garçon de 15. ans un mois & vingt-quatre jours, qui étoit deja *Calator* ou serviteur des prêtres des Titiales Flaviales, fêtes & confreries instituées en l'honneur de Vespasien & de Tite. Ceux qu'on appelloit *Calatores*, étoient selon Servius comme des bedeaux qui faisoient cesser les travailleurs pendant la celebration des mysteres, & qui les obligeoient de se tenir dans la décence, de peur qu'ils ne profanassent & leurs yeux & les ceremonies des dieux. Ce qu'il y a ici de plus remarquable est qu'à l'un des côtez de l'urne il y a un vœu au Sommeil d'Orestille fille de Gavius Charinus, (nom fort different de celui de son fils, je n'en sai pas la raison) qui a posé ce monument, & sœur de Cecilius Ferox, qui est le défunt. Au dessous de cette inscription *Somno, Orestilla filia*, est un genie qui représente le Sommeil, & qui éteint son flambeau contre terre. Au côté opposé, l'inscription *Fatis Cæcilius Ferox filius*, nous indique que Cæcilius Ferox a fait un vœu aux Destins. La déesse Nemesis représentée au dessous, paroit être là comme la

---

III. Inscriptio sepulcralis singularissima est Publii Ælii Secundi, quæ a Grutero allata, deinde a Fabretto denuo publicata fuit p. 250. Ejus hæc sunt verba.

P. AELIO. AVG. LIB. SECVNDO
PILARIO. OMNIVM. EMINENTIS
SIMO. FECIT. AELIA. EVROPE
VIRO. SANCTISSIMO. ET. SIBI
ET. SECVNDO. ET. MAGNAE. FILIS (*sic*)
ET. LIB. LIBERTABVSQ. POSTERQ. EORVM
QVI. VIX. ANN. XXXXVI.

De pilatiis & ventilatoribus hæc habet Quintilianus lib. 10. c. 7. *Quo constant miracula illa in scenis pilariorum & ventilatorum, ut ea qua eviserint, ultro venire in manus credas, & qua jubentur decurrere.*

Eminentissimi vox quæ hic pilatiis adscribitur etiam agitatoribus in circo adscripta deprehenditur apud Gruterum p. CCCXXXVII.

IV. Urna sequens nos ad sui spectaculum evocat: inscriptio sepulcralis sic legitur. *Q. Cæcilio Feroci Kalatori sacerdotii Titialium Flavialium studioso eloquentiæ: vixit annis quindecim, mense uno, diebus viginti quatuor, filio optimo ac reverentissimo. M. Gavius Charinus.* Jam igitur quindecim solum annos natus Q. Cæcilius Ferox calator sive servus sacerdotum Titialium Flavialium erat, quæ festa erant in honorem Vespasiani & Titi Imperatorum. Calatores erant auctore Servio Georg. 1. 263. *qui sicubi vi ferunt opifices asse lentes, opus fieri prohibeant, ne pro negotio suo & ipsorum oculos, & deorum ceremonias contaminent.* Quod hic observatu dignum est, in altero urnæ latere est votum Orestillæ filiæ Gavii Charini, cujus nomen a filii nomine prorsus diversum, nescio qua de causa: inscriptio est *Somno Orestilla filia*; & sub illa inscriptione genius est nudus facem extinguens, qui somnum repræsentat: in altero autem latere inscriptio est, *Fatis Cæcilius Ferox filius*. Fatis igitur votum emittit Cæcilius Ferox: sub illa inscriptione dea Nemesis, ut puto, cum rota ro-

URNES SEPULCRALES

URNES SEPULCRALES.

cause de ce que ce jeune homme a été enlevé dans un si jeune âge : c'étoit une divinité qui châtioit les hommes, comme nous avons dit au premier tome. Quant au vœu fait au Sommeil par Orestilla, c'est au sommeil éternel, qui est la mort, que ce vœu s'adresse : nous trouvons dans Gruter des inscriptions *Somno æternali*, au Sommeil éternel. Flaminius Vacca dans notre Journal d'Italie en rapporte une autre *Æternali Somno*, au Sommeil éternel ; elle est plus intelligible que cette autre qu'il rapporte là même, *In tempore quod non comburitur*, dans le tems qui ne brule jamais. L'urne qui vient après est plus simple ; l'inscription greque porte qu'Onias souverain prêtre & prophete l'a faite pour son aimable fils Æmathion. Onias semble être un nom Juif.

præsentatur, velut causa cur Cæcilius Ferox tam juvenis ex hac vita sit abreptus : Nemesis quippe dea erat quæ homines castigabat, ut diximus tomo primo. Quantum ad votum ab Orestilla Somno factum, Somno æterno sive æternali intelligas oportet, qui somnus mors ipsa est : apud Gruterum inscriptiones occurrunt *omno æternali*, Flaminiusque Vacca in Diario nostro Italico, aliam refert inscriptionem, *æternali somno*, quæ facilius intelligitur, quam illa alia inscriptio ibidem allata : *In tempore quod non comburitur*. Simplicior est urna sequens, cujus inscriptio græca sic habet. Ὀνίας κατ᾽ χλωσίος, Λίμοθεν ἱϰ φιλοτάτῳ ἐνίεις ἀκμάιος χ πγοφήτης, id est, *Dit Atanibus, Æmathioni filio dulcissimo, Onias summus pontifex & vates*. Onias Judaïcum videtur esse nomen.

CHAPITRE X.

I. Urne de Julia Eroïs ; chiens représentez aux sépulcres. II. Petits enfans morts représentez à cheval. III. Sepulcre & épitaphe de deux Ajax, pere & fils. IV. Epitaphe remarquable ; cyprés aux tombeaux.

I. L'URNE de Julia Eroïs femme de Claude Lalisus n'a rien de remarquable, sinon que son portrait dans une coquille est soutenu par deux genies, & que deux têtes de Jupiter Hammon en haut, & deux aigles en bas ornent les angles de la face de devant. Julia Eroïs passa trente & un ans avec son mari, & vécut quarante-huit ans en tout. L'urne de C. Julius Sæcularis est plus curieuse. C'est un jeune garçon représenté dans toute sa taille, portant la chlamyde sur les épaules, qui ne cache point sa nudité. Il tient de la main droite un papillon, symbole de l'ame, comme nous avons si souvent dit, & de la gauche une colombe, marque de la simplicité des mœurs de ce jeune homme : à ses pieds sont d'un côté un singe dont la tête est tombée, & de l'autre un chien. La coutume de mettre des chiens, symbole de la fidélité, aux pieds des défunts, n'étoit pas inconnue dans l'antiquité : *Je vous prie*, dit Trimalchion, *de peindre à mes pieds une petite chienne, des couronnes & des*

PL. XXXIX.

CAPUT X.

I. Urna Juliæ Eroïdis : canes in sepulcris repræsentati. II. Pueruli defuncti equites exhibiti. III. Ajaces duo pater atque filius & illorum epitaphium. IV. Epitaphium singulare : Cypressi in sepulcris.

I. URNA Juliæ Eroïs sive Eroïdis hanc habet sepulcralem inscriptionem. *Dis manibus Juliæ Eroïs (L. Eroïdi) conjugi sanctissimæ Tiberius Claudius Lalisus, cum qua vixit annis triginta & uno sine querela, vixit diebus quadraginta octo, sibi & suis.* Juliæ protome in cochlea exhibetur : duo capita humana cum cornibus arietinis, qualis depingitur caput Jovis Hammonis, urnam superne ornant, duæ aquilæ in ima parte visuntur. Urna sequens singularior. Caius Julius sæcularis juvenis stans repræsentatur chlamydem gestans, quæ nuditatem non tegit : manu dextera papilionem gestat animæ symbolum, ut sæpe diximus ; sinistra vero columbam simplicitatem morum denotantem : ad ejus pedes sunt hinc simia cujus caput excidit, inde canis. Mos canes in sepulcris depingendi antiquis illis temporibus ignotus non erat : hinc Trimalchio : *Valde te rogo, ut secundum pedes statuæ meæ catellam pingas & coronas & uni-*

70 L'ANTIQUITE' EXPLIQUE'E, &c. Liv. II.

parfums, il parle à l'architecte qui doit faire son tombeau. Mais l'usage des chiens aux pieds des défunts dans les tombeaux étoit bien moins frequent qu'il n'a été depuis dans le Christianisme. A la gauche du jeune homme est un grand candelabre, auquel est attaché un fallot allumé : au plus haut du candelabre est une seconde fois le portrait en buste du même Caius Julius Sæcularis.

P L. X L.
Dans la planche suivante on voit l'épitaphe d'Octavius Liberalis mort à l'âge de cinq ans quatre mois quatre jours. Son buste est au haut de l'épitaphe. L'urne d'Heteria Superba a quelque chose d'extraordinaire. Cette fille meurt à l'âge de dix-huit mois & vingt-cinq jours, & la statue representée au milieu de l'urne est d'une grande femme ; on pourroit peutêtre dire que c'est sa mere Julia Zosimé qui est representée ici ; mais les deux genies qui la couronnent, les deux flambeaux qu'elle a à ses côtez, la colombe qu'elle tient de sa main gauche, toutes ces choses, dis-je, marquent que c'est Heteria Superba, que ses parens ont voulu representer en âge de puberté. Ce n'est pas la seule fois qu'on voit representer en cette maniere les plus petits enfans. Elle a à ses pieds d'un côté un chien, auquel elle présente une grape de raisin, & de l'autre une colombe.

P L. X L I.
La premiere urne de la planche suivante est d'Albioisia, dont le buste est representé au couvercle dans une coquille.

II. Nous venons de voir une fille de dix-huit mois representée comme une grande personne, & nous voyons ici un garçon de dix mois qui se tient à cheval comme un homme fait : son pere qui l'aimoit à l'excès, non content de l'avoir representé ainsi, le compare à Iacchus ou à Bacchus, à Hercule & à Endymion. Il a oublié apparemment de mettre le nom de l'enfant & le sien ; voici le sens de l'épitaphe :

Passant arrêtez-vous un peu pour regarder cette tombe ; vous y verrez un jeune enfant, qui enlevé de la mamelle à l'âge de dix mois, a laissé son pere inconsolable de sa perte. Il étoit comparable en beauté à un jeune Bacchus, ou à un jeune Hercule, ou au bel Endymion.

P L. X L I I.
M. Fabretti a donné la figure d'un autre jeune garçon à cheval, mais celui-ci outre la tunique porte une chlamyde qui va au gré des vents ; de-

---

guenta ; architectum alloquitur, qui sepulcrum suum structurus erat. Verum hic usus tunc infrequentior erat quam infimis sæculis in christianismo fuit. Ad lævam juvenis candelabrum est cui alligatur fax accensa ; in summo candelabro, secundo visitur protome C. Julii sæcularis.

In sequenti tabula est epitaphium Octavii Liberalis, qui vixit annis quinque, mensibus quatuor, diebus quatuor : ejus protome supra inscriptionem posita est. Heteriæ Superbæ urna, observatu dignum quidpiam præfert : vixit illa, ut fert inscriptio, anno uno, mensibus sex, diebus viginti quinque, & statua in medio lapidis repræsentata virginem adultam exhibet. Dici forte posset ejus matrem Zosimen hic repræsentari ; at duo genii qui ipsam coronant, duæ faces a lateribus positæ, columba quam manibus illa tenet ; hæc, inquam, omnia indicant ipsam esse Heteriam Superbam, quam adultam parentes repræsentarunt : ad pedes ejus hinc canis cui uvam Heteria offert, inde columba.

Primus sequentis tabulæ lapis sepulcralis Albioisiæ est, cujus protome *in antica operculi parte* conspicitur.

II. Modo videbamus puellulam anno & semis natam, quasi adultam in imagine depictam ; hic puerulum infantem decem mensium videmus equitem manu habenas tenentem. Pater ejus qui talem puellum quem summopere diligebat exhibuit, ipsum confert cum Iaccho seu Baccho, Hercule, atque Endymione : sed nec pueri nec suum nomen apposuit, inscriptio metro descripta sic legitur.

Βαιὸν ἐπισχὼν ἴχνος ὑψᾶσδε τύμβον ἄθρησον,
Παιδὸς ἄρνυ μαζῶν μητρὸς ἀποταμένη,
Ὃν χ᾽ἡ πικρότατος πατὴρ τάτε πένθος ἀλύσκον,
Δισσῆς πληρώσας ποτάδ᾽ε τῶν συνόδων,
Τοῖος δ᾽ἂν γεγαὼς οἷός ποτε ἔην ὁ Ἴακχος,
Ἡ θρασὺς Ἀλκίδης, ἢ καλὸς Ἐνδυμίων.

Hoc est.

*Paulum sistens gradum hoc sepulcrum respice
Pueri qui derepente ex maternis uberibus abreptus est.
Abiit autem ad Manes relicto patri perpetuo luctu,
Cum explevisset duplicis lunæ quinas conjunctiones.
Talis natus erat qualis olim Iacchus seu Bacchus,
Vel audax Alcides, vel pulcher Endymion.*

Δισσῆς subaudi σελήνης, id est, duarum lunarum quinas conjunctiones, qui vocum circuitus decem menses exprimit.

Aliud infantis equitis schema dedit Raphael Fabrettus p. 161. Verum hic præter tunicam chlamy-

URNES SEPULCRALES EPITAPHES

URNES SEPULCRALES. 71

vant lui est un autel flamboiant, & plus loin un arbre entortillé d'un serpent qui avance sa tête: l'inscription a ce sens, *Glycon a fait faire ce monument pour son fils Euhemerus, qui a vecu un an & dix mois.* M. Fabretti croit que ce jeune garçon est peint ici comme allant aux champs Elysiens ou aux jardins des Hesperides, & que pour se rendre propice le dragon qui le garde, il tient la patere pour sacrifier sur l'autel flamboiant, afin qu'on lui donne passage pour se rendre au sejour des ames pieuses & bienheureuses. Il prétend que Strabon semble avoir mis ensemble le jardin des Hesperides avec les champs Elysiens, lorsqu'il les met à l'extrémité de l'Hesperie. Je ne sai si l'on doit adopter ce sentiment: ce qui est certain, c'est que la même image du serpent qui entortille un arbre se trouve quelquefois dans les marbres qui regardent l'enfer: nous avons déja vu un serpent qui entortille un arbre avec Hercule qui amene le chien Cerbere.

III. Nous donnons ici un bas-relief & une épitaphe qui appartenoit ci-devant à M. de Boze, & qui se voit présentement dans la gallerie de l'illustre M. Foucault. Le bas-relief représente six personnes; le jeune garçon mort est assis au milieu d'un lit avec sa mere qui lui tient le bras, & de l'autre côté est aussi son pere assis & appuié sur le coussin; c'est la place ordinaire du mari dans ces lits funebres, comme on verra plus bas, le pere assis passe son bras sur l'épaule de son fils. Les trois autres personnes sont apparemment les parens ou les parentes des défunts. Une table à trois pieds telle qu'on la voit ordinairement dans ces repas funebres, a été poussée dessous le lit. L'inscription greque qui est à côté de la table, marque que c'est la femme qui a érigé ce monument en memoire & pour l'amour de son mari. L'épitaphe greque qui est audessous, a été faite par un mal-habile homme, elle fourmille de fautes grossieres: en voici le sens: *Ajax fils de Publius Ammonius, irreprehensible dans tes mœurs, c'est à ta consideration que j'ai fait faire ce monument. Adieu mon bon & aimable mari. Ajax fils d'Ajax est mort âgé de vingt ans, & a laissé sa mere inconsolable de sa perte: la Parque a filé les jours de sa courte vie; il s'en est retourné au lieu d'où il étoit venu.* C'est la femme d'Ajax pere & la mere d'Ajax fils, qui a fait faire ce monument sans y mettre son nom. L'épitaphe finit par des vers mal formez, où la quantité n'est pas observée.

---

dem etiam gestat retro volitantem & a ventis agitatam: ante illum ara est ignita, & ulterius arbor circumvoluta serpente, qui caput versus aram extendit. Inscriptio sic legitur; ΓΛΥΚΩΝ ΕΠΟΙΗΣΕ ΤΟ ΜΝΗΜΕΙΟΝ, ἕπαντι ἑαυτὸ τοῦ ὑιοῦ ὁῦ ἕτεα, id est, *Glycon in memoriam filii Evemeri, qui vixit anno uno, mensibus decem.* Putat Fabrettus puerum Evemerum hic depingi quasi ad Elysios campos aut ad Hesperidum hortos properantem; & ut draconem hortos custodientem propitium sibi reddat, pateram manu tenere, in ignita ara sacrificaturum, ut sibi transitus pateat ad animas pias felicesque. Opinatur idem Fabrettus Strabonem lib. 3. simul potuisse videri hortos Hesperidum cum campis Elysiis, cum illos in extrema Hesperia constituit. Nescio utrum huic sit opinioni hærendum; ut ut est, constat imaginem serpentis arborem circumplicantis, in tehenatibus ad inferos spectantibus reperiri: jam vidimus serpentem arbori circumplicatum, in imagine scilicet Herculis Cerberum ex inferno deducentis.

III. Hic anaglyphum damus inscriptionemque sepulcralem, quæ cum antea Domini de Boze esset, jam in Museo illustrissimi D. Foucault visitur. Sex hic personæ repræsentantur: juvenis in medio lecti sedet inter patrem & matrem; mater illi brachium arripit; pater dextram manum humero imponit, & sinistro brachio pulvinari innititur. Hic locus est viri in hujusmodi funebribus lectis Mensa tribus nixa pedibus, qualis sæpe conspicitur in cœnis feralibus, sub lectum depulsa funxitres aliæ personæ cognati, ut videntur, & consanguinei sunt. Inscriptio græca minor e regione mensæ hæc habet ΕΡΓΑ ΛΙΑΣ ΙΜΑΣ, quæ significant uxorem amore viri subductam in ejus memoriam hoc erexisse monumentum. Græcum epitaphium infra positum imperiti hominis est: ejus hæc sunt verba.

ΑΙΑΣ Π. ΑΜΜΩΝΙΟΥ ΑΜΕΠΤΟΙ (sic pro ἄμεμπτος) ἕνεκεν ΚΑΛΟΚΑΓΑΘΙΑΣ ΕΠΟΙΗΣΑ ΕΡΓΟΝ (pro ἐποίησα) χαρη ἐς ὡντὸς χαῖρε. ΑΙΑΣ ΑΙΑΝΤΟΣ (pro Αἴαντος) τλειη ἱκῶν ἔχων εἴκοσι ἱλιχίας μᾶτρα μήτηρ ὡς (sic) τεκούσα. Μοῖρα δ᾽ ὡς ἐπέκλωσεν, ὅθεν ἦν εἰς, ἦ πάλιν ἄπελθε. In postrema epitaphii parte aliqua metri ratio, sed imperite adornata observatur. Sensus inscriptionis est: *Ajax Publii Ammonii filius, qui inculpate vixisti, probitatis & concinnitatis ergo bone & desiderate salve. Ajax Ajacis annorum viginti, in annis paucis marorem reliquit matri: Parca patrem ita nevit, unde veneras eo rursus abiit.* Conjux igitur Ajacis patris, & mater Ajacis filii, quæ nomen tacuit, hoc monumentum erexit.

Pl.
XLIII.
IV. L'inscription & la figure qui viennent après sont des plus remarquables : une contagion emporta dans le même tems le père, la mère & les enfans. La mere du mari qui s'appelloit Cypris, sacrifie aux Manes pour son fils, sa bru & ses petits fils. Elle est voilée, & verse sa patere sur un autel flamboiant de forme non ordinaire. Elle est entre deux cyprès ; c'est, comme nous avons déja dit, l'arbre des funerailles ; on le mettoit aux sepulcres & aux mausolées : on ornoit de ses branches les bieres, les buchers & les urnes. Ce n'est pas apparemment la seule raison qui les a fait mettre ici ; la conformité du nom de cyprès avec celui de Cypris y peut avoir contribué : les anciens se plaisoient à ces sortes d'allusions ; la famille Thoria a un taureau sur ses medailles, la famille Rhenia des rhenes, Pomponius Musa a sur chacun de ses revers une Muse ou l'Hercule des Muses. Au reste ce bas relief n'est pas sur une urne, mais sur un marbre plat.

IV. Inscriptio atque figura sequens inter nobiliores computandæ : hæc verba sunt : *patrem, matrem, liberos una lues sustulit, lacrymis confecta Cypris, filio & nepotibus posuit*. Mater igitur quæ Cypris vocabatur inferiis sacrificat pro filio, nuru atque nepotibus. Cypris velata est, & pateram in ara ignita libat. Posita est Cypris inter duas cypressos : est quippe cypressus, ut jam diximus, arbor feralis, quam in sepulcris & mausoleis olim ponebant : ejus ramis ornabantur sandapilæ, lecticæ, rogi, urnæ. Non ob eam solum causam hic cypressi positæ videntur ; Cypris matronæ nomen cypresso admodum affine ad cypressos huc admovendas etiam induxerit. Nam quantum istiusmodi ὁμωνυμίας sectarentur veteres sæpe vidimus. Gens Thoria taurum in nummis ponit, Rhenia thenas ; Pomponius Musa in postica nummorum parte singulas Musas, & Herculem Musarum exhibet. Hoc monumentum vero non urna sed tabula marmorea est.

CHAPITRE XI.

I. Autres urnes. II. Epitaphes & bas-reliefs pour les chevaux du Cirque. III. Epitaphe du cheval de l'Empereur Hadrien. IV. Autres urnes & épitaphes.

Pl.
XLIV.
I. Nous voyons dans la planche suivante l'épitaphe & le buste de Cœrealis jeune garçon, qui mourut à l'âge de sept ans & sept mois ; c'est sa mere Felicula qui a érigé ce monument. L'urne suivante fut faite par C. Julius Thamyrus pour L. Julius Carus, un de ses esclaves, né dans sa maison, & fils de Julia Trophime, qui mourut âgé de trois ans huit mois dix jours. Il est representé ici revêtu d'une tunique à manches qui lui va jusqu'aux talons.

Pl.
XLV.
L'urne de marbre qui suit est remarquable par l'inscription. C. Cincius Primigenius avoit accordé à Primille Estione & aux sacrez domestiques ces *ollæ minores* ; nous avons ci-devant parlé des *ollæ*, qui étoient ordinairement des urnes de terre ; elles devoient être mises dans le *conditorium* ou l'hypogée des ancêtres de Primigenius : il donne à Primille après sa mort cette urne de marbre tant pour elle que pour son petit-fils Ælius Septimillus & pour Lucien.

CAPUT XI.

I. Aliæ urnæ. II. Epitaphia & anaglypha equorum Circensium. III. Epitaphium equi Hadriani Imperatoris. IV. Aliæ urnæ & epitaphia.

I. IN tabula sequenti inscriptionem sepulcralem & protomen Cerealis videmus. Inscriptionis verba sunt : *Dis Manibus. Cerealis vixit annis septem, mensibus septem. Felicula mater filio fecit piissimo*. Urna sequens hanc habet sepulcralem inscriptionem :

Dis Manibus C. Julius Thamyrus, Lucio Julio Caro Verna suo bene merenti fecit & Julia Trophime mater: vixit annis tribus, mensibus octo, diebus decem. Julius Carus hic repræsentatur sedens, tunica opertus, quæ ad talos usque pertingit.

Urnæ sequentis inscriptio notatu certe digna, hujusmodi est : *Dis Manibus Primillæ Æstiones, cui & sacris domesticis offerre concesserat ollas sex minores, & liberis ejus in avito conditorio indulsit Caius Cincius Primigenius, & Ælio Septimillo nepoti, & Luciano*. De ollis quæ vulgo fictiles erant, supra diximus : hæ ollæ in conditorio avito reponendæ erant, ut hic diximus. Primille

PIERRES SEPULCRALES

M. Fabretti

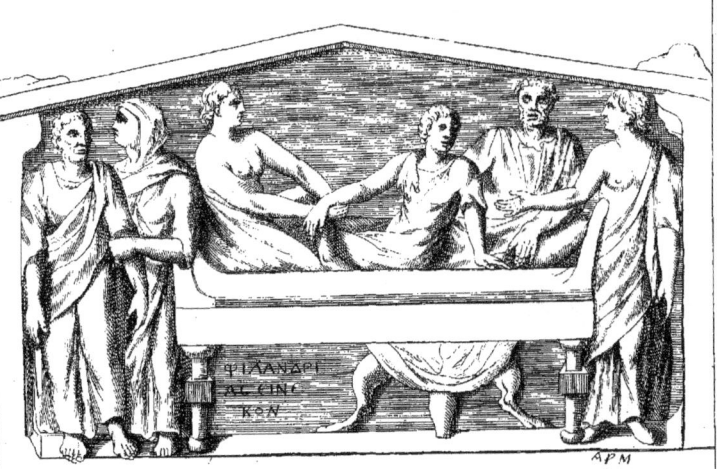

M. de Boze

Urne Sepulcrale

PATREM MATREM
LIBEROS
VNA LVES SVSTVLIT
LACRVMIS
CONFECTA CYPRIS
FILIO ET NEPOTIBVS

EPITAPHES DE CHEVAUX.

Primille est ici représentée en habit de matrone. On remarque que des noms numeriques sont changez ici en surnoms dans la même famille; la grand' mere s'appelle Primilla, & le petit fils Ælius Septimillus. Cela se faisoit anciennement pour les prénoms Tertius, Quartus, Quintus, Sextus.

Le marbre qui représente dans une espece de niche Ælia Splen en buste, a été mis par son mari, qui tait son nom, & dit qu'il a racheté la place pour sa femme & pour Valerius Ælianus.

II. L'urne suivante est tout-à-fait extraordinaire. Il y a deux inscriptions: celle d'en haut regarde les chevaux; celle d'en bas précedée par D. M. *Dis Manibus*, aux Dieux Manes, est faite pour des hommes. Celle d'en haut est double, parce qu'il y a deux chevaux représentez, auxquels un homme donne à boire dans un bassin: c'étoient deux des plus vigoureux chevaux d'entre ceux qui couroient dans le Cirque, comme les inscriptions marquent. La premiere inscription d'en haut se doit lire ainsi: *Aquiloni Aquilonis: vicies centies tricies, secundas tulit octogesies octies, tertias tulit tricies septies*. Le cheval *Aquilon fils d'Aquilon a vaincu cent trente fois, a remporté le second prix quatre-vingt huit fois, & le troisiéme prix trente-sept fois*. L'inscription de l'autre cheval est: *Hirpinus nepos Aquilonis vicit centies quatuordecies, secundas tulit quinquagesies septies, tertias tulit tricies septies*; c'est-à-dire: *Hirpinus petit-fils d'Aquilon a vaincu cent quatorze fois, a remporté le second prix cinquante-sept fois, & le troisiéme trente-sept fois*. Selon cette genealogie de chevaux Hirpinus étoit petit-fils d'Aquilon; au lieu que le cheval qui est de l'autre côté étoit son fils. La renommée des meilleurs chevaux du Cirque étoit si grande, que les poetes la prennent pour exemple,

> *Je n'ai pas plus de venom*
> *Que le cheval Audremon.*

PL: XLVI.

dit Martial. L'inscription des chevaux est devant celle de l'agitateur; car, comme nous avons dit au troisiéme tome, on faisoit plus d'honneur à ces chevaux de course qu'à leurs conducteurs; on leur érigeoit des monumens pour perpetuer la memoire de leurs victoires.

III. On trouve plusieurs exemples de gens qui ont érigé aux chevaux des sepulcres & des monumens, comme on peut voir dans Elien, dans Pline & dans plusieurs autres. Nous lisons dans Spartien qu'Hadrien aimoit tellement ses chevaux & ses chiens, qu'il leur érigeoit des sepulcres. Il nous reste encore une épitaphe d'un de ses chevaux, que Saumaise nous a donné plus correcte, dont le sens est tel:

74 L'ANTIQUITE' EXPLIQUE'E, &c. Liv. II.

Boryfthene Alain de nation, courfier de l'Empereur, qui voloit par les eaux, par les marets, & par les montagnes d'Hetrurie, qui pourfuivoit les fangliers, en forte qu'aucun n'ofoit le frapper de fes défenfes, ni n'ofoit en approcher de fi près que fon écume pût atteindre l'extrémité de fa queuë : mais s'étant toûjours confervé dans fa vigueur, il eft enfin mort, & a été inhumé dans ce champ.

Les noms Aquilo, Hirpinus & Andremon, fe trouvent avec les chevaux de courfe, dont on lit les noms par ordre alphabetique dans notre troifiéme tome. Aquilo marque un cheval leger comme le vent, & Hirpinus un grand fauteur : on peut voir ce que nous avons dit des Hirpies dans le fecond tome.

IV. L'épitaphe qui eft au deffous a été faite par Claudia Helice pour Lucius Avitus Dionyfius affranchi de Lucius, fon mari, chef de la faction rouge. Cond. veut dire conditor; ce titre étoit en ufage pour marquer apparemment le chef ou celui qui gouvernoit. Dans l'infcription qui précede celle-ci au trefor de Gruter p 338. C. Pompeius Fufcenus eft appellé conditor factionis Ruffatae. Il y a encore d'autres endroits dans Gruter où conditor eft pris en ce fens. Ici il y a Cond. gr. Ruffatae, je ne fai fi cela veut dire conditor gregis ou gregariorum Ruffatae factionis, qui étoit auffi appellée Ruffea & Rofea, la Rouge. Dans la même planche eft le tombeau de Caius Fundanius Firminus, qui n'a rien de particulier, ni qui merite une defcription. Le monument fuivant eft d'un Gaulois nommé Alduovorix, de la colonie victorieufe des Sequanois ; il a pofé ce marbre pour fa femme Plocufe. On voit audeffus de l'infcription les buftes de l'un & de l'autre, & fur un côté un collier avec un autre inftrument dont je ne connois pas l'ufage. La fuivante montre une femme affife qui lit dans un rouleau. L'infcription DIS. MANIBVS P. MARI. TERIS paroit corrompuë fur la fin.

Pl. XLVII.

Une autre urne faite par Flavius Herma pour fa femme Flavia Helpis, nous reprefente l'un & l'autre dans une coquille fur le couvercle de l'urne orné de quatre grands cygnes fur les angles. Helpis eft remarquable par fa coëffure gonflée où il n'entre que fes cheveux.

Pl. XLVIII.

L'urne d'Arruntia Cyrilla faite par Taccius Agathinus fon mari, n'a rien de remarquable. Il n'en eft pas de même de celle de Junia Procula jeune fille

Pl. XLIX.

Boryfthenes Alanus,
Cæfareus veredus,
Per æquor & paludes
Et tumulos Hetrufcos,
Volare qui folebat,
Pannoni- ... ultos
...præ cum infequentem,
Dente aper albicanti
Nofus fuit nocere,
Vel extremam faliva
Sparfit ab ore caudam,
Ut folet evenire :
Sed integer juventa,
Inviolatus artus,
Die fua peremptus,
Hoc fitus eft in agro.

Nomina Aquilo, Hirpinus & Andremon, reperiuntur in equorum catalogo, quem ordine alphabetico exhimavimus tomo tertio. Aquilo celerem venti inftar, Hirpinus faltatorem denotat : vide quæ de Hirpiis dicimus tomo 2.

IV. Epitaphium fubtus pofitum a Claudia Helice factum eft Lucio Avito Dionyfio Lucii liberto, ejus conjugi, factionis ruffatæ conditori, id eft, ut puto, quæ ... Apud Gruterum p. CCCXXXVIII. in infcriptione huic præcedente Caius Pompeius Fufcenus appellatur Conditor factionis Ruffatæ : hæc vox conditor alibi etiam eodem fenfu in Gruterianis infcriptionibus occurrit. Hic vero legitur COND. GR. RVSSATAE ; nefcio autem utrum id fignificet Gregis aut Gregariorum Ruffatæ factionis, quæ etiam Ruffea & Rofea appellabatur. In eadem tabula eft fepulcrum Caii Fundanii Firmini, in quo nihil non folitum & vulgare. Monumentum fequens eft Galli cujufdam cui nomen Alduovorix ex colonia victrice Sequanorum, qui hoc marmor pofuit uxori Plocufæ : fupra infcriptionem funt protoma utriufque conjugis, & in altero latere torques cum inftrumento, cujus ufum non novi. Sequens mulierem fedentem in volumine legentem effert, cum infcriptione Diis Manibus, P. Mari. Teris. quæ forfaffis vitiata eft.

Urna fequens a Flavio Herma facta eft conjugi fuæ Flaviæ Helpidi, & utriufque protomen exhibet in cochlea in opereulo pofita, & quatuor cygnis in quatuor angulis exornata. Helpis fpectabilis eft à capitis culcu, qui folo conftat capillitio.

Arruntiæ Cyrillæ urna ab ejus conjuge Taccio Agathino pofita, nihil obfervatu dignum habet. Non idipfum dixerim de urna Juniæ Proculæ puellæ,

Urnes Sepulcrales

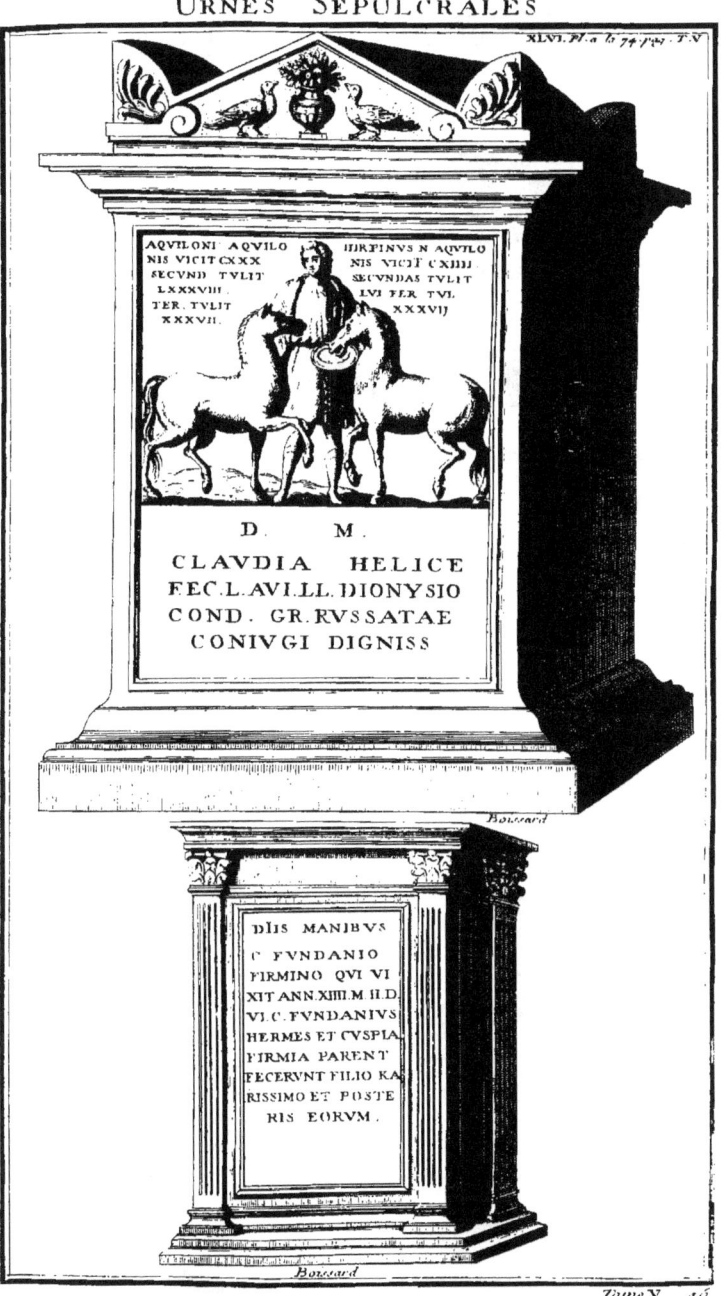

Urne Sepulcrale

DIS MANIBVS

FLAVIAE HELPIDI
T. FLAVIVS
HERMA
CONIVGI
SANCTISSIMAE

Boissard

de huit ans onze mois & cinq jours, où son buste est représenté. Cette urne est chargée d'un grand nombre d'ornemens que nous avons déja vus, & que nous verrons dans la suite. C'est Euphrosynus pere de Junia Procula, qui a fait faire cette urne pour sa fille, & qui y a fait mettre une épitaphe à présent gâtée en quelques endroits, à la fin de laquelle on lit cette sentence de morale, *Esperez pour vous le bien que vous me faites.*

---

quæ vixit annos octo, menses undecim, dies quinque : ejus protome hic repræsentatur. Hæc urna ornamentis variis est decorata, quæ jam in aliis monumentis vidimus & infra videbimus. Urnam curavit Euphrosynus Juniæ Proculæ pater, ibique inscriptionem sepulcralem apposuit in nonnullis locis vitiatam, in cujus fine hoc philosophicum dictum legimus. *Quidquid mihi feceris, tibi speres, mihi creas, tu testis.*

CHAPITRE XII.

I. Découverte d'une urne extraordinairement située; globes de crystal dans des urnes. II. Bacchus monté sur un tigre. III. Pierre sepulcrale appellée autel. IV. Autres urnes.

I. DANS la planche suivante est l'urne de Julia Proculia, faite par ordre Pl. L. de son mari Julius Theophilus. Elle y est représentée en buste, & a les cheveux plus frisez & gonflez que ceux de Flavia Helpis que nous avons vûe ci-devant. Les femmes Romaines outre les aiguilles qu'elles appelloient *discriminales* pour peigner & agencer leurs cheveux, en avoient d'autres qui s'appelloient *crinales*, de forme circulaire, pour faire prendre à leurs cheveux la même forme, & les mettre en boucles. On les faisoit d'or, d'argent, & d'autres matieres.

On enterroit quelquefois avec les femmes ces aiguilles qu'on appelloit *discriminales* : sur quoi Flaminius Vacca dans notre Journal d'Italie rapporte une chose des plus extraordinaires qu'on ait jamais vûe dans les anciens monumens. « Auprès de la porte de S. Laurent, dit-il, se voit une vigne & une « maison appellée *Marmorata*, où l'on trouve un grand nombre de marbres & « de monumens ; d'où ce lieu qui appartient au Chapitre de S. Jean de Latran, « aura pris son nom. Les Chanoines voulant faire une cloison autour de la mai- « son, firent venir des maçons pour rompre deux pierres Tiburtines d'énorme « grandeur, posées l'une sur l'autre. Les maçons aiant cassé la premiere pierre, « comme ils en écartoient les fragmens, virent une urne d'albatre jaune en- «

CAPUT XII.

I. Urna sepulcralis singulari situ: pilæ crystallinæ in urnis. II. Bacchus tigride vectus. III. Lapis sepulcralis ara dictus. IV. Aliæ urnæ.

1. IN sequenti tabula prior occurrit urna Juliæ Proculiæ, adornata ejus curante viro Julio Theophilo. Proculiæ protome hic eminet, capillitio densiore & cincinnis ornatiore, quam in Flavia Helpide vidimus supra. Romanæ mulieres præter acus quas appellabant discriminales, quibus capillos concinnabant ; alias acus habebant quas crinales vocabant, ut cincinnos facerent ; erantque hæc instrumenta ex auro, argento, aliave materia.

Aliquando acus ipsæ discriminales cum mulierum cineribus ponebantur : qua de re Flaminius Vacca rem admodum singularem refert in Diario nostro Italico p. 179.

Haud procul porta sancti Laurentii est vinea & casa nomine marmorata, ubi bene multa antiquitatis signa : & haud dubie ortum nomen est a multitudine marmorum, quæ istic olim erant. Locum obtinet Capitulum S. Joannis Lateranensis : cum vellent porro Canonici clathra casæ parare, Lathyrgos evocarunt, qui Tiburtinos lapides duos ingentes & prominentes, quorum alter alteri impositus erat, perrumperent. Cum autem Lithurgi superiorem lapidem confregissent & fragmenta exciperent, viderunt intus vas ex alabastrite flavo cum

»chaſſée dans la pierre de deſſous, & qui avoit un couvercle. Ceux qui lo-
»geoient dans la maiſon, & qui étoient venus pour aider les maçons, leur
»défendirent de toucher à ce vaſe juſqu'à ce que le Chapitre fût informé du
»fait; un d'entre eux alla vîte donner avis aux Chanoines de la découverte:
»mais les maçons impatiens de voir ce qui étoit dedans, ôterent le couver-
»cle, y trouverent des cendres, & outre cela environ vingt petites boules ou
»globes de cryſtal de roche, une bague d'or avec ſa pierre, une de ces ba-
»guettes qu'on appelloit *acus diſcriminales* pointée d'or aux deux bouts, un
»peigne d'ivoire, & quelques petits fragmens d'or mêlez parmi les cendres.
»Le Chapitre arriva, emporta tout, & ne laiſſa rien aux maçons.

C'étoit ſans doute les cendres de quelque femme de qualité, qui vouloit
qu'elles fuſſent miſes en un lieu où jamais on ne pût les découvrir : mais il eſt
difficile de trouver des endroits impenetrables à la curioſité ou à l'avidité des
hommes. Quant aux boules de cryſtal trouvées parmi les cendres, il s'en trouva une de même au tombeau du Roi Childeric pere de Clovis, qui fut découvert à Tournai, avec un grand nombre de pieces d'or, une hache & pluſieurs
autres choſes qui ſe voient aujourd'hui à la Bibliotheque du Roi. L'urne de
Titus Flavius Secundus au bas de cette planche n'a rien qui merite qu'on s'y
arrête.

Pl. LI. II. La premiere urne de la planche ſuivante n'a point d'inſcription, quoiqu'elle ait une place préparée pour la mettre ; ce qui ſe rencontre encore
ailleurs, comme nous avons dit ci devant. Il y a apparence qu'elle eſt pour
quelque jeune garçon, dont la tête eſt repréſentée au bas de l'urne dans une
couronne de laurier que deux aigles ſoutiennent de leur bec. Aux deux côtez
de l'urne ſont deux trepieds ſurmontez d'un globe : entre les barreaux qui forment le trepied eſt un ſerpent étendu en long de haut en bas : nous avons déja
vu des trepieds de cette forme. Le couvercle de l'urne eſt encore plus orné :
on y voit Bacchus enfant monté ſur un tigre ou ſur une panthere comme ſur
un cheval ; il tient d'une main un bâton ou un thyrſe. Il y a apparence que c'eſt
le jeune garçon pour lequel l'urne a été faite, qui eſt ici repréſenté en Bacchus. Nous avons vu ci devant un pere qui diſoit que ſon fils mort dans l'enfance étoit auſſi beau & auſſi bien né qu'Iacchus ou Bacchus, qu'Hercule &
que le bel Endymion. Aux deux côtez du couvercle ſe voient deux têtes de
Faunes, qui ſont de la compagnie de Bacchus.

III. L'urne de L. Calpurnius Reſtitutus a une épitaphe dans laquelle il eſt

operculo. Qui in caſa degebant auxiliatum venerant :
ii Lithurgis edixerunt ne vas contingerent : unuſque
rem ſubito Capitulo denunciavit : verum Lithurgis tem-
perare non potuerunt a rupi lino explorandæ rei ; ſed
amoto operculo cineres invenerunt, atque viginti circiter globulos ex cryſtallo nativa, annulum aureum cum
gemma, diſcriminale eburneum aureis acuminibus, pe-
ctinem eburneum, & cineribus admixta quædam fra-
menta aurea. Cum acceſſiſſet Capitulum, omnia abſtulit,
nihil Lithurgis ceſſit.

Etant haud dubie cineres matronæ cujuſpiam,
quæ in loco illos reponi curaverat, ubi nunquam de-
tegendos eſſe ſperaret : at vix receſſum reperias, quo
curioſitas aviditaſque humana penetrare non valeant :
quod ſpectat autem ad cryſtallinos globulos inter cineres repertos, ſimilis cryſtallinus globus inventus
fuit Tornaci in ſepulcro Childerici regis patris Chlo-
dovei ; ubi item alia multa reperta ſunt, annulus, ſe-
curis, & plurima, quæ nunc in bibliotheca regia viſuntur. Urna Titi Flavii Secundi in ima tabula nihil habet exploratu dignum.

II. Prima ſequentis tabulæ urna nullam habet inſcriptionem, etſi, ut videre eſt, locus in ea ad inſcriptionem paratus fuerit, quod etiam alibi occurrit,
ut jam diximus. Veriſimile eſt eam f. etiam fuiſſe pro
puerulo quopiam, cujus caput ad imam urnam viſitur
in corona laurea, quam duæ aquilæ roſtro tenent.
In duobus urnæ lateribus duo tripodes ſunt, interque tripodum pedes ſerpentes extenſi capite ſurſum
poſito ; jam tripodes vidimus ſic adornatos. Urnæ
operculum ſingularioribus iſtructum eſt ornamentis.
Ibi Bacchus puer viſitur tigride aut panthera quaſi
equo vectus, qui altera manu virgam ſive thyrſum
tenet. Veriſimile eſt ipſum puerulum cui urna parata
fuit, hic quaſi Bacchum repræſentari : huc forte referri poſſet illud quod ſupra vidimus, patrem nempe
filium lugentem, qui diceret eum in infantia mortuum perinde pulcrum fuiſſe atque Iacchum ſeu Bacchum, Herculemve, aut Endymionem : in duobus
operculi lateribus duo Faunorum capita ſunt, qui
Fauni ex Bacchica turma erant.

III. Urna Lucii Calpurni Reſtituti inſcriptione

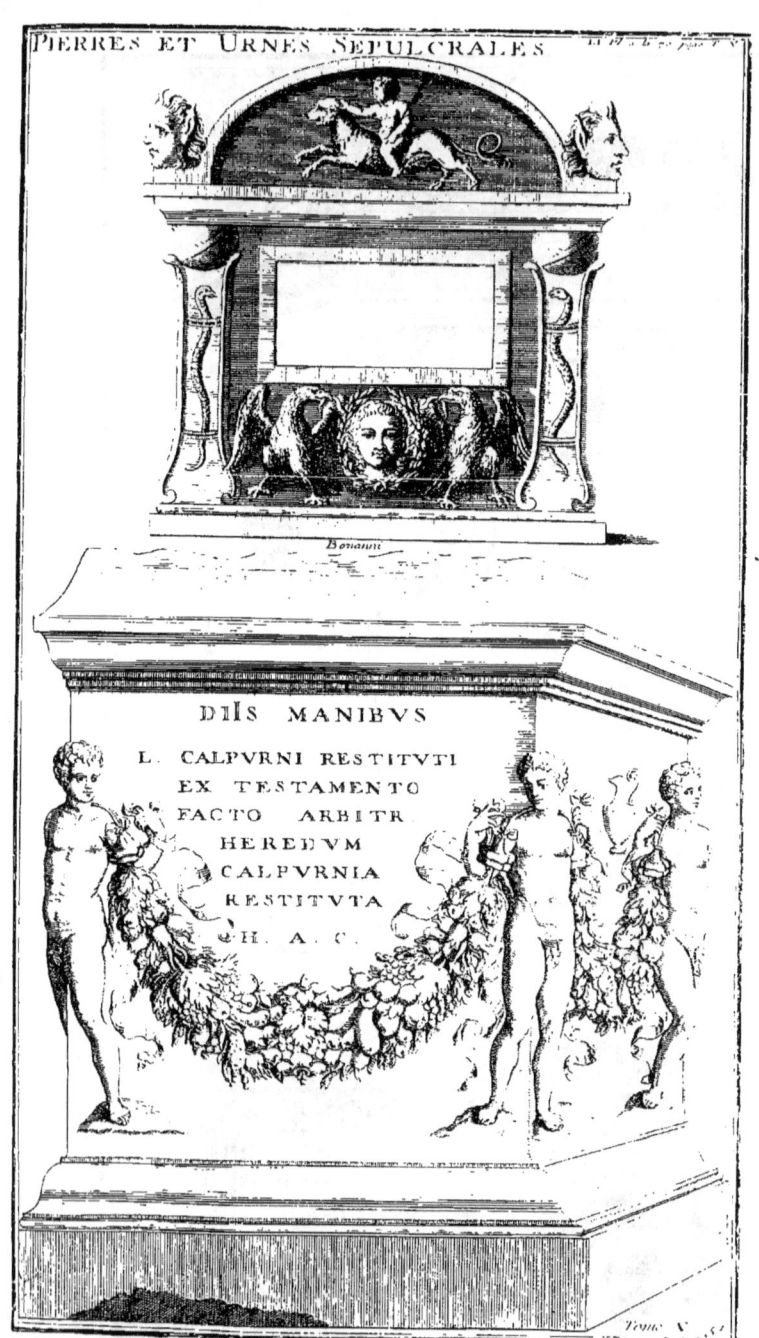

URNES SEPULCRALES.

dit qu'il a ordonné par son testament qu'elle sera faite à la maniere qu'il plairoit aux heritiers; elle a été faite par ordre de Calpurnia Restituta, avec quatre grands genies aux quatre angles, qui portent sur les épaules des festons, comme on voit sur l'image. Je crois que les trois lettres qui terminent l'inscription H. A. C. veulent dire *hanc aram curavit*, que Calpurnia Restituta a fait faire cet autel. Nous avons déja vu que les pierres sepulcrales s'appellent souvent autels.

IV. La premiere urne de la planche suivante, qui est fort simple; a été faite par Naïs parente ou belle sœur de la défunte; car c'est ainsi que s'entend quelquefois le nom *cognata*, comme nous verrons plus bas; & par Julia Restituta son affranchie. Les dernieres lettres H. M. D. M. AB. veulent dire *huic monumento dolus malus abesto*, que ce monument soit exemt de fraude; ou, qu'on ne fasse point de mauvaise chicane touchant ce monument.   Pl. LII.

Le marbre & l'inscription de T. Fundanius Eromenus prouve ce que nous avons dit ci-devant, que les images des tombeaux font quelquefois allusion aux noms des personnes: Eromenus veut dire aimé; & c'est par rapport à ce nom que Fundanius Eromenus donne la main à sa femme Poppæa Demetria, avec l'inscription A M O R. J'aurois cru que la jeune personne qui paroit entre eux deux un peu en arriere, étoit Manilia Eromenis, dont il est parlé dans l'inscription; mais sa tête & ses cheveux paroissent d'un jeune garçon. Outre ces inscriptions on lit à un des bords du bas relief *Honor*, l'honneur; & à l'autre *Veritas*, la verité; & au dessus de tout *Fidei simulacrum*, le simulacre de la foi. Ce qui marque que l'honneur, la foi & la verité ont toujours regné entre les deux époux.

Le tombeau d'Eutychia qui commence la planche suivante, nous représente son buste sur le couvercle, & pour le reste n'a rien qui merite qu'on s'y arrête. L'urne suivante d'une famille qui s'appelloit Ostoria, & de ses affranchis, représente cinq bustes de cinq personnes dont il est fait mention dans l'inscription.   Pl. LIII.

L'urne qui commence la planche suivante, quoiqu'il n'y ait point de nom qui marque pour qui elle a été faite, est pourtant remarquable par le frontispice d'un temple avec la statue de Diane d'Ephese au milieu, ornement qui a été mis là pour quelque raison que nous ne savons pas. Il pourroit se faire que c'est quelque prêtresse de Diane d'Ephese qu'on a enterrée ici: ce qu'on n'avance   Pl. LIV.

---

sepulcrali instructa est, in qua dicitur: *Diis Manibus, Lucæ Calpurniæ Restitutæ ex testamento facto arbitratu heredum: Calpurnia Restituta hanc aram curavit.* In quatuor urnæ angulis, quatuor magni genii sunt encarpos humeris sustentantes, ut videre est in ipsa urna. Hasce tres literas H. A. C. sic legendas puto, *hanc aram curavit*, scilicet Calpurnia Restituta. Jam diximus probavimusque lapides sepulcrales, aras sæpe vocati.

IV. Prima sequentis tabulæ urna simplex omnino est, & facta fuit a Naide quæ defunctæ Juliæ Euclidiæ cognata erat & a Julia Restituta: hæ sex postremæ literæ H. M. D. M. AB sic legendæ, *huic monumento dolus malus abesto*: de qua jam diximus.

Marmor inscriptione sepulcralis Titi Fundanii Eromeni probat illud quod ante dicebamus, imagines nempe sepulcrorum aliquando alludere ad nomina personarum. Eromenus, id est, Amatus, ideoque Titus Fundanius Eromenus manum dat uxori Poppææ Demetriæ, cum inscriptione A M O R. Putavissem juvenem illam personam, quæ inter am-

bos, sed paulo remotior visitur, esse Maniliam Eromenidem, de qua est in epitaphio mentio, sed capilli adolescentis esse videntur. Præter hasce inscriptiones in latere anaglyphi legitur H o n o r; in alio latere V E R I T A S; & in supremo lapide, F I D E I S I M U L A C R U M, quibus significatur inter conjuges, semper amorem, honorem, fidem & veritatem coluisse fuisse.

Lapis sepulcralis Eutychiæ initio tabulæ sequentis positus ejus protomen in suprema parte exhibet: nec aliud præ se fert observatu dignum. Urna sequens est familiæ Ostoriæ & libertorum ejus, & quinque protomas repræsentat personarum, quæ in epitaphio commemorantur.

Lapis sepulcralis initio tabulæ sequentis positus, esti nomina sepulcrorum sepulchrorum non ferat, aliquot tamen caruticibus insignis est. Ab visitur frontispicium templi in cujus medio statua Dianæ Ephesiæ quæ hic posita est aliqua nobis ignota de causa. Fortassis hic quædam Dianæ sacerdos sepulta fuerit, quod tamen conjecturæ tantum loco ponitur. In adi-

pourtant que comme une conjecture. A l'entrée du temple sont deux urnes. A l'un des côtez du frontispice on voit un vaisseau d'eau lustrale fait comme un benitier, qu'on mettoit ordinairement à l'entrée des temples : à l'autre côté est un plat qu'on appelloit *discus*, vase sacré. Le lecteur remarquera la malediction donnée à ceux qui violeront ce monument.

tu templi sunt duo vasa quæ ceu alabastra esse videntur. Ab alio latere frontispicii videre est vas aquæ lustralis, quam aquam lustralem in aditu templorum ponere solebant ad expiationem ; in alio autem latere discus est, quod item vas sacrum erat. In alia lapidis facie imprecatio est contra violatores hujus sepulcri, his verbis : *Monumentum hoc volens qui violaverit, illi Manium numina irata sunto.*

CHAPITRE XIII.

I. Urne du Cabinet de Sainte Genevieve, & autres. II. Enumeration des Tribus Romaines.

Pl. LV.

I. L'URNE de Sainte-Genevieve est des plus ornées qu'on puisse voir ; elle est faite pour un nommé L. Visellius Sedatus, qui mourut à l'âge de vingt-deux ans : ses ornemens sont un trepied, symbole d'Apollon ; deux cygnes, oiseaux qui se trouvent aussi quelquefois parmi les symboles d'Apollon ; deux flambeaux, deux palmiers, & sur les côtez des branches & des feuilles de lierre sortant d'un vase.

L'urne de L. Terentius Asclepiades représente son buste & celui de sa femme Hellanica, & sur un des côtes la statue entiere de Lælia Terentia sa fille. Sa coëffure qui est remarquable, est la même que celle de sa mere. Le sens de l'épitaphe est ; *Aux dieux Manes de Lucius Terentius Asclepiades, & de Lucius Terentius Felix son malheureux fils, qui est mort en bas âge après son pere. Sa mere Hellanique accablée de douleur a érigé ce monument pour eux, pour sa fille Lalia Terentia de mœurs fort innocentes, & pour elle-même.* Les deux urnes suivantes de Vipsana Thalassa & de Fabia Theophila, n'ont rien qui n'ait déja été remarqué dans les precedentes.

Pl. LVI.

Le marbre sepulcral de Lucius Stratonicus & de sa femme Elpis Earina, représente l'un & l'autre en buste. La coeffure de la femme est remarquable par ses longues tresses. L'urne sepulcrale qui est au dessous, a été faite pour Lucius Licinius Successus par son pere Comicus & sa mere Auriola, qui déplorent sa perte. Il mourut à l'âge de treize ans un mois & dix-neuf jours. L'urne a qua-

CAPUT XIII.

I. Urna Musei S. Genovefæ & aliæ. II. Enumeratio Tribuum Romanarum.

I. URNA Musei S. Genovefæ splendidis instructa ornamentis hanc præfert inscriptionem ; *Diis Manibus, Lucius Visellius Lucii filius, Palatina, Sedatus, vixit annos viginti duos. Palatina,* id est, ex Tribu Palatina : de nominibus Tribuum quæ in urnis feruntur mox dicemus. Ornamenta elegantissima hujus urnæ sunt tripus symbolum Apollinis, cui tripodi globus impositus, duo cycni, quæ aves etiam inter signa & symbola Apollinis aliquando feruntur ; duæ faces, duæ palmæ arbores, & in lateribus rami foliaque hederacea ex vase erumpentia.

Lapis sepulcralis L. Terentii Asclepiadis ejus prænomen ostendit, necnon Hellanicæ uxoris ejus, & in latere altero statuam integram Terentiæ filiæ ipsorum. Cultus capitis Terentiæ is ipse est qui matris ejus Hellanicæ : inscriptio hujusmodi est. *Dis Manibus Lucii Terentii Asclepiadis & Lucii Terentii Felicis filii miserrimi, qui fatum patris immatura morte subsecutus est : Hellenica mater mæstissima posuit, & Lalia Terentia filia innocentissima & sibi.* Urnæ duæ sequentes in hac tabula, quarum altera est Vipsanæ Thalassæ, altera Fabiæ Theophilæ, nihil habent non jam alibi observatum.

Marmor sepulcrale Lucii Stratonici ejusque uxoris Elpidis Earinæ, utriusque conjugis protomas exhibet. Cultus capitis Earinæ a longis cincinnis spectabilis est. Urna sepulcralis in ima tabula posita Lucio Licinio Successo facta fuit curantibus patre ejus Comico & matre Auriola, qui fatum filii sui lamentantur : is vixerat tredecim annos, mensem unum & novemdecim dies. In quatuor urnæ angulis quatuor

URNES SEPULCRALES

D.   M.

L. TERENTII ASCLEPI
ADIS ET L. TERENTII
FELICIS FILII MISERRIMI
QVI FATVM PATRIS IMMA
TVRA MORTE SVBSECVTVS
EST HELLANICA MATER
MOESTISSIMA POSVIT
ET LAELIAE TERENTIAE
FILIAE INNOCENTIS
SIMAE ET SIBI.

Boissard

Boissard   *Boissard*

Pierres et Urnes Sepulcrales

LVCIVS STRATONICVS ELPIDI EARINAE
CONIVGI ET VENVLINAE RODONICAE FILIAE
DVLCISS.ET ELPIDIO STRATONICO ET SIBI
ET SVIS LIBERTIS LIBERTAB.Q.POSTERISQ.
EORVM

URNES SEPULCRALES.

tre hommes nus aux quatre angles, & plusieurs autres ornemens. Au dessous de l'inscription est un cheval marin, sur lequel est monté un jeune garçon: c'est apparemment le défunt Lucius Licinius. Qui peut deviner où le mene une telle voiture?

Une belle urne sepulcrale mise par mégarde à la XCVIII. planche du second tome, n'a point le nom de celui qui l'a fait faire: huit vers Elegiaques font l'épitaphe, où un mari se plaint que l'ingrate Venus, à laquelle il offroit des vœux pour la santé de sa nouvelle épouse, a permis que Proserpine la lui ait enlevée peu de tems après son mariage. Le mari & la femme sont représentez au dessus de l'inscription sur un lit, mangeant ensemble, aiant devant eux une table ronde à trois pieds; ce qui est assez ordinaire dans ces sortes de monumens. Ce qu'il y a de plus singulier dans cette urne, sont les deux candelabres qui la bordent des deux côtez, les plus grands & les plus beaux que nous aions encore vus. Nous n'avons pas jugé à propos de repeter ici cette image.

Cornelia Tyché & sa fille Julia Secundina avoient leurs cendres dans l'urne suivante. Le mari qui a fait faire l'urne, & qui n'est point nommé dans l'épitaphe, a mis leurs bustes entre deux colonnes. L'épitaphe dit que la mere étoit incomparable par son amour pour son mari, par la sainteté de ses mœurs, & par le soin qu'elle prenoit d'élever ses enfans. Elle mourut âgée de trente-neuf ans, aiant vécu onze ans avec son mari. La fille, dit l'épitaphe, étoit d'une grande beauté, d'excellentes mœurs, & mieux instruite que son âge ne portoit, n'aiant à sa mort qu'onze ans neuf mois & vingt jours. A l'un des côtez est une grande inscription en vers, sur laquelle on pourroit faire bien des remarques. Les Parques sont ici appellées *trinum numen fati*. L'inscription est partagée en deux par la figure d'une bête à quatre pieds, qu'il n'est pas aisé de reconnoître. Il n'est pas facile aussi de donner raison pourquoi on a représenté sur le devant du couvercle une roue, une flute, un fallot, une corne d'abondance, un arc & un carquois. Ce sont des mysteres où je ne puis penetrer; peutêtre que la roue qui est un symbole de Nemesis, marque cette déesse, qui étoit une des causes des malheurs qui arrivoient aux hommes.

PL. LVII.

L'urne de C. Julius Augustianus qui commence la planche suivante, le représente couché, & une femme avec une fille, qui sont apparemment la femme & sa fille, qui s'approchent de lui.

PL. LVIII.

---

viri nudi sunt, plurimaque alia hic conspiciuntur ornamenta. Sub inscriptione est equus marinus, quo vectus puer est; is est, ut videtur, Lucius Licinius, qui cum tali jumento quorsum pergat, quis divinaverit?

Urna pulcherrima sepulcralis, quæ casu nescio quo, in tomo secundo tabula XCVIII. posita fuit, nomen ejus qui illam adornandam curavit non indicat. Epitaphium octo elegiacis versibus constat, ubi vir quispiam queritur ingratam Venerem cui pro salute novæ sponsæ vota offerebat, eam a Proserpina abripi permisisse, non diu post initas nuptias. Supra inscriptionem duo conjuges in lecto exhibentur cœnam feralem celebrantes, & coram se habentes mensam rotundam tribus nixam pedibus; quod frequenter observatur in hujusmodi monumentis. Quod in urna ista elegantissimum occurrit, duo candelabra sunt, utrinque urnam terminantia, maxima ornatissimaque omnium hactenus inspectorum: urnam illam hic repetere non re duximus esse.

Cornelia Tyche ejusque filia Julia Secundina cineres suos in urna sequenti depositos habuere: conjux autem Tyches cujus nomen in epitaphio tacetur, quique urnam fieri curavit, earum protomas inter duas columnas posuit. Inscriptione fertur Tychen incomparabilem fuisse erga maritum affectu, morum sanctitate & eximia erga liberos pietate. Defuncta autem est annorum triginta novem, postquam undecim annos cum conjuge transegerat. Julia Secundina filia dicitur fuisse forma singulari & moribus præclaris, doctrinaque supra legitimam sexus sui ætatem præstantissima, quæ vixit annos undecim, menses novem, dies viginti. In alio urnæ latere, est longa inscriptio versibus Hexametris, in quam multa possent observari. Parcæ hic appellantur trinum numen fati: in medio inscriptionis spatium relictum est in quo ponitur animalculum, non ita cogniti facile nec in promptu est dicere, cur in antica operculi facie hæc exhibita fuerint, rota, tibia, fax, cornu copiæ, arcus, & pharetra. Forte rota Nemesis symbolum illam deam subindicat, quæ inter causas infortuniorum connumerabatur.

Urna Caii Julii Augustiani initio tabulæ sequentis, ipsum repræsentat decumbentem, adstantemque mulierem ac puellam, quæ sunt fortassis uxor & filia defuncti.

II. L'urne d'Oſillius eſt conſiderable par les trois buſtes qu'elle repréſente. L'inſcription dit que Cn. Oſillius Succeſſus & Antonia Reſtituta ont fait faire ce monument pour deux de leurs fils, dont l'un nommé Cneius Oſillius Piſo étoit mort âgé de trente-trois ans neuf mois dix jours; & l'autre appellé Cn. Oſillius Frugi, de dix-ſept ans deux mois. Les trois buſtes paroiſſent être de Cneius Oſillius pere, & de ſes deux fils. Le mot *Quir.* après *Cn. F.* qui veut dire *Cneii filius*, ſignifie qu'ils ſont de la tribu *Quirina* : le nom de la tribu ſe met dans les inſcriptions ſepulcrales entre le nom & le ſurnom du défunt, comme on le voit dans cet exemple, & comme nous le verrons plus bas. Les tribus Romaines étoient anciennement au nombre de trente-cinq; on en ajouta depuis d'autres; il eſt difficile de fixer le nombre de ces dernieres. Voici les trente-cinq, comme elles ont été recueillies & rapportées par Alde Manuce.

Æmilia.	*Mæcia.*	*Romilia.*
Anienſis.	*Menenia.*	*Sabatina.*
Arnienſis.	*Ouſentina.*	*Scaptia.*
Claudia.	*Palatina.*	*Sergia.*
Cluſtumina.	*Papia.*	*Stellatina.*
Collina.	*Papiria.*	*Suburana.*
Cornelia.	*Poblilia.*	*Terentina.*
Eſquilina.	*Pollia.*	*Tromentina.*
Fabia.	*Pomptina.*	*Vejentina.*
Falerina.	*Popilia.*	*Velina.*
Galeria.	*Pupinia.*	*Voltinia.*
Lemonia.	*Quirina.*	

Ceux qui ont recueilli le nom de ces tribus dans les vieux monumens ont varié dans l'énumeration qu'ils en ont faite, comme a fort bien remarqué M. Fabreti dans ſes inſcriptions. Briſſon dans ſes formules en met trente-ſix; il n'a point mis Papia & Popilia, mais il en met trois qui ne ſont point dans la liſte précedente, Horatia, Ocriculana & Veturia. M. Fabreti en ramaſſe

dix-huit

Urnes Sepulcrales

TRIBUS ROMAINES.

dix-huit de differens monumens & des inscriptions de Gruter, outre & par-dessus les trente-cinq nommées ci-devant, savoir

Ælia.	*Cluentia.*	*Ocriculana.*
Appia.	*Dumia.*	*Pinaria.*
Augusta.	*Flavia.*	*Sapina.*
Aurelia.	*Horatia.*	*Titiensis.*
Camilia.	*Julia.*	*Veturia.*
Campana.	*Latina.*	*Ulpia.*

M. Fabreti croit que probablement plusieurs tribus portoient deux noms, comme une inscription le semble prouver, où l'on trouve la tribu Voltinia Campana, deux noms pour la même, parceque, dit-il, la tribu Campana fut incorporée avec la Voltinia, & donnoit son suffrage avec elle. De cette maniere le nombre des trente cinq suffrages n'aura jamais été augmenté, parceque ces tribus de nouvelle institution ne donnoient point leur suffrage à part, mais chacune d'entre elles ne faisoit qu'un suffrage avec une des anciennes tribus à laquelle elle étoit unie.

---

ex variis monumentis, & ex Gruterianis inscriptionibus has octodecim collegit, quæ in illis triginta supra positis non reperiuntur.

Ælia,	Horatia.
Appia.	Julia.
Augusta.	Latina.
Aurelia.	Ocriculana.
Camilia.	Pinaria.
Campana.	Sapina.
Cluentia.	Titie. sis.
Dumia.	Veturia.
Flavia.	Ulpia.

Existimat Fabrettus plures fuisse Tribus binomines, ut ex descriptione quadam argui videtur, ubi tribus Voltinia Campana memoratur, duo scilicet nomina pro una Tribu, quoniam, inquit, Tribus Campana cum Voltinia juncta fuit, ita ut unum suffragium ambæ darent: illoque modo triginta quinque suffragiorum numerus non auctus fuerit, quia illæ Tribus recens institutæ non suffragium separatim ferebant, sed earum singulæ cum aliqua ex priscis illis Tribubus conjunctæ unum & idem constituebant suffragium.

Tom. V.   L

CHAPITRE XIV.

I. Urne d'Helvius Celer. II. Urne de Volusius Urbanus Nomenclateur; quel étoit l'office des Nomenclateurs & des Buccinatores. III. Ce que c'étoit que Publicus Augurum. IV. Plusieurs autres urnes.

PL. LIX.

I. IL est encore fait mention de la tribu dans l'urne suivante, dont l'inscription est telle : *A Caius Helvius Celer de la tribu Cornelia, & à Helvius Felix. Leur maitre a ordonné par son testament qu'on leur fit ce monument selon la volonté de Quartilla son affranchie, de Marc Vibius Priscus son heritier, & de Lucius Pontinus Phœbus son heritier.* Cette épitaphe se pourroit peutêtre lire & expliquer autrement ; mais voila l'explication qui me semble convenir le mieux.

Arbitratu Quartillæ, Cette expression se trouve souvent dans les épitaphes pour marquer que le testateur a laissé à quelqu'un le soin de faire ses urnes ou les tombeaux à sa volonté. Gruter p. 149. *arbitratu Gemelli*, & M. Fabreti p. 33. *arbitratu Auli Rutilii Rufi.* p. 750. *arbitratu Erotis liberti.* 755. *arbitratu Lucii Annii Sidi.*

L'urne suivante a une épitaphe dont voici le sens : *Aux dieux Manes, & à la memoire de M. Ulpius Heliadius. C'est son pere M. Ulpius Prænestinus & Ælia Ælias sa mere ; qui ont fait ce monument à leur cher enfant, qui a vécu un an deux mois, vingt-quatre jours.* M. Ulpius est représenté au devant du couvercle assis, appuié sur une petite table, & présentant quelque chose à un coq.

PL. LX.

II. Une autre urne qui est des plus ornées a été faite pour Lucius Volusius Urbanus qualifié *Nomenclator Censorius*. Les Nomenclateurs étoient une espece d'officiers qui savoient les noms de tous les particuliers pour les indiquer quand il étoit necessaire. Le Nomenclateur qui est appellé ici *Censorius* & dans une autre inscription *à censibus*, avoit soin de nommer au Censeur ceux qui devoient se faire inscrire dans les tables, lorsqu'ils ne se présentoient pas euxmêmes : plusieurs auteurs ont traité des Nomenclateurs & de leurs offices. Il y a dans Gruter une autre inscription en ces termes : *Lucio Volusio Urbano Nomenclatori Prætorio, Papias Servos publicus Buccinator nominum.* Cette inscription ne paroit pas être sepulcrale ; il y est parlé de Lucius Volusius Urbanus Nomenclateur, apparemment le même que celui dont nous parlons, qui étoit

---

CAPUT XIV.

I. Urna Helvii Celeris. II. Urna Volusii Urbani Nomenclatoris : quodnam esset officium Nomenclatorum & Buccinatorum. III. Quis esset publicus Augurum. IV. Urnæ quædam.

I. IN urna quoque sequenti Tribus commemoratur ; hujus inscriptionem sic lego. *Caio Helvio Caii filio, Cornelia, Celeri & Helvio Felici patronis fieri jussit arbitratu Quartillæ Libertæ, Marci Vibii Prisci heredis, Lucii Pontini Phœbi heredis.* Hæc sepulcralis inscriptio alio fortasse possit modo legi & explicari ; sed hæc explicatio mihi quadrare videtur.

Arbitratu Quartillæ. Hic loquendi modus sæpe in epitaphiis occurrit, ut significetur testatorem in arbitrio cujuspiam posuisse, ut urnæ vel sepulcra conderetur secundum ejus placitum. Gruterus p. CXLIX. *liber. arbitratu Gemelli*, & Fabrettus p. 33. *arbitratu Auli Rutilii Rufi*, p. 750. *arbitratu Erotis Liberti*, & 755. *Arbitratu Lucii Annii Sidi.*

In urna sequenti hujusmodi inscriptio legitur : *Dis Manibus & memoriæ Marci Ulpii Heliadii, fecerunt Marcus Ulpius Prænestinus & Ælia Ælias filio dulcissimo : vixit annum unum, menses duos, dies viginti quatuor.* M. Ulpius ante operculum sedens repræsentatur parvæ mensæ innixus, escam gallo adstanti offerens.

II. Alia urna inter ornatiores computanda, *Lucio Volusio Urbano Nomenclatori Censorio* facta est : Nomenclatorum officium erat, omnium nomina tenere, ut cum opus esset singula indicarent. Nomenclator qui hic dicitur Censorius, & in alia inscriptione, *à Censibus* appellatur ; Censori nomina eorum indicabat, qui in tabulis inscribendi essent, quando videlicet illi nomina profiteri sua negligebant. De Nomenclatoribus, deque eorum muniis plurimi tractavere. Apud Gruterum p. MCXVI. alia est inscriptio sic habens : *Lucio Volusio Urbano Nomenclatori Prætorio, Papias Servos publicus buccinator nominum.* Hæc inscriptio non videtur sepulcralis esse ; hic memoratur Lucius Volusius Urbanus Nomenclator idem, ut vi-

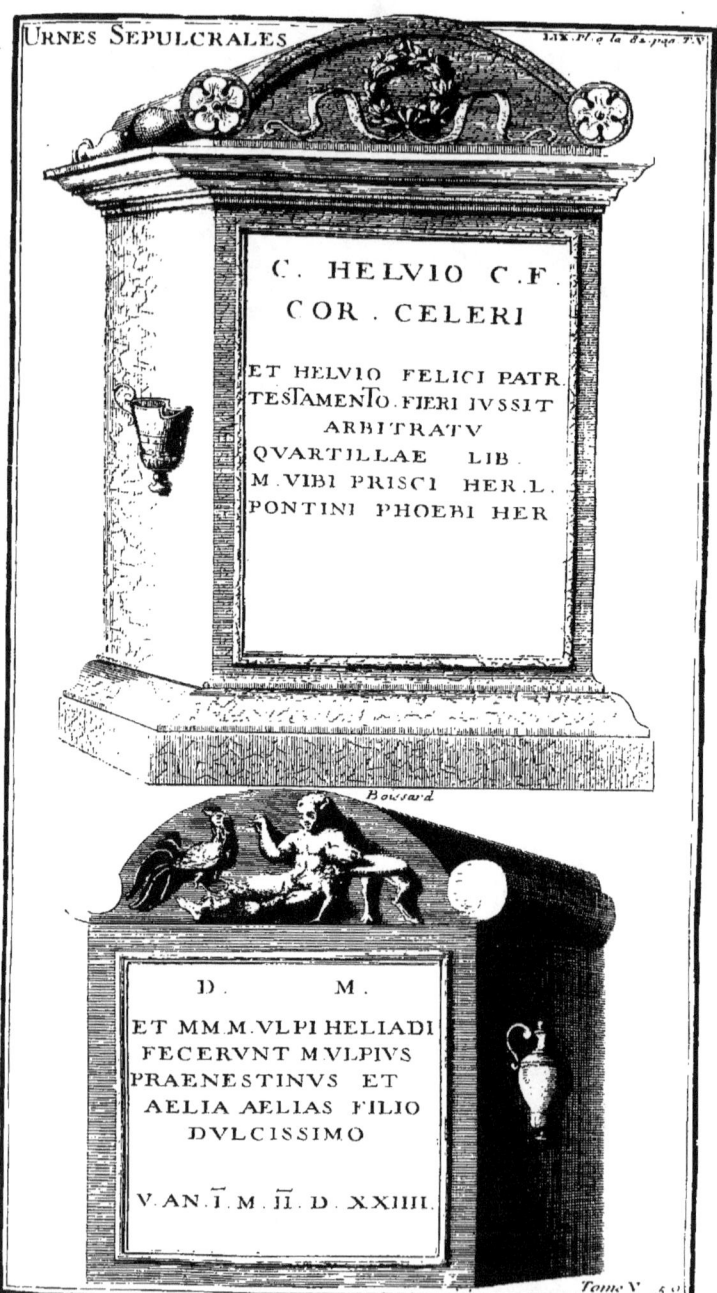

Nomenclateur non seulement du Censeur, mais aussi du Préteur. Papias se dit ici serviteur public, qui appelloit à haute voix par leurs noms ceux que le Nomenclateur avoit indiquez au Préteur ou au Censeur. L'urne que nous décrivons ici, est des plus ornées ; ce qu'on y remarque de particulier, c'est qu'au bas est la louve qui allaite Remus & Romulus, & qu'aux quatre angles de l'urne il y a des sphinx ailées, qui ont le corps double, afin qu'elles puissent paroitre des deux côtez.

III. Après cela vient l'urne de Vivenia Helias, qui est ici représentée en buste, aiant les cheveux frisez & bouclez ; comme nous avons vû ci-devant ; deux genies approchent de ces cheveux des torches allumées comme pour les bruler. Le couvercle a au milieu une aigle, & sur les côtez des têtes avec des bonnets Phrygiens semblables à celles que nous avons vûes au premier tome dans une image de Cerès. Le sens de l'inscription est : *Aux dieux Manes. A Vivenia Helias fille de Lucius, qui a vécu seize ans six mois. Helius Affinianus serviteur public des Augures, & Sexta Psyché sa femme ont fait ce monument à leur tres-pieuse fille.* Beger expliquant une inscription que nous donnerons plus bas, entend autrement que nous la qualité de *publicus Augurum*, & parlant du même Helius Affinianus, dont il donne l'urne cineraire que nous représenterons en son lieu, il prétend que *publicus Augurum* étoit un Augure public du nombre de ceux dont parle Festus en ces termes : " Les Augures publics " n'étoient pas du même rang que les autres Augures ; car comme il y avoit " plusieurs Augures, ceux qui étoient Augures publics précedoient les autres " en dignité. Leur origine est fort ancienne, & à cause de cela obscure. Ce " qui est certain, c'est qu'on élisoit par sort ceux qui étoient Augures publics " du peuple Romain. " Les *publici Augurum* étoient donc selon Beger ceux dont parle Festus, & les plus honorables d'entre les Augures. Mais M. Fabretti qui écrivoit en même tems que Beger, en sorte que l'un n'avoit pas pu voir l'ouvrage de l'autre, prétend que *publicus Augurum* se prend pour le serviteur public des Augures ; tout de même que dans deux inscriptions de Gruter, Felix Cornelianus & Fortunatus Sulpicianus sont appellez *publici Curionales*, les serviteurs publics des Curionaux ; & Hermias est appellé *publicus Pontificum*, serviteur public des Pontifes. Il rapporte plusieurs exemples de ceux-ci. Personne ne peut douter qu'ils ne soient serviteurs des Pontifes, & on ne dira pas qu'ils

---

detur, de quo jam loquimur, qui Nomenclator erat non modo Censorius, sed etiam Prætorius. Papias hic dicitur servus publicus & buccinator nominum, qui alta voce nominibus suis compellabat eos, quos Nomenclator Censori vel Prætori indicasset. Urna inter ornatissimas accenseri potest, quodque in illa singulare observatur, in ima urnæ parte lupi conspicitur Remum atque Romulum lactans : in quatuor autem urnæ angulis totidem sunt Sphinges alatæ, quæ caput unum, corpus duplex habent, ut possint in utroque urnæ latere conspici.

III. Hinc visitur urna Viveniæ Heliadis, cujus hic protome repræsentatur, cincinnatis, densis, sobeneque compositis capillis, ut antehac vidimus ; duo genii alites ejus capillitio accensas faces admovent, quasi ut incendant : in antica operculi facie aquila est, in angulis vero capita cum tiara Phrygia, qualia primo tomo vidimus cum de Cerere agreretur. Inscriptio sic legitur : *Diis Manibus sacrum : Viveniæ Lucii filia Heliadi : vixit annis sedecim, mensibus sex. Fecerunt Helius Affinianus publicus Augurum, cum Sexta Psyche conjuge filiæ piissimæ.* Laurentius Begerus inscriptionem sepulcralem explicans, quam

infra proferemus, publicum augurum aliud esse intelligit, quam nos intelligimus ; de hoc enim ipso Helio Affiniano agens cujus urnam cinerariam refert, qualem infra suo loco videbis, putat publicum Augurum fuisse publicum Augurem ex eorum numero de quibus hæc Festus : *Publici Augures*, inquit, *eodem jure cum ceteris auguribus non erant ; nam cum essent Augures numero plures, publici majestate cæteros antibant ; origo vetusta ideoque obscura ; illud manifestum datur sortis delegi solitos, qui Augures publici populi Romani Quiritium in auguralibus dicerentur.* Itaque publici Augurum secundum Begerum, idem ipsi erant, quos Festus commemorat & inter Augures honore præcipuos esse censet : sed Fabrettus, qui eodem quo Begerus tempore scribebat, ita ut neuter alterius opus, ut quidem puto, viderit, existimat publicum Augurum, servum esse publicum Augurum, eodemque modo in duabus inscriptionibus Gruterianis Felicem Cornelianum & Fortunatum Sulpitianum, appellari publicos Curionales, id est servos publicos Curionalium, & Hermiam *publicum pontificum* vocari, id est servum publicum pontificum. De hisce postremis exempla multa profert, nemoque di-

Tom. V.   L ij

soient les Pontifes mêmes. Il rapporte encore d'autres exemples des *publici Septemvirum epulonum* & des *publici Quindecimvirum sacris faciundis*, & d'un Philoxenus Julianus *publicus de porticu Octavia à Bibliotheca Græca* : tous ceux-ci paroissent être des serviteurs publics. Outre ces serviteurs publics il y en avoit de particuliers, qu'on appelloit *peculiares*, comme l'on voit dans plusieurs inscriptions, *peculiaris Augusti*, &c.

PL.
LXI.
IV. L'urne suivante qui est assez simple, a été faite comme porte l'épitaphe pour Eugraphus, pour Apate sa mere, & pour Eugraphus petit-fils d'Apate. On voit Apate représentée en buste sur le devant du couvercle de l'urne ; le *præfericulum* mis sur un côté de l'urne se voit dans plusieurs monumens.

Au bas de cette planche est une autre urne, dont l'épitaphe merite d'être mise ici : *Ce monument a été fait pour Æmilia Phyllis, fille dont la prudence surpassoit & son sexe & son âge. C'est son infortuné pere Julius Elicius qui l'a fait pour elle, pour Cipria Athenaïs sa digne femme, pour tous les siens & pour leurs descendans.* Æmilia Phyllis est représentée sur un des côtez de l'urne.

PL.
LXII.
Claudius Tauriscus a fait faire l'urne suivante pour son cher fils Claudius Hyllus mort à l'âge de quatre ans sept mois cinq jours. Sur le devant du couvercle est un jeune homme couché qui a des ailes, & qui tient la main sur la tête : peutêtre signifie-t-il le Tems, ou plûtôt le jeune Hyllus lui-même que son pere aura fait représenter comme un Cupidon ou comme un genie ailé. A l'un des côtez on voit un de ces vases qu'on appelloit *præfericulum*.

L'urne de Sestius Eutropius, qui est assez ornée, n'est remarquable que par une espece de chevre ou par un autre animal femelle qui alaite un petit enfant.

xerit publicos pontificum ipsos fuisse pontifices : aliis etiam exemplis rem confirmat ; memorantur enim quoque publici Septemvirum Epulonum, & publici Quindecimvirum sacris faciundis, & quidam Philoxenus Julianus commemoratur, *publicus de porticu Octavia & bibliotheca græca*. Hi certe, ut planum videtur, vere servi publici erant. Præter hos autem servos publicos alii erant peculiares, ut in plurimis inscriptionibus legitur, *peculiaris Augusti* &c.

IV. Urna sequens opere simplici adornata fuit, ut inscriptione sepulcrali fertur, Eugrapho, Apate matri, & Eugrapho Apates nepoti. Apates autem protome hic repræsentatur in antica parte operculi. Præfericulum in latere urnæ positum in aliis plerisque urnis visitur.

In ima tabula urna est cujus inscriptio digna est, quæ hic describatur. *Æmilia Phyllidis filia man-*

suetissimæ & supra sexus sui captum & ætatem prudenti, Julius Elicius pater infelix & sibi & Cipriæ Athenaïdi uxori Optimæ benemerenti fecit, & suis fecit posterisque. Æmilia Phyllis in altero urnæ latere repræsentatur.

Hanc inscriptionem præfert urna sequens. *Diis Manibus, Claudio Hyllo, vixit annis quatuor, mensibus septem, diebus quinque, Claudius Tauriscus pater filio Karissimo.* In antica operculi parte est juvenis decumbens alis instructus, manum capiti imponens ; illo fortasse tempus significatur, sive potius juvenis erit Hyllus, quem pater Cupidinis seu Genii more repræsentaverit. In latere urnæ exhibetur præfericulum.

Urna Sestii Eutropii plurimis instructa ornamentis, spectabilis est a capra aut alia quadrupede animante, quæ infantem lactat.

URNES SEPULCRALES.   85

CHAPITRE XV.

*I. Plusieurs autres urnes & épitaphes. II. Belle urne d'Herbasia Clymene.
III. Urne du Châtellain de l'eau Claudienne.*

I. CAIUS Umbricius Vejentanus a fait faire l'urne suivante pour lui, Pl. pour Umbricia Delphis sa femme, pour son fils Vejenton, qui avoit LXIII. vécu douze ans, & pour Umbricia Didon apparemment sa fille, qui en avoit vécu vingt. Ce qu'il y a de remarquable ici, c'est qu'à l'un des côtez de l'urne on voit un arbre touffu, & au pied de l'arbre est une cigogne qui tient un lezard de son bec. Cet arbre touffu qui fait ombre peut avoir rapport au nom Umbricius, auquel on aura voulu faire allusion ; ce qui est assez frequent dans les monumens, comme nous avons déja dit.

Lucius Agrius Syntrophus affranchi est représenté couché sur une espece de lectique ou de sandapile : au devant du couvercle on voit un lapin qui broute dans un panier renversé : nous verrons encore des lapins semblables.

L'urne de Lucius Veturius affranchi d'Auguste & son secretaire pour les Pl. lettres latines, fut faite par Manto sa femme. On voit sur le devant du cou- LXIV. vercle une urne ronde, à l'un des côtez de laquelle est un bassin qu'on appelloit *discus*, & à l'autre une espece de laiete ou un *scrinium* des anciens, où les écoliers & ceux qui écrivoient mettoient leur style ou leur canne à écrire, leurs tablettes, des feuilles à écrire, & peutêtre d'autres choses semblables.

L'urne suivante de la même planche est plus chargée d'ornemens, entre lesquels on voit une femme ailée sur le dos d'un taureau ; elle tient un poignard qu'elle lui fiche dans la tête. Nous avons déja vu plusieurs fois cette figure au premier tome, & nous l'avons mise après Mithras, à qui elle ressemble en bien des choses. Les savans sont partagez sur la signification de cette image qui n'est pas bien rare : il est difficile de dire là-dessus quelque chose de certain.

Le marbre suivant qui n'est pas une urne, fait mention de L. Trophimus Pl. affranchi d'Auguste *à veste, item à lacuna*, qui avoit soin de garder & de faire LXV. recoudre les habits des Empereurs ; il donna, dit l'inscription, la place du monument à Annea Pyrallis. Les ornemens funeraires sont deux fallots en

---

CAPUT XV.

I. Urnæ aliæ & inscriptiones sepulcrales plurimæ. II. Urna pulcherrima Herbasiæ Clymenes. III. Urna Castellarii aquæ Claudiæ.

I. SEQUENS inscriptio est, *Dis Manibus, Caius Umbricius Vejentanus sibi & Umbriciæ Delphidi conjugi suæ & Vejentoni filio suo, vixit annis duodecim ; & Umbriciæ Didoni, vixit annis viginti.* Umbricius Vejento & Umbricia Dido erant, ut videtur, filii Caii Umbricii Vejentani. Quod hic observandum, in altero urnæ latere arbor densis frondibus conspicitur, & ad pedem arboris Ciconia lacertam rostro tenet. Arbor illa densis frondibus, ad nomen hoc Umbricius referri potest, nam in hujusmodi monimentis nominum propriorum cum rebus quibusdam consensus non raro exprimitur.

Lucius Agrius Syntrophus libertus in lectica seu sandapila decumbens repræsentatur. In antica operculi facie cuniculus in canistro inverso flores fructuique rodit, quales etiam postea cuniculos observabimus.

Quæ sequitur urna sic inscribitur : *Lucio Veturio Augusti Liberto ab epistulis latinis, Atanio uxorario posuit.* In anteriore operculi parte urna rotunda est, in cujus altero latere discus ; in altero arcula seu scrinium, ubi pueri scholas frequentantes, aliique qui scriptioni incumbere solebant, camque qui scriptioni incumbere solebant, stylos reponebant, calamos, pugillares, volumina atque similia.

Urna in eadem tabula sequens ornatior est ; inter alia ejus ornamenta mulier alata dorso tauri insistit, atque pugionem in caput infigit. Hanc figuram jam primo tomo vidimus, eamque post Mithram locavimus, cui in multis similis est. Quid sit de hujusmodi schemate sentiendum non convenit inter viros doctos.

Marmor sepulcrale sequens hac insignitur inscriptione, *Anneæ Pyrallidi Lucius Trophimus Augusti libertus, a veste, item a lacuna locum monimenti dedit.* Ornamenta funebria sunt duæ faces decussatæ,

fautoir, dont la flamme est tournée contre terre comme pour les éteindre : ce qui marque la vie des hommes qui s'éteint à la mort comme un flambeau s'éteint contre terre. Entre les fallots est une urne ronde cineraire : à côté des fallots sont deux arcs dont la corde est rompue ; ce qui marque aussi que le fil de la vie est tranché & rompu.

L'urne de P. Scantius Julianus qui mourut à l'âge de huit ans cinq mois douze jours & six heures, fut mise par son pere P. Scantius Augustale & par sa mere Servilia Isias, qui disent qu'il avoit de l'esprit plus que son âge ne portoit. Au devant du couvercle sont représentez deux genies qui tiennent une couronne de laurier, & à l'un des côtez un préfericule.

P L. LXVI. Celle d'après est chargée d'ornemens & de figures tres-difficiles à expliquer. Elle est faite, comme porte l'épitaphe, pour *M. Cœlius Superstes*. Au haut de l'image sont deux têtes de beliers qui semblent brouter les fruits, les épis & les herbes d'un panier sur lequel sont deux oiseaux qui bequetent. Au bas de l'urne sous l'épitaphe est une image bien plus singuliere. Une femme nue accroupie tient une oie qu'elle semble caresser ; deux Cupidons, l'un devant, l'autre derriere la femme, tiennent l'un une coquille, l'autre un pot à parfums, à ce qu'il semble : à côté du Cupidon qui tient la coquille est une tête d'où sort une fontaine, dont l'eau tombe dans un bassin soutenu sur un pied. Gruter croit que la femme accroupie est Venus.

L'urne de Cneius Cornelius Musæus de la tribu Sabatine fut faite par l'ordre de sa femme Herennia Priscilla, qui a fait représenter son mari avec un chien à chaque côté, à l'un desquels il donne à manger. C'étoient peutêtre les chiens dont il se servoit dans son ministere de *manceps viæ Appiæ*, ou de cominis sur les postes de la voie Appienne ; charge qui étoit une espece de servitude pendant un tems, de laquelle on montoit à des degrez plus élevez.

P L. LXVII. II. L'urne d'Herbasia Clymene, faite par son mari Sextus Herbasius Nautilius, est encore plus ornée que la précedente. On voit son buste sur le devant du couvercle couronné de laurier ; ses cheveux sont à longues tresses ; elle tient de la main droite un bouquet, & de la gauche un panier plein d'herbes, de fleurs & de fruits, & cela par allusion à son nom Herbasia. Je ne saurois dire ce que c'est qu'elle porte en écharpe, & encore moins ce que signifient ces deux serpens entortillez à droite & à gauche de son buste. Deux

---

quarum flamma versus terram devexa, quasi ut extinguantur, quo significatur in morte vitam hominis exstingui ut fax exstinguitur. Inter faces est urna rotunda cineraria, & ad latera urnæ arcus fracti nervis, qua re vitæ filum & funiculum fractum indicatur. Epitaphii sequentis hæc est lectio : *Diis Manibus. Pub'io Scantio Juliano Publius Scantius Augustalis pater, & Servilia Caii filia Isias mater filio piissimo fecerunt. Qui vixit annis octo, mensibus quinque, diebus duodecim, horis sex, cujus annos ingenium excedebat.* In anteriore operculi parte duo genii exhibentur coronam lauream tenentes, & in latere præfericulum.

Quæ in tabula sequenti prior est urna anaglyphis exornatur, quorum explicatio non ita facilis : Cælio autem Superstiti facta urna est, ut fert inscriptio : in suprema imagine duo capita arietina sunt, quæ in canistro fructibus herbisque pleno pastum capessere videntur, cui canistro insident aves duæ, similiter rostro carpentes. In ima urnæ parte sub inscriptione singularior imago conspicitur. Mulier nuda contracto corpore anserem tenet cui abblandiri videtur. Duo Cupidines, alius ante, alius pone mulierem, tenent alter cochleam, alter alabastrum, ut videtur. Prope Cupidinem cochleam tenentem, est caput unde fons saliens in labrum decidit pede nixum. Gruterus putat mulierem illam contractam esse Venerem.

Urnæ sequentis inscriptio talis est : *Diis Manibus sacrum. Cneio Cornelio Cneii filio Sabatina Musæo mancipi viæ Appiæ Herennia Priscilla conjugi benemerenti fecit.* Priscilla conjugem in suprema urnæ parte repræsentavit cum duobus hinc & inde canibus, quorum alteri cibum subministrat. Hi haud dubie canes erant queis utebatur dum officium Mancipis viæ Appiæ exerceret, qui Manceps veredariorum cursuumque publicorum curam gereret ; & hanc quasi servitutem tempore quodam professus, ad majora munia provehebatur.

II. Urna Herbasiæ Clymenes ab ejus conjuge Sexto Herbasio Nautilio concinnata longe pluribus fulget ornamentis. Herbasiæ protome in summo operculo cernitur, quæ lauro coronatur ; capillitium longis cirris dependet. Dextera fasciculum florum Herbasia tenet, sinistra canistrum herbis plenum, floribus item atque fructibus, quod, ut videtur, ad nomen illud Herbasiæ referendum. Aliquid autem non notum mihi in pectore gestat : quid item agant hinc & inde serpentes illi circumvoluti non intelligo. Duæ

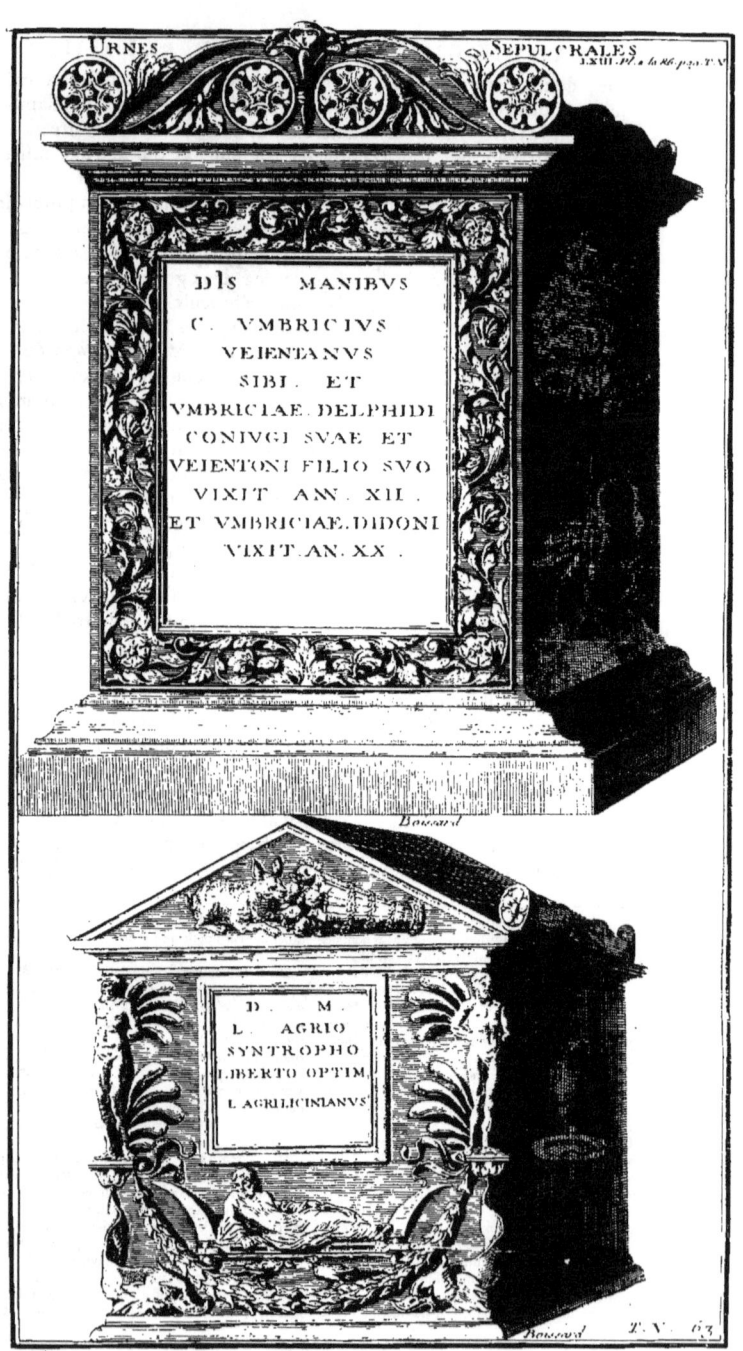

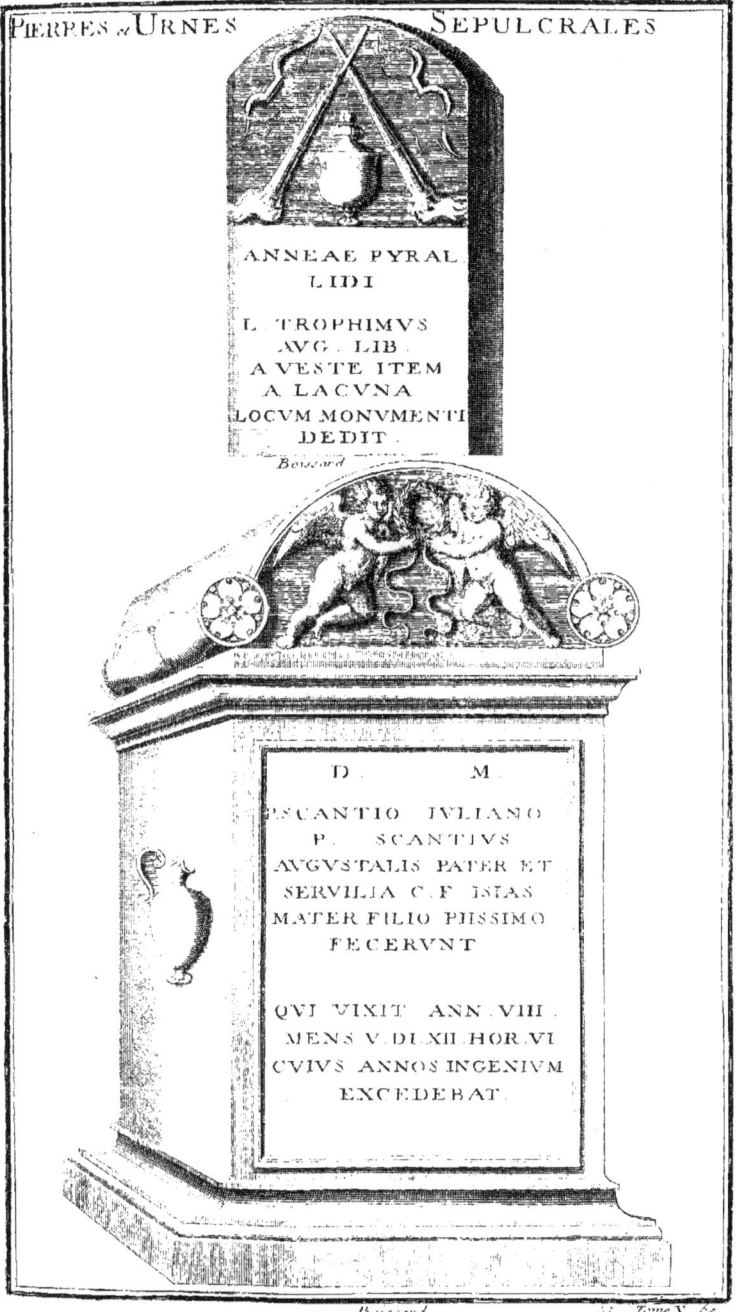

URNE SEPULCRALE

DIIS MANIBVS
SACRVM
HERBASIAE
CLYMENES
SEX HERBASIVS
NAVTILLVS SIBI ET
CONIVGI SVAE
SANCTISSIMAE FECIT

IN. FR. P. XVIII.   IN. AGR. P. XVII.

Boissard

URNES SEPULCRALES.

grandes femmes ailées occupent en forme de Termes les deux angles de devant de l'urne, & soutiennent un grand feston qui descend jusqu'au dessous de l'inscription. Sur ce feston on voit un homme entortillé d'un serpent, qui tombe la tête en bas, & un jeune homme & une fille qui effraiez de cette chute prennent la fuite. Nous avons vu la même figure ci-devant, & nous lui avons donné l'explication qui nous a paru la plus vraisemblable. Au bas de l'urne il est marqué que le lieu de la sépulture a dix-huit pieds de long, & dix-sept de large. Les autres ornemens dont l'urne est chargée reviennent souvent dans ces sortes de monumens.

III. Clement étoit esclave des Empereurs, & Châtellain de ce qu'on appelloit *castrum aquæ Claudiæ*, d'où cette eau se répandoit par plusieurs canaux & tuiaux dans la ville de Rome. Sa femme Claudia Sabbatis lui fit cette urne, où il est représenté nu couché sur des herbes aquatiques; ce qui fait allusion au Châtellain des eaux. M. Fabretti rapporte une autre inscription de ces esclaves qui gardoient les eaux: il y a sur la même pierre deux épitaphes de deux hommes qui gardoient l'eau Claudienne; l'un s'appelloit Sabbio, & l'autre Sporus. Entre les deux épitaphes est une tête qui répand l'eau par la bouche, ce qui marque l'eau Claudienne, dont Sabbio & Sporus avoient soin. Ils sont appellez l'un & l'autre *Vilicus aquæ Claudiæ*. Reinés a cru que *Vilicus* & *Castellarius*, offices qui regardoient les eaux, étoient la même chose; mais Frontin les distingue, quoiqu'il n'en marque pas bien précisément les fonctions: l'une & l'autre famille, dit-il, est distinguée en divers offices, *vilicos, castellarios, curatores, silicarios, tectores aliosque opifices*: nous ne connoissons point assez ces differentes fonctions pour les exprimer en françois.

La coutume de mettre aux tombeaux des morts des marques de la profession qu'ils avoient exercée pendant leur vie, est des plus anciennes. L'ombre d'Elpenor dit à Ulysse: » Ne manquez pas de pleurer sur mon corps, « de m'ensevelir, de peur qu'à mon occasion vous ne vous attiriez l'indigna- « tion des dieux. Mais brulez-moi avec mes armes & mes hardes; erigez- « moi un sepulcre sur le bord de la mer, afin que la memoire de mes malheurs « passe à la posterité; mettez sur ce sepulcre une rame avec laquelle j'avois « accoutumé de ramer avec mes compagnons. «

P L. LXVIII

mulieres alites anteriores urnæ angulos occupant, encarpumque magnum sustinent, qui inscriptionem inferne longo intervallo cingit. Supra encarpum visitur vir serpente circumplicatus qui prono capite decidit. Tum adolescens atque puella hoc casu perterriti fugam capessunt. Eandem imaginem jam supra vidimus explicavimusque pro modulo. In ima urnæ ora dicitur locus sepulturæ habere in fronte pedes octodecim, in agro pedes septemdecim: cætera ornamenta quibus decoratur urna, sæpe in monumentis occurunt.

III. Clemens servus erat, ut fert epitaphium, *Cæsarum nostrorum*, & castellarius aquæ Claudiæ, id est, ejus loci quod appellabant castrum aquæ Claudiæ, unde aqua in varios distributa rivulos atque canales, ad diversas urbis partes manabat: ejus uxor Claudia Sabbatis hanc urnam fieri curavit; ubi Clemens repræsentatur juxta herbas aquaticas decumbens, quia se custos aquarum adumbraret. Raphael Fabrettus aliam refert inscriptionem p. 301. quæ item servos, aquæ Claudiæ custodes, respicit; horum alius Sabbio, alius Sporus vocabatur: inter ambas sepulcrales inscriptiones caput exprimitur, ore aquam effundens, quod aquam Claudiam, cujus erant Sabbio & Sporus custodes, significat; uterque in epitaphio vocatur Vilicus aquæ Claudiæ. Putavit autem Reinesius Vilicum & Castellarium, quæ munia aquas respiciebant idipsum fuisse; sed utrumque officium distinguit Frontinus, etsi utriusque munia non exprimat: sic enim habet numero 104. *utraque autem familia*, id est publica atque Cæsaris, ut explicat Fabrettus p. 302. *in aliquot ministerorum species dividitur, vilicos, castellarios, curatores, silicarios, tectores aliosque opifices*.

Mos autem sepulcris eas notas illaque signa appendendi, quæ cujusque ministerium, quod in vitæ decursu exerceret, indicarent, antiquissimus erat: sic apud Homerum Odyss.

Μή μ' ἄκλαυτον ἄθαπτον ἰὼν ὄπιθεν καταλείπειν,
Νοσφισθείς, μή τοί τι θεῶν μήνιμα γένωμαι,
Ἀλλά με κακκῆαι σὺν τεύχεσιν ἅσσα μοι ἔστιν,
Σῆμά τέ μοι χεῦαι πολιῆς ἐπὶ θινὶ θαλάσσης,
Ἀνδρὸς δυστήνου, καὶ ἐσσομένοισι πυθέσθαι.
Ταῦτά τέ μοι τελέσαι, πῆξαί τ' ἐπὶ τύμβῳ ἐρετμόν,
Τῷ καὶ ζωὸς ἔρεσσον ἐὼν μετ' ἐμοῖς ἑτάροισιν.

Hoc est.

Ne me sine justa inspulsum desse longe post reliquas,
Sejunctus, ne qua tibi deorum ira fiam,
Sed me comburre cum armis quæcumque mihi restant,
Sepulcrumque mihi erige spumosi istius maris,
Viri infelicis, etiam posteris in bonum sint.
Hæc mihi perfice, figasque super sepulcrum remum,
Quo vivus remigabam cum meis sociis.

CHAPITRE XVI.

I. Autres urnes; les dieux Manes pris pour des mains. II. Epitaphe d'un des chevaliers appellez Singulares. III. Urne extraordinaire de Liville Harmonie.

I. L'URNE d'après que j'ai mise au Journal d'Italie, qui est de Decius Modius Successus, est remarquable par le deuil qui y est représenté : une fille étendue à terre semble s'arracher les cheveux ; des trois autres figures qui sont autour de l'urne, l'une est un Satyre qui tient un bâton recourbé par le haut. Ces figures Bacchiques se voient souvent dans les tombeaux. L'inscription suivante de M. Aurelius Theodotus, qui mourut à l'âge de quatre ans, paroit corrompue à l'endroit où étoit marqué le païs du pere de ce garçon. Ce qui est fort remarquable ici, c'est la bizarrerie de l'ouvrier qui a mis aux cotez de la tête du défunt deux mains, qui aboutissent aux deux lettres D. M. mises là pour *Dis Manibus*, aux dieux Manes ; comme s'il falloit entendre ces mots des *dieux Mains*. Une autre inscription sepulcrale de M. Foucault a aussi deux mains au côté d'une figure. Une pierre sepulcrale plus extraordinaire se trouve dans Gruter p. 820. Sur cette pierre sont gravées deux mains ; aux deux côtez des mains & dans l'espace qui est entre-deux est gravée l'inscription suivante ; c'est une fille qui parle : *Procope, je leve les mains contre Dieu qui m'a enlevée à l'âge de vingt ans, quoique je fusse innocente. C'est Proclus qui a mis cette pierre.*

L'urne faite par Martia Evhodia pour elle & pour son mari Tiberius Clodius Eumelus, n'a rien de particulier qu'un chien qui porte un collier : ce qui se trouve plus rarement dans les anciens sepulcres que dans ceux des bas siecles, comme nous disions ci-devant.

PL. LXIX. L'urne suivante avec l'inscription greque a été posée par Eôus & par Censorina pour leur affranchie Elpis, pour laquelle ils avoient beaucoup de consideration. A l'un des côtez de l'urne on voit une femme ailée qui tient une palme à la maniere d'une Victoire ; un animal qui s'éleve, & qui met ses pattes sur le genou de la femme, a la figure d'un levron : on n'oseroit dire si c'est

---

I. Urnæ aliæ : dii Manes, ut manus habiti. II. Epitaphium equitis singularis. III. Urna non vulgaris Livillæ Harmoniæ.

I. URNA sequens quam in Diario Italico edidi, a luctu ibidem expresso observatu digna est. Puella decumbens & resupinata capillos sibi vellicare præ dolore videtur : ex tribus aliis personis quæ circum sunt, Satyrus urnæ dignoscitur baculum tenens recurvum ; nam frequenter Bacchicas figuras in sepulcralibus monumentis conspicimus. Epitaphium aliud e vicino positum est Marci Aurelii Theodoti, qui quatuor tantum annos emensus obiit : inscriptio autem viriata videtur eo loco quo Theodoti patris natio patriaque indicabatur. Hic summopere mireris artificis commentum, qui e regione capitis pueri defuncti duas expansas manus hinc & inde posuit, quæ pene peringerent ad ambas illas literas D. M. *Dis Manibus*, quasi hæc numina Manes, non Manes essent. Alia inscriptio sepulcralis apud illustrissimum D. Foucault, duas quoque Manus a lateribus insculptæ mulieris exhibet ; sed alia sepulcralis inscriptio longe singularior apud Gruterum occurrit p. DCCCXX. In lapide insculptæ manus sunt, & in spatiis vacuis ante, post & intra manus : sequens inscriptio inseritur, in qua puella ipsa sic loquens infertur PROCOPE, MANVS LEBO (sic) CONTRA DEVM, QVI ME INNOCENTEM SVSTVLIT QVAE VIXI ANN. XX. POS. PROCLVS.

Urna Martiæ Evhodiæ jussu facta, sibi & conjugi Tiberio Claudio Eumelo, nihil singulare habet præter canem collari instructum : canes rarius in Veterum sepulcris, ut jam diximus, comparent, quam in posteriorum sæculorum sepulcralibus monumentis.

Urna sequens cum inscriptione græca ab Eôo & a Censorina posita fuit Elpidi libertæ suæ, quam affecta prosequebantur. In altero urnæ latere mulier alata visitur quæ Victoriæ more palmam gestat : animal quodpiam vertagum referens, erectum pedibusque genua ipsius tangens ipsi abblandiri videtur : neque tamen ausim an canis, an aliud sit animal dicere, nec

LES URNES SEPULCRALES.

un chien ou une autre bête, ni rien prononcer sur la signification de cette image.

L'urne de L. Sutorius Communis faite par sa fille Sutoria Agathemeris, n'est remarquable que par la chimere qu'on voit sur un côté, & par deux autres animaux inconnus mis sur le haut de l'urne.

11. La figure & l'épitaphe suivante donnée par le feu Cavalier Maffei, repréfente un cavalier du nombre de ceux qu'on appelloit *equites singulares*, couché en la même maniere qu'un autre dont nous parlerons plus bas, & que nous avons donné dans notre Journal d'Italie p. 115. Le sens de l'épitaphe est: *Aux dieux Manes. A Claude Victor cavalier de notre Seigneur l'Empereur, du nombre de ceux qu'on appelloit* singulares, *qui a vécu vingt-sept ans,* &*) a porté les armes sept ans. M. Aurele Ursin Ca. son heritier a fait faire ce tombeau pour son ami.* L'épitaphe de Flavia Haline & de son fils Hermés est au dessous du buste de la mere & du fils, que chacun peut considerer.

PL. LXX.

L'urne de C. Licinius Primigenius & de Licinia Hygia représente l'homme couché & la femme assise, tous deux prenant leur repas; ce qui s'observe souvent dans ces monumens.

On remarque la même chose dans la suivante de Caius Alfidius Callippus, qui a cela de particulier qu'à un côté de l'urne est représentée une grande femme qui tient une couronne, & un petit genie qui tient une cuiller à pot avec l'inscription C A R P O F. qui semble regarder d'autres personnes que celles dont il est parlé dans la grande épitaphe, & qui aura apparemment été mise dans des tems posterieurs: à moins qu'on ne dise que Carpus est fils d'Alfidia, & qu'il est ici representé en forme de genie avec sa mere. L'épitaphe de l'urne suivante est telle: *Aux dieux Manes. A Titus Flavius Liberalis affranchi d'Auguste, Ædituus ou sacristain du temple de Mars le vengeur, qui a vécu cinquante-sept ans. Claudia Exoche a fait faire cette épitaphe pour son cher mari & pour elle.* M. Foucault a dans la maison d'Arlies plusieurs urnes avec beaucoup d'autres belles antiquitez: une de ces urnes, qui est d'un autre affranchi d'Auguste, a aux deux angles de devant des têtes de beliers, des cornes desquels pend un grand feston; au dessous du feston est le mort couché, & ensuite cette épitaphe: *Aux dieux Manes. M. Ulpius Euphrofynus affranchi d'Auguste, garde de ses habits de chasse.* M. Fabretti a donné cette épitaphe tirée d'un recueil de la Bibliotheque Barberine.

PL. LXXI.

---

quidpiam circa hujusmodi imaginis significatum proferre.

Urna Lucii Sutorii communis, studio atque cura Sutoriæ Agathemeridis ejus filiæ facta, a Chimæra solum in altero latere, & a duobus animalculis in suprema urnæ facie positis spectabilis est.

11. Figura epitaphiumque sequens ab equite Maffeio publicatum *equitem singularem*, quod genus erat militiæ Romanæ, repræsentat decumbentem eodem prorsus modo quo alius decumbens in Diario nostro Italico conspicitur p. 115. de quo etiam inferius agemus: epitaphium vero sic habet. *Dis Manibus, Claudio Victori Equiti Singulari Domini nostri: vixit annis viginti septem, militavit annis septem. M. Aurelius Ursinus C***.** *avi* b*one merenti posuit.* Epitaphium Flaviæ Halines ejusque filii Hermæ sub utriusque protome quam quisque dispicere possit insculptum est.

Urna Caii Licinii Primigenii & Liciniæ Hygiæ virum recumbentem uxoremque sedentem repræsentat cœnamque faralem exhibet, qualem sæpe in Veterum monimentis conspicimus.

Idipsum cernimus in sequenti urna Caii Alfidii

Callippi, in qua singulare illud observatur, nempe mulierem in altero latere positam coronam tenere, parvumque genium altero cochleare sustollere, cum inscriptione C A R P O F. quod posset fortasse aliam familiam respicere, quam illam quæ in anteriore urnæ parte repræsentatur & fortassis posteriori tempore hic posita fuerit, nisi forte dicas Carpum esse Alfidiæ filium & hic cum matre genii more repræsentari. Epitaphium sequens sic habet: *Dis Manibus, Tito Flavio Augusti liberto liberali Ædituo ædis Martis Ultoris, Claudia Exoche conjugi bene merenti & sibi fecit: vixit annis quinquaginta septem.* Illustrissimus Dominus Foucault in villa sua decimo ab urbe lapide, multas habet sepulcrales urnas aliaque antiquitatis monumenta. In aliqua earum urna est epitaphium cujusdam Augusti liberti: in duobus anterioribus angulis capita arietina sunt, ex quorum cornibus encarpus dependet, sub encarpo mortuus libertus decumbit: hæc vero sequens inscriptio legitur, *Dis Manibus, Marcus Ulpius Euphrofynus Augusti libertus a veste venatoria.* Hoc epitaphium dedit Raphael Fabrettus, erutum ex Schedis Barberinis.

Pl.
LXXII

Celle d'après a été faite par Genusius Delus pour Mena Mellusa sa femme, & pour deux jeunes enfans, dont l'un appellé Dexter mourut à l'âge d'onze mois, & l'autre appellé Sacerdus, à l'âge de trois mois & dix jours. La mere est représentée assise tenant le plus petit à son bras gauche, & aiant le plus grand à ses genoux.

L'urne suivante a été faite pour trois personnes, qui sont Julius Urbanus, Julia Optata sa femme, & Julius Peculiaris leur fils. Au dessous de l'épitaphe est une chevrette couchée.

Pl.
LXXIII

III. L'urne de Liville Harmonia femme d'une pudicité incomparable, dit l'inscription, & d'une modestie singuliere, représente une histoire fort extraordinaire : deux hommes la soutiennent, dont l'un est apparemment son mari, entre les bras duquel elle semble se reposer, après avoir soutenu l'attaque d'un homme qui vouloit attenter sur sa pudicité : cet homme temeraire est terrassé par un autre qui tient un bouclier & une épée nue levée pour le frapper ; un autre homme venu au secours tient un gros bâton. Voila la premiere pensée qui vient à l'aspect d'une telle image : l'inscription qui la loue sur sa pudicité incomparable semble autoriser cette interpretation. Cette urne qui est aussi faite pour Leuteria Clytoris & pour les siens, a aux angles de devant des colonnes torses, qui different des autres en ce que chacune est composée de deux petites colonnes, qui en tournant ne se touchent point l'une l'autre. Au dessous de cette urne est l'épitaphe que C. Vibius Priscus a fait faire pour sa femme Fabia Plocene & pour ses descendans. Des trois instrumens qui sont au dessus de l'inscription, l'un a la forme d'une coupe sur un pied, l'autre semble une tasse ordinaire ; je ne sai ce que c'est que l'autre qui tient le milieu.

Urna sequens a Genusio Delo Menæ Mellusæ uxori duobusque filiis parvulis facta est, quorum alius Dexter appellatus undecim menses vixit ; alius Sacerdus nomine tres menses sexque dies. Mater sedens exhibetur majorem puerulum ad genua stantem habens, minoremque lævo brachio tenens.

Alia urna tribus posita fuit, nempe Julio Urbano, Juliæ Optatæ conjugi & Julio Peculiari filio. Sub epitaphio est caprea decumbens.

III. Urna Livillæ Harmoniæ ex sepulcrali inscriptione commendatur, Diis Manibus Livillæ Harmoniæ Tiburtianæ, pudicitia incomparabilis, modestiæ singularis sacrum. Et Leutoriæ Clytoris & suis. Hic singularissima offertur imago. Duo viri Harmoniam nudam sustentant, quorum unus, ut videtur, conjux ejus est ; in eum enim illa caput reclinat, ipsoque uno niti videtur, postquam illa nefarii cujusdam ejus pudicitiam impetentis vim represserat : qui homo temerarius ab alio prostratus in terramque decussus est, a quo clypeum districtumque gladium tenente proximum est ut feriatur. Alius item ad opem ferendam accedens baculum tenet : hinc profecta, ut videtur, laus pudicitiæ qua in epitaphio Harmoniæ cohonestatur. Hæc urna quæ etiam Leutoriæ Clyteridi & suis parata est, duabus tortilibus columnis in angulis anterioribus ornatur, quæ ea in re ab aliis hujusmodi columnis different, quod singulæ duabus columellis constent, quæ columellæ multis gyris convolvuntur, nec unquam sese mutuo contingunt. Sub hac urna est epitaphium a Caio Vibio Prisco uxori suæ Fabiæ Ploceni paratum atque posteris suis. Ex tribus seu vasis seu instrumentis quæ in supremo lapide visuntur, aliud videtur esse crater pede instructus, aliud patera seu calix ; quod autem in medio consistit, quid sit ignoro.

URNES SEPULCRALES

CHAPITRE XVII.

I. Autres urnes & épitaphes de differente maniere. II. Urnes à plusieurs trous.

I. L'Urne de Cornelia Tabaïde donnée par le P. Bonanni, est chargée de feuilles de lierre, ornemens Bacchiques; au haut de l'urne il y a deux têtes de personnes vivantes, & au bas deux têtes de mort exprimées d'une maniere excellente. Sur un des côtez est un lapin qui embrasse de ses pattes une corbeille pleine de fleurs & de fruits, & qui broute dans la corbeille. Cette image du lapin est assez ordinaire dans les urnes sepulcrales. Sur le devant du couvercle on voit un papillon, symbole de l'ame, que deux oiseaux bequetent & tourmentent. P L. LXXIV

Le papillon se voit aussi à l'urne de Cornificia Faustina; un grand oiseau le tient dans son bec comme l'allant devorer. Il est à remarquer que dans l'inscription ce marbre chargé de bas reliefs est appellé *ara* autel : ce qui s'observe encore ailleurs, comme nous avons déja dit; on appelloit autels tant chez les Grecs que chez les Latins non seulement les pierres sepulcrales solides, mais aussi les urnes : dans les épitaphes grecques ces pierres sepulcrales sont nommées βωμός, qui veut dire *ara*. Voici le sens de cette épitaphe : *Aux dieux Manes, & à Cornificia Faustina. Ælius Euporias a fait faire pour lui cette ara ou cet autel sepulcral. Le lieu de la sepulture a dix pieds de front & dix pieds de large.* Cette longueur & cette largeur ne s'entendent point de la pierre, mais de l'espace de terre qu'Ælius Euporias possedoit pour sa sepulture & celle des siens, comme nous verrons plus bas. L'urne de dessous qui est assez ornée, n'a que les premieres lettres du nom du jeune garçon dont elle contenoit les cendres, qui mourut âgé d'onze ans sept mois onze jours. P L. LXXV

L'urne de Curtia Prapis n'a que des ornemens ordinaires. Il y a quelques remarques à faire sur l'inscription que nous mettons ici au long : *Les cendres de Curtia Prapis affranchie ont été déposées dans ce monument, dont la moitié lui a été accordée par Caius Mecenas Helius pour elle, pour Publius Curtius Maximus fils de Spurius de la Tribu Colline, pour son fils, pour Titus Julius Olyvum affranchi d'Auguste, pour leurs parens & pour tous leurs descendans.* On trouve souvent de ces monumens dont une partie étoit ou donnée ou vendue à P L. LXXVI

92 L'ANTIQUITE' EXPLIQUE'E, &c. Liv. II.

d'autres. L'urne fuivante qui a été donnée par Boiffard telle qu'elle eft imprimée ici, a une infcription plus entiere dans le Mazocchio; la voici: *Par la permiſſion des Decurions, Atimetus Elias a fait ce monument pour Martia qui a vécu dix-huit ans, pour Hymnus qui en a vécu feize, pour fes enfans & pour lui-même.*

P L. LXXVII. L'urne de Precilius Fortunatus, de Precilia Nicena fa mere, & de Damalis affranchie, fut faite par ordre de Lucius Precilius Trophimus. Elle eft fort chargée d'ornemens, parmi lefquels il n'y a rien que d'ordinaire, hors la tête de Medufe entre deux cigognes, qui fe trouve auffi dans l'urne fuivante, dont l'infcription eft Hetrufque.

P L. LXXVIII. Celle de M. Cincius Theophilus fils de Marc, qualifié *Veſtiarius tenuarius*, c'eſt-à-dire faifeur ou vendeur d'habits d'étoffe fine; cette urne, dis-je, eſt remarquable par le caprice de l'ouvrier, qui a fait fur le devant de l'urne un lion & un tigre avec des ailes d'une aigle, & fur le côté deux efpeces de griffons qui ont le corps du lion & la tête avec les ailes d'une aigle. Les grands candelabres aux angles de l'urne font encore à remarquer.

P L. LXXIX. Le monument fuivant a été fait par Julia Heurefis & par Sulpitius Clytus pour Julia Saturnina & pour C. Sulpitius Clytus, dont les buſtes font reprefentez dans un quadre orné de colonnes d'ordre Ionique. Sur le couvercle eſt reprefenté un Hercule avec la maffue, & au bas à côté de l'infcription eſt un chien attaché par le cou, marque de fidelité.

L'urne d'Amemptus, qui veut dire l'irreprehenfible, affranchi de l'Imperatrice, eſt remarquable par les deux Centaures, dont l'un eſt barbu, & l'autre fans barbe: le barbu joue de la lyre, & l'autre des deux flutes: chacun des deux porte un Cupidon fur fon dos; l'un tient un pied fur une corne à boire, l'autre fur un pot renverfé. La fignification de tout cela n'eſt pas aifée à trouver; ce n'eſt peutêtre qu'un caprice. Ces Centaures ont l'air de ceux qui fe trouvent aux grandes Baccanales. Une tête qui fe voit au deffus de l'infcription fous un feſton pourroit être celle d'Amemptus.

P L. LXXX. La planche fuivante commence par une urne Hetrufque, dont l'infcription ne fe peut lire, où eſt reprefenté, à ce que je crois, Marfyas, qu'Apollon attache à un arbre pour l'écorcher. Si c'eſt Marfyas, il a ici la forme toute humaine; certains monumens le reprefentent comme un Faune ou un Satyre.

L'urne de Volufius Saturninus, dont l'infcription paroit corrompue ou

---

data infcriptionem apud Mazochium integram & auctiorem habet. *Permiſſu decurionum Atimetus Elias Mariæ annorum octodecim, & Hymno annorum fexdecim, filiis fuis & fibi.*

Urna Præcilii Fortunati, Præciliæ Nicenæ matris ejus & Damalidis libertæ facta eſt curante Lucio Præcilio Trophimo. Ea ornamentis fulget, in queis omnia vulgaria præter Medufæ caput inter duas ciconias, quod etiam fchema in urna fequenti, cujus infcriptio Hetrufca eſt, vifitur.

Urna Marci Cincii Theophili Marci filii, qui dicitur eſſe veſtiarius tenuarius, id eſt tenuiſſimorum pannorum artifex, ex commento fabri opificiſque fpectabilis eſt: in ea quippe leo atque tigris aquilinis alis partem anteriorem exornant; in altero autem latere gryphi forma funt leonino corpore, aquilinis capite atque alis: candelabrorum in angulis urnæ forma obfervatu quoque digna eſt.

Sequens monumentum a Julia Heurefi & a Sulpitio Clyto factum eſt Juliæ Saturninæ & Caio Sulpitio Clyto, quorum protoinæ hic repræfentantur inter columnas ordine Ionico elaboratas atque ſtriatas. In operculo exhibetur Hercules cum clava, & in imo lapide juxta infcriptionem, canis eſt fune alligatus, quod eſt fidei fignum.

Urna Amempti (quæ vox inculpatum fignificat) Auguſtæ liberti fpectabilis eſt a duobus Centauris qui adverſi poſiti funt, quorum unus barbatus, alter imberbis eſt: qui barbatus lyram pulfat, imberbis duplicem tibiam: uterque Cupidinem dorfo geſtat; alter cornu vas potioni deſtinatum; alter vas aliud pede premit, quorum omnium fignificario & explicatio in promptu non eſt: id fortaſſis ex uno fculptoris feu arbitrio feu commento prodiit. Hi Centauri eos non male referunt qui in magnis bacchanalibus confpiciuntur: caput fupra infcriptionem fub feſto poſitum Amempti eſſe poſſit.

Incipit tabula fequens ab Hetrufca urna, cujus infcriptio legi nequit, ubi, ut puto, repræfentatur Marfyas ab Apolline ad arborem alligatus, ut ipfa denudetur pelle. Si Marfyas eſt, hic totam humanam formam habet, fecus quam in quibufdam monumentis ubi Faunus Satyrufve exhibetur.

Urna Volufii Saturnini, cujus infcriptio aut de-

URNE

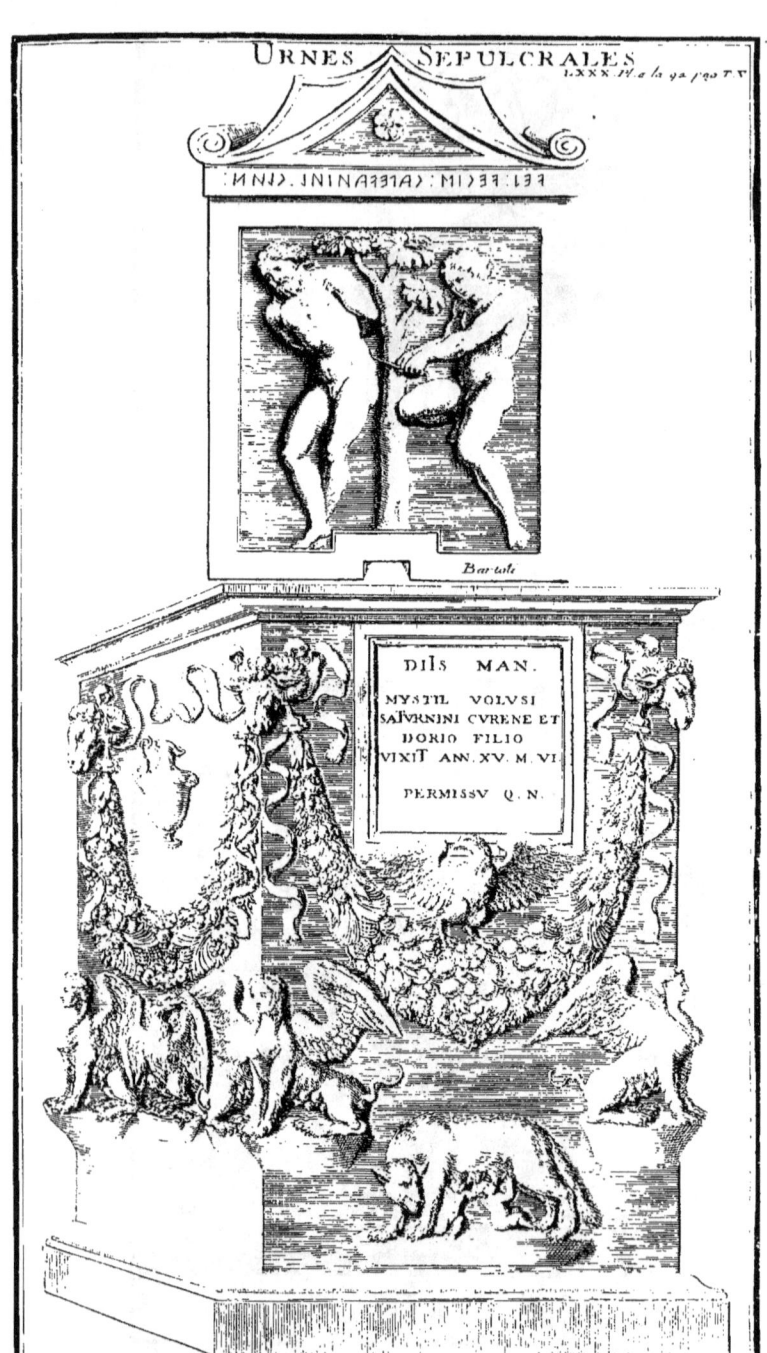

URNES SEPULCRALES. 93

defectueuse, n'a rien de particulier qu'une louve qui allaite deux petits enfans.

La premiere inscription sepulcrale de la planche suivante, dont tous les mots sont fort abregez, se doit apparemment lire ainsi : *Dis Manibus Publii Marii Stephani, Ulpia Zotice cojugi dulcissimo. Aux Dieux Manes de Publius Marius Stephanus, Ulpia Zotice a fait faire cette urne pour son tres-aimable mari. Cojugi* pour *conjugi* se trouve souvent dans ces monumens, de même que *meses* pour *menses*. Cette urne est ornée aux deux côtez de trepieds surmontez d'un globe. La tête du mari est representée dans une espece de medaille soutenue par deux genies.

PL. LXXXI.

L'urne de Lucius Munatius Polyclitus affranchi de Plancina est distinguée non seulement par la tête de Meduse entre deux cigognes comme ci-devant, mais aussi par un cheval marin qui va dans les ondes portant un Cupidon sur son dos : nous avons déja vu une figure approchante de celle ci.

L'urne de Rutilius Epaphroditus que je dessinai à Venise est remarquable par la chauve-souris, qui marque l'ame du défunt. Homere dans son Odyssée compare les ames de ceux qu'Ulysse avoit tuez dans sa maison, & que Mercure conduisoit en enfer, à des chauve-souris.

PL. LXXXII.

La suivante de Titus Flavius Sedatus Antoninianus affranchi de l'Empereur a été faite par Publius Cornelius Jaso fils du même Titus Flavius Sedatus, comme l'inscription porte. Ce qui est à remarquer ici est que le pere se nomme Flavius, & le fils Cornelius, quoique les noms ne changeassent point dans les races qui s'appelloient *gens*, ni dans les branches qui s'appelloient *familiæ* : & cela s'observoit aussi dans les affranchis qui portoient ordinairement le nom du maitre. *Gens Cornelia* ou la Maison Cornelia qui se divisoit en un grand nombre de familles, gardoit toujours le nom Cornelia. Les Corneliens, de quelque famille qu'ils fussent, portoient toujours ce nom; les Scipions, les Lentules, les Cetheges & autres, s'appelloient tous Cornelius ; & c'étoit proprement ce qu'on appelloit le nom. Les particuliers avoient un prénom Lucius, Publius, Titus, Caius, Cneius & autres ; ces prénoms distinguoient ces particuliers de quelque famille qu'ils fussent : outre ce prénom ils avoient encore celui de la famille qui s'appelloit *cognomen*, & outre celui-là ils en avoient souvent un autre qui s'appelloit *agnomen*, qui se prenoit ou de quelque qualité, ou de quelque action, ou de quelque autre chose que le hazard presentoit, comme *Sura*, *Nasica*, *Africanus*, *Asiaticus*. Ainsi dans Publius Cornelius Scipio

ficere aut vitiata esse videtur, nihil peculiare habet nisi lupam puerulos duos lactantem.

Prima tabulæ sequentis inscriptio, cujus voces omnes decurtatæ sunt, sic meo quidem judicio legenda *Dis Manibus Publii Marii Stephani, Ulpiæ Zoticæ conjugi dulcissimæ* : *cojugi* pro *conjugi* frequentissime in hujusmodi monumentis occurrit perinde atque *meses* pro *menses*. Hæc urna in lateribus utrinque tripode exornatur, cui imponitur globus. Caput Publii Marii conjugis in circulo positum a duobus Geniis alitibus sustentatur.

Lucius Munatius Polyclitus Plancinæ libertus urnam obtinet non modo capite Medusæ inter duas ciconias positæ exornatam, sed etiam equo marino instructam, qui equus undas permeat Genium seu Cupidinem dorso gestans : jam schema huic pene simile vidimus.

Rutilii Epaphroditi urna, quam Venetiis delineavi, spectabilis est a Vespertilione, qui umbram defuncti significat. Homerus Odyss. ult. umbras defunctorum quos Ulysses occiderat, quos Mercurius ad inferos ducebat, Vespertilionibus comparat.

Sequens urna Titi Flavii Sedati Antoniniani a Tito Cornelio Jasone, ut fert inscriptio, facta est. Quod hic insolitum videtur, pater Flavius, filius vero Cornelius dicitur, etiamsi istiusmodi nomina non mutarentur in stirpibus seu *gentibus*, ut vocabant, neque in ramis quos *familias* appellabant : quod etiam in libertis observabatur, qui vulgo patroni sui nomen habebant. Gens Cornelia, quæ in multas dividebatur familias, Corneliæ semper nomen servabat, & Cornelii cujusvis essent familiæ, semper Cornelii appellabantur ; ita Scipiones, Lentuli, Cethegi, aliarumque ejusdem gentis familiarum viri Cornelii semper audiebant. Singuli vero prænomen habebant, ut Lucius, Publius, Titus, Caius, Cneius, &c. His prænominibus alii ab aliis viris distinguebantur, cujusvis tandem essent familiæ : præter prænomen autem erat etiam familiæ cognomen quod post nomen ponebatur. Præterea vero aliud assumebatur, agnomen appellatum, quod vel ab aliqua dote, vel ab aliquo facinore, vel a re quapiam fortuita desumebatur, qualia agnomina erant in Cornelia gente, Sura, Nasica, Africanus, Asiaticus : sic in Publio Cor-

Africanus, *Publius* est le prénom, *Cornelius* le nom commun à toute la race, *Scipio* est le *cognomen* ou le nom de la branche ou de cette famille, *Africanus* l'*agnomen* pris de ce qu'il avoit vaincu les Carthaginois & les autres Africains. Les affranchis portoient les noms de leurs maitres, & les fils des affranchis les noms de leurs peres: voici pourtant un affranchi Cornelius, qui porte le nom d'un pere affranchi qui s'appelloit Flavius, nom d'une autre grande famille Romaine.

P L. LXXXIII Le marbre suivant représente deux belles figures, l'une d'Adoniade vêtue en matrone, qui avoit vécu douze ans de bon accord avec son mari Julius Nicanor, comme porte l'inscription; l'autre de Cleobule sa fille vêtue à la Romaine; elle est ici aussi grande que sa mere Adonias, qui n'avoit pourtant vécu que douze ans avec son mari; mais c'est que la pierre n'aura été faite que plusieurs années après la mort d'Adonias, quoique d'ailleurs nous ayions déja vu des enfans représentez comme de grandes personnes.

P L. LXXXIV L'urne d'après est toute simple, & n'a rien qui merite qu'on s'y arrête. La suivante est remarquable en ce qu'elle represente l'urne d'un prêtre du mont Alban, appellé Caius Nonius Ursus: le mot *Cabesis* après *Sacerdotis* est ou corrompu, ou quelque nom propre extraordinaire. C'est C. Nonius Justinus qui a fait ce monument; il dit qu'il l'a fait *Alumno dulcissimo*, à son tres-aimable nourricier: chacun sait qu'*alumnus* se prend pour nouricier & pour nourrisson; il se prend aussi dans les inscriptions sepulcrales pour fils, comme le prouve par plusieurs exemples M. Fabretti p. 351. Ici il se prend apparemment pour le pere; C. Nonius Justinus est plûtot le fils que le pere de C. Nonius Ursus prêtre du mont Alban, qui meurt âgé de cinquante-un ans onze mois treize jours.

P L. LXXXV L'urne de Domitia Augurina est remarquable par la singularité de la coeffure de cette femme; l'inscription sepulcrale est telle: *A Domitia Augurina fille de Caius, qui a vécu vingt-deux ans quatre mois vingt-deux jours. Caius Erucianus Theseus son mari a fait faire cette urne à sa tres-chere épouse conjointement avec Volusia sa mere & Anthemusius son pere.* L'urne suivante n'a rien de bien remarquable.

P L. LXXXVI Celle d'Ogulnius Rhodo est chargée d'ornemens qui ont été déja vus & décrits plusieurs fois.

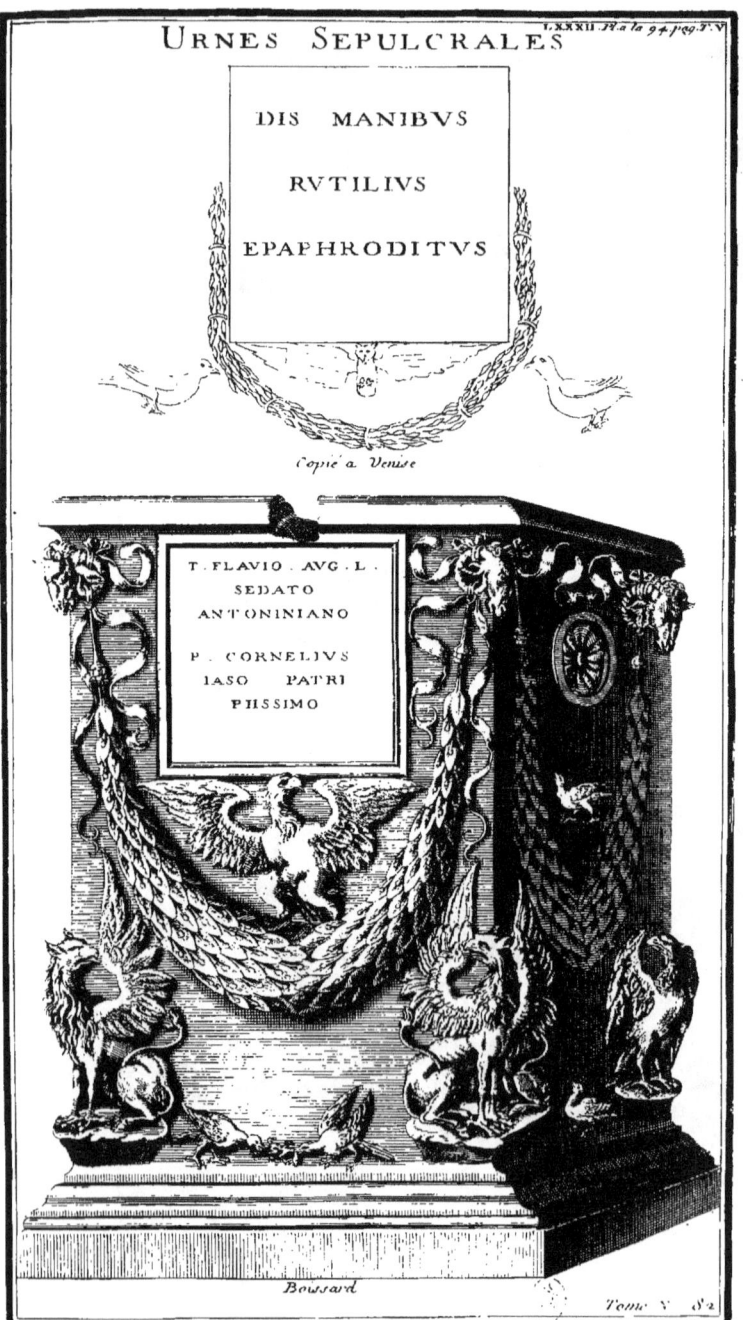

URNES SEPULCRALES.

11. Quelquefois ces urnes sont doubles & séparées par le dedans. On les faisoit ainsi afin que les cendres ne se mêlassent point ensemble : telle est celle de Caius Terentius, qui a deux grands trous quarrez, l'un destiné pour sa femme Tatia Tyché, & l'autre pour lui. Il mourut, dit l'épitaphe, âgé de quatre-vingt-cinq ans.

La suivante qui a deux trous quarrez de même, fut faite par Tiberius Claudius Fortunatus pour sa femme Claudia Zosime & pour lui. L'image de sa femme se voit deux fois étendue aux deux côtez sur des festons qui pendent des cornes de deux beliers & d'un bœuf.

Pl. LXXXVII.

Celle qui vient ensuite a quatre trous, un grand qui fait un quarré long, & trois autres petits. Elle fut faite par Tiberius Claudius Vitalis architecte. L'autre nom qui vient après Claudius, SCARAPHI. L. paroit corrompu ; il voudroit dire *Scaraphi libertus*, affranchi de Scaraphus ; mais ce nom Scaraphus est suspect. Cet architecte fit donc l'urne pour lui & pour les siens ; le grand trou paroit être pour lui ; les trois autres pour Tiberius Claudius Vitalis son fils, qui ne vécut que trois ans sept mois & neuf jours, pour Claudia Primigenia affranchie de Vitalis, & pour Claudia Optata sa fille. Depuis ce tems-là on y déposa aussi les cendres d'un jeune garçon, comme porte l'inscription qui dit que *Tiberius Claudius Januarius affranchi de Caius mort à l'âge de dix ans six mois vingt-deux jours*, a été déposé dans ce monument. On a déja remarqué que le C. veut dire Caius, & que quand il est renversé il signifie Caia. Ainsi C. L. est *Caii libertus*, & Ↄ L est *Caiæ libertus*, comme nous avons déja remarqué.

Celle d'Ælius Callinicus a cinq trous ; le plus grand est rond, & occupe le milieu de la pierre ; les quatre autres sont quarrez & mis aux quatre angles : Publius Ælius Phœbus affranchi d'Auguste ou de l'Empereur de son tems, fit faire cette urne pour son fils & pour lui, & sans doute pour ses autres fils ou descendans, quoique l'inscription ne le dise pas.

---

11. Inter urnas illas aliquot occurrunt duplices seu intus in duas separatæ : quæ sic haud dubie apparabantur, ne plurium cineres unà commiscerentur : talis est urna Caii Terentii quæ duo magna foramina habet, quorum alterum Tatiæ Tyche, alterum sibi destinaverat. Obiit, ut in epitaphio fertur, natus annos octoginta quinque.

Quæ sequitur urna duobus perinde foraminibus instructa a Tiberio Claudio Fortunato facta est Claudiæ Zosime & sibi : imago uxoris bis utrinque conspicitur extensa super encarpis ex cornibus arietum dependentibus.

Quæ postea visitur urna, quatuor est instructa foraminibus, quorum unum grandius quadratum & oblongum : tria autem quadrata minora ; facta vero fuit urna a Tiberio Claudio Vitali architecto. Aliud nomen quod inseritur post vocem *Claudius*, est Scaraphi libertus, quæ vox *Scaraphi*, aut vitiata, aut saltem suspecta videtur. Vitalis itaque architectus hanc urnam sibi & suis consignavit. Majus foramen pro ipso Claudio Vitale videtur esse ; tria alia pro Tiberio Claudio Vitali ejus filio, qui vixit annos tres, menses septem, dies novem ; pro Claudia Primigenia Vitalis liberta, & pro Claudia Optata ejus filia. Ab illo autem tempore huc depositi sunt etiam cineres pueri cujuspiam, ut altera inscriptio fert his verbis : *Tiberius Claudius Caiæ libertus Januarius vixit annos decem, menses sex, dies tredecim, hoc monumento conditus est.* Jam observavimus, C. L. significare *Caii Libertum* ; quando autem Ↄ L. inscribitur inverso Ↄ *Caiæ Libertum* indicare.

Ælii Callinici urna quinque est foraminibus instructa, quod majus rotundumque est, medium occupat spatium ; quatuor alii quadrata in angulis sunt posita. Publius Ælius Phœbus Augusti seu imperatoris illius temporis libertus, hanc paravit urnam, filio fecit & sibi, & haud dubie posteris, id licet in epitaphio non feratur.

CHAPITRE XVIII.

Lieu de sepulture des Cavaliers qu'on appelloit equites singulares.

PL. LXXXVIII.

SUR une autre pierre sepulcrale est l'épitaphe d'un de ces cavaliers Romains qu'on appelloit *equites singulares*, qui combattoient à la gauche de l'Empereur, au lieu que les Prétoriens combattoient à sa droite. Ce monument a été trouvé & dessiné auprès de Rome en la voie qu'on nommoit Lavicane, à l'endroit qu'on appelle *Torre pignatara* ou le mausolée d'Helene. Comme on trouve en ce même lieu plusieurs inscriptions sepulcrales de ces cavaliers qu'on appelloit *singulares*, M. Fabretti en tire une conjecture que c'étoit là leur sepulture. Celle que j'ai dessinée, & que je donne avec deux autres des mêmes cavaliers que m'envoia M. l'Evêque d'Hadria, déterrées aussi dans le même lieu, & que j'ai données dans mon Journal d'Italie p. 116. confirment le sentiment de M. Fabretti. Au plus haut de la pierre est couché le cavalier tenant une patere avec laquelle il sacrifie aux dieux des enfers. En bas sous l'inscription on voit un cheval qui au lieu de selle a une longue piece de drap qui descend de chaque côté presque jusqu'à terre. Il mourut âgé de vingt sept ans, après avoir servi neuf ans. Le suivant donné par le Bartoli, s'appelloit Ulpius Angulatus, natif comme le premier de Noricum. Il mourut âgé de quarante ans, après en avoir servi vingt-quatre ; ce qui fait voir qu'en ce tems-là on prenoit pour la guerre de fort jeunes garçons. Au bas est représenté un cheval équipé comme le précedent, qu'un serviteur retient par le licou. Celui d'après nommé Titus Aurelius Genetivus, étoit Decurion de ces cavaliers appellez *singulares* ; il étoit aussi de Noricum, & mourut à l'âge de vingt neuf ans, après en avoir servi dix. Son buste est représenté au haut du marbre, & au bas un valet qui tient deux chevaux harnachez comme les précedens ; distinction donnée à sa qualité de Decurion. L'inscription suivante est d'un de la même troupe nommé Titus Aurelius, qui vécut trente-trois ans trois mois, & servit quinze ans. Le dernier de tous est Titus Aurelius Apollinaris Syrien d'Apamée ; il vécut trente-sept ans ; il est représenté dans son lit comme plusieurs des précedens.

CAPUT XVIII.
Locus sepulturæ equitum singularium.

IN alio sepulcrali lapide est epitaphium cujuspiam ex illis equitibus quos Romani singulares vocabant : hi ad sinistram Imperatoris præliabantur ; Prætoriani vero ad dexteram. Hoc monumentum repertum delineatumque fuit prope Romam in via quæ vocatur Lavicana, in loco qui dicitur turris Pignatara, sive mausoleum Helenæ. Cum autem eodem in loco multæ inscriptiones sepulcrales repertæ fuerint ad equites illos singulares spectantes, hinc conjectat Raphael Fabrettus eum ipsis fuisse sepulturæ locum. Illa quam hic profero, necnon duæ aliæ ad eosdem equites pertinentes, quas mihi transmisit episcopus Hadriensis, quæque eodem in loco erutæ fuerant ; hæ, inquam, omnes Fabretti opinionem confirmant. In supremo lapide eques ille decumbit pateram manu tenens qua libat inferiis. In ima tabula sub inscriptione equum conspicimus qui pro ephippio pannum oblongum habet, qui utriusque pene ad terram usque defluit. Hic vigesimum septimum emensus annum obiit postquam militavisset annis novem. Sequitur a Bartolo datus p. 98. Ulpius Angulatus vocabatur ex Norico oriundus ut prior : obiit quadraginta emensus annos, militavitque annos viginti quatuor, unde inferas admodum juvenes tum pueros in bello meruisse. In ima tabula equus repræsentatur eodem cultu quo prior, a servo quopiam ductus. Qui sequitur nomine Titus Aurelius Genetivus equitum singularium decurio erat : ex Norico item ut præcedentes, viginti novem annos natus obiit, cum militasset annis decem : ejus protome in summo lapide repræsentatur ; in imo autem lapide servus equos duos cultu solito instructos tenet, quo duplici equo decurionis funus cohonestari creditur. Inscriptio sequens est cujuspiam ejusdem turmæ militis, cui nomen Titus Aurelius qui triginta tres annos & tres menses vixit, quique quindecim annos in bello meruit Agmen claudit Titus Aurelius. Apollinaris Syrus Apamea ortus, qui triginta septem vixit annos. Is in lecto suo conspicitur ut ex præcedentibus plurimi.

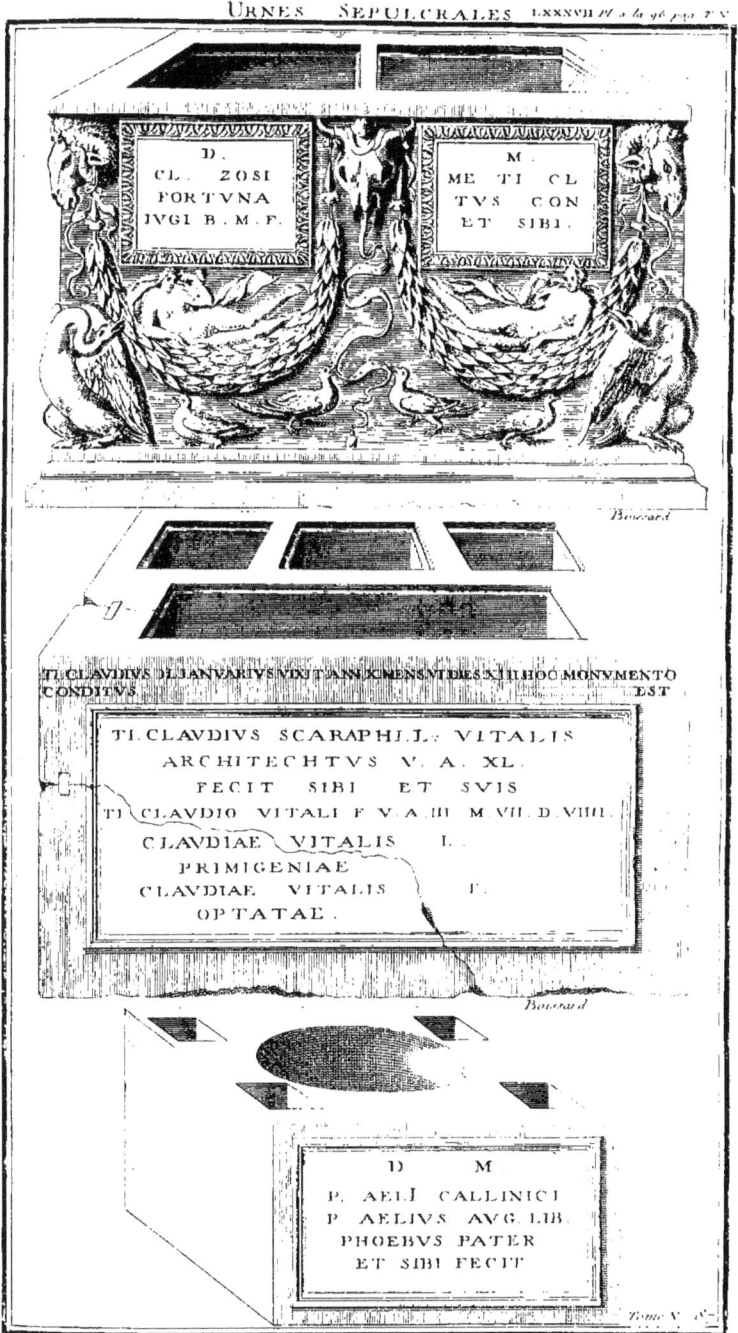

Sepolcri Antichi de Bartoli

D   M
T AVREL SVMMVSEQ
SING. AVG. CLAVDIO
VIRVNO NAT. NORIC
VIXIT ANN XXVII MIL
ANN. VIIII. P. AELIVS
SEVERVS HERES
AMICO OPTIMO

Diarium Italicum D. B. de Montfaucon

LES TOMBEAUX.

LIVRE III.

Qui contient les grandes urnes sepulcrales ou les sarcophages, les places pour la sepulture, les urnes lacrymatoires & les mausolées.

CHAPITRE PREMIER.

I. Plusieurs tombeaux ou sarcophages. II. Le tombeau de Cæcilia Metella, & tombeau consacré à la bonne déesse. III. Autre tombeau.

I. LES grandes tombes qui avoient toute l'étenduë du corps humain, s'appelloient sarcophages. Les unes étoient en quarré, ou en quarrélong : les autres de figure presque ovale se terminoient en demi-cercle des deux côtez. La premiere que nous donnons est celle que fit faire Titus Manlius Prunicus pour Claudia Januaria sa femme & pour son frere Manlius Cyriacus. L'inscription est soutenuë des deux côtez par deux genies ailez : à l'un des côtez de l'urne est une tête de Meduse. Celle qui suit fut faite par Servius Valerius Severianus pour son fils qui n'est pas nommé, & qui mourut à l'âge de quarante ans. L'inscription est soutenuë par deux genies comme la précedente. Au dessous de cette épitaphe deux autres genies s'embrassent ; à l'extremité de chaque côté deux autres genies plus grands éteignent leurs flambeaux contre terre, marque de la fin de la vie. Aux pieds de chacun d'eux est un arc debandé qui signifie la même chose. On remarque à l'un des plus petits côtez une tête de Meduse comme à l'urne précedente. La suivante est toute simple ; l'inscription porte que Caius Popilius Florus fils de Caius de la tribu Æmilia, & Popilia Flora son affranchie ont là leurs cendres. Celle d'aprés est remarquable par l'épitaphe qui est telle : *Aux dieux Manes. C'est la tombe de Caius Larinas Atticus. Si quelqu'un jette dehors ses ossemens, ou ôte de*

Pl.
LXXXIX

LIBER III.

Ubi de Sarcophagis, de locorum pro sepultura mensuris, de urnis lacrymatoriis, de mausoleis.

CAPUT PRIMUM.

I. Sarcophagi complures. II. Cæciliæ Metellæ Sarcophagus, & alius bonæ deæ sacer. III. Alius Sarcophagus.

I. MAJORES illæ urnæ quæ totum humanum corpus extensum capiebant vocabantur Sarcophagi : aliæ quadratæ & oblongæ erant ; aliæ ovatæ pene figuræ in semicirculum utrinque desinebant. Quam priorem hic damus accuravit Titus Manlius Prunicus Claudiæ Januariæ uxori & fratri Manlio Cyriaco. Inscriptio ex utroque latere a genio alite sustentatur : in alia urnæ facie est caput Medusæ. Quæ sequitur urna facta est a Servio Valerio Severiano, pro filio suo cujus nomen tacetur, qui obiit annos natus quadraginta : inscriptio a duobus geniis ut præcedens sustentatur. Sub inscriptione duo alii genii alites sese mutuo amplectuntur : in extremis utrinque lateribus duo alii genii majoris staturæ faces contra terram exstinguunt, quæ re vitæ terminus subindicatur : ad pedes cujusque genii est arcus remullo nervo, quo item vitæ finis adumbratur : in altera facie laterali caput Medusæ visitur ut in præcedenti Sarcophago. Sequens urna prorsus simplex est : inscriptio docet Caium Popilium Florum Caii filium ex Tribu Æmilia, & Popiliam Floram ejus libertam ibi quiescere. Sequentis urnæ epitaphium observatu dignum est : sic enim habet : *Dis Manibus Cai Larinatis Attici. Quod si quis ossa ejus proiecerit, aut*

sa place cette ara ou autel, qu'il porte l'indignation des sacrez & pacifiques mysteres d'Isis. Ces sacrez mysteres d'Isis sont désignez ici par le sistre mis sur une espece de roue à une extremité de la tombe, & par un vase avec anse à l'autre : le sistre étoit un instrument sacré des mysteres Isiaques, & le symbole ordinaire d'Isis. Nous avons déja dit que les urnes sepulcrales & les tombes sont quelquefois appellées *ara* ou autels, tant parmi les Grecs que parmi les Latins. Pour ce qui est des maledictions données aux violateurs de sepulcres, on en trouve souvent dans les épitaphes, comme nous avons déja remarqué.

La tombe suivante est faite, comme porte l'inscription, pour Eutychus Neronianus affranchi d'Auguste, medecin *Ludi Matutini* : *Ludus Matutinus* étoit un lieu dans la seconde region de la ville de Rome selon Rufus & Victor. C'étoit là où les gladiateurs & peut-être aussi la jeunesse Romaine s'exerçoient pour les jeux publics. Cette épitaphe nous apprend qu'il y avoit un medecin destiné pour ce lieu d'exercices. Eutychus fit donc faire cette tombe pour lui, pour Irene affranchie sa femme, pour d'autres affranchis & affranchies, & pour leurs descendans.

L'urne de Domitia Eutychia qui suit, faite par Domitius Eutychès pour sa mere, est ovale & cannelée.

Pl. XC.
II. L'urne ou la tombe de Cæcilia Metella fut transportée, dit le Bartoli d'après lequel nous la donnons, du mausolée de la même Cæcilia Metella au Palais Farnese du tems du Pape Paul III. elle est cannelée; de l'un des côtez sort la tête d'un cheval, & de l'autre celle d'un poulain. Nous parlerons plus bas du mausolée de Cæcilia Metella au chapitre des mausolées. L'urne suivante aussi ovale a été faite pour Annia Flora, comme elle l'avoit ordonné par son testament. Cette urne est consacrée à la bonne déesse, comme le marquent ces paroles BONAI DEAI SACRVM; *Bonai deai* est la même chose que *Bonæ deæ*; cette maniere d'écrire n'est pas rare dans les monumens. Une pierre sepulcrale trouvée dans notre jardin de S. Germain des prez a ces deux mots écrits, IVLIAI PAX, *Juliai* est là pour *Juliæ*. On souhaite ici que Julie ait la paix, qui est prise là pour le repos; on souhaitoit ainsi que les morts reposassent en paix.

III. L'urne que j'ai donnée dans mon Journal d'Italie p. 451. est aussi ovale;

hanc aram abstulerit, habebit sacra Isidis illius Quieta irata. Hæc sacra Isidis hic sistro designantur, quod rotæ imponitur; in altera vero ora est vas ansatum : sistrum autem erat instrumentum Isiacorum sacrorum, & Isidis symbolum solitum : jam non semel diximus urnas sepulcrales sæpe aras appellari, tum apud Romanos, tum apud Græcos. Quod vero spectat ad imprecationes contra violatores sepulcrorum factas, eas frequenter in epitaphiis occurrunt, ut sæpe animadvertimus.

Sarcophagus sequens, ut inscriptione fertur, apparatus est Eutycho Neroniano Augusti liberto Medico Ludi Matutini. Ludus Matutinus locus erat in secunda urbis regione a Rufo atque Victore commemoratus : in eo loco gladiatores vel socialis etiam alii juvenes Romani ad ludos publicos exercebantur. Hoc epitaphio docemur medicum quemdam fuisse ad hunc exercitiorum locum destinatum. Eutychus igitur hunc sarcophagum adornari curavit sibi Ireneæque libertæ uxori, & aliis libertis, libertabus, posterisque eorum.

Urna Domitiæ Eutychiæ sequens a Domitio Eutyche facta est matri suæ : ea ovata forma est atque striata.

II. Urna quæ inscribitur Cæciliæ Metellæ exportata fuit, inquit Bartolus a quo ejus imaginem mutuati sumus, ab ejusdem Cæciliæ Metellæ mausoleo ad palatium Farnezianum tempore Pauli Tertii. Est autem illi striata : in uno latere eminet equi caput, in altero equini pulli De mausoleo Cæciliæ Metellæ infra loquemur ubi de mausoleis. Urna sequens quæ item ovata formæ est, Anniæ Floræ adornata fuit ut ipsa testamento præceperat. Hæc vero Bonæ deæ consecrata est, ut hac inscriptione docemur BONAI DEAI SACRVM, *Bonai deai* idipsum est, quod Bonæ deæ, nec infrequens est illa scribendi ratio in monumentis Veterum. Lapis sepulcralis parvus in horto Cœnobii nostri Sangermanensis repertus hæc duo habet verba IVLIAI PAX, Juliai ibi pro Juliæ positum est : Juliæ igitur pax desideratur, quod idipsum est atque quies : nam quietem & pacem Veteres illi ossibus atque cineribus apprecabantur.

III. Urna illa seu sarcophagus, quem in Diario Italico protuli p. 451. anaglyphis exornatur, sicuti

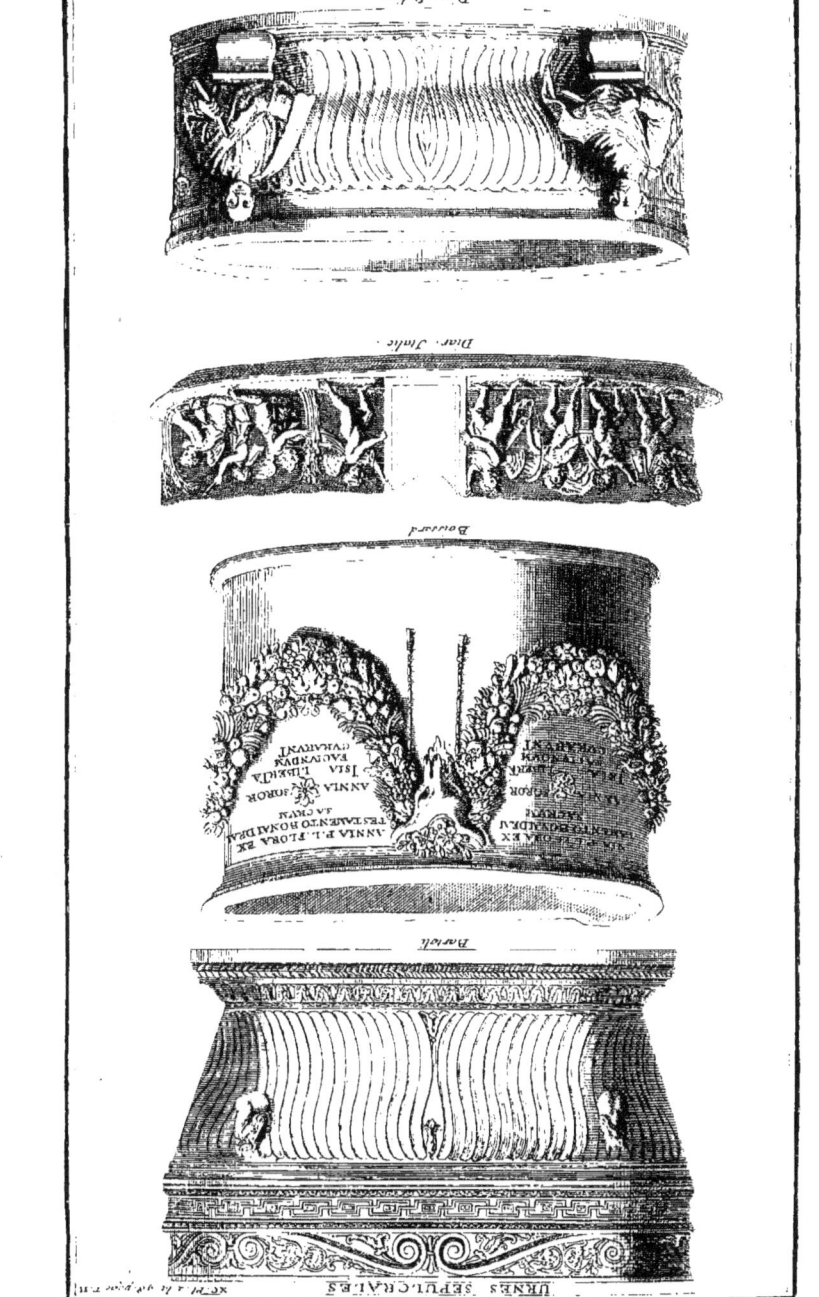

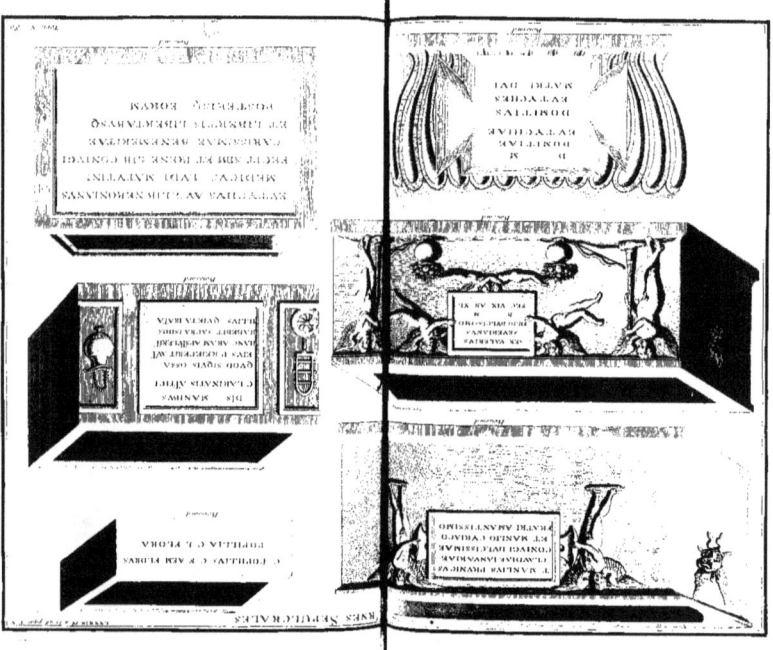

elle a été faite pour un homme Consulaire, comme on le voit par les deux bustes de la même personne, dans l'un desquels il est en habit militaire, & dans l'autre il porte la *trabea* d'une forme plus commune dans les bas que dans les hauts siecles de l'Empire. Le couvercle est tout couvert de genies qui jouent, deux desquels tiennent un grand quarré à bordure, où devoit être l'épitaphe qui n'a jamais été mise : ce qu'on observe dans d'autres monumens semblables. Cela peut être arrivé parce que les heritiers aiant differé à mettre l'inscription, quelques accidens survenus leur en auront ôté la pensée. Les ossemens & les cendres de cet homme Consulaire furent trouvez dans une toile d'amiante ou d'asbeste, où le corps avoit été mis avant que d'être porté sur le bucher ; & cela afin que les cendres ne se mêlassent point avec les autres du bucher : cela se faisoit quelquefois dans ces tems-là, comme nous avons dit en parlant de la ceremonie de bruler les corps.

autem est viro consulari, ut ex duabus protomis eamdem ipsam personam repræsentantibus arguitur, in quarum una vir militari cultu videtur esse ; in altera trabeatus est, ea forma quæ posterioribus quam prioribus sæculis frequentior erat. Operculum geniis multis decoratur ludentibus, quorum duo quadratam ceu tabulam sustinent insculpendo epitaphio, quod tamen nunquam positum fuit : quod etiam in aliis monumentis observatur : illud vero accidere potuit eo quod, cum inscriptionem quam primum apponere neglexissent, casu postea everrerit, ut de illa exaranda nemo cogitaverit. Ossa cineresque viri illius consularis in tela quadam ex amianto contexta reperta sunt, in qua tela corpus repositum inclusumque fuerat antequam flammis traderetur : idque ideo factum fuerat, ut ne cineres ejus qui obierat, cum rogi cineribus commiscerentur : id vero aliquando fiebat, ut diximus cum de cremandorum corporum more ageremus.

CHAPITRE II.

I. Tombeau des plus ornez d'Alexandre Severe. II. Beau bas relief qu'on croit être le devant de la tombe de Faustine la jeune. III. Autre tombeau.

I. UN des plus beaux sarcophages ou tombes sepulcrales qu'on voie à Rome, est celui d'Alexandre Severe & de Mammée sa mere, qui a été transporté du lieu appellé *Monte del grano* au Capitole, où on le voit aujourd'hui. L'Empereur est representé sur son seant au dessus du couvercle du sarcophage, & sa mere à son côté. L'un & l'autre appuie son bras droit sur un coussin. Tous les côtez du sarcophage sont chargez de bas reliefs. A la premiere face est un homme assis, que quelques-uns ont pris pour l'Empereur même. A l'autre bout vis-à-vis de celui-ci est un autre homme assis, & entre les deux, plusieurs personnes, une femme qui semble se lamenter, & des hommes nus le casque en tête, qui menent des chevaux par la bride ; cela pourroit marquer des jeux funeraires. Ceux qui ont dit que c'é-

Pl. XCI.

CAPUT II.

1. Sarcophagus ornatissimus Alexandri Severi Imperatoris. II. Anaglyphum quod putatur esse pars anterior sarcophagi Faustinæ junioris. III. Alius sarcophagus.

I. INTER pulcherrimos sarcophagos Romanos connumerandus ille Alexandri Severi Imperatoris & Mammææ matris ejus, qui ex loco *monte del grano* dicto in capitolium translatus, ibidem hodieque visitur. Super operculum imperator sedens repræsentatur, ad cujus latus Mammæa mater ejus pariter sedens conspicitur : uterque autem brachio in pulvinari posito nititur. Singula sarcophagi latera anaglyphis exornantur : in priori facie vir quidam sedens exhibetur quem pro Imperatore ipso habent : in altera ejusdem faciei ora alius vir sedens e regione hujus est. Inter ambos multi alii viri mulieresque cernuntur. Mulier quædam plangere videtur, viri nudi cassidi muniti equos habentes ducunt, qua re ludi funerei significari possunt. Qui raptum Sabinarum esse

toit l'enlevement des Sabines, n'ont pas le moindre fondement pour cela. L'autre face montre d'abord un jeune homme aſſis qui ſemble pleurer. Je croirois volontiers que celui-ci eſt l'Empereur Severe, qui étoit dans la fleur de ſon âge lorſqu'il fut tué; au lieu que celui qui eſt ſur le couvercle ſemble être un homme âgé : nous l'avons fait repréſenter de même qu'il eſt dans la planche du Bartoli, un des plus habiles ſculpteurs de ſon tems, de peur de donner quelque choſe qui differât de l'original. Un homme voilé à la maniere des ſacrificateurs baiſe la main d'Alexandre Severe, & paroit vouloir le conſoler: un autre homme debout prend part à la douleur commune: puis vient un char à deux chevaux, après lequel eſt un homme en habit militaire portant un caſque; cela pourroit marquer la victoire remportée ſur les Parthes. Derriere ce char vient un autre char qui porte des boucliers & un vaſe, comme on les met dans les triomphes. Les deux plus petits côtez ont des hommes nus qui portent le caſque en tête: ce qui peut encore marquer des jeux funeraires. On ne parle qu'en devinant de choſes ſi obſcures; penetrer dans la penſée des gens d'un ſiecle ſi éloigné du nôtre, c'eſt ce qu'il n'eſt pas aiſé de faire.

P L.
C X I I.
11. Voici le devant d'un beau tombeau que j'ai repréſenté dans mon Journal d'Italie. D'un côté du bas relief l'Empereur aſſis ſur un ſiege élevé hauſſe ſa main droite; il eſt environné d'officiers & de gens de guerre, parmi leſquels ſont ceux qui portent l'aigle & le ſigne militaire de la Cavalerie; l'un des principaux officiers préſente à l'Empereur deux jeunes garçons. Au milieu il y a un grand quarré comme en cartouche pour mettre une inſcription qui n'y fut jamais miſe; ce qui ſe voit en bien d'autres tombeaux. Sous ce quarré ſont quatre jeunes garçons qui ſemblent pleurer: à l'autre côté deux genies tiennent un grand voile ſous lequel eſt à demi corps l'image d'une Imperatrice qui tient de la main gauche un bâton de commandement. Tout cela bien conſideré, il ſemble que l'image ne puiſſe convenir à autre qu'à Marc Aurele; la tête & les cheveux de l'Imperatrice conviennent aſſez à Fauſtine la jeune, comme elle ſe voit repréſentée en certaines medailles; car tout le monde ſait qu'elle eſt coëffée differemment ſur pluſieurs. Les deux jeunes enfans préſentez à l'Empereur peuvent être Commode & Annius Verus préſentez à Marc-Aurele devant

---

purant, nulla nituntur probabili ratione : alia ſarcophagi facies virum exhibet & quidem juniorem, qui plangentis ritu repræſentatur, quem ego libenter credam Alexandrum eſſe Severum qui quando trucidatus eſt ætate florebat, nam certe is qui ſupra operculum exhibetur ſenis fere ſpeciem præfert, eumque tamen ſic delineari curavi, qualem delineavit Petrus Santus Bartolus inter ſculptores Romanos ſui ævi nobiliſſimus, ne quid contra fidem lapidis ederetur. Ad virum ſedentem atque plangentem accedit vir velatus inſtar ſacerdotis, qui genua flectens, manus ejus exoſculatur, & quaſi conſolatum accedit. Vir alius ſtans in partem doloris venit;hinc bigæ equorum, poſteaque vir loricâ caſſideque inſtructus, quo fortaſſe ſignificatur victoria de Parthis reportata : poſt currum illum alius ſequitur currus clipeis atque magno vaſe onuſtus, quales in triumphis currus viſuntur. Duo minora latera viros nudos galeatos exhibent, quod etiam ad ludos funereos pertinere poteſt. De rebus ita obſcuris nonniſi divinando loquimur : in eorum namque mentem qui hæc adinvenere non ita facile penetraveris.

11. En pulcherrimi ſarcophagi faciem quam in Diario Italico edidi : in altero anaglyphi latere, Imperator ſedens in ſuggeſtu aut in tribunali, ut videtur, manum dexteram erigit; circumſtant autem tribuni atque milites, ſignifer aquilam tenens, & vexillifer. Ex præcipuis tribunis ſeu prætoribus unus pueros duos Imperatori offert : in medio pone Imperatorem eſt magna tabula quadrata, recipiendæ inſcriptioni ſepulcrali, quæ tamen nunquam inſculpta fuit, ut & aliis bene multis accidit : ſub tabula illa quatuor pueri ſunt quaſi dolentes lugentesque : ad alterum tabulæ latus ſunt duo magni genii expanſum velum tenentes, ſub quo imago Auguſtæ cujuſdam ad umbilicum uſque repræſentatur, quæ baculum ſeu ſceptrum manu tenet; quibus omnibus perſpectis videntur hæc uni Marco Aurelio competere poſſe. Caput atque coma Auguſtæ Fauſtinam juniorem non male referunt, qualem in quibuſdam nummis conſpicimus. Nemo neſcit enim eam diverſis in nummis vario capitis ornatu cenſpici. Duo pueruli ante Imperatorem admoti, Commodus & Annius Verus fortaſſe fuerint ante exercitum ad Imperatorem addu-

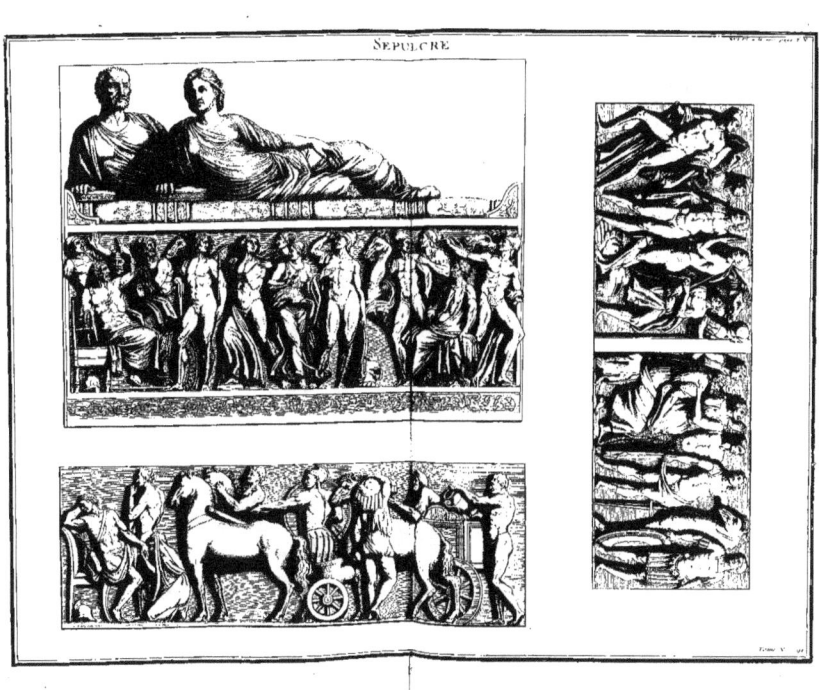

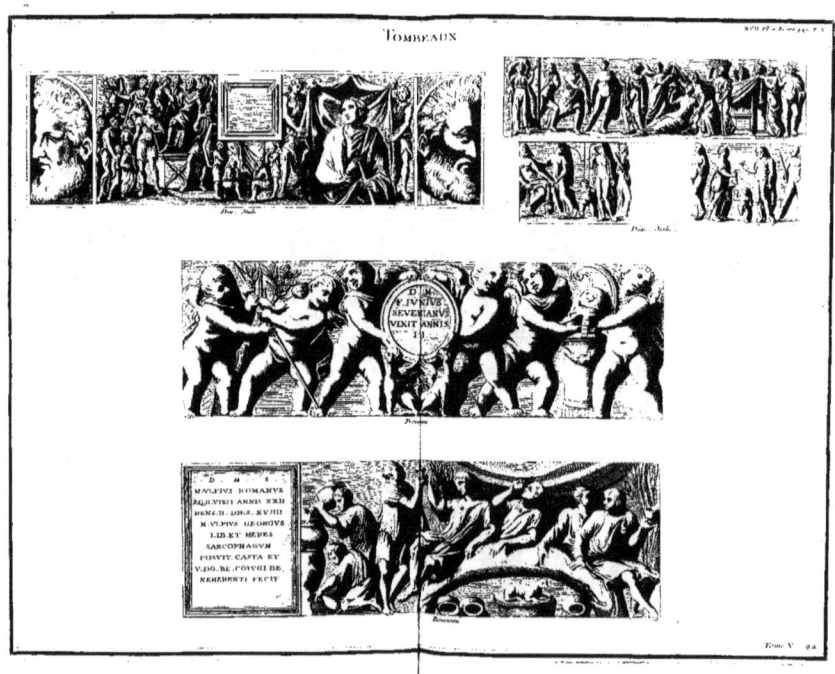

les troupes. On pourroit parler plus positivement sur tout cela, si l'on voioit de près les figures; mais comme elles sont sur un portail d'où on ne les peut voir que de loin sans échelle; je laisse à ceux qui la verront de plus près à examiner si ma conjecture est bonne.

III. Les bas reliefs suivans font le devant & les deux petits côtez d'un sarcophage, qui représentent une histoire tout-à-fait inconnue. La face du devant est terminée d'un côté par la figure du soleil ou du jour, & de l'autre par celle de la lune ou de la nuit. Une femme assise qui semble tomber à terre est soutenue par une autre, derriere laquelle est encore une femme qui porte un panier de fleurs & de fruits sur sa tête; d'autres femmes tiennent un grand voile. De l'autre côté sont trois hommes, dont l'un porte quelque chose qui ressemble à une massue. Je ne comprens rien à cette image, non plus qu'aux deux autres côtez, à chacun desquels est un petit enfant, qu'on voit entre d'autres personnes, c'est peutêtre le fils de la femme pour laquelle le sarcophage a été fait.

&i. Hac de re autem securius & certius loqui possemus, si figuræ illæ e propinquo possent aspici; sed cum supra ostium magnum affixa sit urna, ubi nonnisi scala mobili conscendi potest ad singula subtilius consideranda, videant ii, quibus commodum erit hæc adire, an conjectura nostra sit admittenda necne.

III. Anaglyphum sequens anteriorem majorem, & laterales duas minores sarcophagi facies repræsentat; ubi historia vel fabula quædam prorsus ignota cernitur. Facies illa anterior ab uno latere solis humana figura radiantis, sive diei imagine terminatur; ab altera autem facie, imagine lunæ sive noctis. Mulier sedens labentis more ab alia sustentatur, pone quam alia mulier canistrum floribus fructibusque plenum capite gestat, aliæ mulieres velum expandunt. In alio latere tres viri sunt, quorum unus aliquid tenet clavæ simile : in hac imagine me nihil percipere fateor, quo mente hæc exhibeantur elucentur neque in imaginibus laterum minorum, ubi puerulus stans, est forte filius mulieris, cui hoc monumentum paratum fait.

CHAPITRE III.

Autres sarcophages, bas reliefs & inscriptions sepulcrales.

LE Pere Bonanni dans son *Museum Kircherianum* donne deux autres faces de sepulcres, dans la premiere desquelles, qui est de F. Junius Severianus enfant mort à l'âge de deux ans, l'épitaphe qui est dans un tableau rond, est soutenue au dessous par deux sphinx, & aux deux côtez par deux genies : à main droite de l'épitaphe deux genies jouent avec une pique, & à la gauche deux autres genies tiennent un casque sur un autel.

L'autre bas relief est d'un sepulcre d'un Chevalier Romain nommé Marcus Ulpius, qui mourut à l'âge de vingt-deux ans deux mois & dix-neuf jours. M. Ulpius Georgus affranchi & heritier fit ce sarcophage par l'ordre de la femme du défunt, dont le nom paroit corrompu. Nous voions ici le repas des funerailles ; quatre personnes assises sur ce lit à manger qu'on appelloit Sigma à cause de sa forme circulaire, boivent ensemble ; trois ministres leur servent à boire. Je ne sai que signifient ces trois pots renversez, ni cet agneau sur un panier.

Pl. XCIII. C'est le frere de P. Vedius Diogene qui a fait faire le monument suivant pour lui & pour sa femme Vedia Felicula, qui sont ici representez en buste, se donnant la main l'un & l'autre. Le frere de Diogene appelle Vedia Felicula *cognata*: le mot *cognatus* & *cognata* se prend ainsi quelquefois pour le beau-frere & la belle sœur, comme le prouve M. Fabreti par l'autorité de plusieurs inscriptions. En certaines provinces du Roiaume, le beau-frere & la belle-sœur s'appellent le *cuignat* & *la cuignade*.

Le marbre suivant est remarquable par l'épitaphe qui est telle : *Lucius Antistius Sarculo fils de Cneius de la tribu Horatia, Salien d'Albe & maitre des Saliens, Antistia Plautia affranchie de Lucius, sont enterrez ici : Rufus & Anthus affranchis ont fait faire à leurs frais les images de leurs maitres & de leurs bienfacteurs.* Ces images sont les bustes d'Antistius & d'Antistia dans deux coquilles. Nous avons parlé au commencement du second tome des Saliens d'Albe.

CAPUT III.

Alii sarcophagi, anaglypha & inscriptiones sepulcrales.

PAter Bonannus in Museo Kircheriano binas alias sepulcrorum facies exhibet, in quarum prima quæ est F. Junii Severiani qui vixit annis duobus, epitaphium in circulo positum a duabus Sphingibus inferne positis sustentatur, & in lateribus a duobus geniis : ad dexterum epitaphii latus duo genii hasta ludunt, ad lævum autem duo alii genii cassidem tenent aræ superpositam.

Aliud anaglyphum est sepulcri equitis Romani nomine Marci Ulpii qui obiit annos emensus viginti duos, menses duos & dies novemdecim. Marcus Ulpius Georgus libertus huic sarcophagum posuit jubente equitis uxore, cujus nomen vitiatum videtur. Hic cœnam feralem conspicimus : viri quatuor in sigmate sive in triclinio arcus seu sigmatis formam habente sedentes simul potant, tres servi potum sub- ministrant ; tria vero vasa inversa & agnus canistro insidens quid significent non satis video.

Qui monumentum sequens posuit, frater est Publii Vedii Diogenis, qui illud ipsi adornavit & Vediæ Feliculæ uxori ejus, quorum protomæ hic repræsentantur, amboque manus jungunt. Frater Diogenis uxorem ejus Vediam Feliculam cognatam vocat : voces illæ cognatus & cognata hoc sensu aliquando accipiuntur in Veterum monumentis, ut probat multarum inscriptionum auctoritate Fabrettus p. 222. In aliquot hujus regni provinciis hoc genus affinitatis per has voces significant, *le cuignat & la cuignade.*

Marmor sequens inscriptione singulari insigne est, ea sic legenda est : *Lucius Antistius Caii filius, Horatia tribu Sarculo Salius Albanus, idem magister Saliorum. Antistia Lucii liberta Plautia. Rufus libertus, Anthus libertus imagines de suo fecerunt patrono & patronæ pro meritis.* Hæ vero imagines sunt protomæ Antistii & Antistiæ in cochlea singulæ. De Saliis Albanis actum est tomo secundo.

TOMBEAUX

P. VEDIO DIOGENI   VEDIAE FELICVLAE
FRATRI   COGNATAE.

Boissard

L. ANTISTIVS CN. F. HOR. ARCVLO   ANTISTIA
SALIVS ALBANVS IDEM. MAG. SALIORVM L.L. PLVTIA
RVFVS LANTHVS L. IMAGINES DE SVO FECERVNT PATRONO
ET PATRONAE PRO MERITIS EORVM.

Boissard

LES TOMBEAUX.

Epaphras fit faire le tombeau suivant pour Menalia sa mere, & pour Aga-   Pl. thias son pere. Ils sont mis dans cet ordre; les bustes de l'un & de l'autre y sont   XCIV. représentez de bonne main. La mere vécut trente-six ans un mois huit jours, & le pere quarante-cinq ans neuf mois un jour. L'épitaphe suivante a été faite par un homme dont le nom a sauté avec un morceau du marbre. Cet homme fit ce monument pour lui & pour sa femme Licinia Isaurica: les bustes de l'un & de l'autre sont représentez ici.

Le monument suivant fut fait par L. Cornelius Lamia pour Tyché appa-   Pl. remment sa femme, & pour son fils Cornelius. Quatre bustes y sont repré-   XCV. sentez, un desquels paroit être celui de Cornelius Lamia, l'autre de sa femme Tyché, un autre du fils qui est auprès de son pere, & le quatriéme apparemment d'une fille qui est auprès de sa mere.

Le marbre d'après a cinq figures, dont la premiere est de Minutius Ælianus *Evocatus*: nous avons vu ailleurs quelle dignité c'étoit. Il porte le *paludamentum*, & tient d'une main un rouleau, & de l'autre une épée. Les deux suivans sont Julius Hilarus & Julius Modestinus, qui portent la *trabea* & cette bande qu'on appelloit *orarium*, dont nous avons parlé sur les habits. Julia Modestina qui est à l'autre extrémité, a devant elle un petit enfant apparemment son fils, dont il n'est pas fait mention dans l'épitaphe, où on lit *filibus* pour *filiis*. Ce Minutius Ælianus est appellé dans Gruter Minutius Asellianus.

La pierre sepulcrale qui occupe le haut de la planche suivante, représen-   Pl. te dans deux especes de medailles les bustes d'Ælia Doris affranchie d'une   XCVI. Imperatrice, & d'Atimetus; le monument est fait par Merope. L'urne ronde qui est au dessous, est des plus ornées; elle a été faite pour Athania Pieris par Cneius Velleius Quartus son mari; deux genies au côté de l'inscription se tiennent sur deux cornes d'abondance, & tiennent un grand feston, qui passant par dessous l'inscription, laisse un espace dans lequel un tigre devore un cerf: au dessous sont deux lezards qui se battent, & quelques oiseaux. L'urne est surmontée d'une grande aigle qui tient un serpent de ses serres.

Epaphras marmor sequens posuit Menaliæ matri & Agathiæ patri; qui hoc ordine ambo locantur in epitaphio & in anaglypho, ubi matris atque patris protomæ eleganter sculptæ comparent. Menalia *vixit* (sic pro vixit, quæ commutatio v in b non rara est in his monumentis) annus triginta sex, mensem unum, dies octo; Agathias vero annos quadraginta quinque, menses novem, diem unum. Epitaphium sequens factum est a viro cujus nomen excidit cum marmoris fragmento: qui vir hoc monumentum posuit sibi & Liciniæ Isauricæ uxori: utriusque protomæ hic sculptæ visuntur.

Monumentum sequens a Lucio Cornelio Lamia positum fuit sibi & Tychæ quæ videtur uxor ejus fuisse atque Cornelio filio. Hic quatuor protomæ repræsentantur, quarum una Cornelii Lamiæ est, altera ejus uxoris Tyches, tertia filii qui juxta patrem stat, quarta, ut videtur, filiæ quæ ad matris latus posita fuit.

Marmor in eadem tabula sequens quinque figuras exhibet, quarum prima est Minutii Æliani Evocati, quæ dignitas, quid esset, alibi diximus: is paludamentum sive chlamydem gestat, alteraque manu vo-lumen, altera gladium tenet. Duæ sequentes sunt Julius Hilarus & Julius Modestinus trabeati, & illa lacinia instructi quam vocabant *orarium*, de qua diximus cum de vestibus agerermus. Julia Modestina in extremo latere posita puerum ante se habet, filium haud dubie, de quo nulla mentio in epitaphio. ubi *filibus* legitur pro *filiis*. Minutius Ælianus apud Gruterum Minutius Asellianus vocatur.

Lapis ille sepulcralis qui supremam tabulam sequentem occupat, quasi in nummis duobus protomas exhibet Æliæ Doridis Augustæ sive imperatricis cujusdam libertæ & Atimeti: monumentum a Merope factum est. Urna rotunda in ima tabula posita ornatissima est, factaque fuit Athaniæ Pieridi a Cneio Velleio Quarto ejus conjuge. Ad latera epitaphii duo genii supra cornua copiæ stantes magnum sertum tenent, quod totam inscriptionem inferne ambiens spatium relinquit, in quo tigris cervum devorans repræsentatur; sub serto duæ lacertæ simul concertant, hinc inde positis avibus. Urnæ culmen & operculum summum occupat aquila serpentem unguibus arripiens.

CHAPITRE IV.

I. La maniere d'embaumer chez les Romains. II. Histoire tres-singuliere du corps d'une jeune fille trouvé entier. III. Autre corps d'une femme trouvé au Vatican.

I. CE que nous avons dit jusqu'à present regarde les urnes tant les cineraires, qui ne contenoient que les cendres entassées, que les autres grandes tombes où l'on mettoit les corps entiers dans toute leur étendue, soit qu'ils eussent été brulez auparavant dans la toile d'amiante, comme nous avons dit ci-devant, soit qu'ils eussent été mis tout entiers dans le tombeau sans qu'ils eussent passé par le feu. Les Romains embaumoient aussi comme les Egyptiens, & si deux histoires que nous allons rapporter sont veritables, l'art d'embaumer étoit chez eux parvenu à une plus grande perfection que dans l'Egypte. Ce que nous allons raconter paroitroit sûr & fondé sur de bons témoignages, si c'étoit une chose ordinaire, & à laquelle on pût ajouter foi sans peine: mais le merveilleux paroit si grand, sur tout dans la premiere histoire, que je ne sai si on ne regardera pas tout cela comme fabuleux.

II. La premiere histoire a été rapportée par quelques auteurs des tems posterieurs, qui n'ont parlé que par oui dire, & qui n'ont pas rapporté le fait comme il s'étoit passé: quelques-uns l'ont mis sous le pontificat d'Alexandre VI. d'autres sous d'autres Papes posterieurs. Mais voici ce qu'en écrit un auteur qu'on nomme *Stephanus de Infestura*, dont le manuscrit se trouve à Rome; il s'en est fait plusieurs copies qui se voient dans plusieurs Bibliotheques d'Italie & dans quelques-unes de France. Il vivoit du tems des Papes Sixte IV. Innocent VIII. & Alexandre VI. & écrivoit journellement ce qui se passoit devant ses yeux. Son Journal est écrit partie en Italien, partie en fort mauvais Latin. Après avoir parlé d'une maladie qu'eut Innocent VIII. en 1485. au mois de Mars, sans marquer le jour où elle commença, il continue en ces termes:

« Ce même jour les Religieux de Sainte-Marie Nouvelle qui faisoient tra-

CAPUT IV.

I. Modus cadavera condiendi apud Romanos. II. Historia singularissima de puellæ cadavere integro detecto. III. De alio mulieris cadavere, quod in Vaticano repertum est.

I. HActenus de urnis tam cineratiis illis, quæ ostium fragmenta & cineres tantum capiebant, quam aliis majoribus, in queis corpora extensa deponebantur, sive cremari ante fuissent in tela quadam ex amianto, ut initio diximus, sive integra nec flammis tradita fuissent: nam utrumque modum sepeliendi in usu fuisse probavimus. Romani item corpora aromatibus condiebant ut Ægyptii, & si historiæ duæ quas modo referemus veræ sinceræque sint, artem illam corpora condiendi longe melius callebant illi, quam Ægyptii. Si quidem res vulgaris solitaque esset, testimoniis mox asserendis fides facile haberetur; sed quæ referuntur in priore maxime historia ita insolita & stupenda sunt, vix ut credibilia esse videantur.

II. Prior historia a quibusdam posteriorum temporum scriptoribus allata est, ut ex rumore atque fama audierant, iique rem non accurate, ut gesta fuerat, retulerunt; alii sub Alexandro sexto rem accidisse narraverunt; alii subsequentium pontificum tempore contigisse, rem non probe tenentes, dixerunt: sed hæc quæ referimus, a scriptore illius ævi narrantur, qui scriptor vocatur *Stephanus de Infestura*, cujus manuscriptus codex Romæ est, indeque multa exemplaria manarunt quæ in Bibliothecis Italicis habentur; imo etiam aliquot in Gallicis: is vixit & scripsit sedentibus Sixto IV. Innocentio VIII. & Alexandro VI. & ea quæ in dies Romæ accidebant, in Diario suo describebat, partim italico vulgari idiomate, partim etiam latine, sed imperitissime, ut mox videbis. Cum de morbo quodam Innocentii VIII. qui accidit anno 1485. mense Martio non annotato die loquutus fuisset, his ille verbis Diarium suum prosequitur.

Eodem die fratres & conventus sanctæ Mariæ novæ fodere faciebant in quodam eorum casali, positæ extra

vailler

URNES SEPULCRALES

MENALIAE ET AGATHIAE
PARENTIBVS SANCTISSIMIS
EPAPHRAS
POSTREMVM PRAESTITIT OFFICIVM
BIXIT AN. XXXVI M.I D. IIX.   B. AN. VL. M.IX D.I.

Boissard

S FECIT SIBI ET LICINIAE ISAVRICAE CONIVGI
ATVRNINO ET LICINIAE BRASILANAE FIL.
ER. LIB. POSTERISQVE

Boissard

TOMBEAUX

OSSA L. COR LAMIAE ET TYCHES
FECIT SIBI ET CORN FILIO ET SVIS
ET LIBERTIS LIBERTABVSQ. POSTERISQ.

Boissard

MINVTIO AELIANO EVOK ET IVLIO HILARO ET
IVLIO MODESTINO IVLIA MODESTINA CONIVX
CONIVGI ET FILIBVS SVIS
BENEMERENTIBVS.

Boissard

SEPULCRE, URNE SEPULCRALE

vailler & creuſer dans une terre qu'ils ont ſur la voie Appienne à cinq milles « ou environ de la ville, découvrirent un ſepulcre qu'ils firent détruire, & trou- « verent une grande urne de marbre qui avoit ſa couverture auſſi de marbre ; « cette urne étoit plombée, ils l'ouvrirent, & trouverent le corps entier d'une « fille; c'étoit un corps embaumé. Elle avoit un certain ornement de tête, & « des cheveux d'or qui lui deſcendoient ſur le front; ſes joues étoient pleines « & vermeilles comme ſi elle avoit été en vie. Elle avoit les yeux à demi ou- « verts, ſa bouche étoit auſſi ouverte: on lui tiroit la langue, & elle ſe re- « mettoit d'abord d'elle-même en ſa place; les ongles & les orteils étoient « blancs & fermes: on lui levoit les bras, & ils ſe remettoient en leur place « comme ſi elle fut venue d'expirer. On la mit au Palais des Conſervateurs, « où l'air lui fit changer de couleur; elle devint un peu noirâtre, quoique les « chairs demeuraſſent toujours dans le même état. Les Conſervateurs la mirent « dans la cour du Palais auprès de la cîterne, toujours dans la même urne où « on l'avoit trouvée. Mais le Pape Innocent leur commanda de la porter hors « de la ville dans un lieu inconnu: ils l'emporterent en effet audelà de la porte « Pincienne, & l'enterrerent dans une foſſe. Dès qu'elle eut été apportée au « Capitole, il y eut pendant quelques jours un ſi grand concours de peuple « qui alloit voir cette merveille, que les revendeurs & les revendeuſes y vin- « rent étaler leurs herbes, leurs fruits & leurs victuailles, en ſorte que la place « du Capitole devint comme un marché public. On diſoit que le baume qui « l'avoit ſi bien conſervée, étoit compoſé de myrrhe & de quelqu'autre ma- « tiere aromatique; d'autres diſoient qu'il étoit fait d'aloës & de terebenti- « ne: il exhaloit une odeur tres forte & qui étourdiſſoit. On crut qu'il s'étoit « trouvé dans ce tombeau beaucoup d'or, d'argent & de pierres precieuſes; « & ce qui donna lieu de le croire, fut que ni les foſſoieurs ni ceux qui avoient « inſpection ſur l'ouvrage ne parurent plus depuis. Cette fille étoit morte à « l'âge de douze ou de treize ans: ſa beauté étoit ſi grande qu'elle paſſoit « tout ce qu'on en peut dire, & qu'à moins que de l'avoir vue on ne pourra ja- « mais croire qu'elle allât juſqu'à ce point. Pluſieurs perſonnes vinrent de « fort loin pour la voir, & quelques-uns dans le deſſein de la peindre; mais « ils n'arriverent qu'après qu'on l'eut tranſportée en un lieu ſecret, comme « nous venons de dire, & ils s'en retournerent fort fâchez d'avoir été privez « de la vue de ce ſpectacle. La tombe de marbre dans laquelle elle fut trou- «

portam Appiam in via Appia, diſtans ab urbe per quinque circa milliaria, & cum prope viam vel in ipſis à fundamentis quoſdam ſepulchrum deſtruxiſſent, in ultimo loco ſunt tuti cuſpidem quamdam marmoream marmorea lapide coopertam & implumbatam invene- runt; quod cum aperuiſſent, uium corpus cuiuſdam mulieris integrum invenerunt, (ſic) quam cum ape- ruiſſent, invenerunt diſtum corpus involutum cum qua- dam odoriſera mixtura ſeu inſula aurea in capite, & cum capillis aureis circum circa frontem: & cum rubore & carne in maxillis, ac ſi etiam viveret: habebat ocu- los paruum apertos, & os ſimiliter & lingua capiebatur & extrahebatur ex ore, & redibat in continenti ad lo- cum ſuum; deinde albi & ſemi unguli manuum & pe- dum, & brachia levabantur & redibant ad locum ſuum, ac ſi tunc mortua fuiſſet: ſtetitque per mulios dies in palatio Conſervatorii, ubi propter aërem, colo- rem tamen faciei mutavit; folliquæ fuit nigra, non proptereà pinguedo vel caro deſtructa erat; cumque conſervatores in eadem pila in locum juxta ciſternam in reclauſtro ejuſdem palatii poſuiſſent, a dicto Innocentio juſſi, in locum incognitum de nocte ex porta Pinciana in quodam vico vicino ejus, in qua ſovea projecta fuit, reportaverunt, illique illam ſepeliverunt. Et illis pri- mis diebus quibus inventa eſt, & ad dictum palatium delata fuit, tantus erat concurſus hominum cum videre cupientium, ut paſſim in platea Capitolii vendentes olera & alia, ad inſtar fori, reperirentur: & mixturam odoriferam, cum qua involuta erat, ſervabatur confe- ctam eſſe ex myrrha Olibano; (ſic) alii ſerunt aloë re- bentina, quæ acutiſſimam & quodammodo ſtupefacti- vum odorem habebat: & multi æſtimaverunt cum ea reportatam fuiſſe quantitatem maximam auri & argenti & lapidum pretioſorum: quod æſtimatum fuit ex eo quod ſoſſientes, & qui ſuper eos erant, nunquam re- perti fuerunt ulterius: & ætas ſua erat, ut videri po- teſt, duodecim vel tredecim annorum, & erat adeo pul- cra vel formoſa, quod vix ſcribi ſeu dici poſſit, etſi diceretur vel ſcriberetur, a legentibus qui non eam vide- rant, minime crederetur: & multi de longinquis par- tibus venerunt cauſa videndi cum & depingendi ejus pulcritudinem, & non potuerunt eam videre, quia ſuerat, ut ſupra dictum eſt, ſecretam in locum proje- cta; & ita valde contenti receſſerunt, & pilum (ſic)

»vée est restée dans la cour du Palais des Conservateurs.

Quoique ce soit un auteur du tems qui ne rapporte que ce qui se passoit devant ses yeux, & malgré toutes les particularitez qu'il ajoute, & qui semblent faire foi de sa sincerité, je ne sai si l'on ajoutera foi à son témoignage sur une chose si extraordinaire & si inouie.

III. Un fait à peu près semblable se trouve dans les Memoires de Flaminius Vacca imprimez dans notre Journal d'Italie ; mais il n'est ni si clair ni si détaillé que le précedent. Voici comme il s'explique :

» Sur les dernieres années de Paul troisiéme on trouva aux fondemens de
» l'Eglise de S. Pierre du Vatican une grande tombe de marbre granite rouge
» d'Egypte, qu'on voit aujourd'hui dans la vieille Eglise de S. Pierre proche
» l'autel de la sainte Face. Dans cette tombe étoit une reine dont les vête-
» mens étoient de fils d'or : dès qu'elle fut exposée à l'air, elle perdit sa forme
» & sa beauté. On y trouva un grand nombre de pierreries & de perles, des-
» quelles le Pape Paul III. se servit pour faire une couronne. C'étoit D. Jean
» Alberini qui avoit alors l'inspection sur toutes ces choses, & qui se trouva
» présent à la découverte. Il garda pour lui quelques perles que le tems avoit
» gâtées, en sorte qu'elles se separoient en écailles comme un oignon. J'ai
» appris tout ceci de mon pere, grand ami de Jean Alberini, qui lui avoit
» raconté tout cela.

On appelle ici cette femme une reine, sans aucune preuve qu'elle le fut ; car il n'y avoit aucune inscription qui en fit foi. Elle pouvoit aussi bien être fille ou femme de quelque Senateur. Il y en avoit à Rome qui étoient comparables en richesses aux rois & aux reines ; & le luxe y étoit si grand selon Seneque, que les pendans-d'oreilles de certaines femmes valoient quelquefois deux ou trois patrimoines.

---

marmoreus ubi fuerat reperta, dimissus est in reclaustro dictorum conservatorum.

Etsi is qui hæc scripsit rem suo tempore & sub oculis gestam narret, etsi multa minutatim referat, quæ ejus dictis fidem addere possint ; nescio an ejus testimonium sit ad rem tam insolitam atque inauditam persuadendam satis.

III. In Flaminii Vaccæ schedis, quas in Diario nostro Italico edidimus, res commemoratur huic affinis : licet non tanta accuratione & tam minutatim recenseatur : en ejus verba latine conversa.

Postremis Pauli tertii Papæ annis, ut aliis narrantibus accepi, detecta fuit in fundamentis sancti Petri Vaticani urna grandior sive sarcophagus ex marmore granito rubro Ægyptiaco, qui hodie visitur in veteri sancti Petri ecclesia prope altare Vultus sancti. Ibidem jacebat regina quædam, quasi ramentis aureis vestita : cum primum autem aëri exposita fuit, & formam & decus totum amisit. Ibidem deprehensa est gemmarum & lapillorum copia ingens, queis Paulus tertius ornandæ conficiendæque coronæ usus est. Erat tunc præfectus, harumque rerum curator, magnificus Joannes Alberinus, qui præsens operi, margaritas aliquas sibi seposuit ætate nimia labefactatas, ita ut instar cæpe in pelliculas solverentur. Hæc patre meo Joannis Alberini amicissimo narrante didici.

Mulier illa hic regina dicitur esse, sed ex levissima conjectura, nulloque argumento, quandoquidem nulla aderat inscriptio qua quænam & cujus conditionis esset ediceretur. Poterat esse aut uxor aut filia Senatoris cujuspiam Romani. Erant enim Romæ Senatores atque primarii viri, qui opibus, divitiis & magnificentia reges ipsos atque reginas æquarent : hujusmodi erant Lucullus, Crassus & alii bene multi etiam Imperatorum ævo. Luxus vero tantus erat teste Seneca, ut bina ternave patrimonia ex auribus mulierum quarumdam penderent.

CHAPITRE V.

I. Sepulcres dediez ou confacrez sub ascia, sous la hache. II. Explication de l'épitaphe d'Hylas. III. Pour quelle raison on dédioit ces tombeaux sous la hache.

I. Il est tems de parler d'une particularité qu'on observe dans certains anciens tombeaux, principalement du côté de Lion & dans les Provinces voisines, dans le Dauphiné, dans la Savoie, dans le Piemont & dans le Languedoc. On en a découvert même de semblables à Boulogne; & entre les tombeaux de Rome il s'en trouve un, & un autre à Maience. On voit dans ces tombeaux une espece de hache representée avec l'inscription *Sub ascia dedicavit*, qui s'y trouve quelquefois au long, & quelquefois par les premieres lettres seulement S. AS. D. Il y a aussi des monuments où la hache est mise sans que l'inscription en parle, comme est celui de Rome dont nous venons de parler, & celui de Langres, qui paroit avoir été le dessus d'une tombe où l'on voit la figure d'un homme en demi relief. Ce dessus de tombe est cassé, & il ne reste plus de l'homme que les jambes & les cuisses, & au dessous des pieds la figure d'une hache ou doloire, qui est un peu differente des autres quant à la forme; mais on remarque une si grande varieté dans ces haches, que celle-ci peut être mise dans ce nombre, aussi bien que d'autres qui sont presque de la même façon.

II. Ces haches se trouvent sur un grand nombre de monuments qu'il seroit trop long de rapporter; je me contenterai d'en mettre ici un découvert depuis peu, sur lequel bien des gens se sont exercez: sans rejetter aucun des sentiments rapportez dans les Journaux sur cette antiquaille, je donnerai ici mes conjectures sur chacune de ses parties. L'inscription est figurée dans la planche suivante d'après l'original: voici comme je crois qu'il la faut lire tout au long: *Dis Manibus, & memoriæ æternæ. Hylati suo dymachero sive assidario. Pugnavit septies, rude donatus semel. Ermais conjux conjugi karissimo posuit, & sub ascia dedicavit.* C'est à dire, *Aux dieux Mânes, & à la memoire éternelle. Ermais a fait mettre cette épitaphe à son tres cher époux Hylas, qui combattoit avec deux épées en courant dans un chariot. Il a combattu sept fois, &*

PL. XCVI.

CAPUT V.

I. Sepulcra sub ascia dedicata. II. Explicatio epitaphii Hylatis. III. Cur sepulcra sub ascia dedicentur.

I. Inter epitaphia, quædam observantur admodum singularia, in iis maxime inscriptionibus quæ Lugduni & in circumpositis provinciis eruuntur, apud Sedubes scilicet & Allobrogas, in Septimania; imo etiam Bononiæ, quin & Romanam unam similem offert Gruterus p. DCXCVIII. & Moguntinam aliam p. DLVI. In his itaque sepulcris ascia quædam repræsentatur, quæ in epitaphio memoratur his verbis, *Sub ascia dedicavit*, quæ verba sic plena integraque aliquando scribuntur; aliquando etiam a primis solum literis designantur S. A S. D. Sunt etiam monumenta in quibus ascia sola conspicitur, licet in epitaphio non memoretur, ut illa Romana de qua supra; atque etiam lapis ille Lingonis repertus, cujus fragmentum solum superest, in quo crura viri sculptam visuntur & in ima parte ascia quæ a cæterarum forma paululum deflectit, sed sunt illæ asciæ in variis monumentis ita dissimiles & forma dispares, ut hæc etiam pro asciis haberi posse videatur, ut aliæ ejusdem pene formæ.

II. Ascia hujusmodi cum inscriptione in monumentis bene multis comparet, quæ longius esset referre; sed satis erit a paucis annis detectam talem cum ascia inscriptionem in medium adducere, in qua explicandi nihil docti viri defædarunt, quorum explicationes in diariis eruditorum insertæ reperiuntur. Quoniam autem adhuc sub judice lis est ac nonnisi conjecturis potest, tum inscriptio tota explicari, tum causa dici cur epitaphia illa sub ascia dedicarentur, nulla rejecta eorum qui jam sententiam dixere opinione, meam hic paucis expromam. Inscriptionem sic legendam esse probabiliter puto: *Dis Manibus & memoriæ æternæ: Hylati suo Dymachero sive assidario. Pugnavit septies, rude donatus semel. Ermais con-*

a reçu une fois le présent de la baguette comme une marque d'honneur. Sa même épouse a dédié ce monument sous la marque de la hache. Cette hache se voit représentée entre les dernieres paroles de l'épitaphe. Quant au mot *Hylati*, je ne doute point que cette lettre qui monte ainsi en forme de croix † ne soit un T & un I, l'S qui suit sera pour *suo*. Nous trouvons ces deux lettres TI exprimées par la même figure au mot *Neptis* dans la planche 136. du second tome de cet ouvrage. *Hylati suo*, cette maniere de parler est frequente dans les épitaphes.

Dimachæro sive assidario, nous lisons dans d'autres inscriptions *Essedarius dymachærus*: je ne doute pas qu'*assidarius* ne soit ici une corruption pour *essedarius*. Ceux qui sont accoutumez aux inscriptions ne s'étonneront pas de ce changement de voielles; nous en trouvons beaucoup de semblables, *Neptinus* par exemple pour *Neptunus*; ici même au mot *dymacherus* il y a un *y* grec pour un *i*. *Essedarius dimacherus* étoit un homme qui dans les jeux publics courant sur un char se battoit contre un autre avec deux épées: d'où il s'ensuit qu'*Essedarius dimachærus* étoit une espece de gladiateur. P. VII. veut dire, si je ne me trompe, qu'il a combattu sept fois. RV. I. signifient peutêtre *rude donatus semel*: je ne voudrois pourtant pas garantir cette derniere leçon. On sait que quand les gladiateurs avoient bien fait leur devoir, on leur faisoit present d'une baguette qui s'appelloit *rudis*, & que dès là ils étoient exemts de combattre dans les jeux publics: s'ils le faisoient dans la suite, ce n'étoit que de leur propre mouvement & sans contrainte. Quelque perilleux & quelque sanglant que fut ce jeu, plusieurs de ceux qui avoient été ainsi délivrez se louoient pour paroitre de nouveau sur l'arêne & y combattre. La fin de l'inscription est; *Ermaïs conjux conjugi karissimo poni curavit, & sub ascia dedicavit*. Ermaïs a fait poser à son tres cher mari ce monument, & l'a dédié sous la marque de la hache ou de la doloire: on y voit en effet la figure d'une doloire bien formée.

III. La question est pourquoi mettoit-on cet instrument, & pourquoi dédioit-on ces monumens sous cette marque. Il est tres-difficile d'en découvrir la véritable raison: une loi des douze Tables dit, *Rogum ascia ne polito, Ne passez pas la doloire sur le bucher pour le rendre uni*. Mais ces loix des douze tables ne furent pas toujours observées: tout le monde en convient: je ne vois pas que celle-ci puisse être d'un grand secours pour l'explication de ce monument. Tout le monde s'est exercé sur cela, & peutêtre pas un n'a touché

---

jux conjugi karissimo poni curavit, & sub ascia dedicavit. Inter postrema verba appingitur ascia. Quod spectat ad vocem quam legi *Hylati suo* : nihil dubii est literam illam in crucis similitudinem efformatam † esse literas T & I. sic etiam in secundo tomo, tabula 136. in voce *neptis*, TI eodem prorsus modo depingitur. S vero sequens *suo* exprimet, *Hylati suo*; hic modus loquendi in epitaphiis non est insolitus.

Dimachæro sive assidario, in aliis inscriptionibus reperimus *essedarium dimachærum*, certumque videtur hic *assidario* pro essedario positum fuisse. Qui sunt legendis inscriptionibus assueti, hanc vocalium mutationem frequenter occurrere non ignorant; sic Neptinus pro Neptunus reperitur ; hic etiam Dymacherus per y scribitur pro i. Essedarius Dimacherus is erat, qui in ludis publicis in essedi decursione duobus gladiis cum alio pugnabat ; ideoque in gladiatorum numero censebatur. P. VII. significat, ni fallor, *pugnavit septies*. R V. I. id est fortasse, *rude donatus semel*, quam tamen lectionem non ut certam proferre ausim. Quando gladiatores strenue rem gesserant, rude donabantur, seu virga quæ *rudis* appellabatur a quo tempore ab hujusmodi certaminibus publice incundis liberi erant, neque in ludis publicis iterum comparere tenebantur: si postea pugnarent, id arbitratu suo nullo cogente præstabant. Quantumvis autem cruentus & periculosus ille ludus esset ; multi ex iis qui libertatem hujusmodi erant consequuti, mercede conducti in arenam iterum descendebant ibique pugnabant. Finis inscriptionis est , *Ermaïs conjux conjugi karissimo poni curavit, & sub ascia dedicavit*. Et vere ascia probe delineata hic conspicitur.

III. Quæritur autem cur hujusmodi instrumentum in monumentis sepulcralibus poneretur, & cur sub hoc instrumento illa dedicarentur. Difficile admodum factu est de re convenienti ; nec mirum, veram nempe hujusce rei causam attingere non ita facile fuerit. Lex duodecim tabularum hujusmodi habet, *Rogum ascia ne polito*. Sed duodecim tabularum leges non semper observatæ fuerunt : hoc de re convenit inter omnes. Multi hic quasi augurando sententiam dixere, nullusque fortasse rem acu tetigit. Ab omnibus autem exploditur opi-

SEPULCRE

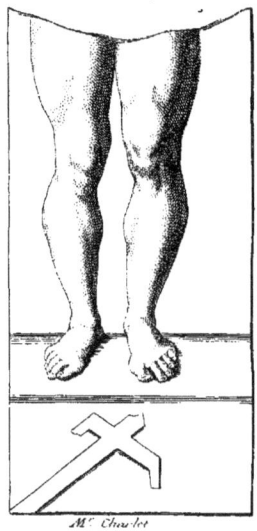

D · ET · MEMORIÆ · M
AETERNAE · HYLATS
DYMACHERO · SIVE ·
ASSIDARIO · P · VII · RV · I
ERMAIS · CONIVX
CONIVGI · KARISSIMO
· P · C · ET · S · AS D ·

Trouvée à Lyon

TOMBEAUX DEDIEZ SUB ASCIA.

…but. Nous ne raporterons pas tous les sentimens; il y en a dont le faux saute d'abord aux yeux, comme est celui de M. Chorier approuvé par Spon. M. Chorier, dit ce dernier, qui a décrit les antiquitez de Vienne, l'explique fort in- « genieusement ; *σκιά*, dit-il, signifie en grec ombre ; d'où se fait le mot *ασκια*, « & en latin *ascia*, un lieu sans ombre ; & l'on avoit accoutumé de mettre les « tombeaux à découvert ou dans un lieu sans ombre. «

M. Fabreti croit que l'*ascia* marquée dans ces monumens n'étoit pas un instrument à polir le bois, mais à rendre les structures de brique sur laquelle cette doloire mordoit, plus unies & plus propres : ce que faisoient les gens de mediocre qualité, qui ne pouvoient faire que des sepulcres de brique, & qui marquoient cela en y mettant la figure de l'instrument dont on s'étoit servi, & en disant qu'ils avoient dédié ce monument *sub ascia*, sous la doloire. Cette opinion tombera à terre si l'on prouve que plusieurs de ces monumens *sub ascia* sont de pierre & non pas de brique ; c'est beaucoup hazarder que d'avancer de telles conjectures. De toutes celles que j'ai vuës jusqu'à present, pas une ne me satisfait : il y a apparence qu'on ne sera éclairci là-dessus que par quelque épitaphe qu'on déterrera dans la suite.

---

tio Chorerii, sic a Sponio allata & laudata : *Chorerius qui antiquitates Viennæ Allobrogum descripsit*, inquit Sponius, *ingeniose hæc explicat : σκιά*, inquit, *græce significat umbra, unde fit ασκια, & latine ascia, locus umbra vacuus, & in simili loco operto & umbra vacuo hæc monumenta collocabantur.*

Fabrettus putat asciam in his monumentis exhibitam, non esse dolabrum ad ligna cædenda & expoliendus, sed ad expoliendas strues lateritias. Inopes solum iis usos existimat, qui lateritia tantum haberent sepulcra, quod etiam significabant cum instrumenti hujusmodi schema sepulcris apponerent, ac dicerent se sub ascia monumentum dedicavisse. Verum hæc explicatio statim ruit, quandoquidem certum est monumenta illa plerumque lapidea, non lateritia fuisse. Certe nihil potest sine periculo errandi de re tam obscura dici : ex iis omnibus explicationibus quæ hactenus prodiere, nullam mihi arridere fateor. Nec puto rem claram evadere posse, donec aliquod monumentum eruatur quod tam obscuræ rei lucem afferat.

CHAPITRE VI.

I. Espaces de terre pour les sépultures des particuliers, marquez dans les épitaphes. II. Découverte des sépulcres & d'un grand lieu destiné à la sépulture de la famille Cesennia. III. Affranchi qualifié Chevalier Romain, Pontife & Scribe des Ediles. IV. Observations sur les mesures des places sépulcrales.

I. Les sepulcres étoient ordinairement sur les grands chemins, où chacun possedoit un certain espace de terre en quarré ou en quarré long. On avoit soin de marquer souvent dans les inscriptions l'espace de terre que chacun possedoit pour sa sepulture : voici comme on le marquoit :

L. AEMILI. L. F
IN. FRON. PED.
XIIX. IN AGR.
PED. XX.

L'inscription se doit lire ainsi : *Lucii Æmilii Lucii filii in fronte pedes octodecim, in agro pedes viginti*; c'est-à-dire que le lieu de la sepulture de Lucius Æmilius a dix-huit pieds de front, & vingt pieds dans le champ. Le front se prend là pour le côté de cet espace qui répondoit au chemin, & l'autre dimension se prend dans le champ. Ce sepulcre avoit donc dix-huit pieds de large vers le grand chemin, & vingt pieds de long du côté du champ. Cet espace étoit quelquefois quarré, comme étoit celui de M. Flavius, dont l'inscription donnée par M. Fabreti finit ainsi, *in fronte & in agro pedes quadrati sedecim*, le front étoit égal à l'étendue qui alloit dans le champ. On en trouve une infinité de même, de quatre, de six, de dix, de vingt, de quarante pieds, plus ou moins.

II. Le plus grand espace pour la sepulture que j'aie encore vu, est celui de la famille Cesennia, découvert à Porto l'an 1699. lorsque j'étois à Rome. La découverte étant considerable, & donnant des connoissances pour ce qui regarde la sepulture des anciens, j'ai cru en devoir faire ici la description telle que je la reçus de M. de Serte Gentilhomme de M. le Cardinal de Bouillon : ce fut sous ses ordres & en sa présence que cette découverte se fit.

CAPUT VI.

I. Terræ spatia pro sepultura familiarum aut privatorum in epitaphiis annotata. II. Terræ spatium magnum & sepulcra gentis Cesenniæ detecta. III. Libertus in epitaphio dictus eques Romanus, Pontifex & Scriba ædilicius. IV. Observationes in mensuras locorum sepulcralium.

I. Sepulcra ut plurimum secus magnas vias posita erant : ibi divisis spatiis quæque familia aliquam terræ particulam viæ finitimam possidebat, cujus figura ut plurimum quadrata vel quadrata & oblonga erat. Sæpe in epitaphiis annotabatur quantum terræ spatium unicuique contingeret, hoc scilicet pacto.

L. AEMILI. L. F
IN. FRON. PED
XIIX. IN. AGR
PED. XX.

Quæ inscriptio sic legenda : *Lucii Æmilii Lucii filii. In fronte pedes octodecim, in agro pedes viginti* : id est, locus sepulturæ Lucii Æmilii in fronte, id est eo latere quod viam respicit, pedes octodecim habet ; in eo autem quod in agro est, pedes viginti : hic longitudo spatii in agro erat, latitudo viam respiciebat. Hoc spatium aliquando penitus quadratum erat, ut locus sepulturæ M Flavii cujus inscriptionem refert Raphael Fabrettus sic terminatam, *in fronte & in agro pedes quadrati sedecim* : tantumdem in via & in agro erat longitudinis. Infinitæ pene hujusmodi inscriptiones reperiuntur, ubi quatuor, sex, decem, viginti, quadraginta pedum spatia plus minus commemorantur.

II. Quod maximum sepulcrum hactenus memoratum viderim, illud est familiæ Cesenniæ in Portu Romano detectum anno 1699. cum Romæ degerem. Cum autem res observatu prorsus digna sit, hujus celeberrimi monumenti descriptionem qualem accepi a D. de Serte viro nobili, tum apud D. Cardinalem de Bouillon agenti, huc referendam esse duxi. Ipso præsente ejusque jussu omnia detecta sunt. Reperta

PLACES POUR LES SEPULTURES.

On trouva sous une voute & dans une chambre souterraine deux grandes statues, l'une d'un Senateur, comme le marquoit son habit ; l'autre de sa femme vêtue à la Romaine, qui avoit deux pendans-d'oreilles d'or, à l'un desquels étoit la figure de Jupiter, & à l'autre celle de Junon. Il y avoit aussi un petit enfant leur fils ; deux urnes de marbre arrondies d'un pied & demi de haut, qui étoient ornées de feuillages. On trouva au même endroit des urnes quarrées & des épitaphes qui regardoient toutes la famille Cæsennia. Voici la description des urnes & leurs épitaphes. L'une avoit un pied & demi de largeur, & tant soit peu plus de hauteur : deux genies, un de chaque côté, tenoient une torche allumée, & entre les deux étoit l'inscription suivante :

```
         D.   M.
     CÆSENNIA NY
   MPHICE CÆSENNIO
   ITALICO FILIO B. M
   FECIT QVI VIX. AN
     XXVII. M. VI. D. XXVIII
```

Cæsennia Nymphice a fait faire cette urne pour Cæsennius Italicus son fils, qui a vécu vingt-sept ans six mois & vingt-huit jours. Il y avoit aussi un sepulcre de neuf palmes, c'est-à-dire d'un peu moins de sept pieds, qui avoit une patere d'un côté & un vase de l'autre, avec des festons qui pendoient de deux têtes de bœuf à la maniere ordinaire, dont nous avons donné ci-devant plusieurs exemples. L'inscription est, *Dis Manibus Cæsenniæ Galenes matris dulcissimæ vel dignissimæ Italicus fecit.* L'autre sepulcre a dix palmes, c'est-à-dire sept pieds de long, & un pied & demi de haut ; l'inscription en est telle ;

```
         D.   M.
     L. FABRICI. L. F. PAL
   CAESENNI. GALLI. EQ. ROM
   PONTIF. L. L. SCRIB. AEDILIC
   OMNIBUS. HONOR. IN COST. F
     ITALICVS P. DIGNISSIMO
```

sunt in quodam subterraneo fornice seu hypogæo duæ statuæ marmoreæ, altera senatoris cujuspiam, ut ex veste argui videbatur ; altera ejus uxoris, etiam Romano vestitæ more, inauribus instructæ duabus aureis, quarum altera Jovem, altera Junonem referebat ; erat etiam ibidem statua pueruli, eorum filii : duæ item urnæ aderant marmoreæ rotundæ, altitudine pedis unius atque dimidii frondibus exornatæ. Ibidem quoque repertæ sunt urnæ quadratæ & epitaphia, quæ gentem Cæsenniam omnia respiciebant. Harum descriptionem hic apponam : una pede uno atque dimidio lata, altitudinis paulo majoris erat : duo genii hinc inde positi facem ardentem tenebant, interque ambos hæc inscriptio sepulcralis legebatur.

```
         D.  M.
     CAESENNIA NY
   MPHICE. CAESENNIO
   ITALICO. FILIO. B. M
   FECIT. QVI. VIX. AN
     XXVII. M. VI. D. XXVIII.
```

Hoc est : *Cæsennia Nymphice Cæsennio Italico filio bene merenti fecit, qui vixit annos viginti septem, menses sex, dies viginti octo.* Aderat & sarcophagus marmoreus novem palmorum, id est, septem paulo minus pedum Romanorum ; in quo ab altera parte patera, ab altera vero vas cum sertis e capite bubulo dependentibus, ut solet, cujus rei exempla multa vidimus. Inscriptio sepulcralis erat.

```
         D.  M.
   CAESENNIAE. GALENES
        M. D
     ITALICVS.      F
```

Id est : *Dis Manibus Cæsenniæ Galenes, matris dulcissimæ, vel dignissimæ Italicus fecit.* Urna quoque alia marmorea longitudine decem, altitudine trium palmorum est cum inscriptione sequenti.

```
         D.   M.
     L. FABRICI. L. F. PAL
   CAESENNI. GALLI. EQ. ROM
   PONTIF. L. L. SCRIB. AEDILIC
   OMNIBVS. HONOR. IN COST. F
     ITALICVS. P. DIGNISSIMO
```

Cette inscription se doit lire ainsi, si je ne me trompe : *Dis Manibus Lucii Fabricii Lucii filii, Palatinâ* (tribu) *Cæsennii Galli Equitis Romani, Pontificis, Lucii liberti, scribæ Ædilicii, omnibus honorati: in costa fecit Italicus patri dignissimo.* C'est-à-dire, *Aux dieux Manes de Lucius Fabricius Cæsennius Gallus fils de Lucius de la tribu Palatine, Chevalier Romain, Pontife, affranchi de Lucius, Scribe des Ediles, honoré de tout le monde. Italicus a fait ce monument sur le côté pour son tres digne pere.*

III. Cette épitaphe a quelque chose de singulier : nous voions ici un affranchi Chevalier Romain, Pontife & Scribe des Ediles : je ne sai si l'on trouve ailleurs des qualitez si éminentes dans un affranchi. M. Fabretti qui n'a jamais vu cette inscription déterrée vers le tems de sa mort, croit que la qualité de Scribe des Ediles ne convenoit point à des affranchis, & encore moins celle de Chevalier Romain ; celle de Pontife leur convenoit peutêtre moins que les autres. Cependant voilà une inscription qui le dit bien positivement Chevalier Romain, Pontife & Scribe des Ediles. Il s'en trouvera peut-être quelqu'autre qui confirmera celle ci. Le mot *in costa fecit* veut dire selon toutes les apparences qu'Italicus a fait ce tombeau sur le côté du grand lieu que possedoit pour la sepulture la famille Cesennia, des plus étendus qu'on ait encore observez dans les inscriptions. Je n'ai point encore remarqué cette expression ; & le savant antiquaire M. Fabretti paroit n'en avoir jamais vu de semblables. Il rapporte une inscription où on lit, *In fronte pedes* XXXVII. *a tergo coxa supra pedes* XXVII. *intra coxam pedes* XXXVII. Il prouve fort bien que *coxa* se prend là pour un angle du terrain destiné pour la sepulture, fondé sur un passage de Siculus Flaccus qui l'entend ainsi. *In costa* sera donc pour un des côtez du lieu de la sepulture de la famille Cesennia.

L'urne suivante qui étoit couverte d'une table de marbre, avoit l'inscription qui suit :

```
          D.    M.
        L. CAESENNI
         CRESCENTIS
      MEDICI. Q. VIX. AN
            XXX.
```

C'est-à-dire, *Aux dieux Manes de Lucius Cesennius Crescens Medecin, qui a vécu trente ans.*

Hæc ita legitur : *Dis Manibus Lucii Fabricii Lucii filii Palatina* tribu *Cæsenni Galli equitis Romani Pontificis, Lucii liberti, Scribæ ædilicii, omnibus honorati : in costa fecit Italicus patri dignissimo.*

III. In hoc epitaphio singulare quidpiam observatur. Hic videmus libertum equitem Romanum, eumdemque Pontificem & Scribam ædilicium, nescio an ulpiam alibi libertus reperiatur tot tantisque insignitus honoribus. Raphael Fabrettus qui hanc inscriptionem, tempore circiter obitus ejus erutam, nunquam vidit, non putat Scribæ ædilicii munus libertis potuisse competere, multoque minus equitis Romani honorem ; remotior adhuc fortassis erat Pontificis dignitas a liberti conditione, & tamen hic libertum videmus Pontificio decore insignitum. Aliæ forsitan inscriptiones prodibunt, quæ idipsum magis magisque confirmabunt. Vox *in costa fecit*, significat, ut quidem verisimile est, Italicum hunc sarcophagum posuisse ad latus illius magni loci *materni* ut infra dicitur circumclusi, qui ad gentem Cæsenniam pertinebat : qui locus amplissimus omnium erat, ut diximus. Nusquam illud *in costa* hactenus vidi, doctissimusque antiquarius Fabrettus nullam unquam formulam similem commemoravit. Inscriptionem vero refert ille in qua legitur : *In fronte pedes XXXVII. a tergo coxæ supra pedes XXVII. infra coxam pedes XXXVII.* Probat autem idem Fabrettus coxam hic angulum spatii ad sepulturam consignati significare, utiturque auctoritate Siculi Flacci, qui sic intelligit. *In costa* ergo significare videtur latus sepulturæ Cæsenniæ gentis.

Urna alia quæ tabula marmorea operiebatur inscriptionem sequentem habebat.

```
          D.    M.
        L. CAESENNI
         CRESCENTIS
      MEDICI. Q. VIX. AN
            XXX
```

SEPULTURE DE LA FAMILLE CÆSENNIA.

Une autre urne de la même famille porte l'inscription suivante :

DIS
MANIBVS
CAESENNIAE
EROTIDIS
A. CAESENNIVS
HERMA
ARAM. ET. STATVAS. FECIT
SIBI. ET. CONIVGI. SVAE. DE. SE
BENEMERENTI

Aux dieux Manes de Cæsennia Erotis. Aulus Cæsennius Herma a fait cet autel & ces statues pour lui & pour sa tres-chere femme. Une autre urne de la même famille n'a que ces mots :

A. CAESENNIO
HERMAE

Voici la grande inscription de la même famille, qui nous apprend toute l'étendue du cimetiere, s'il est permis de l'appeller ainsi :

A. CAESENNIVS. GALLI
HERMA
A. CAESENNIVS. ITALICVS
CAESENNIA. L. L. EROTIS. VXOR
FECERVNT. SIBI
LIB. LIBERT. POSTERISQ. EORVM
SEPVLCRVM. MACEREIS. CIRCVMCLVSVM
IN FR. P. CCC. IN AGRO P. XCVI.
Q. F. IVG

C'est-à-dire, *Aulus Cæsennius Herma fils de Gallus, Aulus Cæsennius Italicus, Cæsennia Erotis affranchie de Lucius, femme de Cæsennius Herma, ont fait pour eux, pour leurs affranchis & affranchies, & pour leurs descendans, un sepulcre clos de murailles, qui a de front trois cens pieds, & dans le champ quatre-vingt-seize pieds ; ce qui fait un arpent.*

Alia ejusdem familiæ urna inscriptionem sequentem præfert.

DIS
MANIBVS
CASENNIAE
EROTIDIS
A. CAESENNIVS
HERMA
ARAM. ET. STATVAS. FECIT
SIBI. ET. CONIVGI. SVAE. DE. SE
BENEMERENTI

In alia ejusdem familiæ urna legitur.

A. CAESENNIO
HERMAE

En maximam ejusdem familiæ inscriptionem, in qua totum loci sepulturæ spatium ediscimus.

A. CAESENNIVS. GALLI
HERMA
A. CAESENNIVS. ITALICVS
CAESENNIA. L. L. EROTIS. VXOR
FECERVNT. SIBI
LIB. LIBERT. POSTERISQ. EORVM
SEPVLCRVM. MACEREIS. CIRCVMCLVSVM
IN. FR. P. CCC. IN AGRO P. XCVI
Q. F. IVG

Quam inscriptionem ita legendam existimo. *Aulus Cæsennius Galli Herma, Aulus Cæsennius Italicus, Cæsennia Lucii liberta Erotis fecerunt sibi libertis libertabus posterisque eorum, sepulcrum macereis circumclusum. In fronte pedes trecentos, in agro pedes nonagintasex, qui faciunt jugerum.*

Tom. V.   P

IV. Nous ne voions point de si grands lieux pour la sepulture d'une famille aux tombeaux des environs de la ville de Rome, où à cause du grand nombre de sepultures la place étoit apparemment plus chere. Celui-ci étoit éloigné de Rome de trois lieues. Il me vient une pensée, que ce lieu environné de murailles dont j'ai parlé aux pages 29. & 30. où j'ai refuté Spon & Fabretti qui l'ont pris pour un *ustrinum*; que ce lieu, dis-je, étoit un grand cimetiere, comme celui de la famille Cæsennia. C'étoit aussi un grand enclos qui répondoit d'un côté au grand chemin, & de l'autre aux champs voisins, & qui étoit environné de murailles; avec cette difference pourtant, que celui de la voie Appienne étoit plus large du côté des champs que du côté du chemin; & cela parceque la voie Appienne avoit plus de sepulcres & de lieux de sepulture que les autres, & que tous aboutissoient au chemin ou à la voie Appienne même. La place étant donc plus chere du côté du chemin que du côté des champs, ce cimetiere, s'il est permis de l'appeller ainsi, étoit plus étroit du côté du chemin que du côté de la campagne : au lieu que la campagne de Porto étant moins occupée de ces sepulcres, il étoit plus aisé de les étendre sur les grands chemins mêmes.

Le mot *in costa* que nous avons vu ci-dessus dans une inscription de la famille Cæsennia, signifie selon toutes les apparences l'un des deux cotez de 96. pieds de large : ces dimensions se trouvent mises differemment dans plusieurs inscriptions; on lit dans une, *latum pedes quatuor, altum pedes octo*, qui a quatre pieds de largeur, & huit pieds de longueur. La largeur se prend là pour le front ou ce qui faisoit face au chemin, & la longueur pour ce qui étoit dans le champ. On en trouve pourtant où la longueur est prise pour la face qui regarde le chemin, *in agro pedes sex, in longo pedes octo*, six pieds dans le champ, & huit pieds de long. Dans d'autres on lit, *in fronte pedes* xvi. *introsus p. x.* seize pieds de front, & dix pieds en dedans : *introsus* est là pour *introrsus*. Une inscription marque les limites du front par les monumens qui sont sur le chemin à droite & à gauche : *In fronte inter monumentum Titi Rustici & Lucii Gellii, in agro pedes duodecim* : Le front est entre les monumens de Titus Rusticus & de Lucius Gellius, & le champ a douze pieds. On ne met pas ici la mesure de cette place du côté du chemin, parcequ'il suffisoit d'en avoir marqué les bornes à droite & à gauche ; car on ne mettoit ces mesures que pour empêcher que quelqu'un n'empietât sur la place sepulcrale d'un

---

IV. Quæ circa Romam & sub urbe erant sepulturæ loca non tantum spatii occupabant, ob sepulcrorum videlicet numerum ingentem : hic vero sepulturæ locus est decimo duodecimove ab urbe lapide. In mortem autem venit locum illum macereis similiter circumclusum, de quo supra pag. 29. & 30. agebamus, quem locum pro ustrino habuere Sponius atque Fabrettus, quorum sententiam non mihi probari dixi; locum, inquam, illum magnum fuisse sepulturæ locum, quemadmodum & hoc septum ad familiam Cæsenniam pertinens : erat quippe locus maximus *macereis* circumclusus, & ab uno latere viæ conterminus, lateque in agro extensus ; hoc tamen discrimine, quod ille in via Appia positus locus majorem in agro, quam in via faciem haberet, quoniam scilicet in via Appia major erat sepulcrorum frequentia omniaque viæ contermina ; hinceque qua viam respiciebat ille sepulturæ locus, angustior erat, quam in ipso agro ; contra vero illa pars agri quæ secus Portum Romanum erat, minus frequentata sepulcris fuisse videtur.

Vox *in costa* quam supra vidimus in aliqua ex inscriptionibus ad hanc familiam pertinentibus significat, ut quidem videtur, alterum ex duobus angustioribus lateribus, quæ pedum nonaginta sex erant : quæ mensurarum rationes diversis modis expressæ reperiuntur in epitaphiis. Legitur in aliqua inscriptione *latum pedes quatuor, altum pedes octo*, quo significantur quatuor pedes latitudinis, & octo longitudinis. Latitudo isto loco accipitur pro illa facie quæ viæ contermina erat ; longitudo pro ea quæ in agro spectabatur. Aliquando tamen occurrunt sepulturæ loca, ubi longitudo illa facies esse intelligitur, quæ viam respicit ; sic quippe legitur, *in agro pedes sex, in longo pedes octo* ; alibi vero sic, *in fronte pedes sexdecim, introsus pedes decem*, ubi *introsus* pro *introrsus* legitur, significatque intra agrum. Aliqua autem inscriptio frontis spatium limitesque denotat per monumenta hinc & inde a lateribus secus viam posita. *In fronte inter monumentum Titi Rustici, & Lucii Gellii, in agro pedes duodecim*. Hic qua viam respicit locus qua sit mensura non notatur, quia sufficiebat hinc & inde terminos adscribere. Hæ quippe mensuræ apponebantur ut ne quis posset alterius sepulturæ

PLACES POUR LES SEPULTURES.

autre. Nous supposons toujours que le front étoit la face du grand chemin; les exemples rapportez ci-devant le prouvent évidemment: en voici une autre preuve tirée d'une inscription qui le dit expressément.

SEX. POMPEI. AGATHONIS. PATRONI
ET. SEX. POMPEI. MARTIALIS
SEX. POMPEIVS. EVTYCHVS. L
PATRONO. MERENTI
AREA. COMPARATA. FECIT
ET. SIBI. POSTERISQVE. SVIS
IN. FRONTE. AD. MONVMENTVM. M. LI
CINI. ALEXANDRI. P. XII. ET. POST
IDEM. MONVMENTVM. P. XII.
IN. AGRO. A. VIA. P. XXIIX. S.

Cela veut dire que Sextus Pompeius Eutychus affranchi a acheté une place pour la sepulture de Sextus Pompeius Agathon son maitre, & de Sextus Pompeius Martialis, & pour sa sepulture & celle de ses descendans; & que cette place avoit douze pieds sur le chemin jusqu'au monument de Marcus Licinius Alexander, & au delà de ce monument encore douze pieds de front, & dans le champ en mesurant depuis le chemin vingt-huit pieds & demi. On voit par là que la place de la sepulture de Sextus Pompeius enclavoit celle de Marcus Licinius Alexander.

---

partem usurpare. Frons itaque, ut jam diximus, illa facies erat quæ viam respiciebat ; id jam plurimis exemplis probatum fuit, & ex hac inscriptione quam adjicimus conspicuum fiet.

Sexti Pompeii Agathonis patroni & Sexti Pompeii Martialis, Sextus Pompeius Eutychus libertus patrono merenti area comparata fecit, & sibi posterisque suis in fronte ad monumentum Marci Licinii Alexandri pedas duodecim, & post idem monumentum pedes duodecim in agro a via pedes viginti octo finis : unde deprehenditur locum sepulturæ Sexti Pompeii, Marci Licinii Alexandri locum circumclusisse.

Tom. V.   P ij

CHAPITRE VII.

Les urnes lacrymatoires mises dans les tombeaux.

I. Nous avons dit au commencement de ce tome que les anciens louoient des pleureuses pour les funerailles de leurs parens. Ces pleureuses verſoient des larmes de commande en plus grande abondance que ceux qui étoient touchez d'une véritable douleur ; ces larmes étoient conſervées dans des urnes de terre cuite ou de verre. Il ne faut point douter qu'on n'y mît auſſi celles des parens , & qu'on ne les y mît même préferablement à celles de ces pleureuſes à gages. Les parens pleuroient non ſeulement au jour de la ſepulture , mais auſſi en d'autres tems où ils venoient verſer des larmes ſur les cendres de leurs parens morts. Nous avons vu ci-devant Popilie qui exhorte ſon mari de venir de tems en tems pleurer ſur ſa tombe.

Afin que les larmes puſſent tomber ſur les cendres du défunt, ils laiſſoient fort ſouvent un trou au milieu du couvercle de l'urne. M. Fabreti a donné la forme de ces trous qui ſe trouvent dans un grand nombre de pierres ſepulcrales. Dans une inſcription de Gruter Ruſticelia Citheris dit à ſon mari ,

Lorſqu'une pierre legere couvrira mes os , que je repoſerai ſous une pierre ſepulcrale , donnez-vous la peine de venir quelquefois viſiter mon tombeau ; & que les larmes qui couleront de vos yeux ne manquent point de couler ſur mes cendres.

Ils mettoient outre cela dans les urnes cineraires de ces petites phioles de verre ou de terre cuite , qui ſe trouvent dans une infinité de tombeaux , en ſorte que tous les cabinets de l'Europe en ſont fournis. Non contents de mettre dans ces phioles leurs larmes & celles des pleureuſes , ils y mettoient quelquefois des baumes , dont ils faiſoient un mélange avec ces larmes : c'eſt ce que nous apprend une ancienne inſcription , dont voici la forme :

CAPUT VII.

De urnulis ſeu phialis in queis lacrymæ condebantur, quas paſſim ex ſepulcris eruunt.

HUJUSCE tomi initio diximus a veteribus præficas mercede conductas fuiſſe , quæ in funere conſanguineorum plangerent lacrymaſque profunderent : quod egregie illæ licet nullo mœroris affectæ ſenſu præſtabant. Hæ porro lacrymæ in urnulis ſeu phialis aſſervabantur, quarum aliæ vitreæ , fictiles aliæ erant. Neque dubium eſſe videtur cognatorum etiam atque conſanguineorum lacrymas in hujuſmodi phialis poſitas fuiſſe , etiamque poſtpoſitis præficarum lacrymis. Cognati vero & affines non illo tantum die quo mortuus efferebatur ; ſed aliis etiam temporibus ploratum veniebant , lacrymas profundebant quæ in cineres cognatorum defluerent : jam ante vidimus Popiliam virum rogantem veniat quandoque lacrymas profuſum in ſepulcrum ſuum.

Ut autem in ipſos defuncti cineres lacrymæ decidere poſſent , foramen ut plurimum in medio operculi relinquebant, quorum foraminum formam Raphael Fabrettus dedit , in exemplum aſſumtis ſepulcralibus lapidibus bene multis. In aliqua Gruteri inſcriptione Ruſticelia Citheris ſic virum alloquitur.

Quandocumque levis tellus mea conteget oſſa ,
Inciſum & duro nomen erit lapide.
Quod ſi forte tibi fuerit fatorum cura meorum ,
Ne grave ſit tumulum viſere ſæpe meum.
Et quicumque tuis umor (ſic) labetur ocellis ,
Protinus inde meos defluat in cineres.

Præterea vero in urnis cinerariis phialas illas vitreas aut fictiles deponebant , quæ jam in ſepulcris innumeris in dies deteguntur ; ita ut in Muſeis pene omnibus hujuſmodi phialæ paſſim reperiantur. Nec ſatis habebant ſuas & præficarum lacrymas in urnulis hujuſmodi deponere ; aliquando etiam aromata & unguenta precioſa cum lacrymis commiſcebant ; id autem ediſcimus ex veteri inſcriptione quam ita lego.

URNES LACRYMATOIRES.
C. LAELIO. C. F. IV.
MAGNA. OMNIVM. EXPECTATIONE
GENITO
ET. DECIMO. OCTAVO. AETATIS
ANNO
AB. IMMANI. ATROPO. E. VITA
RECISO
FVSCA. MATER
AD. LVCTVM. ET. GEMITVM. RELICTA
CVM. LACHRIMIS. ET. OPOBALSA
MO. VDVM

Cela veut dire,

C'est le tombeau de Caius Lælius, fils de Caius, dont la naissance fut fort desirée de tous ses parens. La Parque coupa le fil des jours de sa vie à l'âge de dix-huit ans. Sa mere affligée & delaissée pour lui survivre dans le deuil & dans la tristesse, a fait un composé de larmes & de parfums.

Ces larmes & ces parfums étoient sans doute dans quelque urne lacrymatoire : nous donnons ici une grande quantité de ces petites phioles de differente forme. Dans la premiere planche deux portent inscription ; pour ce qui est des autres, on n'en peut rien dire, sinon que celles dont le bas se termine en pointe éroient apparemment fichées dans les cendres, ne pouvant autrement se tenir debout. Le bas de l'une de ces phioles quarrées qui portent inscription, représente un Mercure avec son petase & ses ailerons, tenant le caducée à son ordinaire, & aux quatre angles du quarré ces quatre lettres C. M. H. R. Un antiquaire a cru qu'il falloit lire ainsi, *Curet Mercurius hunc reducere*, ou peutêtre *hanc reducere : Que Mercure ait soin de ramener cette ame.* On n'oseroit garantir cette explication, quoiqu'elle convienne au sujet ; car Mercure ici représenté avoit soin, dit Petrone, d'amener & de ramener les ames ; nous verrons plus bas Mercure faisant cette fonction. De là vient que dans quelques inscriptions de Gruter il est appellé *Mercurius redux* Mercure qui ramene ; car ce mot *redux* qui signifie tantôt celui qui revient, & tantôt celui qui ramene, doit être ici necessairement entendu dans le second sens. L'autre urne quarrée dont le dessein m'a été envoié d'Avignon par M. le Marquis de Caumont, est plus figurée que la premiere, & a un bien plus grand nombre de lettres. L'image a deux quarrez dont le premier renferme l'autre. Au milieu du plus petit quarré est une bête peu reconnoissable. Le grand quarré contient ces lettres C. EVHODIA ; c'est appa-

Pl. XCVIII.

Caio Lælio Caii filio ju. magna omnium exspectatione genito, & decimo octavo ætatis anno ab immani Atropo e vita reciso, Fusca mater, ad luctum & gemitum relicta, cum lacrymis & opobalsamo udum.

Lacrymæ hujasmodi a Fusca matre cum opobalsamo commixtæ in aliqua haud dubie similium phialarum, quarum usus tam frequens, reconditæ erant. Hic magnam earum phialarum vim proferimus, quæ variæ formæ sunt. In priore tabula duæ inscriptione & figuris insigniuntur : nam quod ad cæteras spectat id unum possumus dicere, eas nempe quæ inferne in acumen desinunt in cineres fuisse defixas, quandoquidem alio modo stare non potuissent. Ex iis vero phialis quæ inscriptionem præferunt, altera Mercurium repræsentat cum petaso pinnis ornato & caduceo, vulgaribus symbolis, in quatuor autem angulis hæ quatuor literæ adscribuntur C. M. H. R. quas quidam vir antiquitatis peritus ita legendas existima-

vit : *Curet Mercurius hunc reducere*, vel fortassis, *hanc reducere*. Etsi eam lectionem germanam affirmare non ausim, ea tamen ad præsens argumentum quadrare videtur : nam Mercurius qui hic repræsentatur, *animas ducere & reducere solet*, inquit Petronius Arbiter. Paulo post videbimus Argeiphontem illo fungentem officio : indeque est quod in quibusdam Gruterianis inscriptionibus vocetur Mercurius redux, quam vocem ita interpretaris non quasi Mercurius redeat, sed quasi reducat, veti redux pro utroque alibi accipiatur. Alia urna quadrata, cujus mihi imago a D. Marchione de Caumont Avenionensi transmissa fuit, plumbus quam prior ornatu figuris atque literis : imago duabus quadratis figuris terminatur, quarum quæ minor in majori concluditur. In medio quadrati minoris animal est quadrupes, quod vix internoscas. In majori quadrato hæ literæ comprehenduntur C. EVHODIA, quod est, ut

118 L'ANTIQUITE' EXPLIQUE'E, &c. Liv. III.

remment le nom de la défunte Caia Evhodia ; l'*h* inférée après l'*v* dans *Evhodia*, se trouve ci-devant dans le même nom, & est d'ailleurs si ordinaire dans les inscriptions, qu'il ne peut faire aucune peine. Pour ce qui est des deux lettres du second quarré C. R. je n'oserois rien hazarder sur leur signification ; la premiere pensée qui vient, c'est qu'elles pourroient signifier *curavit*: mais alors Caia Evhodia ne seroit pas celle pour laquelle on a renfermé des larmes dans cette phiole, mais celle par les ordres de laquelle elle a été faite. Il vaut mieux laisser la chose indécise.

P L. XCIX. Dans la planche suivante entre plusieurs phioles lacrymatoires il y en a une quarrée toute semblable à celle que nous avons donnée ci-devant, qui a un Mercure au fond avec les quatre lettres C. M. H. R. C'est peutêtre la même ; celle-ci a été donnée par Beger dans son cabinet de Brandebourg avec plusieurs autres du même cabinet, que le lecteur considerera.

P L. C. Une autre planche représente treize urnes lacrymatoires, dont l'une donnée par M. Fabretti, est quarrée, & représente au fond sur la surface de dehors une femme assise, avec quatre lettres M. A. C. N. M. Fabretti croit que c'est le nom de l'ouvrier, & dit qu'il a vu ailleurs sur des verres les noms des verriers qui les avoient faits. Cela paroit assez incertain.

P L. CI. La derniere planche des urnes lacrymatoires en contient neuf données par le P. Bonanni. La premiere est la seule que nous aions vue avec un couvercle ; les autres n'ont pas besoin de description.

---

videtur, nomen defunctæ, *Caia Evhodia*. H litera post V inserta in voce Evhodia, jam antehac in eadem ipsa voce conspecta fuit, estque hæc scribendi ratio in epitaphiis ita frequens, ut nihil possit negotii facessere. Quod spectat ad literas illas duas quæ in minori quadrato habentur C. R. nihil de earum significatu affirmare ausim. Quæ vox statim menti occurrit est *curavit*: at si sic legeretur, Caia Evhodia non illa esset, cujus gratia lacrymæ in phiala conclusæ fuerint ; sed ea quæ phialam adornandam curaverit. Res in incerto maneat.

In sequenti tabula inter multas hujusmodi phialas una tantum occurrit quadrata, ei prorsus similis quam in priori tabula primam descripsimus, ubi Mercurius cum quatuor literis C. M. H. R. occurrit, eadem-que prorsus esse videtur. Hæc postrema a Begero data fuit in thesauro Brandeburgico, cum aliis plurimis hujusmodi urnulis quas lector in hac tabula dispiciet.

In alia tabula phialæ tredecim habentur, quarum una a Raphaele Fabretto data, quadrata est, atque in fundo in exteriore scilicet facie mulierem repræsentat sedentem, cum hisce quatuor ad angulos literis M. A. C. N. Putat Fabrettus esse artificis nomen, seque pluries in vitreis sic in nomina opificum incidisse ait : sed res melius inter incerta comparetur.

In postrema urnularum hujusmodi tabula novem conspiciuntur a P. Bonanno prolatæ. Prima sola est quam cum operculo hactenus vidimus : cæteræ porro descriptione non egent.

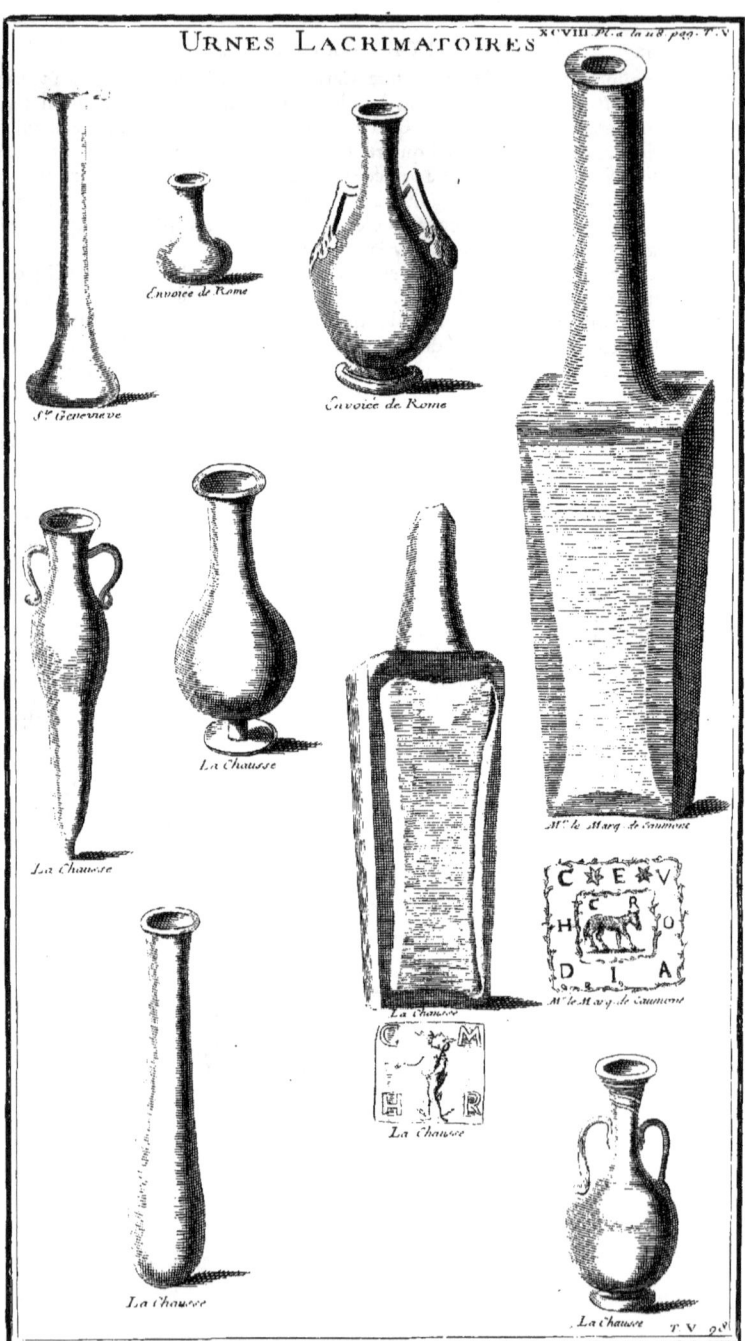

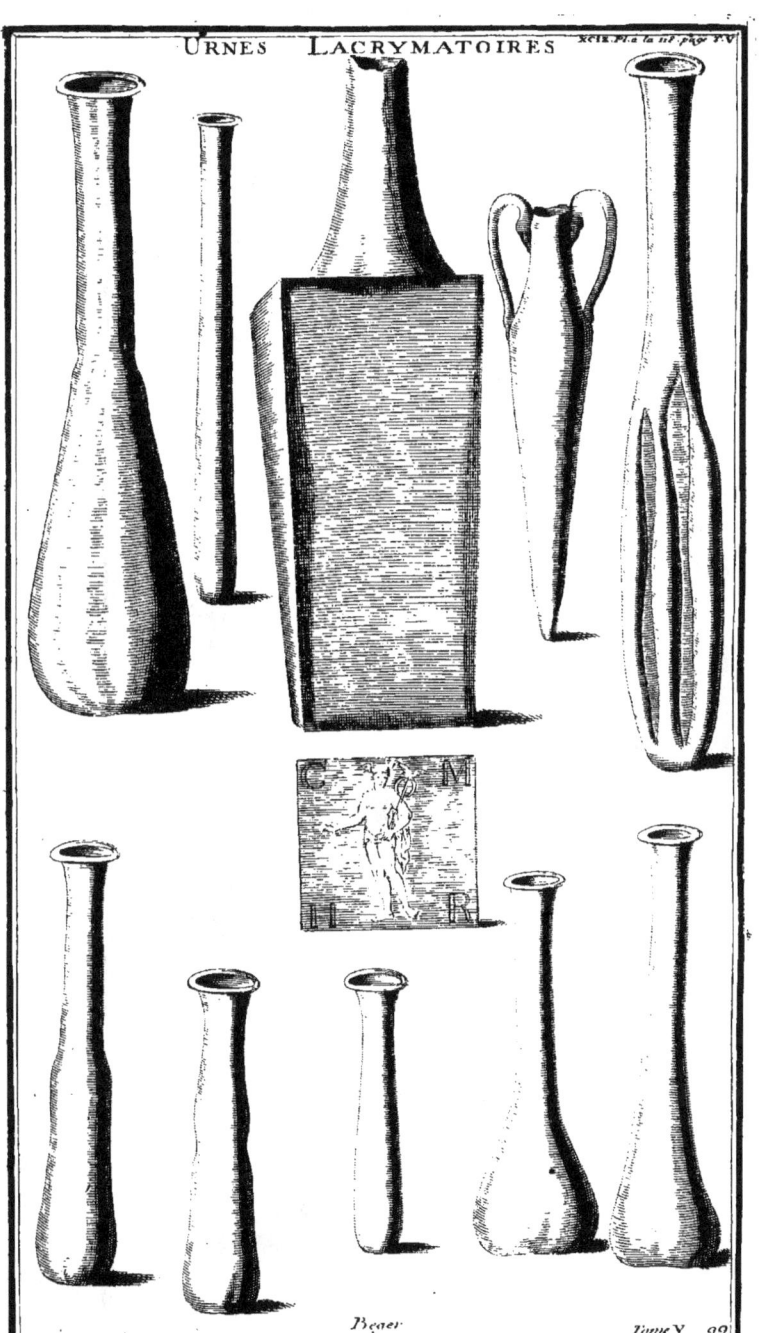

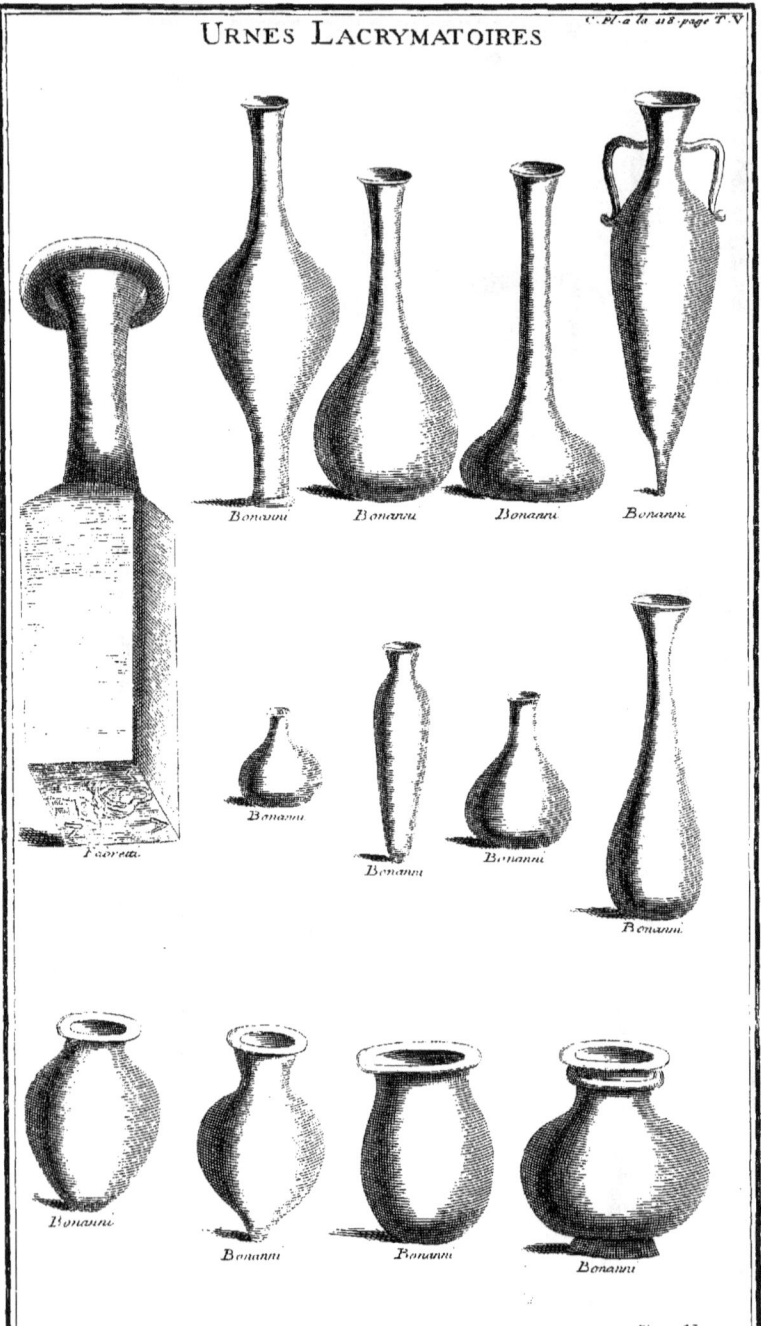

Urnes Lacrymatoires

Bonanni.   *Bonanni.*   *Bonanni.*

Bonanni.   *Bonanni.*   *Bonanni.*

Bonanni.   *Bonanni.*   *Bonanni.*

CHAPITRE VIII.

I. Ce que c'étoit que les Mausolées. II. Le Mausolée d'Artemise.

I. Les tombes & les urnes dont nous venons de parler, se mettoient ordinairement ou dans des souterrains ou dans des chambres à plain pied de terre ; ce qui n'empêchoit pas qu'il n'y en eût d'autres mises dans des monumens plus élevez : car les Grecs & les Romains faisoient des édifices plus ou moins élevez de terre, selon les facultez & selon la qualité, ou selon le plus ou moins d'affection des parens. Il y en avoit de tres-magnifiques, dont quelques-uns restent encore aujourd'hui ; mais les plus beaux sont dépouillez de leurs anciens ornemens. Quelques grands & superbes qu'ils aient été, ils n'ont approché que de bien loin de ces trois grandes pyramides d'Egypte, que la solidité de leur structure a conservées jusqu'à nos jours. C'est la seule des sept merveilles du monde qui reste aujourd'hui en son entier ; nous en donnerons la figure dans les funerailles des Egyptiens.

II. Un autre sepulcre qu'on comptoit aussi pour une des sept merveilles du monde étoit celui de Mausole roi de Carie, que lui fit faire Artemise sa femme ; de là vient le nom de Mausolée que plusieurs anciens ont donné aux sepulcres magnifiques. Ce furent Scopas, Bryaxis, Timothée & Leocharès qui construisirent ce somptueux édifice, dit Pline. Ce sepulcre, poursuit-il, fut fait par Artemise pour son mari Mausole roi de Carie, qui mourut l'an second de la centiéme Olympiade. Ce furent principalement ces maitres ouvriers qui rendirent cet édifice une des sept merveilles du monde. Du côté du midi & du septentrion il avoit soixante-trois pieds, mais moins d'étenduë des deux autres côtez. Tout le circuit de l'édifice étoit de quatre cens onze pieds ; sa hauteur de vingt-cinq coudées ; il étoit environné de trente-six colonnes. Scopas fit le côté de l'orient, Bryaxis celui du septentrion, Timothée celui du midi, Leocharès celui de l'occident. Avant que l'ouvrage fut achevé, Artemise qui le faisoit faire en memoire de son mari, vint à mourir. Mais ces maitres architectes croiant qu'il étoit de leur honneur de continuer l'ouvrage, & de laisser à la posterité ce monument de leur habileté, ne cesserent point que le

---

CAPUT VIII.

I. Quid essent mausolea. II. Mausoleum Artemisiæ.

I. Sarcophagi atque urnæ de quibus hactenus egimus, aut in hypogeis, aut in aliis in plano solo structis conclavibus camerisve locari ut plurimum solebant : præterea vero sublimiora quædam ædificia erigebantur : nam Græci atque Romani majora ea aut minora fabricabantur, tum pro facultate defunctorumque conditione, tum etiam pro ratione affectus erga parentes mortuos. Inter ea quædam erant magnificentissima quorum aliquot hodieque supersunt, sed ornamentis pene omnibus spoliata suis. Quantumvis autem egregia, quantumvis magnifica fuerint, nullomodo tamen ad tres illas pyramides Ægyptiacas pertingere accedereve possunt, quæ pyramides ob structuræ firmitatem ad nostram integræ devenerunt ætatem : hoc unum ex illis olim orbis spectaculis hodieque superest ; quod infra in funere Ægyptiorum suspiciendum offeretur.

11. Sepulcrum aliud quod etiam inter orbis spectacula olim computabatur, Mausoli regis Cariæ erat, quod ab Artemisia ejus uxore constructum est : inde nomen Mausolei, quod antiquorum quidam magnificentioribus sepulcris indiderunt : *Scopas*, inquit Plinius 36. 5. *habuit æmulos eadem ætate Bryaxin & Timotheum & Leocharem, de quibus simul dicendum est, quoniam pariter celavere mausoleum. Sepulcrum hoc est ab uxore Artemisia factum Mausolo Cariæ regulo, qui obiit Olympiadis centesimæ anno secundo. Opus id ut esset inter septem miracula ii maxime artifices fecere. Patet ab Austro & Septentrione sexagenos ternos pedes, brevius a frontibus, toto circuitu pedes quadringentos undecim : attollitur in altitudinem viginti quinque cubitis, cingitur columnis triginta sex. Ab ariente cælavit Scopas, a septentrione Bryaxis, a meridie Timotheus, ab occasu Leochares. Priusque quam peragerent, regina Artemisia, quæ mariti memoria id opus exstrui jusserat, obiit. Non tamen recesserunt,*

120 L'ANTIQUITE' EXPLIQUE'E, &c. Liv. III.

tout ne fut achevé. On difpute encore aujourd'hui lequel d'eux a le mieux fait. Un cinquiéme ouvrier y mit encore la main ; il fit fur le pinacle une pyramide de même hauteur que le bâtiment de deffous : elle étoit à vingt-quatre degrez & alloit en diminuant jufqu'à la pointe. Au fommet de la pyramide étoit une quadrige faite par Pythis. Le tout enfemble faifoit la hauteur de cent quarante pieds. Voila ce que dit Pline du Maufolée. Il femble que fes mefures ne quadrent pas bien, lorfqu'il dit que la face du feptentrion n'avoit que foixante-trois pieds, celle du midi autant ; que les deux faces de l'orient & de l'occident étoient de moindre largeur ; & que neanmoins tout le contour du bâtiment étoit de quatre cens onze pieds : y auroit-il faute dans le texte ?

L'amour d'Artemife pour fon mari & le regret de l'avoir perdu étoit fi grand qu'après que le corps fut brulé, elle délaioit fes cendres dans fa boiffon jufqu'à ce qu'elles fuffent confommées, voulant par là les changer pour ainfi dire en fa propre fubftance. Non contente de cela, elle établit un prix confiderable pour les beaux efprits de la Grece qui viendroient s'exercer à l'envi à faire l'éloge de fon mari. Il ne refte plus aucune trace de ce beau monument.

---

nifi abfoluto, jam id gloria ipforum artifque monumentum judicantes : hodieque certant manus. Acceffit & quintus artifex : namque fupra pteron pyramis altitudine inferiorem æquavit, viginti quatuor gradibus in metæ cacumen fe contrahens. In fummo eft quadriga marmorea quam fecit Pythis. Hæc adjecta centum quadraginta pedum altitudine totum opus includit. Hæc de maufoleo Plinius : fed videntur ejus menfuræ non quadrare ; ait enim feptentrionalem faciem fuiffe fexaginta trium pedum, meridionalem totidem, orientem vero & occidentem fpectantes facies minoris fuiffe latitudinis, totumque tamen circuitum fuiffe quadringentorum undecim pedum : certe in textu vitium infit oportet.

Tantus fuit Artemifiæ erga maritum amor, ut cremato ejus corpore, cineres potui fuo admifceret, donec confumti penitus effent, quod vellet conjugis cineres, quafi in propriam convertere naturam : infuperque præmium mercedemque magnum conftituit iis ex Græciæ ingenio præditis viris, qui viri fui memoriam oratione cohoneftatum accederent. Ex mirabili hujufmodi monimento nihil hodie fupereft.

CHAP.

LES MAUSOLE'ES.

CHAPITRE IX.

I. Mausolées des Romains, & premierement celui d'Auguste. II. Mausolée d'Hadrien. III. Le Septizonium de Severe.

I. Les Romains ne cederent gueres à la Reine Artemise, s'ils ne l'emporterent pas sur elle. Le mausolée d'Auguste, celui d'Hadrien & le septizone de Severe étoient d'une magnificence extraordinaire. Celui d'Auguste dont les traces restent à Rome dans l'enceinte du Palais des Floravanti, étoit couvert jusqu'à la pointe d'arbres verds, dit Strabon. Cela ne se pouvoit faire qu'en faisant le mausolée à plusieurs étages, qui se retrécissoient toujours, & laissoient un espace pour y mettre de la terre, & faire prendre racine à ces arbres. Au plus haut du mausolée, qui faisoit comme la pointe, étoit la statue d'Auguste, & les urnes qui contenoient ses cendres & celles de ses parens. PL. CII.

Auprès de ce sepulcre il y avoit un obelisque qui faisoit une horloge solaire; les heures étoient marquées sur un pavé aussi large, dit Pline, que l'obelisque étoit haut. L'obelisque servoit de gnomon, & les heures étoient marquées sur le pavé par des nombres de bronze. Voici les restes de ce magnifique mausolée, où l'on ne voit plus que l'enceinte interieure telle qu'elle a été donnée par le Bartoli. Il y a plus de cent soixante ans qu'on grava à Rome le mausolée d'Auguste tout entier & avec tous ses ornemens; mais comme le monument étoit au même état qu'aujourd'hui, nous n'oserions nous y fier. Nous y ajoutons encore le plan fait sur les desseins du Bufalini. Le diametre de toute l'enceinte étoit d'environ deux cens de nos pieds. La fabrique est de petites pierres en lozange : on trouve assez souvent d'anciens bâtimens construits de mêmes pierres. Auprès du mausolée il y avoit un bois disposé en grandes promenades, dit Strabon.

Le mausolée d'Hadrien étoit bien plus grand, & même plus orné que celui d'Auguste. Il n'en reste qu'une tour d'énorme grandeur, qui fait comme le dongeon du Château Saint-Ange; elle est d'un massif si extraordinaire, qu'elle paroit bâtie pour l'éternité. Elle étoit ornée exterieurement de plu- PL. CIII.

CAPUT IX.

I. Mausolea Romanorum & primo mausoleum Augusti. II. Mausoleum Hadriani. III. Septizonium Severi.

I. IN similibus excitandis monumentis Romani Artemisiæ non inferiores fuerunt nisi fortasse illam superaverint. Mausoleum Augusti, mausoleum Hadriani, & septizonium Severi opera erant magnificentiæ eximiæ. Augusti mausoleum cujus reliquiæ Romæ in ædibus Floravantorum supersunt, ad usque cacumen arboribus semper virentibus opertum erat, quod hoc solum modo fieri potuit : monumentum scilicet per gradus constituendo, ita ut structura sensim spatio atquescit cuitu minueretur, & in singulis gradibus sat spatii esset ut terra inibi deposita arborum radices caperet. In supremo mausolei cacumine, erat statua Augusti, atque urnæ quæ suos cognatorumque cineres includerent.

Ante hoc sepulcrum obeliscus erat, qui horologium solare constitueret : horæ autem in pavimento designabantur, cujus latitudo, inquit Plinius, obelisci altitudini par erat. Obeliscus vice gnomonis erat; horæque in pavimento æneis literis notabantur.

En magnifici ejusdem mausolei reliquias, ubi tantum ea visuntur quæ ad interiorem ambitum spectabant, suis spoliata ornamentis, qualia a Petro Santo Bartolo in ære incisa sunt. Ab annis plus quam centum sexaginta Romæ incisum est in ære mausoleum Augusti integrum suisque omnibus numeris atque partibus absolutum; sed quia ex una pictorum imaginatione ejus ornamenta omnia prodierunt, illa consulto omisimus. Ichnographiam quoque ejusdem mausolei apponimus qualis ea secundum Bufalini delineationem cusa fuit. Totius ambitus diametros erat ducentorum circiter regiorum pedum. Ex lapidibus autem in rhombi formam concinnatis totum ædificium constructum erat, quæ ædificandi ratio in multis quæ adhuc supersunt vetustissimis monumentis occurrit. Prope mausoleum lucus erat in ambulacra magna divisus, inquit Strabo.

II. Longe majus ornatiusque erat mausoleum Hadriani illo Augusti monumento. Ex illo vero unica superest immanis amplitudinis turris, quæ in præsidio quod castellum sancti Angeli dicitur quasi arx erigitur. Estque moles pene tota solida intra quam tantillum vacui spatii relinquitur; ita ut contra omnes temporum injurias tuta æternum mansura videatur. Exor-

Tom. V.   Q

sieurs rangs de belles colonnes. On les voit encore au nombre de quatre-vingt dans l'Eglise de Saint Paul hors des murs : quarante de ces colonnes plus grandes que les quarante autres, étoient apparemment pour le rang d'enbas, & les autres pour le rang d'en haut. Nous donnons ici le plan de ce superbe édifice tel qu'il a été donné par le Bartoli, & son profil donné par le même. Le plan est exact, il a été aisé de le faire tel : pour ce qui est du profil, je ne puis pas dissimuler qu'il y est un peu entré de la conjecture. Le Bartoli ne met que deux rangs de colonnes, & le Lauro après d'autres en met trois; nous suivons le premier. Ces deux rangs de colonnes que nos Religieux de Mont-cassin assurent avoir été pris du mausolée d'Hadrien, semblent favoriser le profil fait par le Bartoli. Ceux qui eurent la permission de dépouiller ce mausolée pour en orner l'Eglise de S. Paul, n'auroient pas apparemment laissé ce troisiéme rang de colonnes s'il y avoit été : mais on ne sauroit tirer de tout cela rien de certain. Le Bartoli n'avoit mis au second rang que des pilastres; mais s'il en faut croire les Benedictins de S. Paul, le second rang qui étoit le plus élevé, avoit aussi des colonnes, quoique plus petites que celles du rang d'en bas: si le Bartoli y a mis des pilastres, il semble que c'est par un pur caprice. Ce mausolée étoit orné de statues à pied & à cheval ; il y avoit aussi des chariots. Ces statues furent brisées, dit Procope, à la guerre des Goths, lorsque les Romains n'aiant plus de pierres, qu'ils avoient toutes jettées contre les ennemis, s'aviserent de casser ces statues pour se défendre en les jettant par quartiers sur les Goths.

P L. C I V.

III. Quant au *Septizonium* de Severe on forme plusieurs difficultez. Premierement, si c'étoit le lieu de la sepulture de cet Empereur ; si ce *Septizonium* dont trois rangs d'architecture l'un sur l'autre restoient encore du tems de Sixte V. qui les fit abattre, parce qu'ils menaçoient ruine, & de peur qu'ils ne tombassent sur les passans; si ce *Septizonium*, dis-je, étoit celui que Septime Severe avoit fait lui-même pour sa sepulture: s'il étoit appelé *Septizonium* parcequ'il avoit sept rangs d'architecture l'un sur l'autre. Ce que nous pouvons dire sur tout cela, est qu'il est certain que le sepulcre de Septime Severe étoit fait en maniere de Septizone ; » Il fut porté en convoi, dit Spartien parlant » de Geta fils de Septime Severe, au sepulcre de ses ancêtres, qu'on laisse à la

nabatur autem olim sublimibus undique columnis ; quæ columnæ adhuc octoginta numero in ecclesia sancti Pauli extra muros conspiciuntur. Harum quadraginta majores in ordine, ut videtur, inferiore erant, & quadraginta reliquæ in superiore. Ichnographiam proferimus qualem dedit Petrus Santus Bartolus, & orthographiam similiter ab eodem peritissimo in ære sculptore concinnatam. Ichnographia quidem accurata esse putatur, nec difficile fuit eam secundum veram sinceramque rationem apparare: non idipsum dixerim de orthographia, in qua multa ex sola conjectura posuisse videtur Bartolus, qui duos solum posuit columnarum ordines, cum contra Laurus aliique, qui ipsum antecesserant, tertium adjiciant ordinem. Bartolum unum sequimur : duo certe illi columnarum ordines, quos ex mole Hadrianea desumptos fuisse affirmant Monachi nostri Benedictini, ad Bartoli orthographiam quadrant : nam ii qui ornandæ ecclesiæ sancti Pauli, mausolei Hadrianei spolia impetrarunt, tertium ordinem columnarum non reliquissent, si adfuisset. Sed ex iis tamen nihil certi statuas. Bartolus in secundo ordine parastatas solum posuerat, sed si nostrorum Benedictinorum S. Pauli dictis standum sit, secundus ordo columnarum etiam erat, sed minorum illis quæ in primo stabant ordine : cum parastatas posuit Bartolus, id ex mero arbitrio fecit. Hoc mausoleum ornatum erat statuis tum pedestribus tum equestribus ; erant etiam inibi quadrigæ superbum hoc ædificium condecorantes. Hæ porro statuæ confractæ sunt, ut narrat Procopius, in bello Gothico, cum Romani saxis deficientibus, utpote jam in hostes conjectis, hasce statuas confregere, ut telorum vice frusta earum immitterent in Gothos.

III. Quod spectat ad Septizonium Severi, multæ de eo moventur controversiæ: quæritur enim primo utrum is esset sepulcralis tumulus Septimii Severi imperatoris, utrum etiam septizonium cujus tres adhuc architecturæ columnarumque ordines superant tempore Sixti V. quos ille dejici jussit, ne ruina sua jam proxima quospiam opprimerent ; utrum, inquam, illud septizonium esset, quod sibi in sepulturam paraverat Septimius Severus ; utrum etiam ideo septizonium vocaretur, quod septem architecturæ ordines alterum alteri impositos haberet. Quod certum ea in re proferre possumus illud est, nempe sepulcrum Septimii Severi in septizonii morem concinnatum fuisse : nam Spartianus de Geta Septimii Severi filio loquens sic ait : *Illatusque est majorum sepulcro, quod est in Appia via euntibus ad portam*

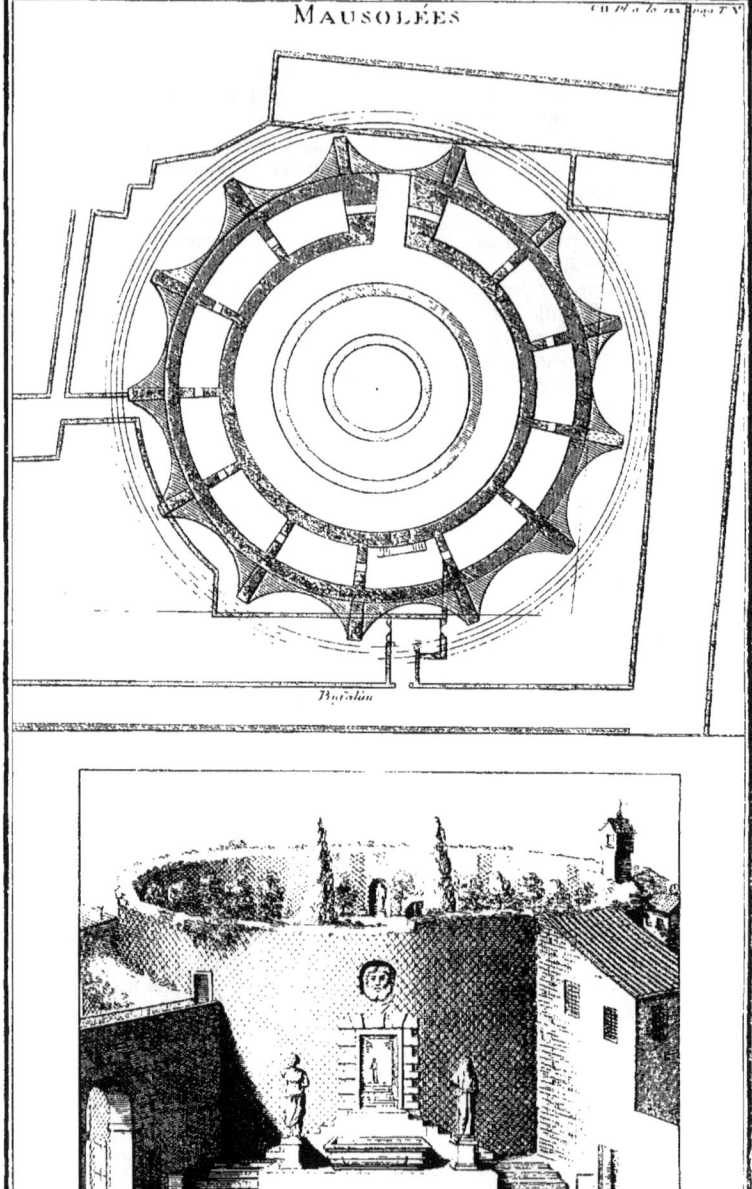

MAUSOLÉES

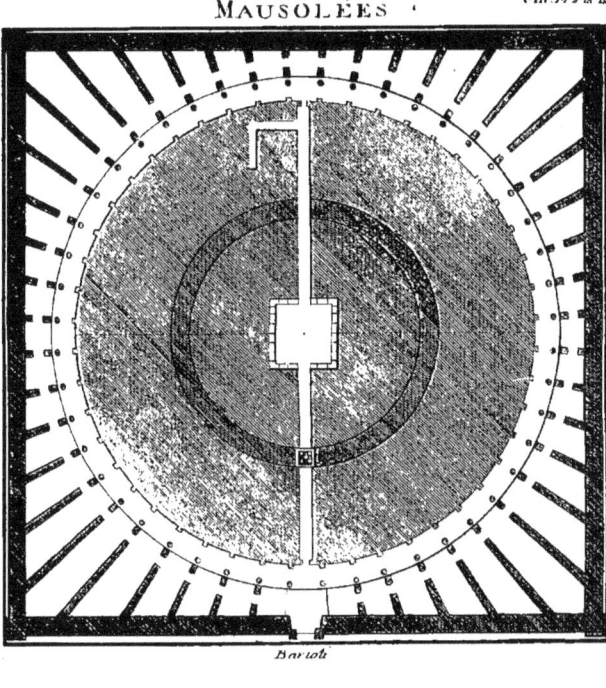

Bartoli

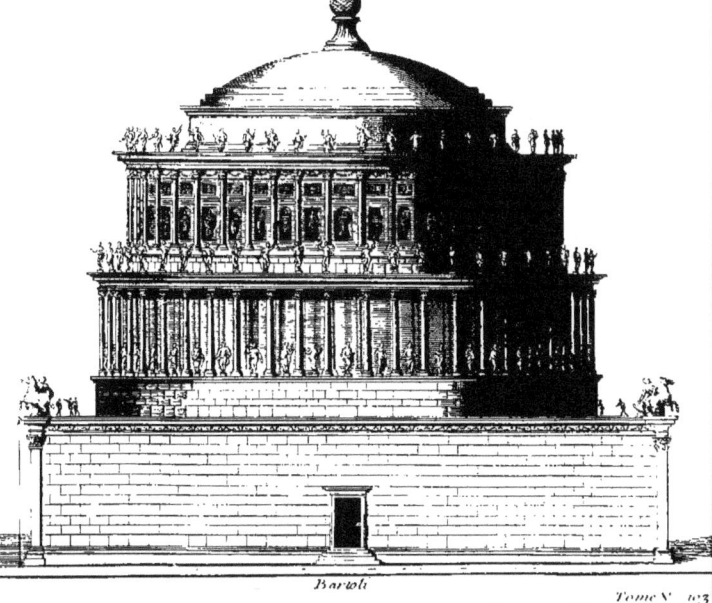

Bartoli

LE SEPTIZONE.

droite en allant à la porte de la voie Appienne, & qu'il s'étoit fait bâtir pendant sa vie en maniere de septizone. « La situation que Spartien marque convient fort bien au septizone qui dura jusqu'au pontificat de Sixte Quint; il étoit en la voie Appienne dans la place devant Saint Gregoire. Mais il y a une difficulté ; comment un sepulcre pouvoit-il être dans la ville ? car quand même il seroit vrai, comme dit Servius, qu'il n'y avoit que les Empereurs & les vierges Vestales qui pussent être enterrez dans la ville, ce qui pourtant est contesté, la difficulté demeureroit encore, parceque c'étoit le sepulcre de ses ancêtres, qui certainement n'étoient pas Empereurs. Ce qui est à remarquer, c'est que Septime Severe pere de Geta ne peut être compté ici pour un de ses ancêtres enterrez dans ce sepulcre, puisque selon le même Spartien Septime Severe fut inhumé dans le sepulcre de Marc-Antonin le Philosophe, dont il honoroit la memoire plus que celle d'aucun autre Empereur, jusque-là même qu'il fit mettre Commode son fils au nombre des dieux, & qu'il étoit d'avis que tous les Empereurs suivans prissent le nom d'Antonin comme ils prenoient celui d'Auguste. J'avoue que je n'oserois prendre parti là dessus. L'autre difficulté des sept rangs d'architecture l'un sur l'autre, n'est pas aisée à lever ; plusieurs architectes qui avoient vu les trois rangs qui restoient, dit le Nardini, soutenoient qu'on n'avoit pu en élever sept sur cette fabrique. Cet édifice a pourtant toujours été appellé *Septizonium* ; on le nommoit ainsi au huitiéme siecle, comme on peut voir dans l'Anonyme du huitiéme siecle, donné par le P. Mabillon au quatriéme tome de ses Analectes : on le trouve appellé de même aux siecles suivans. Il faut donc chercher une autre raison de la dénomination du *Septizonium*, que ce nombre d'ordres d'architecture : je ne vois pas quelle peut avoir été cette raison ; celle qu'en donne le Nardini, qu'il seroit trop long de rapporter ici, ne me plait nullement ; & il est difficile de deviner au gré des autres. Nous donnons ici les trois rangs d'Architecture qui subsisterent jusqu'à Sixte-Quint, & qui furent gravez plusieurs années avant son pontificat par Antoine Lafreri l'an 1546. Tous les gens sensez ont cru que ces trois rangs n'en ont jamais pu soutenir quatre autres ; cependant on grava à Rome dans le seiziéme siecle un *Septizonium* à sept rangs de colonnes, tel que nous le donnons au dessous du véritable ; c'est un ouvrage de pure imagination, qui n'a jamais existé que dans l'idée de certaines gens trop hardis ; on ne doit y ajouter aucune foi.

---

dextrum, specie septizonii exstructum, quod sibi ille vivus ornaverat. Hic situs apprime convenit in septizonium illud, quod ad usque Sixtum V. superfuit. Erat enim via Appia in platea ante sanctum Gregorium. Verum difficultas superest, quomodo sepulcrum in ipsa erat urbe : etsi enim verum esset illud quod Servius ait, nempe solos Imperatores Vestalesque virgines posse in urbe sepeliri, quod tamen non vacat difficultate & controversia ; prior tamen difficultas semper maneret ; quia illud erat majorum ipsius sepulcrum, qui majores certe imperatores non erant : imo quod est notandum, inter majores illos pater Septimius accenseri nequit, quod eodem referente Spartiano *Illatus sepulcro Marci Antonini, quem ex omnibus imperatoribus tantum coluit, ut & Commodum in divos referret. & Antonini nomen omnibus deinceps quasi Augusti adscribendum putaret.* In hac certe difficultate nihil mihi proferendum suppetit. Nec levis adhuc restat difficultas circa illos septem architecturæ ordines alterum alteri impositos. Plurimi architecti, qui ipsis oculis hosce tres ordines stantes suspiciebant, inquit Nardinus, affirmabant nunquam potuisse quatuor ordines alios hisce tribus superponi : recur quam plures fuisse, quam tunc exstabant : attamen hoc ædificium septizonium semper vocatum fuit : sic vocabatur octavo sæculo, ut videre est in Anonymo, quem edidit Mabillonius noster quarto Analectorum tomo : sic sequentibus sæculis vocatum est ; quamobrem septizonii appellatio aliunde est, quam a septem ordinibus petenda. Unde vero petenda sit non video ; nam quæ ex de re protulit Nardinus, ut longius esset referre, omnino levia sunt. Hic tres illos architecturæ ordines cum tota fabrica sistimus, qualis ea in ære incisa fuit multis ante Sixti Quinti pontificatum annis ab Antonio videlicet Lafrerio anno Domini 1546. Omnes, ut diximus, quotquot illud ædificium viderunt, viri nempe qui sagacitate valebant, existimarunt nunquam potuisse illos tres architecturæ ordines, quatuor ordinum superpositorum molem sustinere ; attamen sextodecimo sæculo septizonium cum septem columnarum ordinibus, quale sub vero septizonio ponimus, publicatum est. Sed illud ex imaginatione mera prodiit hominum, atque pro arbitrio adornatum fuit ; nec iis habenda ulla fides est.

Tom. V. Q ij

CHAPITRE X.

I. La pyramide de Cestius. II. Les colonnes Trajane & Antonine étoient comme des mausolées. III. Plusieurs autres mausolées.

PL.
C V.

I. LA pyramide de Cestius qu'on voit en allant à la porte de Saint-Paul, fut faite à l'imitation des pyramides d'Egypte, avec cette difference qu'elle est toute unie par dehors, au lieu que les pyramides d'Egypte vont par degrez : le dedans est vuide ; en quoi elle differe aussi des pyramides d'Egypte, qui dans une grande masse ont tres-peu de vuide. L'inscription qu'on voit dans la planche, se lit ainsi sur la face de la pyramide : *Caius Cestius Lucii filius, Poblilia, Epulo, Prætor, Tribunus plebis, Septemvir Epulonum.* Caius Cestius Epulon, fils de Lucius, de la tribu Poblilia, Preteur, Tribun du peuple, & l'un des Septemvirs Epulons. Une autre inscription audessous de celle-ci & en plus petit caractere se doit lire en cette maniere : *Opus absolutum ex testamento diebus trecentis triginta, arbitratu Pontii Publii filii, Claudia Melæ heredis, & Pothi liberti.* Cela veut dire que tout l'ouvrage de la pyramide a été fait suivant le testament en trois cens trente jours, selon la volonté de Pontius Mela fils de Publius de la tribu Claudia, qui étoit l'heritier, & de Pothus affranchi. Il faut rappeller ici ce que nous avons dit ci-devant du nom des tribus marqué dans les épitaphes. Une autre inscription recente marque que l'ouvrage a été reparé en 1663. Cette pyramide a au pied selon les mesures d'Ottavio Falconieri cent trente cinq palmes.

L'interieur de la pyramide est orné de quelques peintures antiques. La premiere est d'une femme assise qui lit ou qui chante quelque chant funebre ; car on chantoit aux funerailles, & on y jouoit de la flute en se battant la poitrine, dit Lucien. La seconde est d'une autre femme assise qui prépare quelque chose dans un bassin : la troisiéme d'une femme couronnée qui tient d'une main un plat, & de l'autre un pot à boire, pour marquer le repas des funerailles. La quatriéme tient ces flutes dont on jouoit aux obseques. Il y a outre cela dans cette pyramide des urnes peintes, & l'image d'une Victoire qui tient d'une main une couronne, & de l'autre un diademe.

II. Les colonnes Trajane & Antonine se peuvent encore dire des mau-

---

CAPUT X.

I. Pyramis Cestii. II. Columnæ Trajana & Antonina, quasi mausoleæ erant. III. Alia plurima mausolea.

I. PYRAMIS Cestii quæ Romæ ad S. Pauli portam contendentibus offertur, ad exemplum pyramidum Ægyptiacarum facta est, hoc tamen discrimine quod Cestiana lævi sit superficie, Ægyptiæ vero pyramides per gradus sint dispositæ. Interiusque tota vacua est, qua in re quoque a pyramidibus Ægyptiacis differt, quæ in magna mole parum spatii vacui intus habent. Inscriptio quæ in pyramidis facie habetur, sic legenda est : *Caius Cestius Lucii filius, poblilia epulo, prætor, tribunus plebis, septemvir epulonum.* Sub hac altera inscriptio est minori charactere, quam ita lego : *Opus absolutum ex testamento diebus trecentis triginta, arbitratu Pontii Publii filii, Claudia, Melæ heredis, & Pothi liberti.* Hic memoria repetenda sunt illa quæ supra diximus de tribuum nominibus, quæ in epitaphiis aliisve inscriptionibus inseruntur. In alia inscriptione recenti hæc dicuntur : *Instauratum anno Domini millesimo sexcentesimo sexagesimo tertio.* Hujus pyramidis latitudo in ima parte est secundum mensuras Octavii Falconerii centum triginta quinque palmorum.

Pyramis intus antiquis picturis exornatur. Primo visitur mulier sedens, quæ vel legit vel funebres modulos canit : nam in luctu canebatur ; & aliquando etiam ad tibiæ modos pectus tundebatur, ut ait Lucianus *de luctu* ; secunda imago mulieris alterius est sedentis, quæ aliquid in pelvi apparat ; tertia mulieris coronatæ, quæ altera manu lancem tenet, altera vero scyphum, quo forte significatur cœna feralis : quarta tibias tenet queis in funeralibus ludebatur, teste Luciano supra : sunt præterea in hac pyramide urnæ depictæ, & Victoria quæ altera manu coronam, altera diadema tenet.

II. Columnæ quoque Trajana & Antonina, mau-

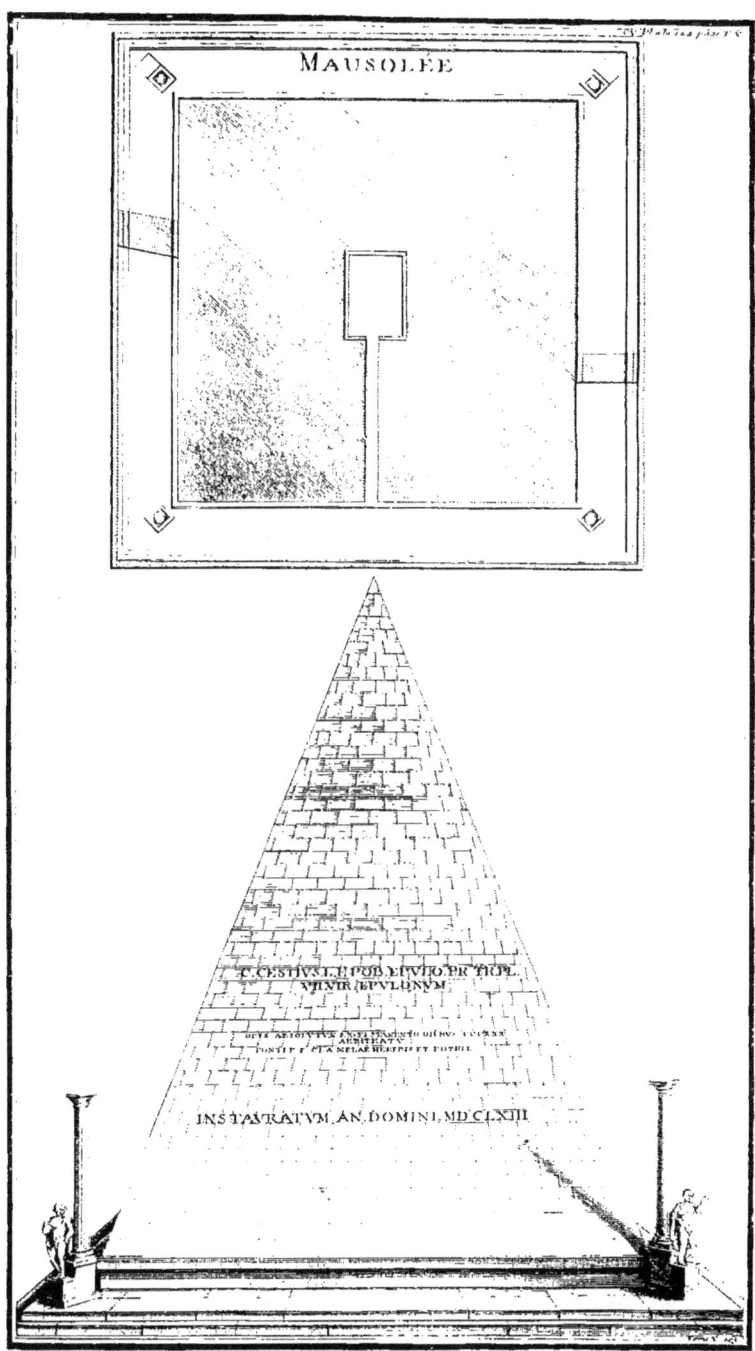

LES MAUSOLEES.

folées, aiant été faites pour honorer, & pour ainfi dire, éternifer la memoire des Princes défunts & de leurs grandes actions. Nous les avons déja données. Les bas reliefs dont elles font chargées font difperfez dans tout cet ouvrage : nous pouvons dire qu'il n'eft rien de plus fûr & de plus inftructif pour tout ce qui regarde l'antiquité, que les differentes images que nous en avons tirées.

III. Le maufolée fuivant fut découvert fous le Capitole. L'infcription porte que Caius Poblicius Bibulus fils de Lucius Edile du peuple, a merité par fa vertu l'honneur d'avoir par un decret du Senat & par le commandement du peuple ce lieu pour fa fepulture & celle de fes defcendans. C'étoit une grande marque d'honneur que d'avoir fa fepulture dans la ville, & qu'on n'accordoit qu'aux Empereurs & aux vierges Veftales ; encore fe trouve-t-il peu d'Empereurs à qui on l'ait accordé. Les deux vafes qui font au bas de cette planche, percez à plufieurs trous, ont été trouvez dans des fepulcres ; il eft difficile de dire à quoi ils ont fervi ; l'un d'eux orné de la tête d'un Silene couronné de lierre & de corymbes, peut avoir fervi à mettre du vin. Le doigt de bronze qui a auffi été trouvé dans un fepulcre, femble fait pour être fiché dans une muraille, & foutenir quelque chofe. PL. CVI.

On dit que le maufolée fuivant eft des Scipions ; il eft dans la voie Appienne, de ftructure fimple, & qui marque une antiquité fort reculée. Si on l'attribue aux Scipions, ce n'eft que par une efpece de tradition à laquelle on ne peut pas beaucoup fe fier. Nous en donnons le plan & le profil. PL. CVII

On peut dire la même chofe de celui de la famille Servilia, dont on donne auffi le plan & le profil, & qui eft fur la même voie Appienne. Nous voions ici des chambres & des appartemens tels que nous avons remarquez au premier livre de ce tome. PL. CVIII.

Le fepulcre ou maufolée fuivant eft un quarré orné de colonnes : fur le deffus qui fait auffi un quarré, eft repréfenté un lion. Ce monument qui étoit auprès de Tivoli a été détruit ; mais Pierre de Cortone en fit le deffein lorfqu'il étoit encore en fon entier. Le lion fut apporté au Palais Barberin, où il a été mis fur l'efcalier. Le fepulcre qui eft audeffous eft encore une efpece de petite tour quarrée auprès de Tivoli ; il n'y a d'autre ornement qu'un homme nu qui tient un cheval par la bride. PL. CIX.

---

folea dici poffunt, quandoquidem ex quoque in honorem principum defunctorum conftructæ funt, ut eorum gefta præclara per hoc ftabile monumentum ad poftema fæcula devenirent. Jam columnas ipfas integras fupra dedimus, ubi de tropæis. Anaglypha vero queis illa decorantur, per totum hoc opus difperfa funt ; neque enim certius quidpiam, neque ad veram antiquarum rerum formam tradendam docendamque accommodatius eft quam imagines inde excerptæ.

III. Sepulcrum feu maufoleum fequens fub Capitolio Romæ detectum deprehenfumque fuit, cujus infcriptio fic legenda : *Caio Poblicio Lucii filio Ædili plebis honoris virtutifque caufa Senatufconfulto populique juffu locus monumenti, quo ipfe pofterique ejus inferrentur, publice datus eft.* Erat certe magnum honoris fignum, quod in ipfa urbe locus daretur ad fepulturam, quod fane nonnifi Imperatoribus & Veftalibus concedebatur ; imo pauci funt imperatores quibus id conceffum deprehendatur. Duo vafa in ima tabula pofita, pluribus foraminibus inftructa in fepulcris reperta funt : cui ufui fuerint vix dicatur : alterum eorum capite Sileni ornatur, qui Silenus, ut videtur, hedera atque corymbis coronatur ; vafque vinarium fuiffe videtur. Digitus æneus in fepulcro item repertus, videtur fic concinnatus fuiffe ut muro defigeretur & aliquid fuftentaret. Jam digitos quofpiam huic fimiles vidimus, ubi de votis.

Fertur maufoleum fequens rudi opere conftructum effe Scipionum : in via autem Appia fitum & rudi opere exædificatum eft, quod remotiffimam antiquitatem oleat : ex traditione porro quapiam Scipionum fepulcrum effe dicitur : refque non ufque adeo certa videtur effe, ejus hic orthographiam & ichnographiam damus.

Idipfum dicendum de maufoleo Serviliorum, quod item in via Appia vifitur. Hic cubicula confpicimus qualia commemoravimus libro primo : hujus item maufolei ichnographiam orthographiamque habes in tabula.

Sepulcrum maufoleumve fequens quadratum eft ornatumque columnis, fupra quas leo repræfentatur. Hoc monumentum quod propter Tiburem erat dirutum fuit : verum Petrus de Cortona ipfum, antequam dirueretur, delineavit. Leo in ædes Barberinas tranflatus fuit, ubi in ipfa fcala pofitus cernitur : fepulcrum infra pofitum eft etiam parva turris quadrata prope Tiburem : in ea vir nudus equum habenis ducens ornamentum operi præftat.

126 L'ANTIQUITE' EXPLIQUE'E, &c. Liv. III.

Pl. CX. Le mausolée suivant qui étoit sur la voie Porto, étoit fort magnifique, orné de pilaftres cannelez & de trophées, qui marquent qu'il fut fait pour quelque homme Consulaire de grand merite : son buste se voit dans un quadre soutenu par deux genies. Du tems d'Alexandre VII. ce mausolée fut détruit, & les marbres furent apportez à Rome. Il y a sous l'image une place pour mettre une épitaphe, mais le Bartoli n'en a rapporté aucune.

Pl. CXI. Une tour quarrée à trois étages est un sepulcre ou un mausolée dont nous donnons le profil & le plan. On a laissé sur le profil un des côtez coupé & ouvert, pour faire remarquer la forme & les ornemens des trois chambres qui font les trois étages. L'urne sepulcrale qui y fut trouvée, a de beaux bas reliefs qui représentent la mort d'une jeune femme, & le passage de la barque de Caron, que nous donnerons dans le livre suivant, qui regarde le passage des ames à l'autre monde.

Mausoleum sequens in via Portuensi situm, erat magnificum, ornatum parastatis striatis atque tropæis, quibus significatur consularem quempiam virum eo in loco sepultum fuisse, qui præclara quædam in bello gessisset. Ejus protome visitur in quadrata theca, a duobus geniis sustentata. Tempore Alexandri septimi hoc mausoleum dirutum est ejusque marmora Romam translata sunt : sub imagine quadrata tabula visitur, in qua epitaphium fuisse videtur ; sed nullam inscriptionem retulit Petrus Santus Bartolus, qui hoc monumentum publicavit.

Turris quadrata triplici fornice, quorum alius alii imponitur, instructa, mausoleum seu sepulcrum est, cujus & ortographiam & ichnographiam damus : in orthographia pars anterioris lateris aperta relinquitur, ut camerarum forma & ornamenta perspici possint. Urna sepulcralis inibi reperta pulcherrimis anaglyphis ornata est, quæ mortem junioris mulieris referunt, & Charontis naviculæ transitum ; quæ omnia libro sequenti dabuntur, ubi de transitu ad inferos agitur.

SEPULCRE OU MAUSOLÉE

C. POBLICIO. L.F. BIBVLO. AED. PL. HONORIS
VIRTVTISQVE. CAVSA. SENATVS
CONSVLTO. POPVLIQVE. IVSSV. LOCVS
MONVMENTO. QVO. IPSE. POSTERIQVE
EIVS. INFERRENTVR. PVBLICE. DATVS. EST.

Bartoli

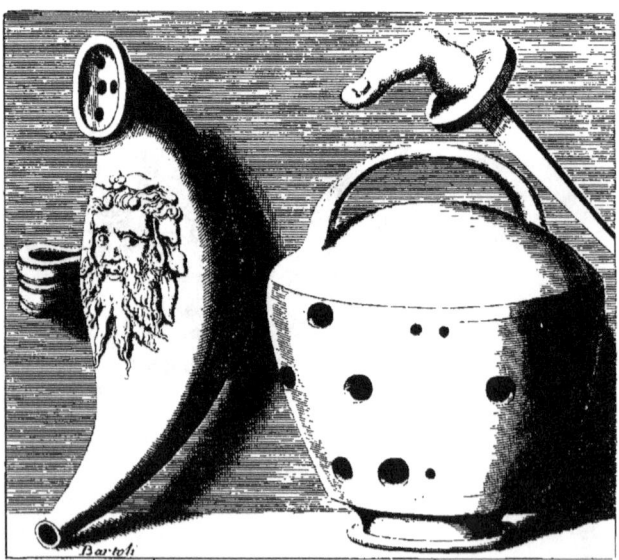

Bartoli   *Bartoli*

SEPULCRE OU MAUSOLÉE

Bartoli

LES MAUSOLE'ES.

CHAPITRE XI.

I. Mausolées de Cæcilia Metella, II. de Munatius Plancus, III. des Plautiens. IV. Autres mausolées.

I. LE mausolée de Cæcilia Metella fille de Quintus Creticus, est des plus grands qu'il y ait à la Campagne de Rome : c'est une tour ronde fort grande, extrememment massive, ornée de bas reliefs & de têtes de bœuf, c'est pour cela qu'on l'appelle *Capo di bove*. On voit aussi audessous de la corniche des captifs & des armes ; ce qui marque les trophées de la famille Cæcilia. Il y avoit dans ce mausolée une belle urne que nous avons donnée ci-devant. Dans les bas siecles on fit une enceinte de murailles qui aboutissoient à ce mausolée : cela fait une espece de Fort, dont on se servoit dans les guerres civiles, & dont ce mausolée étoit le dongeon.   Pl. CXII.

II. Le mausolée de Munatius Plancus de Gaïete est assez semblable au precedent ; l'épitaphe en est belle & magnifique : L. MVNATIUS L. F. L. N. L. P. PLANCVS COS. CENS. IMPER. ITER. VIIVIR EPVL. TRIVMPH. EX RHETIS ÆDEM SATVRNI FECIT DE MANVBIIS AGROS DIVISIT IN ITALIA BENEVENTI IN GALLIA COLONIAS DEDVXIT LVGDVNVM ET RAVRICAM. Cela veut dire : Lucius Munatius Plancus fils de Lucius, petit fils de Lucius, arriere petit-fils de Lucius, Consul, Censeur, *Imperator* pour la seconde fois, Septemvir Epulon, a triomphé des Rhetiens ou des Grisons, a bâti de leurs dépouilles le temple de Saturne, a divisé les fonds de terre en Italie à Benevent, a mené des colonies dans les Gaules à Lyon & à Raurica. «Raurica étoit située près du lieu où est aujourd'hui Basle.   Pl. CXIII.

III. Le mausolée des Plautiens est une grande tour à peu près de la même forme que les deux précedentes. Il a deux inscriptions, dont la premiere a ce sens : Marcus Plautius Silvanus fils de Marcus, petit-fils d'Aulus, Consul, Septemvir Epulon. Le Senat en consideration de la guerre qu'il avoit« faite avec succés dans l'Illyrique lui a decerné les honneurs du triomphe. «   Pl. CXIV.

Lartia fille de Cneius, sa femme. «

Marcus Plautius Urgulanius fils de Marc a vécu neuf ans. «

CAPUT XI.

I. Mausolea Cæciliæ Metellæ. II. Munatii Planci. III. Plautiorum. IV. Alia mausolea.

I. MAUSOLEUM Cæciliæ Metellæ Quinti Cretici filiæ inter maxima eorum quæ in agro Romano visuntur connumerandum. Est turris rotunda perampla densissimis muris, ita ut parum spatii intus vacuum relinquatur : extrinsecus autem ornatur anaglyphis & boum capitibus, unde *capo di bove* nomen infimis sæculis accepit : sub coronide item captivi visuntur & arma, quæ sunt tropæa Cæciliæ gentis. In hoc mausoleo perpulcra erat urna, quam antehac dedimus : infimis vero sæculis murorum circuitus constructus fuit, cujus extremæ partes utrinque ad turrim pertingebant ; eratque illud quasi oppidulum aut præsidium, quod tumentibus Italicis rebus, instanteque bello civili, a factionum partibus occupabatur, eratque turris seu mausoleum Cæciliæ, quasi arx oppiduli.

II. Mausoleum Munatii Planci Caietæ præcedenti sat simile est, & ornatu epitaphio magnifico, quod sic habet. *Lucius Munatius Lucii filius, Lucii nepos, Lucii pronepos, Plancus, Consul, Censor, Imperator iterum, Septemvir Epulonum, triumphavit ex Rhetis, ædem Saturni fecit de manubiis, agros divisit in Italia Beneventi, in Gallia colonias deduxit Lugdunum & Rauricam.* Raurica vero, ut aiunt, prope Basileam hodiernam sita erat.

III. Plautiorum mausoleum magna turris est duabus præcedentibus turribus sat similis : in illo duæ sunt inscriptiones quarum alteram sic lego :

M. Plautius Marci filius, Auli nepos Silvanus, Consul, Septemvir Epulonum. Huic Senatus triumphalia ornamenta decrevit, ob res in Illirico bene gestas.

Lartia Cnei filia uxor.

Marcus Plautius Marci filius Urgulanius vixit annis novem.

Cette épitaphe regarde trois personnes. L'autre épitaphe de ce mausolée, qui est des plus longues, est faite pour un autre de la même famille, & apparemment frere du précedent, puisqu'il est comme lui fils de Marc & petit fils d'Aulu. Voici comme je l'explique :

En l'honneur de Tiberius Plautius Silvanus Ælianus fils de Marcus, petit-fils d'Aulus, Pontife, Confrere Auguſtale, Triumvir pour faire fondre & battre la monnoie d'or, d'argent & de cuivre, Queſteur de Tibere Ceſar, Legat de la legion cinquiéme en Germanie, Prefet de la ville, Legat & compagnon de Claude Ceſar dans la grande Bretagne, Conſul, Proconſul de l'Aſie, Legat, Propreteur de la Meſie, où il a vendu plus de cent mille hommes de delà le Danube tributaires des Romains avec leurs femmes, leurs enfans, leurs Princes & leurs Rois ; il a reprimé les Sarmates qui commençoient à ſe revolter, quoiqu'il eut envoié une bonne partie de ſon armée à l'expedition de l'Armenie ; il a obligé des Rois inconnus au peuple Romain, & d'autres qui étoient ſes ennemis, de venir au rivage qu'il gardoit adorer les ſi-

---

Hoc epitaphium tres perſonas reſpicit : aliud ejuſdem mauſolei epitaphium inter longiſſima computandum ad alium ejuſdem familiæ virum pertinet, qui, ut videtur, frater erat ejus qui primus in præcedenti inſcriptione memoratur; quandoquidem, ut ille, filius Marci dicitur & Auli nepos. Inſcriptionem ita lego.

TI. PLAVTIO. M. F. A. N
SILVANO. AELIANO
PONTIF. SODALI. AVG
IIIVIR. A. A. A. F. F. Q. TIB. CAESARIS
LEGAT. LEG. V. IN. GERMANIA
PR. VRB. LEGAT. ET. COMITI. CLAVDII
CAESARIS. IN. BRITANNIA. CONSVLI
PROCOS. ASIAE. LEGAT. PROPRAET. MOESIAE
IN. QVA. PLVRA. QVAM. CENTVM. MILL
EX. NVMERO. TRANSDANVVIANORVM
AD. PRAESTANDA. TRIBVTA. CVM. CONIVGIBVS
AC. LIBERIS. ET. PRINCIPIB. AVT. REGIB. SVIS
TRANSDVXIT. MOTVM. ORIENTEM. SARMATAR
COMPRESSIT. QVAMVIS. PARTEM. MAGNAM. EXERCITVS
AD. EXPEDITIONEM. IN. ARMENIAM. MISISSET
IGNOTOS. ANTE. AVT. INFENSOS. P. R. REGES SIGNA
ROMANA. ADORATVROS. IN. RIPAM. QVAM. TVEBATVR
PERDVXIT. REGIBVS. BASTARNARVM. ET.
ROXOLANORVM. FILIOS. DACORVM. FRATRVM
CAPTOS. AVT. HOSTIBVS. EREPTOS. REMISSIT. AB
ALIQVIS. EORVM. OBSIDES. ACCEPIT. PER. QVEM. PACEM
PROVINCIAE. ET. CONFIRMAVIT. ET. PROTVLIT
SCYTHAR. QVOQVE. REGEM. ACHERONENSI
QVAE. EST. VLTRA. BORVSTHENEN. OPSIDIONE. SVMMOTO
PRIMVS. EX. EA. PROVINCIA. MAGNO. TRITICI. MODO
ANNONAM. P. R. ADLEVAVIT. HVNC. LEGATVM
IN. HISPANIAM. AD. PRAEFECTVR. VRB. REMISSVM
SENATVS IN PRAEFECTVR TRIVMPHALIBVS
ORNAMENTIS. HONORAVIT. AVCTORE. IMP
CAESARE. AVGVSTO. VESPASIANO. VERBIS. EX

ORATIONE. EIVS * Q. I. S. S

MOESIAE. ITA. PRAEFVIT. VT. NON. DEBVERIT. IN
ME. DEFERRI. HONOR. TRIVMPHALIVM. EIVS
ORNAMENTORVM. NISI. QVOD. LATIOR. EI
CONTIGIT. MORA. TITVLVS. PRAEFECTO. VRBIS
HVNC. IN. EADEM. PRAEFECTVRA. VRBIS. IMP. CAESAR
AVG. VESPASIANVS. ITERVM. COS. FECIT

Tiberio Plautio Marci filio, Auli nepoti, Silvano Æliano pontifici ſodali Auguſtali, Triumviro auro, argento, ære flando, feriundo. Quæſtor Tiberii Cæſaris, legato legionis quintæ in Germania, præfecto urbis, legato & comiti Claudii Cæſaris in Britannia, conſuli, proconſuli Aſiæ, legato, propræori Mœſiæ ; in qua plura quam centum millia ex numero Tranſdanuvianorum ad præſtanda tributa cum conjugibus ac liberis & principibus aut regibus ſuis tranſduxit ; motum orientem Sarmatarum compreſſit, quamvis partem magnam exercitus ad expeditionem in Armeniam miſiſſet. Ignotos ante aut infenſos populo Romano reges ſigna Romagnes

MAUSOLÉE

LES MAUSOLÉES.   129

gnes militaires de l'armée Romaine: il a renvoié aux Rois des Bastarnes & des Roxolans leurs enfans, & aux Daces leurs compatriotes pris en guerre ou repris sur les ennemis, en exigeant de quelques-uns d'entre eux des ôtages. Par ce moien il a procuré & affermi la paix de cette province. Il a obligé le Roi des Scythes de lever le siege de devant Cherone située au delà du Borysthene ; & il est le premier qui ait fait en ce païs-là une grande levée de bled pour le peuple Romain. Après qu'il eut été envoié Legat en Espagne, & depuis rappellé pour être Prefet de la Ville, le Senat honora sa Prefecture des ornemens du triomphe à la requête de l'Empereur Auguste Vespasien, qui parle en ces termes dans sa harangue: Il s'est si bien acquitté du gouvernement de la Mesie, qu'il n'auroit pas fallu m'en deferer le triomphe, s'il n'étoit revenu trop tard. Il a le titre de Prefet de la ville que l'Empereur Vespasien Consul pour la seconde fois lui donna.

Cette inscription contient l'abregé d'une longue histoire, qui demanderoit de grands éclaircissemens sur plusieurs articles : mais comme cela n'est pas de notre sujet, nous passons à d'autres mausolées.

IV. Le mausolée de M. Antonius Antius, trouvé en la voie d'Ostie, est remarquable par les six faisceaux marque de magistrature, & par la longue inscription, dont le sens est tel : *Aux dieux Manes de Marc Antoine Antius Lupus Preteur, Patrice, Augure, Questeur des confreres Titiens, Tribun des soldats de la legion seconde adjutrice, pieuse & fidele, Decemvir pour juger les procès ; Prefet des Feries Latines. Sa mémoire avoit été injustement fletrie, mais elle a été rétablie en son entier par un decret du Senat. Le sepulcre qu'il avoit commencé pour Claudia Regilla sa femme & pour Antia Marcellina sa fille, a été achevé par ses alliez Marc Valerius Bradua Mauricus pontife & Antonia Vitellia, & par ses amis Quintus Fabius Honoratus, & Titus Annæus Placidus, pour lui donner cette marque d'amitié, & pour consacrer son nom à l'eternité.* Pl. CXV.

Au dessous de l'inscription sont deux genies qui tiennent une couronne, & au-dessous de tout cela deux bustes.

Le sepulcre suivant est de Quintus Verannius, s'il s'en faut rapporter à l'inscription mise auprès, & qui ne tient pas au monument selon l'image donnée par le Bartoli, qui dit que cet édifice est d'une structure delicate. Pl. CXVI.

Le mausolée de P. Vibius Marianus en la voie Cassienne est remarquable

---

na adoraturos in ripam quam tuebatur perduxit. Regibus Bastarnarum & Roxolanorum filios, Dacorum fratrum (sic) captos, aut hostibus ereptos remisit. Ab aliquis (sic) eorum opsides accepit. Per quam pacem provinciæ & confirmavit & protulit. Scytharum quoque regem a Chevonensi qua est ultra Borysthenem opsidione summoto. Primus ex ea provincia magno tritici motu annonam populi Romani adlevavit. Hunc legatum in Hispaniam ad præfecturam urbis remissum secutus in præfectura triumphalibus ornamentis honoravit, auctore Imperatore Cæsare Augusto Vespasiano verbis ex oratione ejus, quæ infra scripta sunt.

MOESIAE ITA PRAEFVIT, VT NON DEBVERIT IN ME DEFERRI HONOR TRIVMPHALIVM EIVS ORNAMENTORVM NISI QVOD LATIOR EI CONTIGIT MORA. Titulus, præfecto urbis.

Hunc in eadem præfectura urbis Imperator Cæsar Auenstus Vespasianus iterum consul fecit.

Hæc inscriptio longæ est historiæ compendium, ubi plurima explicatu digna occurrunt : sed cum illa ad argumentum non pertineant, ad alia mausolæa transitum facimus.

IV. Mausoleum Marci Antonii Antii in via Ostienti repertum sex fascibus, magistratus notis, insignitur, longaque inscriptione instructum est quam sic legimus.

Dis Manibus Marci Antonii Antii Lupi, prætoris, patricii, auguris, quæstoris sodalium Titii, tribuni militum legionis secundæ adjutricis, piæ, fidelis, decemviri stlitibus (sic) judicandis, præfecti foriarum latinarum, cujus memoria per vim oppressa in integrum secundum amplissimi ordinis consultum restituta est. Sepulcrum ab eo cæptum Claudiæ Regillæ uxori & Antiæ Marcellinæ filiæ pietatis suæ erga cum testificandæ gratia & nominis ejus in perpetuum celebrandi perfecerunt Atfines Valerius Bradua Mauricus pontifex & Antonia Vitellia ; amici Quintus Fabius Honoratus, Titus Annæus Placidus.

Sequens mausoleum est Quinti Verannii, si fides sit habenda inscriptioni, quam juxta apposuit Bartolus, qui hoc monumentum elegantis esse structuræ dicit.

In eadem tabula monumentum Publii Vibii Ma-

par ſes ornemens ; l'inſcription eſt entre les ſtatues de Caſtor & de Pollux. On voit aux deux angles du couvercle deux trophées ; l'épitaphe ſe doit lire ainſi : *Dis Manibus ſacrum Publii Vibii Publi filii Mariani egregia memoria viri, Procuratori & Præſidi* (ſic) *provinciæ Sardiniæ , Proprætori bis , Tribuno cohortium decimæ Prætoriæ, undecimæ Urbanæ, quartæ Vigilum , Præfecto legionis ſecundæ Italicæ, Præpoſito legionis tertiæ Gallicæ Frumentariæ ; oriundo ex Italia Julia Dertona , patri dulciſſimo, & Reginiæ Maximæ matri cariſſimæ, Vibia Maria Maxima clariſſima femina , filia & heres.* C. F. à la manière ordinaire ſe devroit lire *Caii filia* ; mais comme le pere s'appelloit *Publius* & non pas *Caius* , & qu'on lit après *filia & heres*, il a fallu chercher une autre explication : le ſens de l'inſcription eſt , Que ce monument eſt conſacré aux dieux Manes de Publius Vibius Marianus fils de Publius d'excellente memoire, qui fut Procurateur & Préſident de la province de Sardaigne , deux fois Propreteur, Tribun de la dixiéme cohorte Prétorienne, de l'onziéme de la ville, & de la quatriéme des Gardes ; Prefet de la legion ſeconde Italique, prépoſé ſur la legion troiſiéme Gauloiſe ſurnommée *frumentaria* , natif de Dertone en Italie. C'eſt Vibia Maria Maxima ſa fille & ſon heritiere , qui a fait faire ce tombeau à ſon tres-aimable pere & à ſa tres-chere mere Reginia Maxima.

P L.
CXVII

Le mauſolée ou tombeau ſuivant couronné de cinq pyramides de figure conique, mais qui ont été preſque toutes gâtées par le tems, ſe voit auprès d'Albano ; on l'appelle le ſepulcre des Curiaces ; il y a même déja longtems qu'on le nomme ainſi : mais ce n'eſt qu'un bruit populaire, n'y aiant aucune inſcription qui en faſſe foi. On ne ſait pas quand on a commencé de lui donner ce nom ; s'il y avoit un grand nombre de ſiecles, cela pourroit avoir quelque probabilité. Les cinq pyramides marquent apparemment qu'il a été fait pour cinq perſonnes ; mais comme il n'y a point d'inſcription, on ne ſait pas pour qui.

P L.
CXVIII

Le monument ſuivant a tout l'air d'un de ces hypogées dont nous avons parlé ci devant, où il y avoit des appartemens, les uns plus grands, & les autres plus petits. Il a été trouvé à la Vigne des Meſſieurs Cavalieri , famille noble Romaine. On y deſcendoit par un eſcalier comme on voit en la figure. Une choſe remarquable eſt que les battans de la porte du principal appartement étoient de grandes tables de marbre ; un de ces battans ſe voit au milieu du plan. La ſtructure des côtez étoit de petites pierres en lozange ;

riani in via Caſſia repertum ex ornamentis conſpicuum eſt : inſcriptio poſita eſt inter ſtatuas Caſtoris & Pollucis : in duobus operculi angulis tropæa viſuntur. Epitaphium ita legitur.

Dis Manibus ſacrum Publii Vibii Publii filii Mariani, egregiæ memoriæ viri, procuratori & præſidi (ſic) *provinciæ Sardiniæ , præpoſiti bis , tribuno cohortium decimæ prætoriæ , undecimæ urbanæ, quartæ vigilum , præfecto legionis ſecundæ Italicæ , præpoſito legionis tertiæ Gallicæ frumentariæ , oriundo ex Italia* (vel Italica) *Julia Dertona , patri dulciſſimo & Reginiæ Maximæ matri cariſſimæ, Vibia Maria Maxima clariſſima femina, filia & heres.*

Monumentum ſequens prope Albanum Caſtrum erigitur, vocatique ſolet ſepulcrum Curiatiorum , idque jamdiu ex populari tantum fama , nulla quippe inſcriptio adeſt , aut adfuiſſe dicitur , quæ illud doceret. Jam quærendum eſſet a quo tempore cœperit hæc fama vulgari ; nam ſi a multis retro ſæculis Curiatiorum ſepulcrum appellatum fuiſſet ; hinc probabilis denominatio evaderet. Ut ut eſt , erigitur primo ſtrues lapidum : hinc conſurgunt pyramides quinque in conum deſinentes , quæ ſunt temporum injuria labefactatæ : quinque vero pyramides quinque viris feminiſve erectæ fuiſſe videntur.

Hypogæum prorſus refert monumentum ſequens, jam de hypogæis diximus ubi erant conclavia , cubicula , imo etiam triclinia : alia majora , minora alia. Hoc porro monumentum repertum fuit in vinea Cavalleriorum , quæ eſt nobilis familia Romana : in illud vero hypogæum per ſcalam deſcendebatur, ut videre eſt in propoſito ſchemate. Quod autem obſervatu dignum eſt, quæ fores conſtituebant , duæ erant marmoreæ tabulæ , quarum una intra ichrographicam delineationem conſpicienda effertur ; per haſce vero fores in majus conclave intrabatur : laterales muri lapidibus in rhombi formam concinnatis conſtructi ſunt, cujuſmodi ſtructuræ in antiquiſſimis

Mausolée

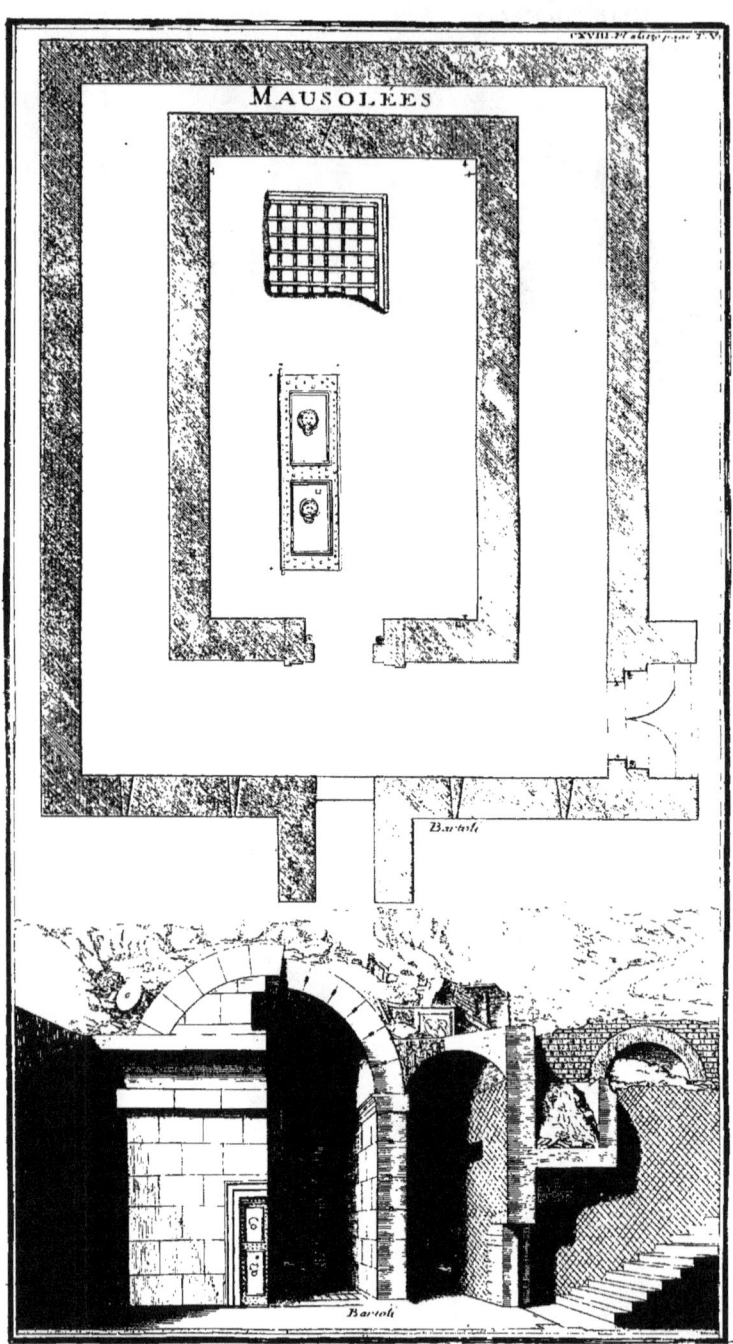

MAUSOLE'E DE VIRGILE.

on en voit de semblables dans les plus anciens bâtimens Romains. On y voit les restes d'un pavé de quarreaux de marbre blanc bordez de marbre noir. Au dessus de cet hypogée il y avoit plusieurs autres petits sepulcres.

CHAPITRE XII.

Le Mausolée de Virgile.

LE mausolée suivant du Pausilipe auprès de Naples est regardé comme le tombeau de Virgile; quoiqu'il n'y ait point d'épitaphe, on a d'ailleurs de fortes preuves que c'est le mausolée de ce poëte si celebre: entre ces preuves on ne regarde pas comme la principale celle de Petrarque, qui dit qu'à la fin d'un sentier obscur, c'est-à-dire de la grotte de Pouzzol, dès qu'on commence à voir clair, on apperçoit sur une éminence le tombeau de Virgile d'un ouvrage fort ancien. Pompeo Sarnelli a ramassé tout ce qui regarde ce tombeau. Voici comme il en parle dans sa *Guida de' Forestieri* p. 343. Au milieu de la chambre du mausolée étoient anciennement, comme dit le Cappaccio, neuf colonnes de marbre qui soutenoient une urne aussi de marbre, dans laquelle étoient les cendres du poëte avec le distique que rapporte Donat, où il est dit que Mantoue est sa patrie, que les Calabrois l'ont enlevé, qu'il repose présentement à Parthenope, qui est Naples; & qu'il a chanté les pâturages, le labourage & la guerre; c'est-à-dire, les Bucoliques, les Georgiques & l'Eneïde. Pietro di Stefano qui fit la description des Eglises de Naples en 1560. dit qu'il a vu le tombeau en l'état que nous venons de dire; & Alfonse de Heredia Evêque d'Ariano rapporté par le Capaccio, assûroit la même chose. Quelques-uns croient que les Napolitains craignant que les ossemens de ce grand poëte ne leur fussent derobez, les firent mettre sous terre dans le Château neuf; de là vient qu'on ne voit aujourd'hui que le mausolée tout nu, & que les marbres & l'urne ont disparu: ce qui fait que le tombeau n'a plus sa premiere magnificence; & à l'occasion de cela quelque bel esprit a dit que la memoire de ce grand poëte rendoit le lieu si celebre, qu'il ne falloit point regretter ces ornemens perdus. On trouve encore aujourd'hui du côté de la

PL. CXIX.

montagne vis-à-vis l'entrée de ce mausolée un marbre à demi déterré, sur lequel sont gravez ces deux vers,

> *Quæ cineris tumulo hæc vestigia? Conditur olim*
> *Illo hoc qui cecinit pascua, rura, duces.*

On regarde comme une merveille ces lauriers nez sur la coupole de ce mausolée que plusieurs appellent temple, qui semblent couronner l'édifice : quoiqu'on en ait coupé deux à la racine qui étoient les plus grands de tous, ils renaissent & poussent des branches de tous côtez. L'édifice est couvert de toutes parts de myrtes & de lierres, il semble que la nature ait voulu elle-même celebrer la memoire de ce grand homme.

A l'occasion de ces lauriers nez ainsi d'eux mêmes, D. Pierre-Antoine d'Aragon viceroi de Naples a fait six vers, qu'il a fait mettre à l'entrée de la grotte de Pouzzol; ils sont rapportez en bas dans le latin.

Pline second dit dans sa lettre à Caninius Rufus, que Silius Italicus alloit visiter le mausolée de Virgile qui étoit à Naples, comme s'il étoit allé à un temple, & qu'il celebroit le jour de la naissance de ce grand poëte plus solennellement que le sien propre. Le même Silius qui acheta la maison de campagne de Ciceron, acheta aussi celle de Virgile, à l'occasion de quoi Martial disoit que ni Virgile ni Ciceron n'auroient jamais souhaité un plus digne heritier que celui là. Stace appelle ce mausolée le temple de Maron, & dit que quand il s'y tenoit assis sa verve s'excitoit à faire des vers sur les cendres de son grand maître, ainsi l'appelle-t-il. On voit par ces témoignages rapportez ci-devant, que le mausolée de Virgile a été quelquefois appellé temple, il n'y a presque aucun lieu de douter que ce ne soit celui qui subsiste encore aujourd'hui.

Le bel édifice suivant passe aussi pour un mausolée; il est à Saint-Remi en Provence : il est quarré en bas, & rond en haut en forme de lanterne soutenue sur des colonnes Corinthiennes. Dans cette lanterne, il y a deux statues ; le quarré de dessous est à jour, comme on voit sur l'image, ce sont des arcades en maniere de portes. Les quatre angles sont ornez de colonnes Co-

---

per quod intratur in mausoleum, in marmore quod paulum ex terra emergit legitur;

Quæ cineris tumulo hæc vestigia? Conditur olim
Illo hoc qui cecinit pascua, rura, duces.

Res miraculo proxima esse videtur, quod in fastigio mausolei quod ab aliquibus templum dicitur, lauri enatæ sint, quæ quasi coronam efficiant. Etsi vero duæ ex lauris quæ omnium maximæ erant excisæ fuerint, attamen circumquaque semper lauri pullulant : præterea myrto atque hedera totum mausoleum operitur, ita ut videatur ipsa natura poëtam celebrare.

Circa lauros hujusmodi sponte natas ludebat D. Petrus Antonius de Aragonia prorex Neapolitanus in illa inscriptione, quæ in cryptæ ingressu visitur : hæc verba sunt :

Virgilii Maronis super hanc rupem superstiti tumulo
sponte enatis lauris coronato, sic lusit Arago.
Mantua me genuit, Calabri rapuere, tenet nunc
Parthenope. Cecini pascua, rura, duces.
Ecce meos cineres tumulantia saxa coronat
Laurus, rara solo, vivida Pausilipi.
Si tumulus ruat, æternum hic monumenta Maronis
Servabunt lauri, lauriferi cineres.

Plinius secundus ad Caninium Rufum scribens, deque Silio Italico loquens hæc ait : *Multum ubique* librorum, multum statuarum, multum imaginum, quas non habebat modo, verum etiam venerabatur: Vergilii ante omnes, cujus natalem religiosius quam suum celebrabat, Neapoli maxime, ubi monumentum ejus adire ut templum solebat. Ipseque Silius ut emit villam Ciceronis, ita locum quoque Maronis emit, ob suam erga tumulum ejus reverentiam, qua de re sic belle cecinit Martialis :

Silius hæc magni celebrat monumenta Maronis,
Jugera facundi qui Ciceronis habet.
Heredem dominumque sui tumulique larisque,
Non alium mallet nec Maro nec Cicero.

Statius quoque scripsit :

Maronisque sedens in margine templi,
Sumo animum & magni tumulis accanto magistri.

Hinc videas jam olim illum tumulum sive mausoleum templum fuisse vocatum. Quod autem Virgilii vere sit mausoleum, vix aliqua adest dubitandi causa.

Mausoleum etiam esse putarunt elegans ædificium in ima tabula positum, quod in Galloprovincia visitur in loco, cui S. Remigii nomen. In ima parte quadratum est, & superne rotundum columnis constat ordine Corinthio in circulum positis & fastigium fulcientibus. Intra columnas duæ statuæ sunt: ima pars quadrata arcubus constat qui portas referunt, spatiumque totum intus vacuum est. Quatuor anguli Co-

LES MAUSOLÉES.

rinthiennes cannelées. La base de cet excellent monument est chargée de bas reliefs où sont représentées des batailles, mais si gâtées par le tems, qu'on n'y connoit presque plus rien, non plus qu'à l'inscription qui étoit au dessus du bas relief, & qui est entierement effacée, en sorte qu'on n'en peut plus rien lire.

Je crois qu'on doit prendre pour un mausolée la pyramide qui est auprès de Vienne, dont j'ai parlé dans mon Journal d'Italie, soutenue sur quatre piliers ornez de colonnes qui soutiennent une voute élevée de dix huit pieds; sur la voute s'eleve une pyramide de vingt-cinq ou trente pieds de hauteur, en sorte que le tout peut avoir quarante-cinq ou cinquante pieds.

---

tinthiis columnis striatis exornantur. Basis erat anaglyphis onusta, ubi prælia conspiciebantur, verum injuria temporum ita exesa omnia deformataque sunt, ut vix ibi quidpiam deprehenderis. Inscriptio pariter quæ supra anaglyphum posita erat, exesa penitus labefactataque est, ut nihil legere valeas.

Mausoleum quoque existimo fuisse pyramidem illam quæ prope Viennam ad Rhodanum visitur, de qua in Diario Italico verba feci: hæc pilis quatuor sustentatur, supra quas decussatus fornix altitudine octodecim circiter pedum: supra fornicem erigitur pyramis pedum circiter viginti quinque vel triginta; ita ut totum ædificium quadraginta quinque vel ad summum quinquaginta pedum altitudine sit.

LIVRE IV.

Les Enfers, la descente des ames, les champs Elysiens, & les Apotheoses.

CHAPITRE PREMIER.

I. L'opinion des Grecs & des Romains touchant les ames des défunts & les enfers. II. Description des enfers par Lucien.

I. LA plûpart des Grecs & des Romains croioient l'ame immortelle : chacun sait que les philosophes ne convenoient point entre eux, & que chaque secte avoit des sentimens particuliers sur cela. Quelques-uns croioient que tout mouroit avec le corps ; d'autres croioient la metempsycose ou le passage de l'ame d'un corps dans un autre, & du corps même d'une bête dans celui d'un homme, ou du corps d'un homme dans celui d'une bête. Platon croioit que l'ame étoit immortelle, & que dans l'autre vie les bons étoient recompensez, & les mechans punis. Il paroit que c'étoit l'opinion & la plus generale & la plus ancienne, puisqu'Homere semble la supposer comme reçue de tout le monde. Dans Euripide Medée étant sur le point de tuer ses enfans, leur souhaite la felicité dans l'autre vie.

C'étoit donc le sentiment commun chez ces profanes. L'ame separée du corps étoit selon eux l'ombre d'un homme vivant : cette ombre pensoit & parloit aussi, mais imparfaitement ; c'est pourquoi Homere appelle les ombres des morts ἀμενηνὰ κάρηνα, des têtes foibles. Les morts menoient une espece de vie qui ressembloit à un songe ou à un sommeil selon Homere & Socrate. En effet nous voyons un assez grand nombre d'épitaphes qui commencent ainsi

Au Sommeil éternel.

LIBER IV.

Inferi, descensus animarum, Elysii campi, Apotheoses.

CAPUT PRIMUM

I. Græcorum Romanorumque opiniones circa animas defunctorum atque inferos. II. Inferorum descriptio a Luciano.

I. MAxima pars Græcorum Romanorumque immortalem esse animam arbitrabantur. Ignorat nemo philosophos circa hominis finem non inter se consensisse : quælibet secta suam ea de re tuebatur opinionem. Nonnulli existimabant animam mori cum corpore. Alii metempsychosin docebant seu transitum animæ ab alio ad aliud corpus ; imo a corpore brutæ animantis in hominem, aut hominis in brutam animantem. Plato animam credebat immortalem ; in aliqua vita bonos probosque homines remunerandos ; malos vero improbosque castigandos esse. Hæc pene generalis & perquam antiqua opinio erat ; quandoquidem Homerus eam ut vulgo receptam profert. In Euripide vero Medea filios mox interemptura felicitatem ipsis apprecatur.

Εὐδαιμονοῖτον, ἀλλ᾽ ἐκεῖ. τὰ δ᾽ ἐνθάδε
Πατὴρ ἀφείλετ᾽.

Feliciter agatis ; sed illic ; nam quæ hic sunt Pater abstulit.

Hæc itaque opinio vulgaris apud profanos erat : animam existimabant a corpore separatam umbram esse hominis viventis : istæc umbra cogitabat & loquebatur, verum non ita perfecte ; quamobrem Homerus umbras mortuorum vocat ἀμενηνὰ κάρηνα, debilia capies. Mortui quodpiam vitæ genus agebant somnio simile, ut aiunt Homerus atque alicubi Socrates : ideoque nonnulla epitaphia sic incipiunt ;

AETERNALI SOMNO.

LES ENFERS.

Cette ombre separée du corps descendoit aux enfers selon eux; & quoique dans le sentiment des philosophes l'enfer soit également éloigné de tous les endroits de la terre, & que Ciceron pour marquer qu'il importe peu de mourir en un lieu plûtôt qu'en un autre, dise, *undique tantumdem viæ est ad inferos*, en quelque lieu que l'on soit on a autant de chemin à faire pour aller en enfer; il y avoit pourtant certains passages pour les enfers, comme le fleuve Lethé du côté des Syrtes; en Epire la caverne Acherusia. A Hermione, dit Strabon, il y avoit un chemin fort court pour aller aux enfers, & c'étoit pour cela, dit-il, que ceux du payis ne mettoient pas dans la bouche du mort le *naule* ou le prix du passage: la bouche de Pluton près de Laodicée, & la caverne de Tenare auprès de Lacedemone, étoient encore des routes des enfers. Ulysse pour descendre aux enfers, alla, dit Homere, par l'Ocean au payis des Cimmeriens. Enée y entra par l'antre du lac Averne; Xenophon dit qu'Hercule entra aux enfers par la peninsule nommée Acherusiade près d'Heraclée du Pont, & que c'étoit l'opinion commune des gens du payis.

La demeure souterraine des enfers est décrite diversement par les anciens; Apulée fait passer Psyché par la caverne du Tenare pour aller jusqu'au trone de Pluton & de Proserpine; au bout de la caverne elle trouve le fleuve infernal Acheron, où elle passe dans la barque de Caron, & va de là au trone de Pluton & de Proserpine, gardé par le chien Cerbere.

II. Voici la description qu'en fait Lucien, qui parle selon l'opinion commune des profanes: » Cette region, dit-il, est arrosée par de grands fleuves« que leurs seuls noms rendent terribles; ce sont des Cocytes & des Pyriphle-« gethons, & d'autres noms non moins affreux. Mais ce qui est encore plus« horrible, c'est ce grand marais Acherusia que l'on rencontre le premier,« si profond qu'on ne peut le passer à gué, & si large qu'on ne sauroit« le passer à la nage; tel en un mot que les Manes mêmes des oiseaux ne« sauroient le franchir en volant. A la descente au delà du lac est une porte de« diamant, gardée par Æacus cousin du Roi; auprès de lui se tient un chien« furieux à trois têtes, qui regarde de bon œil & fait un accueil favorable à« tous ceux qui entrent; mais qui abboie horriblement, & qui fait des heur-« lemens épouvantables, quand quelqu'un veut s'échapper. Quand on a passé«

Hæc umbra a corpore separata ad inferos descendebat, ut aiebant profani illi; licet autem secundum opinionem philosophorum inferi æque distent ab omnibus orbis partibus; licet Cicero ut ostendat parum interesse in hoc potius, quam in alio mori loco, dicat, *undique tantumdem via est ad inferos*, aliquæ tamen viæ ad inferos patere putabantur, ut fluvius Lethe versus Syrtes, in Epiro Acherusia. *Hermione etiam*, inquit Strabo 257. 40. *brevissima via a d inferos erat*, *ideoque*, adjicit, *Hermionenses in ore mortuorum naulum*, id est transitus precium, non ponebant. Via quoque inferni erant os Plutonis prope Laodiceam; antrum Tænari prope Lacedæmonem. Ulysses ut ad inferos descenderet, per Oceanum ad Cimmerios contendit. Æneas per antrum Averni lacus eo ingressus est. Xenophon vero p. 377. ait Herculem ut ad inferos descenderet, per peninsulam Acherusiadem prope Heracleam Ponti pertransivisse, ut loci incolarum opinione ferebatur.

Habitaculum porro illud inferorum subterraneum diverse ab antiquis describitur. Apuleius Psychen suam ad inferos deducit per antrum Tænari, ut ad usque solium Plutonis atque Proserpinæ perveniat: ubi ad extremam antri oram devenit, fluvium infernalem Acherontem invenit, ubi naulo persoluto a Charonte ad alteram oram perducitur; inde ad solium Plutonis Proserpinæque contendit, quod a Cerbero cane custodiebatur.

II. En descriptionem inferorum a Luciano factam lib. de luctu sub initium, ubi secundum vulgarem profanorum opinionem loquitur. *Cicumfluitur hæc regio fluviis magnis & horrendis, vel solo nomine formidandis: nem Cocyti, Periphlegethontes, & aliis id genus nominibus vocitantur. Quodque est gravissimum, præjacet Acherusia palus, quæ prima excipit a vu manes, quam non possis transmittere nec trans sive enatare: nam & profundior est quam ut pedibus transiri, & latior spatiosiorque, quam ut transari queat. In summa hujusmodi est, ut nec avium manes possint eam transvolare. In ipso descensu & in porta quæ est ad mantua, Æacus est regis patruelis, cui mandata custodia est; juxtaque ipsum canis triceps est, admodum sævus & ferus etiam, qui advenientes amice placateque intuetur adversus eos autem qui aufugere conantur latrat & oris*

»le lac, & qu'on est entré, on trouve un grand pré couvert d'une herbe qu'on
»appelle asphodele, & l'eau qui fait perdre la memoire, c'est pour cela qu'on
»l'appelle Lethé. C'est ce qu'ont raconté de ce payis-là ceux qui en sont re-
»venus, savoir Alcestis & Protesilaüs Thessaliens, Thesée fils d'Egée, & Ulysse
»dans Homere ; gens dignes de foi à la verité, mais qui n'ont pas bu de l'eau
»de l'Oubli ; car s'ils en avoient bu, comment se seroient-ils souvenus de tout
»cela ? Pluton & Proserpine, disent ils, dominent là, & ont un empire absolu
»sur tous les enfers. Ils ont un grand nombre d'officiers subalternes, qui sous
»leurs ordres gouvernent cet Etat, les Furies, les Peines, les Terreurs &
»Mercure ; mais celui-ci ne s'y trouve pas toujours. Il y a là deux Princes
»qui sont comme des Satrapes & des juges des causes, assis pour porter leurs
»jugemens, savoir Minos & Rhadamante, tous deux Cretois & fils de Jupi-
»ter. Ils recompensent les hommes vertueux qui ont vécu avec probité,
»ils attendent qu'ils soient plusieurs ensemble, & les envoient alors aux
»champs Elysiens pour y mener une vie heureuse. Si ce sont des mechans &
»des scelerats, ils les livrent aux Furies, qui les menent au lieu destiné aux
»impies, pour y souffrir les tourmens que leurs crimes ont meritez. Quelle
»sorte de maux ne leur fait-on pas souffrir ? on leur tord les membres, on
»les brule, on les fait ronger & tourmenter par des vautours ; on les attache
»à une roue, on les oblige de trainer de grosses pierres. Là se voit Tantale
»au milieu d'un lac, & pourtant en peril de mourir de soif dans les eaux.
»Les autres qui ne sont proprement ni bons ni mauvais, & qui ont tenu
»comme un milieu entre la vertu & le vice, n'aiant plus de corps, & étant
»devenus des ombres, vont errans çà & là par ces prez ; si on les touche, ils
» s'évanouissent comme la fumée : ils se nourrissent des libations & des autres
»presens qu'on apporte & qu'on sacrifie sur leurs tombeaux ; en sorte que
»si quelqu'un n'a point en l'autre monde des parens ou des amis qui lui ren-
»dent office, il meurt de faim parmi ses camarades. Le commun des gens
»est si persuadé de ce que je viens de dire, que si quelqu'un des leurs vient
»à mourir, ils lui mettent d'abord une obole dans la bouche, sans se mettre
»en peine si la monnoie qu'ils lui donnent a cours dans le roiaume de Plu-
»ton ; sans savoir si les oboles de l'Attique, de la Macedoine & d'Egine pas-
»sent dans ce payis-là. Ne vaudroit-il pas mieux ne leur rien mettre à la
»bouche, afin que n'aiant pas de quoi paier le passage là bas, ils fussent
obligez de s'en revenir en cette vie ? Après qu'ils lui ont mis cette obole à

---

biatu terret. Jam eos qui transmissa palude sunt ingressi pratum excipit asphodelo consitum, & memoriæ hostis aqua, ideoque Lethes vocatur. Hac enim priscis illis mortalibus narrarunt, qui illinc redierunt, nempe Alcestis & Protesilaüs Thessali, & Theseus Ægeo patre natus atque Homericus Ulysses, graves admodum & fide digni testes, qui ex illo fonte mihi non videntur bibisse ; alioquin eorum non meminissent. Itaque Pluto & Proserpina, ut illi narrant, imperium administrant, rerumque omnium dominatum obtinent : quibus inserviunt, & sub imperio ipsorum rempublicam gubernant ingens turba, Furiæ, Pœnæ, Terrores & Mercurius, quanquam is saltem non semper adest. Præfecti autem, Satrapæ, judicesque sedent duo, Minos & Rhadamanthus, uterque Cretensis, uterque Jovis filius : atque hi quidem bonos probosque viros, qui cum virtute vitam exegerunt, ubi jam multi collecti fuerint, velut in coloniam quamdam emittunt in Elysium campum, vitam optimam illi victuros. Quod si malos aliquos ceperint, hos furiis traditos in impiorum locum ejiciunt, pro ratione malefactorum puniendos. Quo in loco quid tandem mali non patiuntur ; torti, exusti, a vulturibus corrosi, rota circumacti, saxa sursum volventes. Nam Tantalus in ipsa palude stat, in periculo adductus ne siti moriatur infelix. Alii vero mediæ vitæ, qui sunt complures, vagantur in prato sine corporibus facti umbræ, & ad tactum quasi fumus evanescentes. Aluntur autem nostris libationibus, sacrificiisque feralibus quæ ad sepulcra inferuntur : adeo ut si cui nullus sit in terra reliquus amicus aut cognatus, hic mortuus jejunus ac famelicus inter illos versetur. Hac adeo valide vulgi animos pervaserunt, ut simul aque familiaris quispiam mortuus fuerit, primum obolum illi in os indant, sit portitori trajectionis merces ; nec illud prius exploretur, nempe cujusmodi monisma legitimum sit, in inferosque admittatur atque apud illos valeat, Atticus ne obolus, an Macedonicus, an Æginensis : neque cogitant multo satius esse, nihil habere eum quod solvat, cum sic futurum sit ut, non recipiente portitore, postliminio redeant in vitam. Post hæc lotos eos, ac si infer-

la

LES ENFERS.

la bouche, ils les lavent, comme si les eaux des fleuves d'enfer ne suffi- « soient pas pour cela: ils embaument leurs corps d'un baume precieux, pour« éviter la puanteur qui commence déja à les incommoder; ils les couronnent« de fleurs, & les habillent magnifiquement, de peur qu'ils n'aient froid par les« chemins, & qu'ils ne paroissent nus devant Cerbere. «

C'est ainsi que se joue Lucien à son ordinaire: il nous donne à entendre que c'étoit là l'opinion de presque tous les hommes, que l'ame ne mouroit point avec le corps, & qu'il y avoit en l'autre vie des recompenses pour les bons, & des tourmens préparez pour les mechans.

Il semble que ce seroit ici le lieu de parler du passage de l'ame aux enfers; mais comme entre les images où ce passage est représenté, il y en a qui représentent aussi les supplices des mechans, nous reservons ce passage pour le mettre à la fin de la description des enfers; nous pouvons même dire que c'est le veritable lieu pour en parler, n'y aiant aucun inconvenient de faire connoitre l'enfer selon le sentiment des profanes, avant que de marquer la route pour s'y rendre.

nalis palus non sit idonea lavandis iis qui ibi degunt, optimisque unguentis uncto corpore, quod jam a fœtore vehementer occupatur, tum coronatos pulcherrimis floribus proponunt splendide vestitos, ne videlicet per viam algeant, neve a Cerbero nudi conspiciantur. Ita ludit Lucianus ex cujus verbis arguitur opinionem fere omnium mortalium eam fuisse animas cum corpore non mori, esseque probis præmia, improbis supplicia præparata.

Hic esset fortasse locus illum ad inferos animarum transitum describendi: verum quoniam aliquot suppetunt schemata ad illum transitum spectantia, quæ schemata in nonnullis imaginibus cum inferni suppliciis conjuncta sunt, transitum illum remittimus ad calcem descriptionis inferni; idque nullo dispendio: nihil enim incommodi inde orietur, si antequam animæ eo pergant, locus quo pergunt cognoscatur.

CHAPITRE II.

I. Division des enfers. II. Sentiment de Platon. III. Description des enfers par Servius.

I. CEs lieux souterrains destinez à la demeure des ames étoient divisez en trois parties, l'Enfer, le Tartare & les champs Elysiens. L'Enfer étoit un nom general pour signifier tout cela; mais on le prenoit aussi en particulier pour le lieu de la demeure des mechans: le Tartare étoit pour les impies, & les champs Elysées pour les bienheureux. Quatre fleuves qui couloient dans ces sombres demeures étoient l'Acheron, le Cocyte, le Styx, le Pyriphlegethon. Pour ce qui regarde l'Enfer en general & ses parties, les anciens en parlent si diversement, qu'on ne peut établir que fort peu de choses communement reçues. L'Enfer pris en particulier étoit pour purger les ames, & pour les expier: ceux qui avoient fait du bien & du mal pendant leur vie étoient purifiez, & expioient leurs fautes, avant que de passer aux champs Elysées.

CAPUT II.

I. Inferorum divisio. II. Platonis sententia. III. Descriptio inferorum a Servio.

I. *L*Oca illa subterranea ad animarum habitaculum deputata secundum quosdam tres in partes erant divisa, in inferos nempe, in Tartarum, & in Elysios campos. Inferi autem generatim sumpti hæc omnia complectebantur, atque etiam pro malorum improborumque habitaculo nonnunquam accipiebantur. Tartarus erat impiorum locus, & Elysii campi beatorum sedes. Quatuor hanc regionem flumina alluebant, Acheron, Cocytus, Styx & Pyriphlegethon. Quantum spectat autem ad inferos generatim sumtos, eorumque divisionem, tantam descriptionum diversitatem deprehendimus, ut circa paucissima plures sibi mutuo consentiant. Inferi divisim & peculiariter accepti locus erant animabus purgandis & expiandis. Qui per hanc mortalem vitam bona permixtim atque mala perpetraverant, in inferis purgabantur & expiabantur antequam in campos Elysios mit-

Les impies & les scelerats, dont les crimes ne se pouvoient expier, étoient précipitez dans le Tartare, lieu d'une telle profondeur, dit Homere, qu'il est aussi éloigné de l'Enfer, que l'Enfer l'est du Ciel. Ceux qui avoient conservé l'innocence jusqu'au tombeau, passoient immediatement de cette vie aux champs Elysées.

I I. Quelques-uns disoient qu'il n'y avoit point de retour ni de grace à esperer pour ceux qui étoient une fois precipitez dans le Tartare. Ce n'étoit pas le sentiment de Platon qui parle en ces termes: » Ceux qui ont commis de » grands crimes, mais qui ne sont pas sans remede, par exemple, ceux qui d'un » mouvement de colere a poussez à porter leurs mains violentes contre leur » pere & leur mere, mais qui ont été depuis touchez de regret & de repen- » tance de leur crime; de même ceux qui sont coupables d'homicide; ceux là, » dis-je, sont necessairement precipitez dans le Tartare: & après qu'ils y ont » passé une année, un flot les en retire. Alors les homicides passent par le Cocyte, » ceux qui ont tué leur pere ou leur mere, passent par le Pyriphlegethon. Ils » sortent ensuite de ces fleuves, & passent au lac Acherusia, où ils appellent » par leurs noms ceux qu'ils ont tuez, & les supplient instamment de souffrir » qu'ils sortent de ce lac, & de leur faire la grace de les admettre en leur com- » pagnie. S'ils peuvent obtenir cela d'eux, ils sont d'abord délivrez de leurs » maux: sinon, ils sont de nouveau rejettez dans le Tartare; & ensuite revien- » nent aux fleuves comme devant; & réiterent toujours, jusqu'à ce qu'ils » puissent flechir ceux qu'ils ont offensez. C'est la peine établie par les Juges.

I I I. Servius commentateur de Virgile dit que les Enfers sont divisez en neuf cercles. Le premier contient les ames des enfans: le second de ceux que leur trop grande simplicité empêchoit de se conduire raisonnablement: le troisiéme de ceux que le desespoir avoit portez à se donner la mort: le quatriéme de ceux qu'un violent amour avoit fait périr: le cinquiéme des vaillans hommes: le sixiéme des criminels que les Juges avoient fait mourir: au septiéme les ames sont purifiées: au huitiéme les ames sont aussi purifiées, mais en sorte qu'elles reprennent leurs affections: au neuviéme les ames sont tout-à-fait purifiées & délivrées de toute sorte de cupidité dans les champs Elysées. Voila le systeme de Servius, qui ne convient gueres avec celui des autres Mythologues.

---

terentur. Impii vero atque scelesti, quorum crimina expiari nequibant, in Tartarum præcipitabantur, tantæ profunditatis locum, inquit Homerus, ut tantum distet ab inferis, quantum inferi distant à cælo. Qui vitam totam cùm virtute transegerant, ex hac vita statim in Elysios campos transmittebantur.

I I. Erant qui dicerent iis qui semel essent in Tartarum præcipitati, nullam superesse spem revertendi, nullum expiationis modum, sed æternum ibi impios cruciandos esse. At hæc non erat Platonis opinio, qui ait, eos qui in maxima sint prolapsi crimina, quibus tamen aliquid superesse remedii videtur; exempli causa, eos qui ira derepente conciti manus violenter intulerint in patrem vel in matrem; sed qui postea resipiscentes & facti pœnitentes fuerint, eos etiam qui cædem perpetraverint; illos, inquam, in Tartarum necessario præcipitari, unde transacto anno a quodam fluctu extrahantur: tunc autem homicidas per Cocytum transire; qui patrem matremve occiderint, per Pyriphlegethonta: ex quibus postea fluviis in Acherusiam transportantur, ubi eos quos vel occiderunt, vel male acceperunt nominatim compellant, rogantque dent veniam ex lacu exeundi, & in sui consortium admittant; illud si impetrent, statim a cruciatu liberantur; sin minus, denuo in Tartarum præcipitantur, & ad flumina pro more redeunt, iteranturque circuitus donec eos quos læserint flectere possint.

I I I. Hunc inferorum ordinem rationemque tradit Servius Virgilii interpres Æneid. l. 6. Novem circulis, inquit, inferi cincti esse dicuntur, quos nunc exsequitur. Nam primum animas infantium tenere: secundum eorum qui sibi per simplicitatem adesse nequiverunt: tertium eorum qui evitantes ærumnas se necaverunt: quartum eorum qui amaverunt: quintum virorum fortium esse dicit: sextum nocentes tenent, qui puniuntur a Judicibus: in septimo animæ purgantur: in octavo sunt animæ ita purgatæ, ut redeant: in nono, ut jam non redeant, scilicet in campo Elysio. Sic videlicet variant scriptores, in paucisque inter se consentiunt.

CHAPITRE III.

I. Les dieux des Enfers, Pluton & Proserpine, & autres subalternes. II. Les Manes pris pour les dieux des Enfers & pour les ames des morts.

I. L'EMPIRE des Enfers fut donné à Pluton, dit la Mythologie. Il y dominoit assis sur un trone, aiant sa femme Proserpine assise à son côté. Le chien Cerbere monstre à trois têtes, fils de Typhon & d'Echidna, gardoit son palais; il laissoit entrer tous ceux qui venoient, & les flattoit même; mais il aboioit horriblement quand quelqu'un vouloit sortir. Sous Pluton il y avoit des Juges qui rendoient la justice aux ames qui arrivoient tous les jours dans les Enfers; ils les condamnoient à des peines proportionées à leurs crimes; & les récompensoient, quand elles le meritoient par leurs bonnes actions. La recompense des bons étoit, comme nous avons dit, la demeure des champs Elysiens. Le principal de ces Juges étoit Minos fils de Jupiter & d'Europe, & Roi de Crete: après lui Rhadamantus aussi fils de Jupiter & d'Europe faisoit la perquisition des crimes & des vols que chacun avoit commis en l'autre vie, & qu'il n'avoit point expiez avant sa mort.

Un autre Juge de l'Enfer étoit Æacus aussi fils de Jupiter & d'Egine fille d'Asope: c'est lui qui voiant son île deserte pria Jupiter ou de peupler l'île, ou de l'ôter lui-même du monde. Jupiter l'exauça, & changea les fourmis en hommes, qui furent à cause de cela appellez Myrmidons. Platon ajoute encore à ces Juges Triptoleme.

II. C'étoient les principaux dieux de l'Enfer, & les Manes dont il est si souvent fait mention dans les épitaphes données ci-devant. Les anciens appelloient dieux Manes non seulement ceux dont nous venons de parler, Pluton, Minos & les autres, & ceux dont nous parlerons dans la suite, comme les Parques & les Furies; mais aussi les ames des défunts; elles étoient regardées comme des dieux Manes & des dieux des Enfers. Cela semble repu-

CAPUT III.

I. Dii inferi Pluto atque Proserpina aliique sub illis. II. Manes pro diis inferis & pro animabus defunctorum habiti.

I. INFERORUM imperium Plutoni datum est, inquiunt Mythologi. Ibi ille imperabat in solio sedens Proserpinamque uxorem assidentem habens. Cerberus triceps canis Typhonis & Echidnæ filius Plutoniis ædes custodiebat; qui accedentes quosque blande excipiebat, ipsisque adulabatur, sed horrende latrabat si quis exire tentaret. Sub Plutone judices erant, qui de animabus quotidie magno numero ad inferos detrusis judicabant, & pro gestorum ratione improbos tormentis cruciatibusque deputabant, probos præmiis remunerabant: proborum vero merces erant, ut jam diximus, Elysii campi. Inter judices illos princeps erat Minos rex Cretæ, Jovis & Europæ filius. Secundum illum Rhadamantus filius & ipse Jovis atque Europæ; hic de sceleribus & furtis in alia vita perpetratis perquirebat, & ut ait

Virgilius l. 6. Æn.

Castigatque, auditque dolos subigitque fateri,
Quæ quis apud superos furto lætatus inani,
Depulit in seram commissa piacula mortem.

Alius inferorum judex Æacus erat filius & ipse Jovis & Æginæ filiæ Asopi: is cum insulam suam desertam cerneret, Jovem rogavit, aut populum insulæ daret, aut se ex hac vita abriperet; ei Jupiter obsequutus formicas, μύρμηκες græce, in homines commutavit, qui ideo Myrmidones sunt appellati. His autem judicibus Triptolemum quoque adjicit Plato.

II. Hi erant inferi dii præcipui, & Manes quoque quos sexcenties in marmoribus memoratos supra vidimus epitaphiorum initia occupantes. Manes autem intelligebant, tum deos illos inferos de quibus jam egimus, Plutonem, Minoem, & alios, insuperque Parcas & Furias, tum etiam ipsas defunctorum animas pro diis Manibus ac pro diis Inferis habebant, quantumcumque hæc cum recta ratione pugnare videantur; nam quomodo deos Manes vel

Tom. V.

gner à tout ce que nous venons de dire : car comment peut-on appeller dieux Manes ou dieux des Enfers ces ames qui étoient menées devant le tribunal des dieux pour y être jugées ? comment, dis-je, appeller dieux de l'Enfer ces ames, sans savoir si elles seroient ou livrées aux supplices pour leurs crimes, ou recompensées pour leur bonne vie ? Cependant Pline le dit assez clairement, & il paroit par un grand nombre d'inscriptions & d'épitaphes, que les Manes appellez souvent les dieux des Enfers, se prenoient aussi pour les ames des défunts. M. Fabretti en rapporte quelques-unes tirées de Gruter, où les ames de ceux qui sont ensevelis sont appellées leurs Manes. Dans une épitaphe rapportée par Gruter, on fait parler ainsi un mort : *Aiez du respect pour mes Manes*. & dans une autre : *Je prie les Manes de ma digne & sainte maitresse*. Une autre dit : *Mes enfans ont fait des vœux à mes Manes, & leur ont offert des sacrifices*.

Ces profanes raisonnoient si peu consequemment sur les Manes & sur les dieux des Enfers, qu'ils paroissent croire selon certaines inscriptions que les Manes ou l'ame du défunt demeurent dans le tombeau même ; cela se voit dans l'inscription suivante tirée de Gruter, où il est parlé en ces termes : *Ce tombeau renferme les Manes d'Ummidia & de Primigenius son esclave, morts dans le même jour*.

Il est constant que les Manes étoient pris pour les dieux de l'Enfer. Les épitaphes greques, tant celles que l'on trouve à Rome & dans l'Occident, que celles que l'on déterre tous les jours en Grece, en sont une preuve certaine ; elles commencent ainsi Θεοῖς καταχθονίοις, aux dieux souterrains, ou aux dieux des Enfers : & quelquefois avec les deux premieres lettres Θ. Κ. ce qui répond certainement au *Dis Manibus* des épitaphes latines.

On trouve aussi quelquefois dans les inscriptions latines les dieux des Enfers pour les dieux Manes, comme dans cette inscription rapportée par M. Fabreti, *Aurelia Truphera affranchie de Lucius, lieu consacré aux dieux des Enfers*. Ils y sont aussi quelquefois appellez les dieux Manes des Enfers, comme dans celle qui suit : *Aux dieux des Enfers Manes, fait pour ma femme Fulvia Hygia fille de Marc*. On trouve encore dans un tombeau de gens de basse condition les Manes appellez les dieux Manes de l'Averne, qui est l'Enfer. L'in-

---

deos inferos dixerint animas illas quae coram inferorum judicibus sistebantur ? Quomodo deos inferos dixerunt animas defunctorum, quas nescirent an suppliciis traditae, an mercede ob probe actam vitam donatae fuissent ? Attamen ex multis inscriptionibus sepulcralibus constat Manes qui dii inferi etiam passim vocantur, animas quoque mortuorum significare : quasdam hujusmodi inscriptiones ex Grutero collegit Raphael Fabrettus, ubi eorum qui mortui decumbunt animae Manes ipsorum appellantur : sic in quadam inscriptione Grut. p. CCCXXII. *Manes meos colatis*, & p. DCCXVIII.

Obsistat Manes merita sanctaque patrona.

Et p. DCCXXXIII.

Manibus atque meis pia vota dedere,
Persolvere meis Manibus inferias.

Quam parum vero sibi constarent in illa de Manibus aut de diis inferis quolibet ex memoratis sensu acceptis opinione, aperte produnt cum ita loquuntur in epitaphiis, ut credere videantur Manes sive animam defuncti in ipso tumulo manere, ut videas ex inscriptione sequenti apud Gruterum p. DCCCXCV.

Ummidia Manes tumulus tegit iste simulque
Primigeni verna quos tulit una dies.

Deos inferos pro Manibus accipi liquet etiam ex inscriptionibus graecis omnibus, tum iis quae Romae & in Occidente magno numero, tum iis quae in Graecia habentur, ubi haec vulgo praemittuntur Θεοῖς καταχθονίοις, diis subterraneis sive inferis, vel cum prioribus solum literis Θ. Κ. quae haud dubie ad haec verba inscriptionum sepulcralium latinarum referuntur DIS MANIBVS.

Unde etiam in latinis inscriptionibus, dii Manes dii inferi vocati deprehenduntur, ut in hac inscriptione a Fabretto allata. *Aurelia Lucii liberta Truphera dis inferis sacrum*. Aliquando etiam dii illi Manes inferi simul appellantur ut in hac inscriptione.

D. I. M.
FVLVIAE. M. F. H
YGIAE. CONIVGI.

Ubi legendum : *Dis Inferis Manibus, Fulvia Marci filia Hygie coniugi*. Semel etiam occurrit in quodam epitaphio plebeiae familiae, *Dis Avernis Manibus*, quae inscriptio hic non inutiliter referetur, licet meridi-

DIEUX MANES.

scription, quoiqu'elle soit peu correcte, merite d'être rapportée ici ; on la peut voir dans le latin.

Les dieux Manes étoient donc les dieux de l'Enfer, & de là venoit que Pluton étoit appellé *Summanus*, ce qui vouloit dire selon Martien Capella *Summus Manium*, le souverain des Manes, ou le prince des dieux de l'Enfer. Il est ainsi appellé dans une inscription rapportée par M. Fabretti : *A Pluton Summanus & aux autres dieux Stygiens*. Il n'est pourtant pas certain, dit M. Fabretti, que dans cette inscription Summanus soit mis comme une épithete de Pluton ; il pourroit bien être un autre dieu de l'Enfer ; d'autant plus que les anciens Mythologues ne disent point qui étoit ce Summanus, & qu'Ovide qui dit que lorsque Pyrrhus étoit formidable aux Romains, on rebâtit des temples à Summanus, témoigne que l'on ne savoit pas bien quel dieu c'étoit.

Ce que nous venons de dire touchant les ames prises pour les dieux Manes ou pour les dieux des Enfers, est sujet à mille difficultez ; voila pourquoi M. Fabretti propose un autre sentiment, qui est que ces Manes pourroient être quelque puissance je ne sai quelle de l'homme. Ne pourroit-on pas dire que ces Manes étoient les genies de chaque homme en particulier, dont nous avons parlé au premier tome ? Cela reviendroit assez au sentiment d'Apulée rapporté dans le même endroit. Je crois que le meilleur est de dire que ces profanes pensoient & parloient si peu consequemment sur toutes ces choses, qu'il ne faut point s'étonner de les voir raisonner sans principe & sans systeme ; chacun se formoit des chimeres à sa fantaisie, & fort souvent ceux qui venoient après suivoient les premiers, sans examiner s'il y avoit de la raison ou apparence même de raison dans ce qu'ils faisoient & disoient. Tels étoient ceux qui ont mis l'inscription suivante, où les dieux Manes sont appellez les arbitres des destins : comme si ces dieux Manes n'aiant point assez à faire à gouverner les Enfers, s'étoient aussi mêlez de prescrire aux hommes leur destinée & la fin de leur vie. L'inscription qui est en bas rapportée en latin a

---

ab ipsa origine ob inscitiam ponentium resperso sit.

D.   A.   M.   *i. Dis Avernis Manibus.*
ANTONIVS. SVCCESSANVS
CONPARAVIT. SIBI. ET. BOTRIE. RVSTI
CIANAE COIVGI SVE ET ANTONIS FILIS SVIS
LIBERTIS. LIBERTABVSQVE AEO-
RVM.
BROTRIA. RVSTICIANA. SCRIPSIT
ANTONIO SVCCESSANO COIVGI.

Cum itaque dii Manes dii inferi essent, hinc factum ut Pluto Summanus dictus sit, quasi summus Manium ex Martiano Capella de Nupt. Philolog. lib. 2. id est princeps Manium, sive princeps deûm inferorum : ut etiam ex inscriptione quadam arguitur, referente Fabretto *Inscript.* p. 87.

PLVTONI. SVMMANO
ALIISQVE. DIS. STIGIIS.

Quamquam, ut observat idem Raphael Fabrettus, non omnino certum sit utrum Summanus post Plutonem in hac inscriptione positus, Pluto sit an alius inferorum deus, quandoquidem vetustiores Mythologi, quis esset Summanus non dixerunt, imo quis sit dubitat Ovidius lib. 6. Fast. V. 731.

Reddita, quisquis is est, Summano templa feruntur,
Tunc cum Romano, Pyrrhe, timendus eras.

Haec quae de mortuorum animabus pro Manibus, sive pro diis inferis habitis diximus, difficultatibus sunt plena, atque adeo Raphael Fabrettus aliud proponit, ut non pro anima, sed pro hominis nescio qua separata ab anima potestate. Quid vero si pro singulorum geniis accipiantur, de quibus egimus tomo primo ? Verum melius dicatur profanos ipsos qui haec comminiscebantur, non curavisse an omnia quadrarent, singulosque pro arbitrio suo commenta sibi effinxisse : alius autem eorum qui praecesserant exempluma, nulla adhibita examine, nec quaesita vel ratione vel rationis umbra sequutos fuisse : sic dixerim etiam de iis qui inscriptionem sequentem posuerunt, quique deos Manes tutorum arbitros appellant, quasi vero dii Manes, non satis habentes res infernas moderari, etiam fata, seu finem vitae hominibus constituerint.

ce sens : *Aux dieux Manes arbitres des destinées , Aurelia Secunda a fait pendant sa vie ce tombeau pour elle, pour son tres-cher fils Aurelius Optatus qui a vécu sept ans dix mois & dix-neuf jours, pour ses affranchis , pour ses affranchies, & pour leurs descendans. Ce monument a quinze pieds de long , & dix-sept en dedans. Qu'il ne soit sujet à aucune fraude.*

Se viva veut dire qu'elle l'a fait pendant sa vie : ces manieres de parler se trouvent souvent dans les inscriptions sepulcrales.

D. M. FATORVM. ARBITRIS
AVRELIA. SECVNDA. SE VIVA FECIT. SIBI.
ET. AVRELIO. OPTATO. FILIO. DVLCISSIMO
QVI. VIXIT. ANNIS. VII. NENSIBVS. (sic) X.
DIEBVS. XVIIII. LIBERTIS. LIBERTABVSQVE
POSTERISQVE. EORVM. ET. QVI. NASCEN
TVR. AB. ILLIS. HOC. MVNIMENTVM.
IN. FRONTE. PEDES. X. IN. AGRO. PEDES. XV.
AREA. PEDES. XVII. H. M. D. M. A.

SE VIVA, id est ipsa vivente adhuc, & SE VIVO ipso vivente, aliæque formulæ hujusmodi passim occurrunt in sepulcralibus monumentis.

CHAPITRE IV.

I. Les Parques. II. Les Furies. III. Caron bâtelier de l'Enfer. IV. Qui étoit Libitina.

I. LEs Parques sont aussi comptées parmi les divinitez d'Enfer. C'étoient trois sœurs filles de Jupiter & de Themis ; leurs noms étoient Clotho, Lachesis & Atropos. Les Mythologues varient extrêmement sur leur origine. Quelques-uns les disent filles de la Nuit, d'autres filles de la Necessité : il y a apparence que dans cette genealogie il y a quelque allegorie cachée. C'étoient elles qui filoient pour ainsi dire les jours des hommes, & qui marquoient le tems & la maniere dont ils devoient mourir. Elles étoient de si bon accord ensemble , qu'il n'y eut jamais entre elles ni dispute ni sentiment different.

Le nom des Parques a quelque affinité avec leur office : Clotho vient du verbe κλώθω, qui veut dire filer, parcequ'elle est censée filer le tems de la vie, ou comme d'autres veulent, parcequ'elle tranche le fil de la vie des hommes. Lachesis qui vient de λαγχάνω *sortior*, dispose du sort des hommes. Atropos veut dire ou immuable, ou qui renverse tout : cette épithete peut convenir à la Parque, elle renverse l'ordre des choses , lorsqu'elle enleve des gens qui ou par leur jeunesse ou par le besoin qu'on avoit d'eux, sembloient devoir vivre long-

---

CAPUT IV.

I. Parcæ. II. Furiæ. III. Charon portitor inferorum. IV. Quænam esset libitina.

I. PARCÆ inter deos inferos computantur : tres erant sorores Jovis Themidisque filiæ, quarum nomina Clotho, Lachesis, Atropos. Circa earum originem Mythologi pro more admodum diversa tradunt : alii Nocte, alii Necessitate natas dicebant : verum hæc ὑλληγοϱικῆς, ut putamus, dicta sunt. Ut ut est, ex dies hominum veluti nebant, semperque pensa torquentes, modum mortis eorum constituebant : atque tanta erat inter eas concordia, ut nihil litis, dissidii nihil unquam ortum inter illas sit.

Parcarum nomina aliquam habent cum ipsarum officiis affinitatem. Clotho ex verbo Κλώθω oritur, quod *neo* significat, quoniam ipsa vitæ humanæ tempus nere censetur ; vel quoniam vitæ hominis filum atque texturam ipsa abscindit. Lachesis quæ a λαγχάνω *sortior* derivatur, sortem hominum moderatur & dispensat. Atropos, vel immutabilem , vel rerum ordinem evertentem significat ; quod epitheton utroque accepto modo in ipsam convenit : ipsum namque ordinem subvertit, quando vel juvenes, vel eos qui in hoc mundo necessarii esse videbantur abripit :

tems; elle est aussi immuable, parceque selon l'opinion de plusieurs profanes le destin qu'on croioit être entre les mains des Parques, ne changeoit jamais. Platon au liv. XII. de la Republique dit que les Parques chantent au son des Sirenes, Lachesis les choses passées, Clotho les choses présentes, & Atropos les futures.

II. Les Furies appellées aussi Erinnyes & Eumenides déesses de l'Enfer, étoient filles de la Nuit, ou comme d'autres disent, de la Nuit & d'Acheron. Orphée ou l'auteur que nous avons sous son nom, les dit filles de Pluton & de Proserpine; Hesiode dit qu'elles sont nées de la terre & du sang de Saturne. Elles avoient des serpens au lieu de cheveux; leurs noms étoient Tisiphone, Alecto & Megére. C'étoient elles qui tourmentoient les ames en leur représentant leurs crimes & l'horreur de leurs mauvaises actions. Elles exerçoient cet office sur les vivans comme sur les morts. Les tisons ardens des Furies dont nous parlent les poëtes & les mythologues, faisoient ce que font réellement sur les hommes, tant vivans que défunts, les remords de la conscience, témoin incorruptible & implacable, qui reproche sans cesse aux mortels ce qu'ils ne sauroient lui cacher. Les Furies avoient un temple à Athenes, & un bois sacré à Rome, dit Ciceron. Pausanias dit qu'elles étoient appellées à Athenes σεμναὶ θεαὶ les déesses venerables.

III. Caron, le fameux Caron étoit une autre divinité de l'Enfer. Ce dieu fils d'Erebus & de la Nuit, étoit comme le bâtelier qui passoit les ames sur l'Acheron, sur le Styx & sur le Cocyte fleuves de l'Enfer. C'étoit un vieillard à barbe blanche, dit Virgile, hideux dans sa forme & dans ses habits, & dont les yeux sembloient jetter feu & flamme; implacable envers tout le monde, il recevoit avec la même rudesse les rois & les sujets, les pauvres & les riches, il exigeoit le *naule* (ainsi appelloit-on une piece de monnoie) de tous ceux qui passoient. Voila pourquoi les anciens mettoient dans la bouche des morts une piece d'or ou d'argent pour paier ce passage. Les Magistrats des Atheniens pour se distinguer de la populace, ordonnerent qu'on mettroit trois oboles dans la bouche de leurs morts. Cette coutume paroit avoir été mieux gardée par les Egyptiens que par les autres nations. On dit qu'on ne manque pas de trouver dans la gorge des corps embaumez qu'on déterre dans les sables de l'Egypte, & qu'on appelle Mumies, la piece d'or pour le passage; & que c'est pour cela que ceux qui les tirent de terre leur ouvrent d'abord la bouche à force pour l'enlever.

immutabilis etiam erat, quoniam secundum vulgatiorem profanorum sententiam, fatum quod in Parcarum manibus erat, nunquam mutabatur. Plato lib. 12. de Republica, ait, Parcas juxta Sirenum sonum canere, Lachesia nempe præterita, Clothôn præsentia, Atropon futura.

II. Furiæ Erinnyes quoque & Eumenides vocabantur, erantque inferorum deæ filiæ Noctis, vel, ut alii dicunt, Noctis & Acherontis. Orpheus sive poëta ille qui ejus nomine circumfertur, filias esse dicit Plutonis atque Proserpinæ; ait Hesiodus natas ex Terra exque sanguine Saturni. Ipsis capillorum loco serpentes erant: nomina earum erant Tisiphone, Alecto & Megæra. Hæ animas excruciabant, dum scelera facinorumque horrorem repræsentarent. Quo illæ officio fungebantur erga eos qui viverent perinde atque erga mortuos. Tædæ Furiarum ardentes, quas poëtæ & mythologi commemorant, idipsum agebant erga vivos mortuosque quod agit stimulus conscientiæ, testis incorruptæ, implacabilisque, quæ semper mortalibus ea exprobrat, quæ ipsi occulta esse nequeunt. Furiarum templum Athenis erat, & lucus Romæ, inquit Cicero. Athenis vero Furias σεμνὰς θεὰς venerandas deas, appellatas fuisse commemorat Pausanias in Corinthiacis.

III. Aliud infernale numen erat Charon Erebi & Noctis filius, navicularius & portitor, qui animas per Acherontem, Stygem & Cocytum transvehebat. Is senex erat specie horrendus, cui plurima mento canities, inquit Virgilius, squallida veste, cujus oculi ignem emittere videbantur : omnibus inexorabilis, qui eadem asperitate reges & subditos, pauperes atque divites excipiebat. Is naulum sive trajectionis precium à cunctis pariter exigebat : ideoque veteres obolum sive nummum in ore mortuorum deponebant ut naulum solvere possent. Atheniensium magistratus præcepere, ut in defunctorum suorum ora injicerentur tres oboli, ut sic à plebe distinguerentur. Mos hic videtur ab Ægyptiis accuratius quam ab aliis observatus fuisse. Nam in ore corporum illorum quæ in arenosis locis quotidie eruuntur, *Mumias* vocant, nummum semper aureum reperiri narrant; ideoque eos qui corpora eruunt, statim illis vi os aperire ut naulum extrahant.

IV. On comptoit aussi parmi les dieux de l'Enfer Libitina, ou plûtôt on la regardoit comme celle qui présidoit aux funerailles: Plutarque dit dans la vie de Numa que quelques-uns la prenoient pour Proserpine, mais que les plus savans d'entre les Romains disoient qu'elle étoit Venus: ainsi selon leur opinion la même déesse qui présidoit à la naissance des hommes, présidoit aussi à leur mort. Les poëtes se servent souvent du nom de *Libitine* pour marquer la mort: ce nom étoit aussi à plusieurs autres usages.

IV. Dea item inferorum esse censebatur Libitina, sive potius ea esse putabatur quæ funeribus præesset. Plutarchus in Numæ vita ait, a nonnullis eam esse Proserpinam existimatam fuisse, sed eos qui Romanorum doctiores habebantur Venerem esse dixisse. Ex eorum igitur opinione, eadem ipsa dea quæ hominum natalibus præerat, morti eorumdem præficiebatur. Libitinæ quoque nomine utuntur poëtæ ut mortem significent; eaque vox etiam aliis usibus deputabatur.

CHAPITRE V.

I. Le passage des ames aux Enfers. II. Les portes de l'Enfer. III. Mercure ouvre ces portes & conduit les ames. IV. Plusieurs images.

I. Nous avons tiré des auteurs pour la description des Enfers ce qu'il y avoit de plus communement reçu; les variations sur cette partie de la fable sont encore plus grandes que sur les autres. Venons maintenant au passage des ames & des ombres aux Enfers. C'étoit le dieu Mercure qui les alloit prendre, & qui les conduisoit au roiaume de Pluton, tenant sa baguette ou son caducée, avec lequel, dit Homere, il assoupit les hommes qui veillent, & reveille ceux qui sont endormis. Les ames le suivoient en fremissant & pleurant leur sort: Homere compare leurs plaintes aux cris des chauvesouris. Plusieurs monumens representent ce passage des ames & des ombres conduites par Mercure en Enfer.

II. Aux plus anciens tems on avoit imaginé des portes par où les ames entroient dans ces demeures souterraines; de là vint l'expression *aller aux portes de l'Enfer*, dont on se servoit pour marquer la mort. Cette maniere de parler se trouve dans l'ancien Testament; Ezechias au 38. chapitre d'Isaie: *J'ai dit dans la force de mon âge, j'irai aux portes de l'Enfer.* Cette expression figurée s'entend là simplement de la mort; au lieu que dans le nouveau

CAPUT V.

I. Transitus animarum ad inferos. II. Portæ inferi. III. Mercurius valvas inferorum aperit. IV. Imagines aliquot.

I. Hæc quæ ad inferorum descriptionem ex scriptoribus excerpsimus, vulgatiora sunt, & plurimorum consensu firmata: in hanc quippe mythologiæ partem variant scriptores magis etiam quam in alias. Jam de transitu animarum umbrarumque ad inferos loquendum. Dux ipsis viæ erat Mercurius, qui ipsas in Plutonis regnum, seu in domum exilem Plutoniam deducebat: illæ vero inter eundum vespertilionum more stridebant.

Ἔχε δὲ ῥάβδον μετὰ χερσὶν
Καλὴν χρυσείην, τῇ τ' ἀνδρῶν ὄμματα θέλγει
Ὧν ἐθέλει, τοὺς δ' αὖτε καὶ ὑπνώοντας ἐγείρει.
Τῇ ῥ' ἄγε κινήσας. ταὶ δὲ τρίζουσαι ἕποντο.
Ὡς δ' ὅτε νυκτερίδες μυχῷ ἄντρου θεσπεσίοιο
Τρίζουσαι ποτέονται.

tenebat autem virgam in manibus
Pulcram auream: hac hominum oculos mulcet
Quorum vult; hos autem rursus & dormientes suscitat.
Hac ducebat excitatos; hæ autem stridentes sequebantur,
Sicut cum vespertiliones secessu antri magni
Stridentes volant.

Plurima monumenta animarum a Mercurio ad inferos deductarum transitum repræsentant.

II. Antiquissimis vero temporibus portæ confictæ fuere, per quas animæ ad subterranea illa habitacula ingrediebantur. Hinc modus ille loquendi promanavit, ut qui vitam cum morte commutarent, ad portas inferi conferre dicerentur: quæ etiam loquendi ratio in sacris literis veteris testamenti occurrit: sic Ezechias Isaïæ cap. 38. 10. *Ego dixi in dimidio dierum meorum, vadam ad portas inferi*: qui tropus hoc loco de morte solum intelligitur. In novo autem Te-

Testament

PASSAGE DES AMES AUX ENFERS.

Testament les portes de l'Enfer se prennent pour les puissances des tenebres. Les profanes chez qui cette maniere de parler paroît avoir pris son origine, entendoient par les portes de l'Enfer l'entrée au manoir de Pluton; & comme c'étoit un sejour fort odieux, Achille dit à Ulysse: *Je hais comme les portes de l'Enfer celui qui dit une chose, & en pense une autre.* Ces portes de l'Enfer se voient assez souvent dans les monumens.

III. La premiere figure est du tombeau de Glycon & d'Hemera, comme l'inscription porte, *Aux dieux de l'Enfer, Glycon & Hemera.* Au dessous de l'inscription est une grande porte; Mercure qui est dedans ouvre un des battans pour faire entrer en Enfer l'ame qu'il conduit. Trois piques à chaque côté de la porte avec des branches de laurier marquent peutêtre que Glycon étoit homme de guerre, & qu'il avoit cueilli ces lauriers dans le champ de Mars. Ce tombeau de Glycon a été fait par un vœu, comme porte l'inscription, *ex voto*. PL. CXX.

IV. Cette porte de l'Enfer se trouve représentée dans plusieurs autres tombeaux. Dans celui de Lepidia Papiria une aigle de chaque côté de la porte semble la garder: un grand feston qui descend du haut de l'urne, passe au dessus de la même urne. Cette urne est ornée de colonnes torses.

L'urne qui vient après est de Festus Gemethlianus affranchi d'Auguste, comme l'inscription porte: sous l'inscription est représentée la porte à deux battans avec deux genies ailés à droite & à gauche, qui sont là comme pour la garder. PL. CXXI.

L'urne suivante faite pour Caius Domitius Verus fils de Caius de la tribu Palatine, par Volusia Severa sa femme, représente le mari & la femme qui se donnent la main sur un autel flamboiant posé sur la porte qui conduit aux Enfers. Les deux battans de la grande porte sont ouverts: Domitius va être conduit par Mercure à cette region nouvelle; & dit le dernier adieu à sa femme, qui l'appelle un mari tres-bon & tres-indulgent. PL. CXXII

L'urne qui vient ensuite, est d'Helius Afinianus, dont nous avons déja parlé à l'occasion d'un autre tombeau. Elle a été faite par Sextia Psyché sa femme. Helius Afinianus est ici qualifié *Pub. Aug.* ce qui veut dire *Publicus Augurum.* Beger qui a donné ce monument a cru que *Publicus Augurum* étoit PL. CXXIII.

---

stamento portæ inferi pro potestate tenebrarum accipiuntur. Profani apud quos hæc loquendi forma originem duxisse videtur, portas inferi vocabant ingressum in domum exilem Plutoniam; quia vero illa domus admodum formidabilis odiosaque habebatur; ideo Achilles Ulyssi ait:

Ἐχθρὸς γάρ μοι κεῖνος ὁμῶς ἀΐδαο πύλῃσιν,
Ὅς χ᾽ ἕτερον μὲν κεύθει ἐνὶ φρεσὶν, ἄλλο δὲ βάζει.

Id est.

Odiosus enim mihi ille est perinde atque inferni portæ,
Qui aliud occultat in animo, aliud vero loquitur.

Hæ inferorum portæ non raro in monumentis comparent.

III. Primum schema in sepulcro Glyconis & Hemeræ visitur, cujus inscriptio sic habet Θεοῖς ϰαταχθονίοις Γλύκωνι ϰ Ἡμέρᾳ. Hoc est: *diis inferis Glycon & Hemera.* Sub inscriptione magna porta visitur: Mercurius autem jam ingressus forem alteram aperit, ut animæ ingressus in inferos pateat. Tres hastæ utrinque positæ cum ramis lauri, virum bello strenuum Glyconem fuisse significant, qui in campo Martis lauros collegerit. Glyconis vero sepulcrum ex voto factum fuit, ut inscriptione fertur.

IV. Hæ inferorum portæ in aliis bene multis monumentis deprehenduntur. In sepulcro Lepidiæ Papiriæ, aquilæ ad utrumque latus policæ, portam custodire videntur; Encarpus magnus ex utroque summo urnæ latere dependens supra portam sinum efficit: hæc porro urna columnis tortilibus exornata est.

Quæ sequitur urna est Festi Gemethliani Augusti liberti, ut inscriptione legitur; sub qua visuntur bifores valvæ quas duo genii alites hinc & inde positi custodiunt.

Urnæ sequentis inscriptio ita legitur: *Caii Domitii Caii filii Palatina (tribu) Veri, vixit annis uno & quadraginta, mensibus septem, diebus duodecim. Volusia Severa conjux marito optimo & indulgentissimo.* Hic ambo conjuges manus mutuo dant supra ignitam aram in ipsis inferorum valvis positam. Duæ fores apertæ sunt; Domitius in novam illam regionem a Mercurio mox deducendus uxori Volusiæ Severæ supremum vale dicit, quæ Volusia maritum optimum & indulgentissimum amisit.

Urna sequens est Helii Asiniani, quem jam supra memoravimus occasione sepulcri alterius. Urna a Sextia Psyche ejus uxore curata fuit. Helius Asinianus hic dicitur *Pub. Aug.* quod est, publicus Augurum. Begerus qui hoc monumentum publicavit, Publicum Augurum idem ipsum putat dignitatis genus

146 L'ANTIQUITÉ EXPLIQUÉE, &c. Liv. IV.

la même chose qu'*Augur publicus* ; & les Augures publics étoient selon Festus les plus honorables d'entre les Augures. Mais nous avons prouvé après M. Fabretti que *publicus Augurum* n'étoit que le serviteur public des Augures. Helius Afinianus & Sextia Psyché sont représentez se donnant la main sur un autel, sur lequel il y a, ce semble, des pains ou des gâteaux pour sacrifier aux Manes : l'autel est devant une porte ouverte pour passer en Enfer ou au payis des Manes selon l'opinion des anciens : les ornemens sont des sphinx ailées sur un trepied, qui soutiennent des genies. Mercure ne paroit point ici, mais on le voit en personne sur le bord de l'Acheron dans le tombeau de Lucius Passienus Augianus jeune enfant mort à l'âge de sept ans. A l'autre côté de l'Acheron est le vieillard Caron sur sa barque ; il a les cheveux épars & mal peignez, la barbe négligée, conduisant son bateau avec un aviron, & menant les ames en Enfer : tel le décrit Virgile. Caron ne passoit que ceux dont les corps étoient ensevelis : car s'ils étoient privez de la sepulture, leurs ames erroient de côté & d'autre pendant cent ans, dit Virgile, toujours au bord de ces rivages Stygiens, tourmentées du desir de voir les lacs infernaux. Homere ajoute qu'il faut que les corps des défunts aient été inhumez & pleurez pour pouvoir être admis dans le manoir de Pluton ; voila pourquoi il étoit défendu d'appeller en justice un homme qui seroit occupé à des funerailles.

Pl. CXXIV

fuisse, quod aliis Augur publicus vocatur. Augures autem publici erant Festo auctore Augures dignitate præcellentes : sed post Fabrettum probavimus publicum Augurum fuisse Augurum servum publicum. Helius Afinianus & Sextia Psyche uxor manus mutuo jungunt supra aram cui impositi sunt, ut videtur, panes vel placentæ ut Manibus sacrificetur. Ara similiter erecta est in ipso limine inter bifores valvas, per quas via est ad Plutoniam domum, secundum veterum profanorum opinionem. Urnæ ornamenta sunt sphinges alites tripodi innixæ, quibus sphingibus imponuntur genii. Mercurius hic non comparet ; sed conspicitur is ipse in sepulcro sequenti in Acherontis littore. Sepulcrum est Lucii Passieni Augiani pueri, qui septem annos natus obiit. In altera Acherontis

ora est Charon senex qualem describit Virgilius.
Portitor has horrendus aquas & flumina servat,
Terribili squalore Charon, cui plurima mento
Canities inculta jacet, stant lumina flamma,
Ipse ratem conto subigit, velisque ministrat,
Et ferruginea subvectat corpora cymba.

Charon eos tantum transvehebat, quorum corpora sepulta fuissent : nam si essent insepulti, animæ ipsorum ultro citroque errabant per annos centum ad oras fluviorum infernalium, ait Virgilius, vagantes, videndorum infernalium lacuum desiderio excruciatæ. Addit Homerus cum fletibus sepultos oportuisse eos qui in Plutoniam domum admitterentur : quæ causa erat, cur ii qui parentalibus funeribusque vacarent, non possent illo tempore in jus vocari.

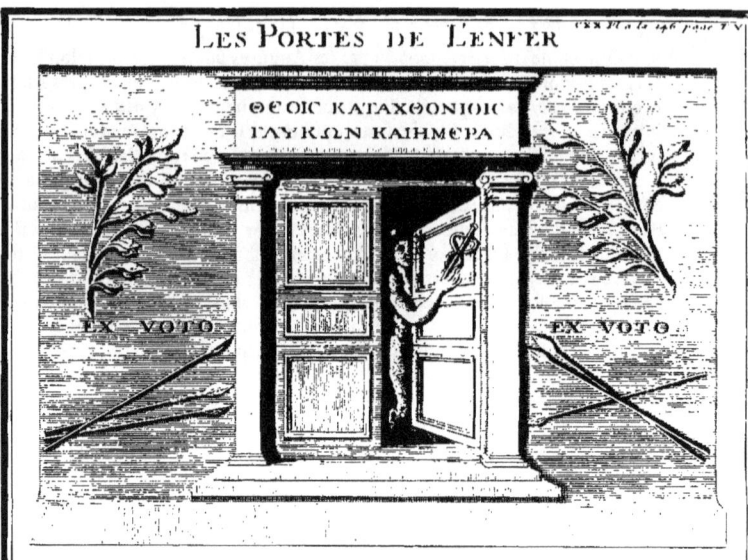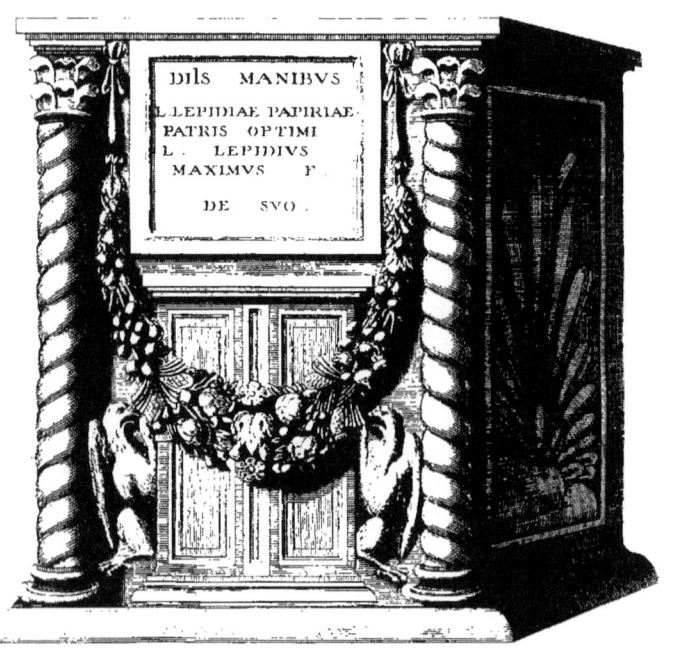

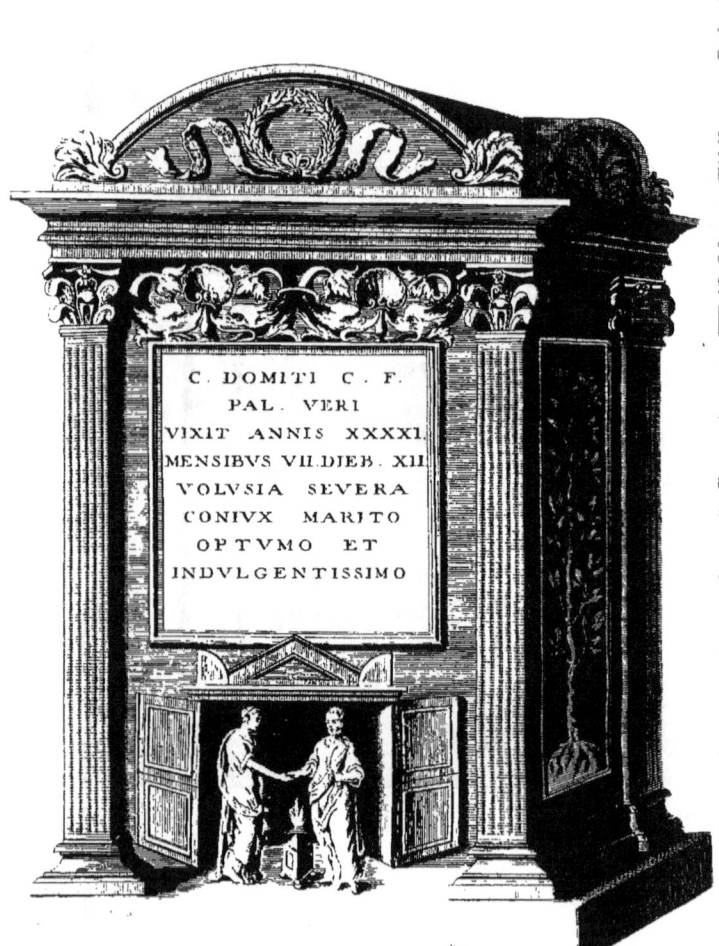

CHAPITRE VI.

Description des bas reliefs singuliers d'un sepulcre.

CARON en même équipage, mais plus mal vêtu, paroit dans la barque de l'image suivante, qui contient presque tout ce qui regarde la fin de l'homme tant avant qu'après la mort. L'image étant sans inscription, elle est tres-difficile à expliquer. Au milieu est representée une porte devant laquelle le mari & la femme se donnent la main comme ci-devant: c'est la porte de l'Enfer, que nous avons vue plusieurs fois. A côté de cette porte est representée une femme, apparemment la même, sur un lit où elle rend l'ame. Son mari est assis au pied du lit, où accablé de tristesse il pleure sa chere épouse. La femme voilée qui est tout auprès, à laquelle la mourante semble tendre la main, pourroit être sa mere. Audessus de cette femme qui expire on voit dans une espece de quadre une tête qui a la bouche ouverte, & qui ressemble assez à une femme; c'est peutêtre son ame ou son ombre. Plus avant du même côté sont deux hommes prêts à entrer dans la barque de Caron, qui tend la main pour demander le prix du passage: Caron est ici tel que l'a dépeint cidevant Virgile; sa barque passe au travers d'une porte, qui est sans doute la porte de l'Enfer. De l'autre côté deux hommes marchent, & Mercure après eux. Ces deux hommes qui vont vers la barque de Caron pourroient être les mêmes que nous avons déja vus prêts à passer. Mercure qui vient après eux parle à une femme voilée, qui est peutêtre une autre ombre qu'il conduit en Enfer. A l'extrêmité de la planche est une autre barque, d'où sort un homme armé d'un casque & d'un bouclier, portant sur les épaules un manteau qui ne le couvre point; il parle à Minerve, qu'on reconnoit au casque & au bouclier sur le milieu duquel est une tête de Meduse. L'homme qui sort de la barque passe sur une planche appuiée d'un côté sur la barque, & de l'autre contre terre. Tout auprès de là est un autre homme couché & qui paroit être mort, armé d'un casque. Mercure menoit ainsi les ames en Enfer, les conduisoit jusqu'au throne de Pluton & de Proserpine, & les presentoit au Roi des Enfers,

P L.
CXXV.

CAPUT VI.

Descriptio anaglyphorum singularium cujusdam sepulcri.

CHARON eodem vestitu atque cultu, imo etiam horridior apparet in cymba sequentis imaginis, in qua imagine ea fere omnia quae ad exitum vel finem hominis pertinent reperiuntur, tum ea scilicet quae mortem praecedunt, tum etiam quae illam subsequuntur. Cum autem schema totum inscriptione prorsus careat, explicatu certe difficilius est. In medio valvae visuntur, anteque eas duo conjuges manus mutuo jungunt, ut supra non semel conspeximus: haec est inferorum porta, ut ex praeteritarum similitudine confirmatur. E latere portae hujusmodi conspicitur mulier decumbens, quae eadem ipsa mulier & conjux esse videtur; ea extremum quasi exhalat spiritum. Ad lecti pedem sedet conjux ejus, qui moerore confectus, uxoris fatum luget. Mulier illa velata quae morienti manumque ipsi porrigenti adstat, mater ejus fortasse fuerit. Supra mulierem animam agentem in quadrata structura cernitur caput aperto ore, quod obeuntem mulierem sat exprimit, ita ut videatur animam vel umbram ejus repraesentare: postea in eodem latere duo viri sunt qui in Charontis cymbam conscendere volunt; Charon manum porrigit naulum petens; hic talis depictus qualis a Virgilio supra describitur: cymba in porta quadam constituitur, quae haud dubie porta inferi est: in alio latere duos item viros videas, quos sequitur Mercurius. Has ambos versus Charontis cymbam incedentes eosdem fortasse dicas esse, quos jam vidimus in cymbam ingredi parantes: Mercurius comes mulierem alloquitur velatam, quae fortasse alia umbra est, ipso ductore ad inferos contendens. In extrema tabula alia cymba visitur, ex qua vir excensum facit casside armatus & clipeo, humeros pallio obtectos habens: hic alloquitur Minervam, quam ex casside, exque clipeo Medusae caput efferente agnoscimus. Qui e cymba excensum facit, assere quasi ponte utitur, hinc terram inde cymbam contingente. E vicino alius est vir decumbens casside armatus, qui exanimatus esse videtur: sic Mercurius animas ad inferos deducebat, & ante Plutonem in solio sedentem sistebat, assidente Proserpina, quemadmodum primo tomo vidimus in

comme nous avons vu au premier tome, où Mercure préfente à Pluton & à Proferpine affife à fon côté, l'ombre d'une jeune fille. La femme voilée qui eft derriere, paroit être la mere de cette fille.

La grande image que nous venons d'expliquer ci-deſſus, où eſt la barque de Caron, eſt la face de devant du tombeau. Au deſſous ſont les deux petites faces des côtez; dans l'une on voit un homme qui tient une demi pique avec le manteau fur l'épaule, qui ne couvre point fa nudité: il donne la main à une femme aſſiſe couverte d'un voile : le Bartoli croit que c'eſt fon épouſe qu'il a retrouvée en Enfer : cela eſt aſſez vraiſemblable. Un autre homme derriere lui armé d'un caſque, d'une cuiraſſe & d'un bouclier, eſt peutêtre un ami qu'il aura retrouvé dans les Enfers.

Plutone, ubi Mercurius umbram puellæ Plutoni atque Proſerpinæ offert. Mulier quædam velata puellam ſequens, ejus eſſe mater videtur.

Hæc major quam explicavimus imago, in qua Charontis cymba viſitur, anteriorem farcophagi faciem occupat. Sub illa vero anteriori facie duo minora latera repræſentantur, in quorum altero vir pilum tenens, pallio quod nuditatem non operit humeris appenſo, manum porrigit mulieri ſedenti ac velo obtectæ. Putat Bartolus eſſe uxorem ejus, quam in inferis reperit, quod a vero ſimili non abhorret, alius pone illum, galea, lorica & clipeo obtectus, forte amicus ejus fuerit, quem apud inferos ſimiliter offendit.

CHAPITRE VII.

I. Deſcription des ſupplices de l'Enfer. II. Le Styx repréſenté.

I. LEs ames étoient, comme nous avons dit, punies ou recompenſées en Enfer ſelon leurs bonnes ou mauvaiſes actions. Là Orion, dit Homere, chaſſoit aux bêtes ſauvages dans le grand pré de l'Enfer : je ne ſai ſi ce n'eſt pas lui que l'on voit chaſſer dans les peintures du ſepulcre des Naſons, pluſieurs deſquelles regardent indubitablement l'Enfer ſelon l'opinion des profanes. Là Tityus fils de la Terre étoit étendu, & les vautours venoient lui déchirer le foie ſans qu'il pût les chaſſer: il ſouffroit ce tourment pareequ'il avoit enlevé par force Latone une des femmes de Jupiter. Là Tantale dans un lac qui lui venoit juſqu'au menton ſouffroit une ſoif violente, & ne pouvoit boire, quelque effort qu'il pût faire ; car lorſqu'il baiſſoit ſa tête pour y atteindre, l'eau s'écouloit tellement qu'il ne paroiſſoit plus qu'une terre noire. Des pommiers, poiriers, figuiers, grenadiers, oliviers & autres arbres fruitiers pouſſoient de beaux fruits qui lui venoient juſques ſur la tête : mais dès qu'il étendoit ſa main pour en prendre, les vents les emportoient dans des nuées obſcures. Là Siſyphe portoit avec une extreme peine de ſes deux mains

CAPUT VII.

I. Deſcriptio infernalium ſuppliciorum. II. Styx fluvius depictus.

I. ANimæ, ut jam diximus, ſecundum vitæ ſuæ rationem, ac ſecundum bona malave geſta, aut præmio donabantur aut pœnis cruciatibuſque deputabantur. Illic Orion, inquit Homerus, feras venabatur in magno inferorum prato. Neſcio utrum is ipſe ſit, quem in picturis ſepulcri Naſonum vidimus venantem & feras inſequentem, quæ picturæ ut plurimum res inferorum repræſentant ſecundum profanorum opinionem. Iſtic Tityus terræ filius ſupinus jacebat, & vultures irruentes jecur ejus lacerabant, quos ille abigere non poterat. Hunc cruciatum ferebat; quod Latonam ex Jovis uxoribus unam abripuiſſet. Iſtic Tantalus in lacum ad mentum uſque immerſus, ſiti torquebatur, nec poterat quocumque modo bibere ; cum enim caput inclinando aquam petebat, diffluebat prorſus aqua, ita ut terra ſolummodo nigra ſupereſſet : mali, pyri, mali punicæ, ficuſque dulces & oleæ virelcentes ad caput ejus ſurgebant fructus ; ſed cum porrecta manu fructus carpere vellet, ii a ventis in obſcuras nubes abripiebantur. Iſtic Siſyphus incredibili labore ingentem lapidem ambabus comprehenſum manibus in montis ſuperci-

SUPPLICES DES ENFERS. 149

une grosse pierre sur une montagne; mais lorsqu'il étoit presque arrivé au sommet tout baigné de sueur & couvert de poussiere, les forces lui manquoient, la pierre lui tomboit des mains, & rouloit jusqu'en bas; c'étoit toujours à recommencer. Là Ixion fils de Phlegyas tournoit perpetuellement sur une roue, supplice qu'il avoit bien merité; il avoit tué en trahison son beaupere Deïonée, que d'autres nomment Erionée; comme ni les dieux ni les hommes ne vouloient expier un tel crime, il alloit errant par le monde: Jupiter eut pitié de lui, & lui fit expier son peché. L'ingrat Ixion loin de reconnoitre le bienfait, osa faire l'amour à Junon, & la solliciter même de satisfaire à sa passion. Jupiter informé de sa temerité lui supposa au lieu de Junon une Nuée, de laquelle il eut les Centaures. Renvoié ensuite sur terre il se vantoit d'avoir plu à la reine des dieux: Jupiter ne pouvant plus souffrir cette insolence, le précipita dans les Enfers, où il le fit attacher à une roue qui tournoit continuellement.

Les supplices de l'Enfer sont représentez sur l'autre petit côté du tombeau dont nous venons de parler. On y voit Tantale qui de ses deux mains porte de l'eau à sa bouche, mais l'eau s'écoule de ses mains, en sorte qu'il ne peut jamais boire. Homere décrit la chose differemment. Ixion est étendu sur la roue d'une maniere horrible. Sisyphe un genou en terre vient de charger sur son dos une pierre de grandeur énorme. Cela differe un peu de la description qu'Homere fait des supplices de l'Enfer: mais nous avons souvent dit que les marbres ne s'accordent pas toujours avec la mythologie.

I I. L'image qui est auprès, & qui fut trouvée dans le même mausolée, represente le Styx, le plus renommé fleuve d'Enfer. C'est un vieillard à longue barbe assis sur des roches, qui tient d'une main un monstre infernal par la queue, & de l'autre une urne qu'il renverse pour en répandre l'eau: c'est la marque ordinaire des fleuves. A son côté est un aviron & une ancre. Une tête de mort par dessus sa tête & sur la roche caracterize un fleuve d'Enfer.

lium deportare tentabat, sed cum pene ad cacumen usque montis sudore diffluens & pulvere consperfus advenerat, deficientibus viribus, lapis ex manibus ejus collapsus, ad imum usque pedem montis suo pondere deferebatur: nec ullus erat laboris finis, eædemque semper vices repetendæ erant. Istic Ixion Phlegyæ filius in rota semper convolvebatur, quod supplicii genus admodum promeritus ille fuerat: is enim viricum suum Deïoneum insidiis oppresserat interfeceratque, quem alii Erioneum appellant. Cum autem scelus tantum nec dii nec homines expiare vellent: is errabat, & circumquaque palabundus quo se verteret nesciens ibat: miseratus illum Jupiter scelus ejus expiavit. Ixion autem tanti immemor beneficii in Junonem cupiditatis oculos adjicere, ipsamque ut amori sueret suo rogare ausus est. Re comperta Jupiter Junonis loco Nubem ipsi substituit, ex qua Centauros suscepit. In terram rursus demissus, Junoni se admodum placuisse jactabundus dictitabat; quam petulantiam non ferens Jupiter, ipsum in inferos præcipitatum ad rotam colligari jussit, in qua perpetuo volveretur.

Inferorum supplicia exhibentur in altero minore sarcophagi latere. Hic Tantalus cernitur utraque manu aquam ori admovens; sed aqua ex manibus ejus diffluit, ita ut bibere nunquam possit, quæ res non prorsus consentit cum Homerica fabula superius allata; verum id frequenter in monumentis accidit, ut sæpe diximus. Ixion supra rotam horrendo modo extensus atque supinus hic visitur. Sisyphus genu flectens immanem lapidem humeris gestat, quæ res etiam nonnihil differt à narratione Homerica.

I I. Imago proxime posita, quæ in eodem mausoleo reperta fuit, Stygem repræsentat inferorum fluvium celeberrimum. Senex est admodum barbatus rupibus insidens, qui manu altera infernale monstrum tenet caudâ; altera vero ex urna effundit aquam, quod symbolum est fluviorum frequentissimum. Ad ejus latus sunt temo & anchora. Mortui κρανίον supra caput ejus positum infernalem fluvium certissime denotat.

CHAPITRE VIII.

Les Champs Elysiens.

LEs Champs Elysiens destinez pour la recompense de ceux qui avoient bien vêcu, étoient selon les uns dans le globe de la lune, où l'air est beaucoup plus pur qu'ailleurs, & selon d'autres en quelque autre partie de la sphere celeste. Il y en avoit qui les mettoient auprés du jardin des Hesperides, ou dans les Espagnes, d'autres dans les Isles Fortunées; d'autres enfin, & c'étoit peutêtre la plus commune opinion, les mettoient dans les Enfers. C'étoient des lieux d'un air fort temperé, où le soleil, different de celui qui éclairoit la terre, luisoit sans être incommode ; la terre y étoit chargée d'arbres fruitiers qui sans culture produisoient les plus excellens fruits en grande abondance ; l'air y étoit toujours comme embaumé de l'odeur douce & agreable d'une infinité de fleurs. Une multitude d'oiseaux de differente espece voloit dans les airs, & couvroit les arbres & la campagne : leur chant varié faisoit une espece de symphonie qui charmoit l'ouie. La cupidité, l'avarice, l'ambition & toutes les passions ennemies du repos & de la tranquillité en étoient bannies : tous étoient contens. Les festins y étoient frequents ; de jeunes nymphes & de beaux garçons servoient à table. Lucien dit que les corps des bienheureux n'ont point de consistence, point d'os, ni de chair, ni chose qui puisse resister à l'attouchement ; ce ne sont que des ames, qui ont un voile exterieur de forme humaine ; en un mot des ombres, comme étoient dans l'opinion des païens toutes les ames des défunts.

P L.
CXXVI.

Je crois que ce sont ces champs Elysiens où Mercure conduit une ame dans les peintures du sepulcre des Nasons. Ceux à qui il presente cette ame sont couronnez de fleurs & de rameaux : c'est un homme qui parle à Mercure ; la femme qui est assise auprés de lui joue de la lyre, & tient un grand bâton à trois pointes comme un *plectre* pour la toucher. L'autre image represente un homme assis qui tient une palme, & une femme assise qui lui presente la main, & qui tient l'autre main sur un pot. Derriere cet homme est un autre jeune homme assis & une fille qui semblent parler ensemble. Je ne sai si l'on doit compter

---

CAPUT VIII.
Elysii Campi.

ELYSII Campi iis deputati qui probe vixerant, secundum aliquos in ipso lunæ orbe erant, ubi aer purissimus est ; secundum alios in aliqua parte sphæræ cælestis. Alii sitos illos dicebant prope hortum Hesperidum vel in Hispaniis ; quidam in Fortunatis insulis ; alii demum, & hæc vulgatior fuisse opinio videtur, in inferis campos Elysios constituebant. Hæc amœna loca saluberrimo ac temperato aere fruebantur, ubi sol ab eo sole, qui lucem effundit in hunc orbem, diversus, nihil incommodi lucendo pariebat ; terra fructiferis arboribus oppleta erat, quæ nullo colente curanteque exquisitis semper fructibus onustæ erant. Aer suavissimo innumerorum florum odore perfusus semper erat. Avium varii generis innumera multitudo in aere volitabat, arboresque atque campos opplebat : cantus autem suavitate volucres perpetuo demulcebant aures. Cupiditas, avaritia, ambitio, aliique turbulenti animi motus & affectus, pacis tranquillitatisque inimici, hinc prorsus exsulabant. Omnes sua ætate sorte contenti : convivia illic frequentia, ubi nymphæ formosique pueri ministrabant. Ait Lucianus beatorum corpora nihil soliditatis habere, non ossa, non carnes, nihil denique quod tangi possit : animæ nempe sunt velo exteriori humanæ formæ contectæ ; uno verbo umbræ sunt, ut erant secundum profanorum opinionem omnes animæ defunctorum.

In tabula sequenti ex sepulcro Nasonum educta, animam puto ad Elysios campos a Mercurio duci. Ii quibus hæc anima offertur, floribus ramique coronantur. Vir Mercurium alloquitur ; mulier autem proxime sedens, lyram pulsat plectrique vice utitur magno baculo cui infixi sunt tres veluti dentes. In altera imagine vir sedens palmam tenet, mulierque sedens ipsi manum porrigit, & alteram manum urnæ imponit. Pone virum illum juvenis sedens conspicitur atque virgo, qui mutuo colloqui videntur. Nescio

CHAMPS ELYSÉES

Sepolcro Nasoni

Sepolcro Nasoni

APOTHEOSES DES EMPEREURS.

Parmi les images des champs Elysées une autre qui se voit dans le tombeau des Nasons, d'un jeune homme qui amene un Pegase, & qui tient de l'autre main une flute : à droite & à gauche sont deux jeunes nymphes dont l'une a des feuilles à sa coëffure, & l'autre est appuiée sur une corbeille.

utrum in eodem Nasonum sepulcro inter imagines ad Elysios campos pertinentes accenseri debeat illa, in qua juvenis quispiam Pegasum ducit, alteraque manu tibiam tenet. Hinc & inde duæ nymphæ, quarum altera frondes capite gestat, altera corbi innititur.

CHAPITRE IX.

Les consecrations & les apotheoses des Empereurs Romains.

LEs apotheoses ou les consecrations étoient fort en usage chez les Romains ; ils consacroient leurs Empereurs morts, & les mettoient au nombre des dieux, pour les honorer comme tels. Voici comme parle Herodien des ceremonies de la consecration. » Les Romains ont accoutumé de déifier ceux« de leurs Empereurs qui laissent des enfans pour leur succeder ; & cette con-« secration est appellée chez eux apotheose. Cette fête qui est un mélange de« deuil, de joie & de culte, est celebrée par toute la ville. On ensevelit le corps« du mort en la maniere ordinaire avec une grande pompe, & l'on fait une« image de cire tout-à-fait semblable à celui qui vient de mourir, qu'on met à« l'entrée du palais imperial sur un lit d'ivoire grand & élevé, couvert de« tapis brochez d'or. Cette image représente l'Empereur malade & pâle : à côté« gauche de ce lit est durant une grande partie du jour tout le Senat vêtu de« deuil, & à côté droit les femmes de qualité ; elles ne portent ni or ni colliers,« mais des habits blancs tout simples ; en un mot elles sont aussi en habit de« deuil. Cette ceremonie se fait pendant sept jours : des medecins viennent« tous les jours, approchent du lit, & après avoir visité le prétendu malade ,« ils disent toujours qu'il se porte de plus mal en plus mal. Lorsqu'ils supposent« qu'il est mort, de jeunes gens choisis entre les ordres des Chevaliers & des« Senateurs le portent sur leurs épaules par la Voie sacrée jusqu'à l'ancien mar-« ché, où les Magistrats Romains quittent leur magistrature. Il y a aux deux« côtez, des degrez mis en forme d'escaliers ; à l'un des côtez se tiennent les«

CAPUT IX.

Consecrationes & apotheoses Imperatorum Romanorum.

APotheoses seu consecrationes admodum in usu apud Romanos erant. Imperatores enim defunctos consecrabant, & in deorum numero constituebant, ut eos postea velut numina colerent. Hoc autem modo Herodianus de consecrationis ceremoniis loquitur : *Mos est Romanis consecrare Imperatores, qui superstitibus filiis successoribus moriuntur : quique eo fato honore afficti, relati dicuntur inter divos. Est autem tota urbe quasi luctus quidam festa celebritati & cultui promiscuus. Defuncti corpus ritu solito, magnaque pompa sepelitur ; cereamque imaginem defuncto quam simillimam effingunt, eamque in regiæ vestibulo ponunt, supra eburneum lectum maximum atque sublimem, vestibus instratum aureis. Et quidem hæc imperatoris imago palliati ægroti speciem refert. Circa lectum vero utrinque magnam partem diei sedent, a læva quidem senatus omnis, vestibus atris amictus : a dextra vero matronæ, quas virorum aut parentum dignitas honestat : harum nulla vel aurum gestans vel monilibus ornata conspicitur, sed vestibus albis exilibus inditæ mærentium speciem præferunt. Hæc ita per septem continuos dies fiunt : medicis quotidie ad lectum accedentibus, inspectumque ægrum deterius se habere subinde pronunciantibus. Deinde ubi jam visus est obiisse diem, lectum humeris attollunt, qui ex equestri ordine sunt nobilissimi, & ex senatorio lectissimi juvenes, perque viam sacram in vetus forum deferunt, ubi magistratus Romani deponere imperium consueverant. Utrinque autem gradus quidam sunt ad scalarum similitudinem exstructi ; in quibus altera ex parte puerorum chorus est e nobilissimis atque patritiis ; altera fœminarum illu-*

»jeunes garçons des familles nobles, & à l'autre les femmes de qualité. Les
»uns & les autres chantent en l'honneur du défunt des chants graves & lugu-
»bres. Après cela ils emportent le lit hors de la ville au lieu appellé le champ
»de Mars, où est dressé un catafalque quarré, qui a les côtez égaux, & où
»il n'y a que la seule charpente de grandes pieces de bois qui forment une
»espece de maison. Tout le dedans est plein de matieres les plus combusti-
»bles, & le dehors est couvert de tapis brochez d'or, d'images d'ivoire &
»de belles peintures. Audessus de ce catafalque il y a un autre étage plus pe-
»tit & orné de même, qui a des portes ouvertes : sur celui-là il y en a un autre,
»& encore un autre; c'est-à-dire jusqu'à trois ou quatre, dont les plus hauts
»sont toujours plus petits & de moindre enceinte que les plus bas, de sorte que
»le plus haut est le plus petit de tous. Tout le catafalque est semblable à ces
»tours qu'on met aux ports, & qu'on appelle phares, où l'on met des feux
»pour éclairer les vaisseaux, & leur donner moien de se retirer en lieu sûr.
»Ils mettent le lit dans le second étage, où l'on met aussi des aromates, des
»parfums, & tout ce que la terre produit ; ils font des tas de fruits, d'herbes,
»de sucs, & de tout ce qui peut exhaler une bonne odeur. Il n'y a point de
»nation, ni de ville, ni d'homme constitué en dignité, qui n'envoie ces der-
»niers présens pour faire honneur au Prince. Après qu'on a fait une grande
»pile de ces aromates, & que la cavalerie est arrivée, tous les cavaliers cou-
»rent avec un certain ordre en faisant des voltes, & gardant une certaine
»cadence comme dans la danse pyrrique. Les chariots y courent aussi avec
»le même ordre, dans lesquels sont des gens vêtus de la pretexte ou d'habits
»bordez de pourpre, autour de ceux-là sont des figures des Romains qui
»ont brillé ou dans la guerre, ou dans le gouvernement de l'Empire.
»Après que ces ceremonies sont achevées, celui qui doit succeder à l'Em-
»pire prend une torche, & met le feu à la machine; les autres l'y mettent aussi
»de tous côtez; le feu prend aisément à ces aromates & à toutes ces matieres
»combustibles. Alors on fait sortir du haut du plus petit appartement qui est
»comme le faîte de la machine, une aigle qui monte en haut avec le feu, &
»qui porte au ciel, dit-on, l'ame du Prince : & depuis ce tems-là on lui rend
»le même culte qu'aux autres dieux.

Il y a quelque endroit dans le texte grec d'Herodien qui paroit corrompu.
Ce qu'il dit que ceux qui laissoient des enfans pour leur succeder étoient mis

---

strium hymnus in defunctum pænasque canentium vene-
rando ac lamentabili carmine : quibus peractis extollunt iterum lectum, atque extra urbem perferunt
in Martium campum, ubi quà latissimus campus patet,
suggestus quidam specie quadrangula lateribus æquis as-
surgit, nulla præterquam lignorum ingentium materia
compactus in tabernaculi formam. Id quidem interius
totum est aridis fomitibus oppletum, extra autem intex-
tis auro sagulis atque eboreis signis variisque picturis
exornatum. Supra vero alterum minusculum positum est,
sed forma & ornatu persimile, portis januisque paten-
tibus. Tertiumque item & quartum simper inferiore con-
tractius ; donec ad extremum quod est omnium minimum
perveniatur. Possis ejus ædificii formam comparare turribus iis quæ portubus imminentes, noctu ignem præfe-
rentes, naves in tutas stationes dirigunt, pharos vulgo
appellant. Igitur lecto in secundum tabernaculum subla-
to, aromata & suffimenta omnis generis, fructus, herbas, succosque omnes odoratos conquirunt, atque acer-
vatim effundunt. Quippe neque gens est neque civitas,
neque qui honore ullo aut dignitate præcellat, quin certatim suprema illa munera in principis honorem mittant.
Ubi vero ingens aromatum acervus aggestus est ac locus omnis expletus, tum circa ædificium illud adequi-
tant, universis equestris ordinis certa quadam lege ac
recursu, motuque pyrrichio numeroque, in orbem de-
currentibus. Currui item decenti similiter ordine cir-
cumaguntur, insedentibus purpuratis rectoribus, qui
personas gestant referentes imagines Romanorum omnium
qui gloriose exercitibus præfuerunt aut imperarunt.
Quæ ubi celebrata sunt, facem capit imperii successor,
campque tabernaculo admovet. Tum cæteri omnes undique ignem subjiciunt : cunctaque illico fomitibus illis
aridis odoramentisque referta, igni valido corripiun-
tur. A ox ab extremo minimoque tabernaculo, tamquam
e fastigio quodam, simul cum subjecto igni ascensura in
ætherem aquila dimittitur, quæ in cælum creditur ipsam
principis animam deferre : ac jam eo illo tempore una
cum cæteris numinibus imperator colitur.

Aliqua sunt in textu græco Herodiani quæ vitiata
videntur. Quod autem dicit eos, qui filios relin-
querent successores, in deorum numerum adscriptos

APOTHEOSES DES EMPEREURS.

au nombre des dieux, est vrai : mais il ne faut pas restraindre la coutume à ceux-là seulement, y aiant eu plusieurs Empereurs qui ont mis leurs prédecesseurs au nombre des dieux, quoiqu'ils ne fussent ni leurs peres ni leurs parens.

Voici ce que dit Pline le jeune sur ces apotheoses : » Tibere a consacré au « ciel Auguste, pour l'élever à la dignité d'un dieu ; Neron a aussi consacré « Claude, mais pour se moquer de lui. Tite consacra Vespasien, & Domitien « déifia Tite ; mais le premier le fit pour paroitre fils, & le second pour paroi- « tre frere d'un dieu. Pour vous, (il parle à Trajan) si vous avez déifié votre « pere, vous n'avez pas eu en vue d'inspirer la crainte au peuple, ni de faire « injure aux dieux, ni de vous faire honneur à vous même ; mais vous l'avez « fait parceque vous le croiez dieu. «

On voit souvent sur les medailles les consecrations ou les apotheoses des Empereurs ; on y voit ces machines ou catafalques à plusieurs étages qui diminuent toujours en montant. On voit aussi sur les medailles des aigles qui s'envolent, & qui emportent l'ame des Empereurs représentée par leur image même : nous en donnons quelques-unes dans la grande planche qui suit. La figure qui vient après, tirée d'une pierre gravée du Tresor de Brandebourg, représente l'apotheose de Jules-Cesar monté sur le globe celeste, & qui a un gouvernail, comme pour gouverner le ciel, & pour disputer à Jupiter, comme dit Julien, la monarchie celeste. En effet Silene lui dit, poursuit Julien, Prenez garde que cet homme ambitieux ne tente de vous dethroner.

Pl. CXXVII.

---

fuisse, verum quidem est ; sed non in eos solum mos ille referendus est : quandoquidem multi fuere imperatores, qui decessores suos in deorum numerum retulere, licet nec filii nec cognati eorum essent.

Hæc de apotheosibus inquit Plinius junior in panegyrico Trajani cap. 11. *Licuit cælo Tiberius Augustum, sed ut majestatis nomen induceret ; Claudium Nero, sed ut invideret : Vespasianum Titus, Domitianus Titum : sed ille ut dei filius, hic ut frater videretur : tu sideribus patrem intulisti, non ad metum civium, non ad contumeliam numinum, non in honorem tuum, sed quia deum credis.*

In numismatibus sæpe visuntur consecrationes seu apotheoses imperatorum : ibi tabulata illa videre est, quæ multis contignationibus insurgunt, ita ut gradatim contignationes illæ minuantur : itemque in nummis visuntur aquilæ, quæ avolantes animam imperatorum extollunt eorumdem imagine figuratam. Aliquot hujuscemodi in magna tabula sequenti proferimus. Aliud vero quod sequitur schema, ex insculpta Musei Brandeburgici gemma prodit, & ἀποθέωσιν Julii Cæsaris repræsentat in cælesti orbe confidentis, gubernaculumque habentis, quasi ut cælum regat, deque imperio cælesti cum Jove ipso contendat, ut ait Julianus imperator in *Cæsaribus* : etenim Silenus Jovi ait, pergit Julianus, cave ne vir hic ambitiosus te solio depellere tentet.

Tom. V.

V

CHAPITRE X.

Apotheose d'Auguste dans l'agathe de la Sainte-Chapelle.

VENONS à l'incomparable agathe de la Sainte-Chapelle, que nous donnons ici dans toute sa grandeur, qui est d'un pied moins quelques lignes dans sa plus grande longueur, & d'environ dix pouces en sa plus grande largeur. Elle est de figure ovale, en sorte pourtant qu'elle est un peu plus large par le bas que par le haut. Celui qui l'apporta fut, dit on, l'Empereur Baudouin II. qui pour recouvrer l'Empire de Constantinople vint l'an 1244. demander du secours aux Princes Chrétiens, & sur tout à saint Louis, à qui il vendit cette agathe. L'ignorance profonde de ces tems-là faisoit qu'on prenoit cette image pour une histoire sainte: il y en avoit qui croioient que c'étoit l'histoire de Joseph; on l'appelloit *le triomphe de Joseph*, quoique dans tout ce grand nombre de figures il n'y en ait pas une qui puisse avoir le moindre rapport à cette histoire. Un morceau d'antiquité si rare ne pouvoit manquer d'exercer les habiles gens de ces derniers siècles, où l'étude de l'antiquité a été si perfectionnée. Tristan de Saint-Amand antiquaire celebre & des plus savans du siecle passé, a fait dans ses commentaires historiques une assez longue dissertation sur cette agathe, où l'on peut dire qu'il a tres-bien rencontré en certaines choses, mais qu'il en a mal expliqué d'autres. Dès que son livre parut, il en fit présent à M. de Peiresc, qui lui témoigna, dit-il, dans plusieurs lettres la grande estime qu'il en faisoit. Cependant M. de Peiresc étant mort, M. Gassendi son ami, qui écrivit sa vie, & qui la publia, rapporte le sentiment de M. que Peiresc avoit touchant cette Agathe, fort different dans la plûpart des choses de celui de S. Amand. Celui-ci dans une seconde édition de son Livre raporte le sentiment de M. de Peiresc, prétendant que ce grand homme n'avoit jamais pensé comme cela, qu'on le faisoit parler, ou qu'on avoit mal pris sa pensée, il en refute au long les sentimens, qu'il prétend absurdes & capables de faire tort à la mémoire de M. de Peiresc, s'ils étoient véritablement de lui. Cependant Albert Rubens qui a fait depuis ce tems là une dissertation sur la même pierre, assûre que les sentimens de M. de Peiresc sur cette belle agathe étoient tels que M. Gassendi les a rapportez; qu'il s'en est expliqué de la même maniere

---

CAPUT X.

Augusti apotheosis in Achate sacræ Capellæ.

JAM ad incomparabilem Achatem sanctæ, ut vocant, Capellæ Parisinæ, quem, uti est, latum longumque damus; qua majori longitudine, est unius pedis regii demtis lineis; qua majori vero latitudine, decem pollicum. Est Achates ille ovatæ pene formæ, ita tamen ut ab ima parte paulo latior sit, quam a suprema: qui illum huc attulit, ut narrant, fuit imperator Balduinus secundus, qui cum anno 1244. ad imperium Constantinopolitanum recuperandum venisset opem postulatum a principibus Christianis maximeque a sancto Ludovico, hunc ipsi Achatem vendidit. Tanta erat illius ævi ignorantia, ut historia sacra in eo repræsentari crederetur. Erant qui putarent esse historiam Josephi, & , ut aiunt, *triumphus Josephi* appellabatur; etsi in illo tanto figurarum numero nulla sit, quæ possit ullo modo ad hanc historiam referri. Tam exquisitum tam rarum antiquitatis monumentum eruditos & antiquarios hujus & proxime præteriti ævi, ubi antiquitatis studia admodum viguere, non potuit non exercere. Tristanus a sancto Amando vir eruditus, & in re antiquaria inter præstantissimos sui ævi numerandus, in Commentariis suis historicis sat longam dissertationem in hunc Achatem edidit; ubi in quibusdam optime rem egit atque disseruit, in aliis vero secus: statim atque liber ipsius ex prælo exiit, ipsum dono misit D. Peirescio, qui in gratulatoriis suis ad Tristanum literis, se ejus lucubrationes magni facere declaravit; attamen defuncto Peirescio, qui illius vitam scripsit amicus, Petrus nempe Gassendus, Peirescii circa hoc monumentum sententiam retulit, a Tristani opinione in plurimis rebus longe diversam. Tristanus vero in secunda libri sui editione, cum Peirescii sententiam retulit, & non putare se rectificatus est tantum virum unquam de hujusmodi cimelio ita cogitasse, sed illam adversantem sibi opinionem vel prorsus confictam, vel non accurate relatam fuisse: hinc explicationes illas confutat, quas absurdas esse dicit, talesque ut possint Peirescii famam lædere si ab eo profectæ fuerint. Attamen Albertus Rubenius qui ab illo tempore Diatribam & ipse edidit in hoc monumentum: asseverat Peirescii circa hunc lapidem sententiam, qualem retulit Gassendus, vere illius fuisse, ut constabat ex literis ab eodem Peirescio ad Petrum Paulum Rube-

AGATHE DE LA SAINTE-CHAPELLE.

dans plusieurs lettres écrites à Pierre Paul Rubens son pere. Il prétend même que le sentiment de M. de Peiresc est préferable en bien des choses à celui de Tristan: il convient dans sa dissertation tantôt avec l'un, tantôt avec l'autre; & il refute l'un & l'autre en bien des endroits. Après tous ceux là M. Jaques le Roi fit une nouvelle dissertation imprimée à Amsterdam en 1683. où il rapporte tous les sentimens precedens, sans en adopter aucun; il explique toutes les parties de cette pierre, en suivant tantôt l'un, tantôt l'autre, & proposant en certains endroits des sentimens nouveaux sur quelques personnages contenus dans la pierre.

Après que tant d'habiles gens ont parlé sur le même sujet, la matiere ne me paroit pas encore bien éclaircie. Il y a peu de choses dans lesquelles tous conviennent: dans les autres la diversité de sentimens ne sert qu'à jetter de l'obscurité dans le sujet. Je vais tâcher à mon tour d'expliquer en peu de mots toutes les parties de cette pierre. J'avoue qu'il y a quelques endroits même des principaux, où je ne conviens avec aucun de ceux qui ont parlé avant moi; dans les autres je prens d'entre les sentimens proposez celui qui me paroit le plus plausible.

L'image est divisée en trois parties; la plus haute, la moienne & la basse. La plus haute représente à mon avis l'apotheose d'Auguste; la moienne l'Empereur Tibere qui reçoit Germanicus revenant de Germanie chargé de lauriers; la plus basse contient des captifs & des marques de victoire.

Je crois être obligé d'avertir que les ressemblances ni dans l'image ni dans l'agathe même ne sont pas dans la derniere perfection. Je remarquai cela il y a quelques années sur la pierre même. Dans les estampes les têtes s'éloignent encore plus de la ressemblance avec les têtes des mêmes personnages que l'on voit sur les medailles. Les graveurs mettent des prunelles aux yeux qui n'en ont pas; & quelque diligence qu'ils puissent y apporter, ils font toujours quelques petits changemens qui ne laissent pas d'alterer les ressemblances.

Dans la premiere & plus haute partie, qui contient cinq personnages, il n'y en a pas un sur lequel les quatre auteurs ci-devant nommez conviennent; jusques-là que Jaques le Roi croit que le petit Cupidon ailé qui mene le cheval Pegase par la bride, est le fils de Germanicus peint en Cupidon. La prin-

cipale figure, qui est celle du milieu, a été un sujet de contestation: elle porte une couronne radiale; derriere les premieres pointes de la couronne est un voile qui lui descend sur les épaules, & elle tient de la main gauche un sceptre. Tristan dit que c'est Jupiter; les trois autres sont contre lui, & avec raison: on n'a jamais vû de Jupiter de cette forme; & quoiqu'il y ait eu des Jupiters sans barbe, les exemples en sont rares; c'étoient quelques Jupiters particuliers ou locaux: en un mot, cela ne doit point faire exemple, d'autant plus qu'il n'y a ici aucun des symboles propres à Jupiter. Les trois qui ont rejetté le sentiment de Tristan, prétendent que c'est Auguste. Je ne puis adopter leur sentiment; je ne vois rien ici qui me puisse persuader que c'est véritablement Auguste; il n'en a nullement l'air; la couronne radiale ne se voit jamais sur la tête de cet Empereur, ou du moins puis-je répondre que je ne l'y ai jamais vûe. De plus cette figure a la robe d'une femme, comme il est aisé de le voir en la comparant avec toutes les femmes qui sont dessous dans le second rang, hors Agrippine, qui comme nous dirons plus bas, porte la chlamyde. Je crois donc que c'est une déesse, & à mon avis Venus la Reine, ou Venus *Genitrice*, avec son fils Enée, qui paroit être sur son sein, & de l'autre côté Jules Cesar descendant d'Enée à ce qu'il disoit, & à ce que les autres disoient après lui; Virgile entre autres qui dit que le nom Julius descend du grand Iulus, qui étoit Ascanius fils d'Enée.

Au côté droit de la déesse est Cupidon son autre fils, menant par la bride le cheval Pegase qui porte Auguste couronné de laurier. Cupidon présente Auguste à sa mere pour l'associer à toute sa famille déifiée. Enée présente à Auguste un globe, apparemment le globe celeste, pour lui marquer qu'il va regner dans le ciel comme il a regné sur la terre. Voila ma pensée, ou pour mieux dire, ma conjecture. Venus avec tous les principaux de sa famille reçoit ainsi Auguste dans la troupe celeste. Cette déesse couronnée tient un sceptre, marque qu'elle regne dans le ciel avec ses enfans & ses descendans. Les dieux se voient souvent avec ces couronnes radiales, comme Jupiter, Junon, Vesta, Hercule & d'autres. Sur toutes les autres figures de ce rang je conviens avec quelqu'un ou plusieurs de ceux qui ont expliqué cette pierre. Enée porte comme il doit l'habit Phrygien. Ce ne peut être Rome, comme M. de Peiresc l'a cru; on n'a jamais peint la ville de Rome en cette maniere. Il est vrai pour-

---

præcipuumque locum tenet magnam peperit controversiam. Ea coronam radiatam gestat: pone coronam velum est partem capitis operiens & in humeros defluens; manu vero sinistra sceptrum tenet. Jovem esse dicit Tristanus; reclamant tres alii nec sine causa; licet enim Jupiter in nonnullis imaginibus imberbis repræsentetur; illæ imagines peraræ sunt, & ad quædam loca peculiariter pertinent, nec debent hic in exemplum adduci, cum maxime nullum præterea hic adsit Jovis signum aut symbolum. Tres illi qui Tristani Jovem esse dicentis sententiam repudiant, Augustum esse dicunt, cui ego sententiæ ne adstipuler multa suadent; neque enim Augustum refert, corona item illa radiata nusquam in Augusti imaginibus visa fuit. Tunica etiam ejus omnino muliebris esse videatur, quod utique deprehendas si conferas cum aliis aliarum feminarum hoc in anaglypho comprehensarum tunicis, quæ feminæ omnes in secunda imaginis parte consistunt, excepta tamen Agrippina, quæ, ut dicemus, chlamydem ad viri modum gestat. Putarim ego deam esse & quidem Venerem reginam, aut Venerem genitricem, cum Ænea filio qui ejus gremio hærere videtur, & ex altera parte cum Julio Cæsare, ex Ænea, ut ipse quidem putabat omnesque dicebant, originem ducente, atque adeo ex Venere ipsa: sic Virgilius:

Julius à magno demissum nomen Iulo.

Id est, Ascanio Æneæ filio.

A dextris Veneris est Cupido ejus filius alter, qui Pegasum habenis ducit Augustum lauro coronatum gestantem. Cupido Augustum matri offert, ut in societatem totius familiæ in deorum numerum receptæ admittatur. Æneas Augusto orbem, ut puto, cælestem offert, ut significare eum jam regnaturum in cælo ut in terra regnavit. Hæc est opinio, vel ut tutius dicam, conjectura mea. Venus cum filiis nepotibusque præcipuis sic Augustum in cælestem turbam atque societatem admittit. Venus coronata sceptrum tenet, quo significatur in cælo regnare cum filiis atque nepotibus. Nam cum radiatis coronis sæpe dii videntur; sic vidimus Jovem, Junonem, Vestam, Herculem & alios. Circa omnes alias hujusce prioris partis figuras cum quibusdam ex præmissis scriptoribus consentio. Æneas veste Phrygia, ut debet, indutus est; Roma nunquam sic depicta fuit; Peirescius tamen esse Romam arbitratur: verum tamen est

AGATHE DE LA SAINTE-CHAPELLE.

tant qu'il y a une medaille Consulaire où elle porte la tiare Phrygienne ou un casque qui en a la forme : ici tout l'habit est Phrygien. Je conviens sur ce point avec Tristan & Rubens. Je conviens aussi avec M. de Peirese & Jaques le Roi sur Jules Cesar, qui paroit derriere Enée, tenant un bouclier & couronné de laurier; sa tête a assez l'air de Jules-Cesar que nous voions sur les medailles : Tristan a prétendu que c'est Nero Claudius Drusus Germanicus. Celui qui va au ciel monté sur Pegase me paroit être Auguste, & non pas Nero Drusus ni Marcellus : je suis en cela du sentiment de Tristan, tout le dessein de la pierre même semble le persuader. C'est Tibere qui occupe le milieu de la pierre avec sa troupe, & qui regne sur la terre tandis que son predecesseur est reçu dans le ciel pour y regner, comme marque le globe celeste que lui présente Enée. Cette apotheose dans une image où Tibere paroit sur son throne, convient mieux à un Empereur son predecesseur qu'à tout autre. On a beau dire qu'Auguste paroit trop jeune; il paroit de même dans les medailles, avec lesquelles cette tête a assez de rapport.

La partie du milieu qui fait comme un autre tableau, est bien plus aisée à expliquer que la précedente. L'Empereur Tibere est assis sur son throne couronné de laurier, tenant un sceptre de la main droite, & un bâton augural de la gauche : il est nu jusqu'à la ceinture, & couvert de la ceinture en bas d'une égide environnée de serpens : Tristan a nié que c'en fut une, mais il est rejetté de tous les autres. A la droite de Tibere est assise Livie, que Tristan a mal prise pour Antonia. Livie couronnée de laurier, tient des pavots comme la déesse Cerès. On voit si souvent dans les medailles les Imperatrices porter les symboles des déesses, que cela ne peut faire aucune peine.

L'Empereur Tibere parle à Germanicus, qui se tient devant lui armé de pied en cap, & qui porte la main sur son casque, tandis qu'Antonia sa mere qui est à côté de lui couronnée de laurier, lui passe le bras derriere le cou comme pour l'embrasser. Tristan a pris mal à propos Antonia pour Livia. Germanicus se présente à l'Empereur après son expedition de Germanie selon Tristan, dont le sentiment paroit fort plausible; de-là vient, à ce que je crois, qu'après les victoires qu'il a remportées sur les Germains, tant l'Empereur qui en devoit avoir l'honneur, que Livie & Antonia, sont couronnez de laurier. Antonia qui embrasse son fils semble aussi favoriser ce sentiment. Tous les

---

in quodam nummo corsulari Romæ caput callide ornari ad tiaram Phrygiam accedente; at hic tota vestis Phrygia est. Peirescium & Jacobum le Roi libenter sequor existimantes eum qui ponè Æneam stat clipeum gestans & lauro coronatus, esse Julium Cæsarem: ejus caput revera Julium Cæsarem refert, ut in nummis habetur. Tristanus putavit esse Neronem Claudium Drusum Germanicum. Is qui Pegaso vectus in cælum ascendit, Augustus esse mihi videtur, non Nero Drusus, neque Marcellus, eaque in re ad Tristanum accedo : tota quoque anaglyphi ratio id suadere videtur. Tiberius medium totum cum turma sua lapidem occupat; isque in terra imperat, dum decessor ejus in cælum admittitur ibi regnaturus, ut ex globo cælesti quem ipsi Æneas obfert arguitur: nam globum melius imperatori offerri puto. Hæc apotheosis in imagine in qua Tiberius in solio sedens conspicitur, Imperatori & decessori ejus melius competit quam cuipiam alii. Frustra dicitur Augustum hic quam par est juniorem esse videri; in nummis etiam juvenis conspicitur, hocque caput cum nummis consentit.

Pars anaglyphi media, quæ quasi aliam efficit imaginem, longe facilius explicatur, quam prior. Tiberius Imperator lauro coronatus in solio sedet sceptrum dextera tenens, & lituum sinistra. Superne nudus à zona ad pedes usque tegitur ægide serpentibus circumdata. Negat Tristanus ægidem esse, sed ab aliis omnibus rejicitur. A dextris Tiberii sedet Livia, quam pro Antonia male habuit Tristanus. Livia lauro coronata papavera tenet ut Ceres. Tam frequenter in nummis Augustarum videntur dearum symbola gestantes, ut nihil hinc difficultatis subatiri possit.

Imperator Tiberius Germanicum alloquitur armis instructum & manum galeæ imponentem, dum Antonia mater ejus, quæ lauro coronata adest, ipsum brachio complecti videtur. Tristanus qui Antoniam pro Livia habuit, haud dubie lapsus est. Germanicus Imperatori se sistit post expeditionem Germanicam, ut probè ait Tristanus. Hinc autem est, ut puto, quod post tot tantasque ab illo de Germanis reportatas victorias, quæ in ipsum haud dubie redundabant Imperatorem, tam Imperator quam Livia & Antonia lauro coronati sint : huic sententiæ favet mater Antonia filium post reditum complectens; alia præter Tristanum, cui ego assentior, volunt hic Germanicum

autres hors Triſtan croient que Germanicus reçoit les ordres de l'Empereur
Tibere pour l'expedition en Orient. Derriere Germanicus eſt ſa femme Agrippine aſſiſe, qui porte une chlamyde & tient un rouleau entre ſes mains. Devant
elle eſt le petit Caius Caligula ſon fils armé d'une cuiraſſe & d'un bouclier, &
portant une chlamyde; il ſe tient ſur un tas d'armes, marque des victoires que
ſon pere vient de remporter. Germanicus & Caligula portent une eſpece de
chauſſure qui n'eſt ni la *caliga* ni le *campagus* ordinaires; mais c'eſt ou ce qu'on
appelloit *pero*, ou une eſpece de bottines qu'on portoit dans les payis froids &
dans les terrains bourbeux; c'eſt une eſpece d'*ocrea* qui ſe trouve ailleurs dans
les anciens monumens. Trajan dans ſa guerre contre les Daces repréſentée
ſur la colonne, en porte quelquefois d'aſſez ſemblables à celles-ci.

De l'autre côté on voit un Armenien captif aſſis, qui repréſente l'Armenie
réduite en la puiſſance des Romains par Tibere. Le timon qui eſt auprès marque que c'eſt une region tranſmarine. Quant à l'homme armé qui vient après,
qui regarde la troupe d'enhaut, & qui tout attentif à ce qui s'y paſſe tend une
main vers Enée, & tient de l'autre main un trophée; peutêtre préſente-t-il à
la troupe déifiée les trophées qu'Auguſte a érigez en cette vie. Triſtan a cru
que c'eſt Numerius Atticus Senateur, qui avoit été Préteur, & qui aſſura &
jura avoir vu Auguſte élevé au ciel, & fut bien récompenſé par Livie d'avoir
rendu ce témoignage. Mais ſon témoignage eſt rejetté avec raiſon par tous
les autres, qui croient que c'eſt Druſus fils de Tibere: je ne vois pas qu'on
puiſſe rien oppoſer à ce ſentiment. Il tient, diſent-ils, un trophée, marque de
la victoire qu'il a remportée lui-même. Je ne m'oppoſerai pas non plus à cela,
pourvu qu'on puiſſe prouver que Druſus fils de Tibere avoit déja remporté des
victoires lorſque Germanicus revint de ſes expeditions de Germanie; car je
panche fort à croire que cette pierre a été gravée au retour de Germanicus de
la Germanie. La femme aſſiſe ſur un ſiege orné de ſphinx eſt, à ce que je crois,
Liville ſœur de Germanicus, femme de Druſus fils de Tibere. Triſtan l'a priſe
pour Julie femme de Tibere: mais outre qu'elle avoit depuis longtems été
chaſſée & bannie de la Cour Imperiale, elle étoit morte aſſez longtems avant
que Germanicus revint de ſes expeditions de la Germanie.

Le troiſiéme rang de figures miſes au plus bas étage avec une ſeparation ou
un bord aſſez large qui avance hors de la pierre, contient des images de cap-

ad expeditionem orientalem ſe comparantem Imperatoris juſſa capeſſere. Pone Germanicum, eſt
Agrippina uxor illius ſedens, quæ volumen manibus
tenet. Ante Agrippinam eſt Caius Caligula puerulus
filius ejus, lorica clipeoque armatus atque chlamy-
dula opertus. Is ſupra armorum acervum conſiſtit,
qua re ſignificantur victoriæ nuper a patre in Germania reportatæ. Germanicus & Caligula genus cal-
ceorum geſtant, quod nec caligam nec campagum
vulgarem dixerim; ſed eſt genus ocrearum quo utebantur præcipue in frigidis regionibus inque limoſo
ſolo, quodque alibi in monumentis occurrit. Trajanus
in bello Dacico in columna quæ dicitur Trajana
expreſſo, his non diſſimiles ocreas aliquando geſtat.

In alio latere conſpicitur Armenus captivus ſedens
Armeniam a Tiberio in poteſtatem populi Romani
redactam repræſentans: temo huic vicinus regionem
eſſe tranſmarinam declarat. Quod ſpectat autem virum
armatum e vicino ſtantem, qui ſuperiorem cæleſtem-
que cœtum reſpicit, & iis quæ ibi gerebantur inten-
tus manum ad Æneam tendit, alteraque manu tropæum tenet: is forte ſupernæ divinæque turmæ oſten-
tat tropæa ab Auguſto dum viveret erecta. Putavit
Triſtanus eſſe Numerium Atticum Senatorem, qui
prætor fuerat, quique affirmavit juravitque vidiſſe
ſe Auguſtum in cælum ſublatum, iſtiuſque teſtimonii
cauſa munera a Livia accepit. Verum hæc ſententia
non ſine cauſa ab aliis omnibus exploditur, qui
exiſtimant eſſe Druſum Tiberii filium, cui opinioni
libenter adſtipuler. Tropæum, inquiunt, eſt in ſignum victoriæ quam ipſe retulit. Neque huic ſenten-
tiæ refragabor dum probetur Druſum Tiberii filium
jam victorias retuliſſe cum ab expeditione Germanica
reverſus eſt Germanicus: nam omnino adducor ut
credam hunc achatem tunc inſculptum fuiſſe cum
Germanicus ab illa expeditione rediit. Mulier ſedens
in ſella ſphingibus ornata, eſt, ut puto, Livilla ſoror
Germanici uxor Druſi Tiberii filii. Exiſtimavit Triſtanus eſſe Juliam Tiberii uxorem: ſed cum illa jamdiu expulſa fuiſſet, imo defuncta eſſet diu antequam
ex Germania rediret Germanicus, non poteſt in hoc
anaglypho comparere.

Tertius & infimus figurarum ordo prominente
quodam margine a ſuperiore ordine ſeparatur, conti-

AGATHE DE LA SAINTE-CHAPELLE.

tifs & de provinces domtées. Rubens croit que ce sont les prisonniers Germains menez en triomphe par Germanicus, nommez par Strabon Segimond prince des Cherusces, fils de Segeste, & Thusnelde sœur de Segimond, & femme d'Arminius, avec son fils Thumelicus âgé de trois ans, qui se voit représenté, dit il, avec sa mere sur cette pierre. Les autres sont, Sesithiacus fils de Segimer autre prince des Cherusces, sa femme Ramis fille de Veromer prince des Cattes, Deudorix Sicambre fils de Bætoris, Libys prêtre des Cattes.

Jaques le Roi prétend que ces captifs ne sont point Germains, il n'y reconnoit ni les habits ni les armes de cette nation. Il aime mieux croire que ce sont des Armeniens & des Parthes vaincus par Tibere : il y a plus d'apparence, dit il, qu'on aura marqué ici les victoires du principal personnage représenté dans la pierre, qui est Tibere : or il prétend que la plus grande action de ce Prince est celle dont parle Suetone en ces termes : « Aiant amené une armée « en Orient, il rétablit Tigranès dans son roiaume d'Armenie, & lui mit le dia- « deme étant assis sur son tribunal. Il se fit rendre aussi les signes militaires que « les Parthes avoient pris sur Marcus Crassus. »

Il est vrai, comme dit le Roi, qu'on a peine à reconnoitre ici des Germains captifs, ce qui fait la difficulté n'étant pas tant l'habit, que les boucliers qui ressemblent à des peltes plûtôt qu'à des boucliers Germains, hors un qui est ovale : les boucliers Germains étoient hexagones ou ovales. Mais je reconnois encore moins ici les Armeniens & les Parthes ; il n'y a qu'à regarder l'Armenien assis au dessus auprès du throne du côté de Livie ; & les images que nous voyons sur un grand nombre de medailles & de monumens. Pour ce qui est des Germains, leurs habits & leurs armes varioient beaucoup. Plusieurs alloient à demi nus, comme trois ou quatre que nous voyons ici ; un grand nombre alloient la tête nue, on en voit encore trois ou quatre ici qui n'ont rien ni pour la couvrir ni pour l'orner. Nous y voyons un carquois, & de là M. le Roi prend occasion de dire que ce sont des Armeniens : mais les Germains se servoient assurement d'arcs & de flèches. Ce que M. le Roi dit que ce monument doit plûtôt marquer les victoires du principal personnage, n'a aucune force ici, où il s'agit d'une victoire presente. Caligula encore enfant est debout sur un tas d'armes, qui est une marque ordinaire de victoire, & sans doute des victoires que son pere venoit de remporter en Germanie. Il n'y a

---

neque captivorum domitarumque gentium imagines. Putat Rubenius captivos esse Germanos in triumphum adductos a Germanico, quorum nomina refert Strabo ; ii erant nempe Segimundus Segestis filius Cheruscorum dux , Segimundique soror Thusnelda uxor Arminii, cum filio Thumelico trienni, qui cum matre, inquit , in hoc lapide repræsentatur. Alii sunt Sesithiacus Segimeri Cheruscorum ducis filius ejusque uxor Rhamis Veromeri Cattorum ducis filia , Deudorix Sicamber Bætoritis filius , Libys Cattorum sacerdos.

At Jacobus le Roi captivos hosce non esse Germanos existimat, nec arma, inquit , nec vestes Germanorum hic agnosco : opinatur autem esse Armenos & Parthos a Tiberio devictos : nam verisimilius est, pergit ille , hic annotari victorias principis qui præcipuus in anaglypho spectatur , nempe Tiberii. Atqui quod maximum gessit in vita Tiberius, illud est de quo Suetonius sic verba facit : *Ducto ad Orientem exercitu, regnum Armeniæ Tigrani restituit, ac pro tribunali diadema imposuit. Recepit & signa quæ Marco Crasso ademerant Parthi.*

Verum quidem est , ut ait Jacobus le Roi , hic vix agnosci Germanos ; non quod vestis aliena sit , ut ille putat , sed quod scuta peltas potius referant quam scuta Germanica , uno tamen excepto , quod ovatæ formæ est. Scuta porro Germanica aut ovata aut hexagona erant. At longe minus hic Armenos & Parthos agnosco , quam Germanos ; in cujus rei testimonium offero Armenum hic prope Liviam sedentem ; itemque imagines, quas in nummis in aliisque monumentis conspicimus: quantum autem ad Germanos, in eorum vestibus & armis magna inerat varietas. Plurimi seminudi erant , ut tres quatuorve quos hic cernimus. Permulti item nudo capite incedebant ; hujusmodi tres quatuorve hic conspicimus. Hic pharetram videmus , indeque arguit Jacobus le Roi Armenos esse. At Germani quoque sagittis arque pharetra procul dubio utebantur. Quod autem addit ille , nempe in hoc monumento principis atque imperatoris victorias repræsentari debuisse ; illud , inquam , nullius momenti est ; quandoquidem de victoria præsenti agitur ; nam Caligula adhuc puerulus supra armorum acervum consistit, quæ victoriæ nota ad patris sui in Germania victorias haud dubie respicit. Una igitur scutorum forma aliquid negotii

donc que la forme des boucliers qui embarasse un peu ; on n'y en voit qu'un ovale, les autres sont échancrez par le haut comme une pelte ; mais comme nous avons remarqué au tome quatriéme de grandes varietez sur les armes des Germains, & qu'apparemment les marbres ne les montrent pas toutes, il se peut faire que celle-ci s'y trouvoit aussi, quoiqu'on n'ait eu occasion de la mettre que dans ce monument. Ainsi tout bien consideré, j'aimerois encore mieux dire que ces captifs sont des Germains, que des Armeniens ou des Parthes, quoique je n'ose rien assurer.

facessit : scutum unum tantum ovatum est ; alia vero peltarum more lunarem in formam recisa sunt. Verum cum libro quarto in armis Germanorum varietatem magnam deprehenderimus, & aliæ haud dubie multæ fuerint varietates in marmoribus non expressæ, hæc hujus generis esse potuit, quam nonnisi hoc in monumento expressam videmus, quia in aliis non sese obtulit occasio. Quibus omnibus perpensis mallem hos captivos Germanos esse dicere, quam Armenos aut Parthos, etsi nihil affirmare ausim.

CHAPITRE XI.

I. *Description de l'agathe de l'Empereur.* II. *Apotheose de l'Empereur Claude.*

Pl. CXXVIII

I. QUOIQUE la belle agathe de l'Empereur ne represente point une consecration ou une apotheose ; comme elle contient la plûpart des mêmes personnes que la precedente, on a jugé à propos de la mettre ici aprés l'autre. On y voit d'abord Auguste assis sur un throne, il est à demi nu, à la maniere que l'on dépeint ordinairement Jupiter. Il tient de la main droite un *lituus* ou un bâton augural, en qualité d'Augure, espece de sacerdoce dont les Empereurs étoient honorez. Derriere lui est une femme couronnée de creneaux, c'est à dire Cybele qui met sur la tête d'Auguste une couronne de laurier, & devant elle Neptune, sur l'épaule duquel elle met la main. Cybele signifie la terre, & Neptune la mer : ce qui marque les victoires qu'Auguste avoit remportées sur l'un & l'autre élement. La femme qui est assise devant Cybele & Neptune, & qui tient une corne d'abondance, a deux petits garçons nus avec elle. Rubens croit qu'elle a la forme d'Agrippine femme de Germanicus. Au dessus de la tête d'Auguste est dans un cercle le capricorne son étoile. Suetone dit d'Auguste : » Il avoit tant de confiance au destin, »qu'il publia son horoscope, & qu'il fit une medaille d'argent avec la figure »du capricorne, sous lequel il étoit né. « A côté d'Auguste est assise Rome déesse, telle que nous l'avons vue dans le premier tome : elle est armée d'un casque, d'une pique, & d'un bouclier : on dit qu'elle ressemble à Livie ; on

CAPUT XI.

I. *Achatis Cæsarei descriptio.* II. *Apotheosis Claudii Imperatoris.*

I. EST pulcherrimus ille Imperatoris Achates apotheosin non repræsentat ; cum tamen eosdem ferme repræsentet principes, quos præcedens achates, opportune illi subjungitur. Statim conspicitur Augustus in solio sedens seminudus, quo pacto Jovem ut plurimum videmus. Is manu dextera lituum tenet, utpote augur, quod sacerdotii genus Imperatoribus tribuebatur. Pone illum est mulier pinnis coronata, scilicet Cybele, quæ coronam lauream capiti Augusti imponit, & ante Cybelen Neptunus, cujus humero Cybele alteram manum imponit. Cybele terram, Neptunus mare significat ; hisque indicantur victoriæ ab Augusto in mari terraque reportatæ. Mulier ante Cybelen & Neptunum sedens & cornu copiæ tenens, duos secum puerulos nudos habet : eam putat Rubenius esse Agrippinam Germanici uxorem. Supra caput Augusti in circulo capricornus repræsentatur, quod erat genethliacum thema, sive sidus natalitium Augusti. Suetonius cap. 94. de Augusto dicit : *Tantam mox fiduciam fati Augustus habuit, ut thema suum vulgaverit, numummque argenteum nota sideris capricorni, quo natus est, percusserit.* A latere Augusti sedet Roma dea, qualem vidimus tomo primo : ea casside armatur, hasta item & clipeo. Putatur Liviæ vultum referre illo ævo sæ-

peignoit

Agathe de l'Empereur representée dans sa grandeur naturelle.
Trophée erigé du tems d'Auguste qui se voit dans l'Image.

AGATHE DE L'EMPEREUR.

peignoit souvent en ces tems-là les Imperatrices en déesses. Auguste tient les pieds sur un bouclier, & Rome sur une cuirasse sur laquelle est un casque.

Rome alloit avec Auguste, & l'on trouve encore aujourd'hui des temples dediez, comme l'inscription porte, à Rome & à Auguste: nous en avons vu un au second tome. On trouve aussi plusieurs inscriptions où Rome est jointe avec Auguste. Ce fut Auguste lui-même qui par sa moderation l'ordonna ainsi, dit Suetone: »Quoiqu'il fut, dit-il, qu'on decernoit des temples même« aux Proconsuls, il ne voulut point qu'on lui en dediât dans les provinces, sinon conjointement avec Rome. «

Auprès de Rome est Germanicus Cesar armé d'une cuirasse, & portant le *paludamentum*; & auprès de Germanicus, Tibere qui descend d'un chariot conduit par la Victoire: Tibere porte la toge pretexte, comme faisoient ceux qui triomphoient; il tient d'une main un baton de commandement, & de l'autre un rouleau. Rubens croit que cette pierre représente ce qui se passa après le retour de Tibere de la guerre d'Illyrie, la plus grande & la plus importante, dit Suetone, qui eut été hors de l'Italie depuis les guerres Puniques. On y emploia cinquante cinq legions, & autant de troupes auxiliaires: cette guerre qui dura trois ans fut terminée glorieusement par Tibere: on lui decerna le triomphe pour avoir vaincu les Dalmates & les Pannoniens, & on donna à Germanicus les ornemens des triomphateurs. Mais comme sur ces entrefaites la nouvelle de la défaite de Varus arriva, le triomphe fut differé, & il entra à Rome couronné de laurier, comme il est ici, & portant la toge pretexte.

Le bas de la pierre est chargé de marques de victoire; les soldats Romains érigent actuellement un trophée pour la victoire, à ce qu'on croit, remportée sur les Dalmates & les Pannoniens. Le bouclier qu'on y va mettre à la marque du scorpion; les captifs portent des braies, l'un d'eux a un collier. Ce sont des Dalmates & des Pannoniens qui alloient armez comme les Gaulois, dit Strabon, ὁ δ᾽ ὁπλισμὸς Κελτικός. Les principaux chefs furent pris, c'étoient Baton Dysidiate & Pinnès pris par la trahison de Baton. On les lie pour les mettre au pied du trophée. Deux femmes qui pleurent auprès de deux captifs sont peutêtre leurs femmes; une autre femme qui met la main sur la tête de l'une des deux, porte un chapeau qui approche assez de ceux d'aujourd'hui.

II. L'apotheose suivante est de l'Empereur Claude, faite, à ce que l'on croit, par son successeur Neron, qui le mit au nombre des dieux, dit Pline, pour se

Pl. CXXIX

---

pe Augustæ dearum more pingebantur. Augustus pedibus clipeum calcat, Roma vero loricam, cui superposita galea.

Roma cum Augusto sæpe conjuncta visebatur: hodieque templa reperimus Romæ & Augusto dicata, ut inscriptione fertur; hujusmodi dedimus secundo tomo. Multæ quoque inscriptiones occurrunt, ubi Roma cum Augusto jungitur: id Augustus ipse, ea nempe erat animi temperantia, præcepit, ut ait Suetonius: *Templa quamvis sciret etiam proconsulibus decerni solere, in nulla tamen provincia, nisi communi suo Romæque nomine suscepit.*

Prope Romam est Germanicus Cæsar lorica armatus & paludamento amictus, propterque Germanicum Tiberius ex curru a Victoria ducto descendens. Tiberius togam prætextam gestat, eorum more qui triumphabant, manuque altera baculum, altera volumen tenet. Putat Rubenius hoc in lapide repræsentari ea quæ gesta sunt postquam Tiberius ex Illyrico bello rediit, quod gravissimum omnium externorum bellorum post Punica, ut Suetonius ait, per quinquaginta quinque legiones, parem que auxiliorum copiam triennio gessit & strenue confecit Tiberius: ideoque ipsi decretus triumphus est ob domitos Dalmatas & Pannonas; sed nunciata interim Vari clade triumphum distulit Tiberius: tantumque prætextatus & lauro coronatus urbem ingressus est, ut hic repræsentatur.

Ima gemmæ pars victoriæ signis omnia est. Milites Romani tropæum erigunt pro victoria, ut creditur, de Dalmatis & Pannoniis reportata; scutum tropæo imponendum scorpionis signo notatur. Captivi braccas gestant; ex iisque unus torque ornatur: sunt quippe Dalmatæ & Pannones qui more Gallorum armati erant, inquit Strabo lib. 7. ὁ δ᾽ ὁπλισμὸς Κελτικός. Duces præcipui capti fuere; nempe Bato Dysidiates, & Pinnes Batonis proditione captus. Hi vero alligantur ad tropæi pedem constituendi. Mulieres duæ prope captivos lugentes eorum fortitan uxores sunt. Altera mulier quæ unius ex duabus caput tangit, petasum gestat hodierni petasis similem.

Apotheosis sequens est Imperatoris Claudii, quem cælo dicavit Nero, inquit Plinius junior in Paneg. ut irrideret: quem enim vererò sustulerat, ut ejus

Tom. V. X

162   L'ANTIQUITE' EXPLIQUE'E, &c. Liv. IV.

moquer de lui, & qui l'aiant fait empoisonner pour regner en sa place, fit volontiers son apotheose. Ce beau bas relief appartenoit aux Princes Colonnes; le Cardinal Jerôme Colonne le fit transporter à Madrid pour en faire present à Philippe IV. L'Empereur Claude en buste portant une couronne radiale entourée d'un cercle lumineux qu'on appelloit *nimbus*, est sur le dos d'une aigle qui va l'enlever au ciel. L'aigle tient d'une griffe la foudre de Jupiter, & de l'autre un globe, qui marque l'Empire: ce qui signifie que Claude va partager avec Jupiter l'empire du ciel. L'aigle se tient sur un tas énorme d'armes, de boucliers, de peltes, de cuirasses, de casques, d'épées; sur les deux côtez on voit des éperons de navires, une ancre, un *chenisque*: tout cela marque les victoires de terre & de mer remportées par cet Empereur, ou plûtôt par ses generaux, car le bon homme étoit imbecille. Entre les boucliers on en remarque d'ovales, d'hexagones & d'autres qui ont les deux côtez comme ondoiez. Les proues des navires outre l'éperon d'en bas ont sur le milieu un autre éperon qui est une tête de belier : nous en avons vu plusieurs semblables au quatriéme tome lorsque nous parlions de la navigation.

loco imperaret, libenter in deorum numerum retulit. Hoc anaglyphum Columnarum principum erat ; sed Cardinalis Hieronymus Columna, Madritum transvehi curavit, ut illud dono offerret Philippo IV. Hispaniarum Regi. Protome Imperatoris Claudii radiatam coronam gestantis, quæ luminoso circulo, cui nomen nimbus, ambitur, dorso insistit aquilæ, quæ mox avolatura in cælum est. Aquila ungue altero fulmen Jovis, altero globum tenet, imperii signum : qua re significatur Claudium mox cum Jove una regnaturum in cælo. Aquila stat supra ingentem armorum acervum, scutorum, peltarum, loricarum, cassidum, gladiorum : in utroque latere visuntur rostra navium, anchora atque cheniscus : queis significantur victoriæ terra marique partæ ab Imperatore, sive potius a ducibus : nam imbecillus Claudius erat. Inter scuta alia ovata sunt, alia hexagona, alia undulatis lateribus. Proræ navium præter rostrum inferius, aliud habent rostrum arietino capite terminatum ; multa similia vidimus quarto tomo, cum de navigatione ageremus.

Marbre Romain

CHAPITRE XII.

I. Apotheoses des Grecs. II. d'Hepheſtion. III. d'Antinous.

I. L'Usage des apotheoſes avoit paſſé des Grecs aux Romains : nous avons vu à la fin du premier tome pluſieurs grands hommes mis au nombre des Heros ou des dieux. L'Heroiſme ſe prenoit auſſi pour une eſpece de déification ; nous en avons un exemple dans Thucydide. Braſidas fameux capitaine Lacedemonien aiant été tué près d'Amphipolis, les ſoldats & les auxiliaires ſe tenant ſous les armes l'enſevelirent devant l'endroit de la ville où fut depuis le marché. Les Amphipolitains non contens de cela firent une enceinte autour de ſon tombeau, lui rendirent les honneurs qu'on rend aux Heros, établirent des jeux & des ſacrifices annuels, & le regarderent depuis comme le fondateur de leur colonie.

II. Ce que Lucien raconte dans ſon traité contre la calomnie, touchant l'apotheoſe d'Hepheſtion ami d'Alexandre le grand, merite d'être rapporté ici. Hepheſtion étant mort, Alexandre qui l'aimoit juſqu'à la folie, ne ſe contentant point des funerailles magnifiques qu'il lui avoit fait faire, le mit au nombre des dieux. D'abord les villes lui bâtirent des temples, lui érigerent des autels, & lui offrirent des ſacrifices ; on fit des fêtes par tout en l'honneur du nouveau dieu, & le plus grand de tous les ſermens étoit par Hepheſtion. Si quelqu'un eût ri de tout cela, ou eût paru n'avoir pas pour le dieu Hepheſtion tout le reſpect qui lui étoit dû, c'eût été un crime capital irrémiſſible. Les flateurs voiant cette conduite puerile & ſi déraiſonnable d'Alexandre, loin de l'en détourner, enviſageant plûtôt leur faveur que l'honneur de leur maitre, l'animerent même à en faire davantage ; ils feignoient des ſonges & des apparitions d'Hepheſtion, ils lui attribuoient des gueriſons & des predictions, & lui ſacrifioient comme à un dieu reçu en la compagnie des autres dieux, & qui délivroit de toutes ſortes de maux. Cela fit plaiſir à Alexandre, il le crut, il s'enfla de vaine gloire, non ſeulement comme étant fils d'un dieu, mais auſſi comme aiant le pouvoir de faire de nouveaux dieux. Combien n'y eut-il pas en ces tems-là d'amis d'Alexandre qui accuſez de n'avoir point la veneration due au nouveau dieu bienfacteur de tous les hommes,

---

CAPUT XII.

I. Apotheoſes Græcorum. II. Apotheoſis Hephæſtionis. III. Antinoi.

I. Apotheoseon uſus a Græcis ad Romanos manavit. In calce primi tomi vidimus præclaros homines bene multos in heroum & deorum numerum relatos. Heroiſmus quippe qui ſtrenuis viris dabatur apotheoſis quædam erat : hujus rei exemplum ſubminiſtrat Thucydides l. 7. p. 350. Poſtquam Braſidas dux Lacedæmonum celebris prope Amphipolin occiſus fuerat, milites & auxiliarii armati ante eum urbis locum, in quo poſtea forum conſtitutum eſt, ipſum ſepelierunt. Amphipolitæ vero his non contenti, circa ſepulcrum ejus ſeptum ſtruxerunt, ipſique tamquam heroi parentarunt, certamina & ſacrificia annua conſtituerunt, ipſumque poſtea quaſi coloniæ ſitæ fundatorem habuerunt.

II. Id quod in ſuo de calumnia libro refert Lucianus circa Hephæſtionis Alexandri amici apotheoſin, hic locum habere meretur. Poſteaquam e viris exceſſit Hephæſtion Alexander ad reliquam funeris magnificentiam additum voluit, ut mortuus inter deos Hephæſtion haberetur. Continuo civitates ei templa condiderunt, delubra dedicarunt, aras, victimas & feſta novo huic deo conſecrarunt : eratque nomen Hephæſtionis jusjurandum omnium religioſiſſimum. Si quis autem vel riſiſſet ad ea quæ fiebant, vel non omni ſtudio colere ipſum viſus eſſet, ei capitalis poena erat indicta. Aſſentatores autem perſpecta hac pravenili Alexandri cupiditate, ei ignem & fomitem addere cœperunt, ſomnia narrantes quædam & viſa Hephæſtionis, ac medelas etiam ei attribuentes, ejuſque oracula prædicantes ; denique afflictui malorumque depulſori deo ſacra fecerunt. Alexander autem hæc jucunde audiebat, tandemque etiam iis ut veris fidem habebat, & gloriabatur quod non modo dei filius eſſet, ſed quod deos etiam creare poſſet. Quot igitur Alexandri amicos putamus ob illam Hephæſtionis divinitatem tum male habitos fuiſſe, cum accuſarentur quod communem omnium deum non co-

tomberent en la disgrace du Roi? De ce nombre-là fut Agathocle Samien, celebre capitaine, & fort consideré par le Roi : étant donc accusé d'avoir pleuré en passant devant le tombeau d'Hepheſtion, peu s'en fallut qu'il ne fut par ordre du Roi renfermé avec un lion furieux : mais Perdiccas le sauva en assurant & jurant par tous les dieux & par Hepheſtion, qu'étant à la chasse le nouveau dieu lui étoit apparu fort clairement, & lui avoit ordonné de dire à Alexandre qu'il pardonnât à Agathocle, parceque s'il avoit pleuré devant sa tombe, ce n'étoit pas qu'il regardât Hepheſtion comme mort, mais c'eſt qu'il s'étoit souvenu de leur ancienne amitié & familiarité.

II. L'Empereur Hadrien fit mettre au nombre des dieux Antinoüs son mignon : on lui bâtit des temples, on lui attribua des oracles : on le voit dans certaines inscriptions appellé *Synthrone des dieux*, ce qui veut dire participant au même throne que les dieux. Le culte d'Antinoüs fut encore continué après la mort d'Hadrien.

lerent ; ideoque Regis berevolentia excidiſſe ? Tunc temporis Agathocles Samius qui apud Alexandrum tribunus & in honore erat, parum abfuit quin cum leone concluderetur, accusatus quod sepulcrum Hephæſtionis prætereins illacrymasset. Verum illi opem tulisse fertur Perdiccas, per deos omnes ipsumque Hephæſtionem juratus, ipsum in venatione sibi clare visum mandasse ut Alexandro diceret, Agathocli esse parcendum, qui non ut mortuum lacrymasset, nec quod vanam Hephæſtionis divinitatem crederet, sed quod priſtinæ familiaritatis meminisset.

II. Imperator quoque Hadrianus Antinoum, quem in deliciis habuerat, in deorum numerum retulit : templa ipsi ſtructa sunt, oraculaque attributa. In quibusdam autem inscriptionibus appellatur synthronus deorum, quasi dicas ejusdem throni consors. Antinoi porro cultus etiam poſt Hadriani mortem non parvo tempore viguit.

CHAPITRE XIII.

Explication d'un bas relief contenant l'apotheose d'Homere.

L'Apotheose d'Homere tirée d'un marbre Romain, a été expliquée par plusieurs savans hommes, sçavoir le P. Kircher, M. Cuper, M. Spanheim, M. Fabretti qui n'a donné sur ce monument que quelques notes, mais fort exactes, & enfin M. Schott qui a fait en 1714. une belle dissertation pour l'expliquer : quelques autres en ont aussi parlé, mais voila les principaux. Le fond de l'image est une montagne que le P. Kircher a prise pour le Parnasse; M. Cuper aime mieux croire que c'est le mont Olympe : l'antre des Muses sembleroit faire pour le premier sentiment ; mais la chose est trop peu importante pour s'y arrêter présentement.

PL. CXXX.

Presqu'au sommet de la montagne on voit Jupiter assis sur une roche, demi nu à son ordinaire, tenant de la main droite un sceptre ; l'aigle qui est à ses pieds est l'oiseau qui l'accompagne ordinairement. Plusieurs croient que c'est Homere même qui est représenté en forme de Jupiter : cela est fort vraisemblable. Ainsi Homere qui est peint au bas de la montagne, le sera aussi au sommet. Le milieu est occupé par les Muses ; ce qui marque que c'est par la route des Muses qu'Homere est parvenu à l'immortalité & à la divinité. Des onze figures de femmes qui sont au second & au troisiéme étage, tous conviennent que neuf sont les Muses. Pour les autres il y a une grande varieté de sentimens : sans m'arrêter à les rapporter tous, je crois que celle qui est la plus près d'Homere & qui le regarde, n'est point une Muse, non plus que l'autre qui éleve un bras, & hausse un peu sa robe pour bien asseoir le pied, parcequ'elle va par une descente : prendre celle-ci pour une danseuse, & pour Erato Muse, comme a fait un habile homme, c'est ce qui est hors de toute apparence. Je ne sai qui représentent ces deux images ; je n'oserois même hazarder une conjecture là dessus ; si je les exclus du nombre des Muses, c'est non seulement parceque je trouve les neuf Muses sans celles-là ; mais aussi parcequ'elles n'en portent aucune marque.

CAPUT XIII.
Explicatio anaglyphi apotheosin Homeri complectentis.

Apotheosis Homeri ex marmore Romano educta a multis iisque eruditis hominibus explicata fuit, a P. Kirchero videlicet, a Cupero, Spanhemio, Fabretto qui aliquot tantum notas in monumentum illud dedit, sed accuratas ; demumque a V. Cl. Schotto qui anno 1714. doctam ea de re dissertationem edidit; alii quoque possent enumerari; sed hi inter præcipuos habendi. Imaginem pene totius montis occupat : Kircherus Parnassum esse putat ; Olympum mavult Cuperus : antrum vero Musarum Kircheri opinioni favere videtur : res non est tanti momenti, ut in ea indaganda tempus diutius remaremur.

In cacumine pene montis Jupiter visitur rupi insidens seminudus, dextera sceptrum tenens ; aquila ad pedes ejus posita, est avis ipsi perquam familiaris. Multi credunt Homerum ipsum Jovis forma comparare : id vero sat verisimile est ; sicque Homerus in ima parte repræsentatus in cacumine quoque montis comparebit. Intermedium vero spatium à Musis occupatur, quo significabitur Homerum per Musarum viam ad immortalitatem atque ad divinitatem pervenisse. Ex undecim feminis quæ in secundo inferiore seu in tertio superiore ordine conspiciuntur, novem constituere Musarum chorum confitentur omnes. Quantum vero ad duas alias, opiniones factæ sunt divortia, quibus referendis supersedens, puto eam proxime Homerum Jovis forma despicientem in cacumine positam, quæ ipsum respicit, non esse Musam ; ut neque aliam huic viciniam quæ brachium erigit, vestemque sustollit, ut securius pedem figat, quia in declivi montis parte graditur : hanc etiam quâ ratione pro saltatrice & pro Erato Musa habuerit vir quispiam eruditus, non satis percipere me fateor : hæ porro duæ feminæ quæ tales sint, ne conjectura quidem dicere possum. Ex Musarum autem numero illas excludo, non modo quia absque iis novem Musas reperio, sed etiam quia nullum Musarum signum vel symbolum gestant. Musas novem agnosco, quatuor

J'en trouve neuf, quatre dans cet étage, & cinq dans celui de dessous. Nous avons déja fait voir la difficulté de distinguer toutes les Muses les unes des autres, non seulement par la diversité des descriptions que les auteurs en font, mais aussi par le peu d'uniformité dont les marbres & les bronzes les représentent. Ici la difficulté est encore plus grande, parceque les masques qui distinguent Euterpe & Thalie des autres, ne s'y trouvent pas. On reconnoit sûrement Uranie par le globe qu'elle touche, & peutêtre Terpsichore par les flutes. Quant aux deux qui sont à la bouche de l'antre, j'y vois deux Muses si parfaitement bien exprimées, que je les aurois mises au nombre des Muses sans m'arrêter un moment, si l'autorité d'un aussi habile homme qu'est M. Schott ne m'avoit obligé de peser ses raisons. Il dit que celle qui tient une guitarre est un Apollon ; il le fonde sur plusieurs medailles où ce dieu est habillé en femme : il s'en trouve en effet de cette maniere parmi les figures d'Apollon que j'ai données au premier tome. Mais sur l'image presente le sein de femme est si marqué, qu'il n'y a nul moien de la prendre pour un Apollon ; il est encore plus marqué dans l'estampe du Bellori faite à Rome où se trouve le marbre qui est l'original. Je m'en tiens donc à ce que j'ai d'abord dit, que ces deux qui se tiennent à l'entrée de l'antre sont deux Muses ; les sept autres sont sorties de l'antre. Une espece de machine qui est entre ces deux Muses a la forme d'un bonnet ; & en effet M. Cuper l'a prise pour le bonnet d'Ulysse, & dit que cela signifie l'Odyssée d'Homere : il fonde sa conjecture sur ce que le bonnet d'Ulysse est de même forme dans certains monuments : l'arc & le carquois qui semblent appuiez sur ce bonnet, marquent, dit-il, l'Iliade, qui contient la guerre de Troie. Mais cette machine, si on la compare avec toutes les têtes de la planche, est de beaucoup trop grande pour être un bonnet. M. Schott l'a prise pour un vaisseau qu'il appelle *Cortina*. Il est à remarquer que sur cette machine il y a deux bandes ou deux courroies qui se croisent, & qui paroissent aboutir l'une au carquois & l'autre à l'arc, en sorte qu'il pourroit bien se faire que c'étoit une machine où l'on tenoit attachez l'arc & le carquois de peur qu'ils ne traînassent à terre.

Cet antre appuie le sentiment du P. Kirker, qui dit que cette montagne est le Parnasse ; mais, dit M. Cuper, celle-ci n'a qu'une pointe, au lieu que le Parnasse en avoit deux : il vaut donc mieux dire que c'est le mont Olympe. La

---

videlicet alias hoc ipso gradu positas, & quinque in gradu inferiori. Jam vidimus, cum de Musis ageretinus, quam sit difficile ipsas singulatim internoscere, non modo quia diversæ illæ ab auctoribus describuntur ; sed etiam quia marmora aliaque monumenta multum variant in earum forma. Hic autem major difficultas occurrit ; quoniam larvæ quæ Euterpen & Thaliam ab aliis distinguunt, non comparent. Urania certo dignoscitur, quæ orbem seu globum cælestem tangit, forteque etiam Terpsichore a fistulis indicatur. Quod spectat autem ad duas illas quæ in antri ostio stant adversæ, Musas certe agnosco quales exprimuntur in monumentis : ne statim autem in Musarum choro accenseam prohibet auctoritas viri eruditi Domini Schotti, cujus argumenta prius sunt expendenda. Putat autem ille, eam quæ citharam tenet, esse Apollinem ; ad eamque rem comprobandam numismata non pauca dicit Apollinem muliebri forma exhibere ; quod sane verum est, Apollinemque similem me dare memini tomo primo. Sed in hoc monumento sinus muliebris & mammæ tam aperte mulierem produnt, ut nullo modo possit pro Apolline haberi. Sinus etiam muliebris apertius sese prodit in tabula cusante Bellorio Romæ, ubi monumentum illud est, excusa. Itaque, uti jam dixi, hæ ambæ in antri ostio positæ Musæ sunt : septem vero aliæ Musæ ex antro sunt egressæ. Inter duas autem illas quæ in antri ore consistunt, est machina nescio qua pilei formam referens. Et certe Ulyssis pileum esse putavit V. Cl. Cuperus, & Homeri Odysseam significare dicit, quia nempe Ulyssis pileus in aliis monumentis ejusdem est formæ : arcus vero, inquit ille, & pharetra, quæ hoc pileo inniti videntur, significant Iliadem, quæ Trojanum bellum continet. Verum hæc machina si cum capitibus omnibus, quæ in hac imagine comprehenduntur, conferatur, longe major esse videbitur quam ut pileus existimari possit. V. Cl. Schottus cortinam esse censet. Notandum autem est in ea machinæ hujus parte quæ adversa conspicitur duo esse quasi lora sese mutuo decussantia, & quorum extrema pertingere videntur aliud ad pharetram, aliud ad arcum, ita ut machina posita videatur, ut in illa alligentur arcus & pharetra, ne in terra jaceant.

Antrum porro illud pro Kircheri opinione pugnat, qui putat hunc montem esse Parnassum. Objicit Cuperus montem hunc uno tantum cacumine surgere, cum contra Parnassus duo cacumina separata habuerit.

APOTHEOSE D'HOMERE.

montagne telle que l'a donnée M. Cuper, n'a en effet qu'une pointe; mais dans notre estampe & dans celle que le Bellori a donnée à Rome même il y a deux pointes bien marquées. Il est vrai que comme celle de devant couvre l'autre, on ne peut pas voir la distance qui étoit entre les deux ; mais la separation des deux pointes y paroit évidemment.

Les sentimens ont été encore plus partagez touchant l'homme qui est à côté de l'antre sur un piedestal. On l'a pris pour un Engastrimythe, pour un prêtre d'Homere, pour Lin, pour Lycurgue, pour Pisistrate, pour le Precepteur Egyptien d'Homere. Je m'en tiens à l'opinion de M. Spanheim qui croit que c'est Bias de Priene, l'un des sept Sages de la Grece. C'est Archelaüs de Priene fils d'Apollone, qui a fait ce monument, comme porte l'inscription : il y a grande apparence qu'il aura voulu faire à son compatriote philosophe l'honneur de le mettre en une compagnie si celebre; il a en effet tout l'air d'un philosophe : ce qui semble encore determiner à le croire, c'est qu'il a derriere lui un grand trepied ; car c'en est un veritablement, comme on peut voir en le comparant aux trepieds que nous avons donnez en grand nombre dans le second tome & dans d'autres endroits de cet ouvrage : or tout le monde sait que le trepied que l'Oracle avoit ordonné de presenter au plus sage de la Grece, fut deferé à Bias de Priene.

On a moins de difficulté à expliquer les figures qui occupent tout le bas de ce monument, parce que chacune a son inscription. Il y avoit erreur dans les deux premiers mots où l'on avoit EYMEΛIA & KIPONOΣ; c'est ainsi qu'ont lu M. Cuper & & d'autres, qui se sont donnez la torture à expliquer le mot ἐυμελία qui n'y fut jamais. M. Fabretti qui a vu & examiné ce marbre a rétabli la véritable leçon; le premier mot est KOΥMENH, deux lettres sautées avec une piece du marbre faisoient OIKOΥMENH, qui veut dire le monde ou la terre, & le second XPONOΣ, le tems. La Terre & le Tems sont côte à côte ; la premiere en forme de Cybele, qui est la même que Tellus ou la Terre, a sur la tête une haute tour ; elle met sur la tête d'Homere assis devant elle une couronne de laurier : cela veut dire que toute la terre habitable couronne Homere comme le prince des poëtes. Le Tems peint en homme a des ailes à son ordinaire; il tient, ce semble, un rouleau qui d'un côté se termine en demi cercle : le Tems marque qu'Homere est le plus ancien des poë-

Vere quidem mons, ut in Cuperi tabula repræsentatur, uno tantum cacumine gaudet ; sed in tabula nostra, & in ea quam Bellorius Romæ protulit, duo sunt cacumina admodum conspicua ; sed cacumen illud primum quod inspicienti offertur, cum alterum cacumen operiat, non sinit amborum separationem & inter utrumque distantiam oculis percipi ; sed tamen separata esse cacumina aperte ex umbra cernimus.

Majora etiam fuere opinionum divortia circa virum illum, qui e latere antri in stylobate consistit : nam alius Engastrimythum dixit, alius Homeri sacerdotem, alius Linum, vel Lycurgum, vel Pisistratum, alius præceptorem Homeri Ægyptium : longe verisimiliorem ego puto Spanhemii sententiam, qui putat esse Biantem Prieneum unum ex septem Græciæ sapientibus. Hunc enim lapidem sculpsit Archelaus Apollonii filius & ipse Prieneus, ut inscriptio fertur, qui videtur civem popularemque suum in tam celebri cœtu honoris causa posuisse : vereque ille philosophum veste & habitu refert ; quodque hanc confirmat opinionem pone illum magnus tripus est, tripodes quippe similes non paucos vidimus tomo secundo & alibi ; at nemo nescit tripodem, qui oraculo jubente sapientissimo Græcorum offerendus erat, Bianti Prieneo datum fuisse.

Quæ inferiorem anaglyphi partem occupant figuræ, non sunt tot difficultatibus obnoxiæ, quoniam linguæ inscriptionem appositam habent. In duabus primis vocibus error suberat, lectumque fuerat EYMEΛIA KIPONOΣ: sic legerunt Cuperus & alii, qui mirum quantum in explicanda voce Εὐμελία laboraverint. At Fabrettus ad Tab. Iliados p. 346. cum marmor vidisset & examinavisset, veram restituit lectionem. Prima vox est KOΥMENH; duæ enim literæ cum frusto lapidis exciderunt, legendumque OIKOΥMENH, orbis, mundus, terra : secunda vox est XPONOΣ, tempus. Terra atque Tempus simul sunt : Terra Cybeles formâ pingitur, præditam capite turrem gestans. Ea vero Homeri ante se sedentis capiti lauream imponit coronam ; quo significatur a toto orbe Homerum quasi poëtarum principem coronari. Tempus viri formam habens alis pro more instructum est : videturque volumen tenere, quod ab altero latere in semicirculum desinit. Tempus vero significat Homerum aut poëtarum antiquissimum esse, aut an-

tes, ou qu'il a écrit l'histoire des anciens tems, ou que ses ouvrages dureront tous les tems, & qu'ils sont consacrez à l'immortalité. Homere est assis entre deux jeunes filles, qui sont l'Iliade & l'Odyssée; cela est marqué par l'inscription, qui a ΙΛΙΑΣ, ΟΔΥΣΣΕΙΑ, ΟΜΗΡΟΣ; l'Iliade & l'Odyssée ont un genou à terre, l'Iliade tient une espece d'épée, marque qu'elle a décrit la guerre de Troie; l'Odyssée tient l'ornement d'une pouppe de navire qu'on appelloit *aplustre*, parcequ'elle décrit la navigation d'Ulysse. Au bas de la chaise sur le côté sont deux rats, qui marquent apparemment la *Batrachomyomachia* ou le combat des rats & des grenouilles décrit par Homere. D'autres disent que c'est Zoile & ses semblables qui ont voulu ronger la reputation d'Homere. Ce grand poëte qui est assis sur un throne tient un sceptre, & de l'autre main un rouleau: sa tête est ornée d'un diademe, ce qui se trouve dans d'autres images d'Homere. Après cela vient un Sacrifice qui se fait sur un autel rond, derriere lequel est un taureau qui va être immolé. Les personnes qui concourent principalement à faire le sacrifice, sont la Fable, l'Histoire & la Poësie, indiquées par ces mots grecs ΜΥΘΟΣ, ΙΣΤΟΡΙΑ, ΠΟΙΗΣΙΣ. *Mythos* masculin en grec est exprimé par un jeune garçon qui sert de Camille, & qui tient d'une main un *prefericule*, & de l'autre une espece de patere. L'Histoire représentée en femme sacrifie en jettant quelque chose sur l'autel, & tenant de l'autre main un livre; d'autres veulent que ce soit une boëte ou peut-être une *acerra*. La Poësie représentée aussi en femme tient deux torches allumées qu'elle éleve en haut, comme on faisoit aux sacrifices. Il y a peut-être de l'allegorie ici, mais ces allegories se tournent comme on veut; nous les laissons à developer à d'autres. Puis viennent la Tragedie & la Comedie, qui ont aussi leurs inscriptions ΤΡΑΓΩΔΙΑ, ΚΩΜΩΔΙΑ; elles assistent au sacrifice: l'une & l'autre ont puisé dans Homere. La Tragedie est voilée, en sorte que le voile fait une pointe sur le devant; elle est vêtue avec plus de dignité que la Comedie, parce que ses personnages sont des heros & des gens de la premiere qualité. La bande est terminée par cinq figures mises ensemble, & indiquées par ces mots, ΦΥΣΙΣ, ΑΡΕΤΗ, ΜΝΗΜΗ, ΠΙΣΤΙΣ, ΣΟΦΙΑ; la Nature, la Vertu, la Memoire, la Foi, la Sagesse; tout cela va en la compagnie d'Homere; ces qualitez sont le merite de ses ouvrages. La Nature est représentée par un petit enfant qui tend la main à la Foi, la Vertu éleve sa main

tiquiorum temporum historiam scripsisse, aut ejus opera per omne tempus celebranda, & immortalitati consecrata esse. Homerus inter duas puellas sedet, scilicet inter Iliadem & Odysseam, quod inscriptione ipsa significatur, ΙΛΙΑΣ, ΟΔΥΣΣΕΙΑ, ΟΜΗΡΟΣ. Ilias & Odyssea altero genu terram contingunt: Ilias quoddam gladii genus tenet, quo indicatur bellum Trojanum in illa descriptum: Odyssea navis aplustre manu tollit, quia Ulyssis navigationem continet. In ima sella duo mures sunt, Homeri Batrachomyomachiam, ut credere est, significantes: alii putant muribus subindicari Zoilum ipsique similes, qui Homeri famam quasi corrodere voluerunt. In solio sedens Homerus sceptrum tenet, alteraque manu volumen: caput ejus diademate ornatur, quod in aliis etiam ejusdem poëtæ imaginibus occurrit: postea conspicitur sacrificium, quod in ara rotunda peragitur; pone altare taurus est mox immolandus. Personæ vero quæ præcipue ad sacrificium offerendum concurrunt, sunt fabula, historia & poësis, his græcis suppositis verbis indicatæ, ΜΥΘΟΣ, ΙΣΤΟΡΙΑ, ΠΟΙΗΣΙΣ. ΜΥΘΟΣ masculini generis per juvenem exprimitur, qui in sacrificiis Camilli officium præstat, alteraque manu præfericulum tenet, altera, ut puto, pateram. Historia muliebris gerens formam sacrificat, & aliquid in aram jicit, alteraque manu librum tenet; alii acerram putant, quibus ego non admodum repugnabo. Poësis item muliebri forma, faces duas accensas tenet atque erigit, ut in sacrificiis fieri solebat. Hic fortasse allegoria quædam latet; sed allegoriæ hujusmodi pro cujusque arbitrio alio aliove torquentur: quamobrem allegoriam mittimus aliis explorandam. Hinc in ordine suo stant tragœdia & comœdia suis & ipsæ inscriptionibus gaudentes, ΤΡΑΓΩΔΙΑ, ΚΩΜΩΔΙΑ: ex sacrificio adstant, singulæ in Homero hauserunt. Tragœdia velata est, ita ut velum in summo capite, in acumen a parte anteriore erigatur: majoris dignitatis eam vestibus exornant, quam comœdia, quia personæ illius heroes sunt & principes. Quinque aliis feminis tumultim positis tota celebritas terminatur, quæ his indicantur vocibus, ΦΥΣΙΣ, ΑΡΕΤΗ, ΜΝΗΜΗ, ΠΙΣΤΙΣ, ΣΟΦΙΑ, Natura, Virtus, Memoria, Fides, Sapientia. Hæc omnia Homerum comitantur: hæ dotes ejus operum sunt. Natura puerulo repræsentatur, qui manum ad Fi-

APOTHEOSE D'HOMERE

ANNIVERSAIRES DES MORTS.

en haut, la Memoire est la plus reculée de toutes, la Foi tient le doigt sur la bouche, & la Sagesse porte la main sous le menton. On peut faire sur tout cela mille belles reflexions.

dem extendit, Virtus manum erigit, Memoria omnium remotissima est, Fides digitum ori apponit, Sapientia manum mento admovet. Mirum quantum circa hæc omnia exerceri ingenia possint.

CHAPITRE XIV.
I. Les Anniversaires des morts. II. Les Quinqueviris de l'Erebe.

I. LEs ceremonies des funerailles étoient renouvellées tous les ans; on venoit aux sepulcres y pleurer, on y offroit des sacrifices, & on y prenoit des repas funebres. C'est pour cela, à ce que je crois, que les gens riches faisoient à leurs mausolées & à leurs hypogées des chambres, des salles & des appartemens, comme nous avons dit ci-devant. On immoloit là des victimes, on y versoit du vin, du lait, des liqueurs & de l'eau; on faisoit quelquefois des fosses pour y recevoir ces liqueurs. Lucien disoit ci-dessus que les ames vivoient en enfer de ce que leurs parens & leurs amis répandoient sur leurs tombeaux. Ce lait, ce vin & cette eau étoient sans doute pour les desalterer, comme nous avons déja vu. On y prenoit des repas funebres; cela étoit quelquefois marqué dans les épitaphes, comme il paroit par celle-ci rapportée par Morestel, où Publia Cornelia Annia declare que pour ne pas survivre à son mari dans la desolation & dans la viduité, elle s'est renfermée volontairement dans le sepulcre de son mari, qu'elle appelle *ara*, un autel, de son mari, dis je, avec lequel elle a vécu vingt ans; & qu'elle ordonne à ses affranchis & à ses affranchies de venir tous les ans à son tombeau, d'y sacrifier à Pluton & à Proserpine sa femme, d'orner le tombeau de roses, & d'y prendre leur repas. Ceux qui faisoient cette ceremonie étoient vêtus de blanc.

Nous voyons, à ce que je crois, la ceremonie de l'anniversaire dans la belle planche qui suit, où une femme voilée vient fondant en larmes au tombeau de son mari, accompagnée de ses filles ou parentes, & peutêtre de quelque affranchie: elle a encore à sa suite deux hommes qui paroissent être des esclaves. Le mausolée a une grande porte ornée de colonnes; sur le frontispice on voit deux genies qui tiennent un candelabre.

Pl. CXXXI.

CAPUT XIV.
I. Anniversariæ defunctorum ceremoniæ. II. De Quinqueviris Erebi.

I. PArentalium ceremoniæ anniversariæ erant. Ad sepulcra quotannis veniebatur, ubi oblatis sacrificiis, convivia feralia celebrabantur: proptereaque, ut existimo, divites in mausoleis suis & in hypogeis, conclavia, triclinia, & cubicula apparabant, ut jam supra diximus. Ibi victimæ mactabantur, vinum & lac, liquores alii & aqua infundebantur. Fossæ aliquando apparabantur, quæ liquores hujusmodi reciperent. Narrabat supra Lucianus animas in inferis, ex illis vitam agere, quæ cognati & amici ad eorum sepulcra apportarent. Lac, vinum & aqua ad mortuorum sitim tollendam inferebantur, ut jam supra vidimus. In sepulcris illis profanis, ut dicebam, epulabantur, quæ res etiam aliquando in epitaphiis præcipiebatur, ut videre est in epitaphio illo per Morestellum allato l. 9. c. 2. *Publia Cornelia Annia ne in desolata orbitate supervixeret misera, viva me (sic) vitro in hanc aram viro cum quo vixi annos viginti sine ulla querela: do libertis libertabusque nostris ut quotannis super aram nostram Plutoni & uxori Proserpinæ omnibusque sacrificent rosisque exornent, de reliquo ibi epulentur.* Qui ritum hunc peragerent candida utebantur veste.

Anniversariam erga defunctos ceremoniam, ut puto, conspicimus in pulcherrima tabula sequenti, ubi mulier velata lacrymabunda ad conjugis mausoleum se confert, comitibus filiabus aut cognatis forteque libertabus suis: illam etiam comitantur viri duo, qui servorum speciem præ se ferunt. In mausoleo magna porta est columnis ornata; in frontispicio duo genii candelabrum tenent.

Tom. V.

Outre ces deuils & ces anniversaires, il y avoit une fête generale à Rome pour les morts ; elle s'appelloit *les Ferales* ; cette fête lugubre avoit été instituée par Enée, dit Ovide.

On faisoit aussi tant à Rome qu'en Grece, en Perse, & dans beaucoup d'autres payis, des deuils publics pour les Rois, les Empereurs & les personnes les plus remarquables qui avoient servi la Republique : on en trouve quantité d'exemples, il y a peu d'histoires qui n'en fourniffent de pareils.

I I. Une inscription de Mets nous apprend qu'il y avoit un sacerdoce particulier pour les ames de l'enfer. La voici comme elle est sur la pierre :

M. ANTONIVS. MARTIAL
PONTIF. CVR. IIIII VIR
SACROR. EREBI.

C'est à dire, *M. Antoine Martial pontife Curial, Quinquevir des mystères ou des sacrifices de l'Erebe.* L'Erebe étoit pris en deux sens par les anciens ; quelquefois ils le personifioient & le prenoient pour le mari de la Nuit, ou pour le pere de la Nuit ; & quelquefois ils le prenoient pour une partie de l'enfer : c'est en ce sens que l'entend Servius lorsqu'il explique ce vers de Virgile au sixiéme livre de l'Eneide,

Il descend dans l'Erebe, & voit l'ombre d'Anchise.

« L'Erebe, dit Servius, est proprement cette partie de l'enfer où demeurent » ceux qui ont bien vécu ; car pour le champ Elysien il n'y a que ceux qui » sont purifiez qui y aillent, suivant ce passage du poëte,

»   *Nous sommes peu dans ce séjour heureux.*

» Il s'est élevé une question, si les ames du champ Elysien peuvent retour-» ner dans les corps : on demontre qu'elles n'y retournent pas, parcequ'étant » purifiées elles n'ont point de cupidité. « C'est de l'Erebe pris en ce sens dont il est parlé dans cette inscription. Il y avoit un college de cinq prêtres qu'on appelloit les Quinquevirs, & qui faisoient des sacrifices pour les ames des morts. C'est tout ce que nous en savons.

Præter anniversarias illas ceremonias, luctusve annuos, erat etiam Romæ solemnitas generalis pro mortuis, cui nomen Feralia ; quod festum, inquit Ovidius Fast. 2. ab Ænea institutum fuerat.

Itemque Romæ, in Græcia, in Perside, apud aliasque gentes luctus publicus habebatur, pro Regibus, Imperatoribus, aliisque viris insignibus, qui de republica bene meruerant, cujus rei exempla frequentia suppetunt : paucæque sunt historiæ, in queis simile quidpiam non compareat.

I I. Inscriptione Metensi docemur sacerdotium quodpiam fuisse pro animabus in inferis degentibus : sic autem inscriptio illa habet : *Marcus Antonius Martialis pontifex curialis quinquevir sacrorum Erebi.* Erebus porro apud Veteres duplici accipiebatur modo : Erebum enim quandoque personam esse fingebant, & Noctis aut conjugem aut patrem esse dictitabant ; aliquando etiam pro inferorum parte aliqua habebant ; quo sensu Servius accipit Æneid. 6. cum hunc Virgilii versum explicat :

Ad genitorem imas Erebi descendit ad umbras.

ubi hæc habet : *Erebus proprie est pars inferorum, in qua ii qui bene vixerunt morantur : nam ad Elysium campum nonnisi purgati perveniunt, unde est :*

——— *pauci læta arva tenemus.*

Hinc fit ut quæratur an animæ de Elysio in corpora possint redire : & deprehensum est non redire, quia per purgationem carent cupiditate. De hujuscemodi Erebo agitur in supra memorata inscriptione. Erat collegium quinque sacerdotum, qui vocabantur Quinqueviri, & sacrificia offerebant pro animabus mortuorum.

Fin de la première Partie du V. Volume.

DEUIL AU SEPULCRE

www.ingramcontent.com/pod-product-compliance
Lightning Source LLC
Chambersburg PA
CBHW071347150426
43191CB00007B/881